초보탈출 넘버원 No.1

RECIPE BOOK

식탐은 있다, 솜씨는 없다?
초보탈출 넘버원 NO.1

1판 8쇄 발행 2017년 10월 15일

지은이 이밥차 요리연구소
펴낸이 김선숙, 이돈희
펴낸곳 그리고책(주식회사 이밥차)

주소 서울시 서대문구 연희로 192 이밥차빌딩 2층
대표전화 02-717-5486~7
팩스 02-717-5427
출판등록 2003년 4월 4일 제 10-2621호

본부장 이정순
편집책임 박은식
편집진행 심형희, 이현아, 최문경, 노고은
요리진행 노애리
마케팅 남유진, 조혜민, 권지은
영업 정강석
경영지원 차은영, 윤나라
교열 김혜정
사진 율스튜디오 박형주(02-545-9908)
푸드 스타일링 김정아
푸드 스타일링 어시스트 김하얀
디자인 손하영, 임병천
캘리그래퍼 강병인
제품 협찬 백설찹쌀호떡믹스(www.cj.co.kr)
　　　　　테팔(www.tefal.co.kr)
　　　　　치모 카피시모(www.cafe57mall.co.kr)
그릇 협찬 VINTAGE & MORE(070-8226-4796)
ISBN 978-89-97686-44-5 13590

© 2017 그리고책
- All rights reserved. First edition printed 2014. Printed in Korea.
- 이 책을 무단 복사, 복제, 전재하는 것은 저작권법에 저촉됩니다.
- 값은 뒤표지에 있습니다. 잘못 만들어진 책은 바꾸어 드립니다.
- 책 내용 중 궁금한 사항이 있으시면 그리고책(Tel 02-717-5486, 이메일 hunter@andbooks.co.kr)으로 문의해 주십시오.

식탐은 있다, 솜씨는 없다?

초보탈출 넘버원 No.1

RECIPE BOOK 이밥차 요리연구소 지음

그리고책
and books

들어가며

**〈초보탈출 넘버원 레시피북〉은
누구에게나 두렵고 설레는
요리의 시작점을 위한 책입니다.**

"레시피 그대로 따라했는데 왜 이상한 맛이 나죠?" "제가 만들면 사진 같은 모양이 나오지 않아요." 요리 초보들이 자주 하는 질문들이죠. 이밥차 커뮤니티에 올라온 독자들의 이런 질문이 〈초보탈출 넘버원 레시피북〉을 태어나게 했습니다. 요리에 실패하고도 무엇을 잘못했는지 몰라 답답하다는 글들을 읽으며 독자들을 위해 새로운 시도를 해 봐야겠다고 결심하게 되었습니다.

요리를 처음 시작하면 누구나 실수를 하죠. 그 경험을 통해 자신만의 노하우를 쌓기도 하지만, 실수란 본래 당황스럽고 꺼려지기 마련입니다. 어쩔 땐 요리를 포기하게 만드는 나쁜 기억이 되기도 해요. 이밥차 요리연구소는 실수하고 허둥대는 초보자들의 이런 답답함을 대신해 주고 싶었습니다.

그래서 〈초보탈출 넘버원 레시피북〉은 태어나서 처음 주방에 서는 왕초보도 이 책과 함께라면 두려움 없이, 실수 없이 요리를 할 수 있게 하는 걸 목표로 삼았습니다. 그리고 이밥차 요리연구소와 편집부의 고민이 시작됐죠. 요리 왕초보에게 정말 필요한 건 무엇일지 꼼꼼히 질문하고 하나하나 분석했어요. 그 결과 요리의 실수 포인트는 퀴즈로 짚어주고, 동영상처럼 자세하고 생생한 사진으로 레시피를 전달하는 왕초보 맞춤형 레시피북이 탄생했습니다!

요리 사진을 눈으로만 따라가도 레시피를 파악할 수 있고, 요리 퀴즈와 설명까지 꼼꼼히 읽으면 레시피를 완벽히 마스터할 수 있어요. 실수를 줄이고 싶은 사람도, 요리를 제대로 배워보고 싶은 사람도 만족할만한 책일 거라고 자부합니다. 이제 더 이상 예상치 못한 실수 때문에 요리를 재미 없고 지겨운 일로 여기지 않기를, 요리만큼은 누구나 즐겁게 할 수 있기를 바라봅니다.

이밥차 요리연구소

CONTENTS

4	들어가며
6	목차
10	계량법
12	이 책을 더 똑소리 나게 활용하는 방법

LEVEL 0 기초요리

16	요리책에 없었던 진짜 기초 요리
18	주식탐구! 주요 식재료 이야기
22	음식 맛이 살아난다! 양념 해부
26	맛 내기 기초 공사, 육수 만들기
28	한식 양념장 요리에 꼭 맞게 사용하기
30	향신채소 사용법 총정리
32	Skill up! 요리 포인트 해부
32	Save my hands! 기본 칼 사용법
33	맛내기의 핵심 불조절 노하우
34	절대 실패하지 않는 요리 비법 공개
38	바로 지금이야! 맛을 살리는 간하기 타이밍
40	식재료 구입 · 손질 · 보관법

LEVEL 1 서바이벌 요리

44	김치볶음밥
48	찬밥달걀죽
50	콩나물밥
52	참치오니기리
54	잔치국수
58	수제비
62	떡국
64	떡볶이
68	김치유부우동
72	오일드레싱샐러드
76	프렌치토스트브런치
78	클럽샌드위치
82	감잣국
84	콩나물국
88	배추된장국
90	바지락뭇국
92	북엇국
96	김달걀국
98	미역국
102	된장찌개
106	김치찌개
110	오징어국

LEVEL 2 반찬 마스터

116	감자채볶음
120	어묵볶음
122	애호박볶음
124	가지볶음
128	잔멸치볶음
130	마른새우볶음
132	오징어채볶음
136	미역줄기볶음
138	닭고기볶음
142	시금치무침
146	콩나물무침
148	무생채
150	도토리묵무침
152	무말랭이무침
154	오징어무침
158	달걀찜
162	두부조림
164	콩자반
166	쇠고기버섯장조림
170	약고추장
172	오이피클
174	조기구이

CONTENTS

LEVEL 3 손쉬운 손님요리

178	굴무밥
182	햄버거
186	케사디야
188	떠먹는피자
190	참치김밥
194	마파두부덮밥
198	오징어덮밥
202	카레덮밥
204	짜장면
208	쫄면
212	해물볶음우동
216	채소만두
220	골뱅이소면
222	돈가스
226	김치가츠동
230	오징어&채소튀김
234	김치전
238	해물파전

LEVEL 4 일품마스터

244	수육과 차슈
248	떡갈비스테이크
250	탕수육
254	고추장소스바베큐립
256	삼계탕
260	찜닭
264	간장치킨
268	아귀찜
272	해물냉채
276	오코노미야키
278	해물누룽지탕
282	해물크림리소토
286	미트소스스파게티
290	알리오올리오
292	날치알크림파스타
296	팟타이

LEVEL 5 엄마요리

- **302** 오이소박이
- **306** 간장장아찌
- **308** 부추겉절이
- **310** 배추김치
- **316** 깍두기
- **318** 양배추물김치
- **320** 백순두부찌개
- **322** 해물탕
- **326** 갈비찜
- **330** 닭볶음탕
- **334** 제육볶음
- **338** 불고기
- **340** 잡채
- **344** 전복죽

LEVEL 6 주전부리

- **350** 감자크로켓
- **354** 단호박샐러드
- **356** 바나나치즈호떡
- **358** 맛탕
- **360** 트리플치즈치아바타
- **362** 요거트스콘
- **364** 초코칩쿠키
- **366** 밥솥케이크
- **370** 간단티라미수
- **374** 약식
- **376** 생과일셔벗
- **378** 오레오커피빙수

- **380** INDEX

🍚 밥숟가락으로 쉽게 계량하기

가루 분량 재기

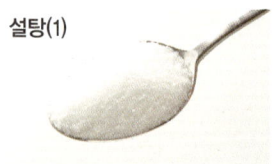
설탕(1)
숟가락으로 수북이 떠서 위로 볼록하게 올라오도록 담아요.

설탕(0.5)
숟가락의 절반 정도만 볼록하게 담아요.

설탕(0.3)
숟가락의 $\frac{1}{3}$ 정도만 볼록하게 담아요.

다진 재료 분량 재기

다진 마늘(1)
숟가락으로 수북이 떠서 꼭꼭 담아요.

다진 마늘(0.5)
숟가락의 절반 정도만 꼭꼭 담아요.

다진 마늘(0.3)
숟가락의 $\frac{1}{3}$ 정도만 꼭꼭 담아요.

장류 분량 재기

고추장(1)
숟가락으로 가득 떠서 위로 볼록하게 올라오도록 담아요.

고추장(0.5)
숟가락의 절반 정도만 볼록하게 담아요.

고추장(0.3)
숟가락의 $\frac{1}{3}$ 정도만 볼록하게 담아요.

액체 양념 분량 재기

간장(1)
숟가락 한가득 찰랑거리게 담아요.

간장(0.5)
숟가락의 가장자리가 보이도록 절반 정도만 담아요.

간장(0.3)
숟가락의 $\frac{1}{3}$ 정도만 담아요.

🥦 손으로 분량 재기

콩나물(1줌)
손으로 자연스럽게 한가득 쥐어요.

시금치(1줌)
손으로 자연스럽게 한가득 쥐어요.

국수(1줌=1인분)
500원 동전 굵기로 가볍게 쥐어요.

🥣 종이컵으로 분량 재기

육수(1컵=180㎖)
종이컵에 가득 담아요.

육수(½컵=90㎖)
종이컵의 절반만 담아요.

밀가루(1컵=100g)
종이컵에 가득 담아 윗면을 깎아요.

다진 양파(1컵=110g)
종이컵에 가득 담아 윗면을 깎아요.

아몬드(½컵)
종이컵의 절반만 담아요.

멸치(1컵)
종이컵에 가득 담아요.

✋ 눈대중으로 분량 재기

애호박(½개=100g)

양파(½개=50g)

무(1토막=150g)

당근(½개=100g)

마늘(1쪽=5g)

생강(1쪽=7g)

🌾 '+'표시의 의미

양념장, 소스, 드레싱
음식을 만들기 전에 미리 섞어 놓으면 좋은 양념. 미리 섞어두면 숙성되면서 맛이 어우러져 더 깊은 맛을 내요. 재료에 +로 표시되어 있다면 미리 섞어두세요.

🌾 그 외 알아두기

약간 소금 등을 약간 넣었다면 엄지와 검지로 살짝 집은 정도를 말해요.
필수 재료 필수 재료는 음식을 만들기 위해서 꼭 필요한 재료를 말해요.
선택 재료 선택 재료는 있으면 좋지만 기본적인 맛을 내는 데는 크게 영향을 끼치지 않는 재료를 말해요. 대체하거나 생략이 가능해요.
양념 다진 마늘, 간장, 고추장, 설탕 등 요리의 맛을 내기 위해서 쓰이는 재료.

🥕 이 책을 더 똑소리 나게 활용하는 방법

하나, **요리를 처음 시작하는 초심자의 눈높이에 맞춰 만들었어요.**
만들기 쉽고 활용도가 높은 요리부터 조금 더 손이 가는 요리까지 난이도에 따라 파트를 나눴어요. 한 단계씩 요리를 익혀가다 보면 어느새 요리 솜씨가 한 층 성장해 있을 거예요.

둘, **모든 요리는 밥숟가락과 종이컵으로 계량했어요.**
집에 특별한 계량 도구가 없어도 얼마든지 요리를 따라할 수 있어요. 정확한 계량법은 앞 페이지에 자세히 설명해 두었어요.

셋, **퀴즈를 통해 실수를 줄여보세요.**
요리에 앞서 초보들이 하기 쉬운 실수를 퀴즈와 정답풀이를 통해 설명해 놓았어요. 요리의 실수 포인트가 무엇인지 미리 알아보면 실제로 요리를 하면서 실패할 확률을 확실히 줄일 수 있어요.

넷, **요리에 관련된 실용적이고 재미있는 이야기를 바로 확인하세요.**
오징어무침 레시피를 보면 충무김밥이 먹고 싶어지고, 달걀찜을 만들다보면 일식 달걀찜이나 고깃집 스타일의 달걀찜은 어떻게 만드는지 궁금해지는 것이 인지상정. 요리를 하며 궁금해질 수 있는 질문의 해답을 COOKING TIP에서 확인할 수 있어요.

다섯, **픽토그램으로 요리 정보를 한눈에 알아봐요.**
요리의 난이도, 기준 인분, 요리의 종류를 픽토그램으로 표시해 한눈에 파악할 수 있어요.

여섯, **사진만 봐도 레시피가 읽혀요.**
레시피를 글로만 읽으면 이해하기 어려운 부분이 생기기 쉽죠. 초보자들이 실수의 늪에 빠지지 않도록 조리 과정 하나하나를 사진으로 생생하게 담았어요. 동영상만큼 자세한 사진으로 궁금증 없이 요리해 보세요.

일곱, **요리의 실수 포인트를 조리 과정에 한 번 더 표시했어요.**
레시피 사진 위에 싸이렌 표시가 보인다면 함께 적혀 있는 요리팁을 꼼꼼히 읽어 보세요. 요리의 실수 포인트를 비켜갈 수 있는 노하우를 적어 두었어요.

여덟, **그래도 궁금한 부분이 생긴다면 'LEVEL 0'을 찾아보세요.**
기본 칼 사용법, 육수 만드는 법, 불 조절 노하우, 양념을 넣는 타이밍 등 경험을 통해 얻은 요리 노하우를 대방출했습니다.

LEVEL 0
기초요리

BEST 1. 밥짓기

백미 밥짓기

밥솥이 없는 경우를 대비해 기본 냄비밥 레시피를 준비했다. 냄비밥을 지을 땐 뚜껑이 유리로 된 것을 사용하면 뚜껑을 열지 않고도 조리 정도를 볼 수 있어 실패 확률이 낮아진다. 집에 전기밥솥이 있다면 일이 훨씬 쉬워진다. 아래의 방법과 동일하게 쌀을 씻어 불린 뒤 밥솥에 눈금만큼 쌀과 물을 넣고 취사하면 된다.

① 두 손으로 쌀을 쥐어 가볍게 문질러가며 3번 정도 물을 바꿔 헹군다.
② 헹군 쌀에 찬물을 부어 30분~1시간 정도 불린 뒤 체에 밭쳐 물기를 뺀다.
③ 냄비에 불린 쌀과 물을 1 : 1.2 비율로 넣고 센 불로 끓인다.
④ 팔팔 끓어 거품이 올라오면 중간 불로 줄여 6~7분 정도 더 끓인다.
⑤ 물이 거의 없어지면 아주 약한 불로 줄이고 5분간 끓여 불을 끄고 5분간 뜸을 들인다.
⑥ 뚜껑을 열고 주걱으로 위 아래를 고루 섞어 수증기를 날려 마무리한다.

현미잡곡밥

현미나 그 외 잡곡은 백미보다 물을 더 많이 흡수해 백미밥을 할 때와 물을 동일하게 잡으면 상당히 꼬들꼬들한 식감이 나게 된다. 백미처럼 부드럽게 먹고 싶다면 물양을 늘린다. 특히 콩이나 팥 등의 곡물은 미리 물에 충분히 불린 뒤 사용한다.

볶음밥 · 김밥용 밥짓기

김밥용 밥은 물을 약간 적게 잡아 밥알이 꼬들꼬들하게 살아 있도록 짓는다. 질게 지으면 밥을 얹고 김을 예쁘게 말기 어려워진다. 볶음밥도 볶으면서 떡이 되지 않게 하려면 물을 약간 적게 넣는다.

BEST 2. 김 구이와 간장 양념장

김은 용도에 따라 차이가 있지만 보통 마른 팬에서 굽는다. 기름장을 발라 구울 때는 석쇠를 이용해 직화로 구워도 좋다. 팬을 기름을 두르지 않은 상태로 달궈 자르지 않은 김을 올린 뒤 색이 약간 변할 정도로만 앞뒤로 가볍게 굽는다. 구운 김에 곁들이는 간장 양념장은 고춧가루(1)+간장(8)+다진 마늘(0.5)+참기름(1)을 기본으로 만든다. 여기에 달래, 청양고추, 양파, 파 등 다양한 채소를 취향에 맞게 썰어 넣는다.

요리책에 없었던 진짜 기초요리

아주 기본이 되는, 요리책에서 알려주지 않았지만 요리의 감이 없으면 종종 실패하고 마는 기본요리 best 5를 모아봤다. 이것만 할 줄 알아도 굶어죽지는 않을 수 있으니 꼭 익혀두자.

 ## BEST 3. 다양한 형태의 달걀 요리

삶은 달걀

냉장실에 보관해둔 달걀을 갑자기 끓는 물에 넣으면 온도차이로 인해 껍질이 깨진다. 미리 상온에 꺼내 두었다가 사용하고, 찬물에서부터 넣고 삶는다. 끓이는 물에는 소금과 식초를 넣는데 소금은 달걀껍질의 밀도를 단단하게 해 깨지는 것을 막아주고, 식초는 달걀에 금이 갈 때 흰자의 단백질을 빨리 굳혀 새어나오지 못하게 한다. 보통 물이 끓고 나서 10분 정도면 반숙, 13분 정도면 완숙으로 익는다. 그 이상 익히면 노른자와 흰자의 경계선이 검은색으로 변색된다.

달걀 프라이

팬에 식용유를 넉넉히 두르고 중간 불로 예열한다. 달걀을 올리고 반숙이나 완숙으로 익힌다. 반숙은 익히는 방식에 따라 여러 가지로 나뉘는데, 써니 사이드 업은 달걀을 뒤집지 않고 한쪽만 익힌 것, 오버이지는 뒤집어 양쪽을 다 익힌 것을 말한다. 또 달걀이 어느 정도 익은 뒤 물을 약간 넣고 뚜껑을 덮어 수증기로 윗면을 익힌 것을 스팀 베이스티드 에그라고 한다.

에그 스크램블

식용유를 넉넉히 두른 팬을 중간 불로 예열하고 곱게 푼 달걀물을 부어 익힌다. 바닥이 익기 시작하면 몽글몽글한 덩어리가 생기도록 젓가락으로 저어가며 익힌다. 달걀물에 우유나 치즈를 넣으면 한층 고소하고 진한 맛이 난다.

지단

팬에 식용유를 두르고 키친타월로 닦아 코팅한 뒤 달걀물을 붓고 바닥이 익으면 찢어지지 않게 조심히 뒤집어 불을 끄고 잔열로 익힌다. 기름이 너무 많거나 불이 세면 지단 표면에 기포자국이 생기거나 갈색이 난다. 노른자와 흰자를 나눠서 지단을 부칠 경우 노른자는 퍽퍽하니 물을 약간 섞어서 농도를 맞추고, 흰자는 너무 묽으니 녹말물을 조금 섞어 단단하게 하면 잘 찢어지지 않는다.

 ## BEST 4. 고기 구이

고기의 종류와 용도에 따라 굽는 방법은 다양하다. 돼지고기는 속까지 완전히 익히고 쇠고기는 겉은 바싹, 속은 촉촉하게 익히는 등의 차이가 있는 것. 또 스테이크용 고기냐 불고기용 고기냐에 따라서도 굽는 방법에 변화를 주어야 한다. 하지만 이런 차이를 뛰어넘어 기본적으로 고기를 맛있게 굽는 데는 일정한 법칙이 있다.

기본적으로 고기는 완전히 뜨겁게 달군 팬에 올려야 하고, 한쪽 면이 익어서 핏물이 위로 올라올 때 뒤집어야 육즙이 최대한 살아있고 맛있다. 다만 굽는 시간이나 요령은 고기의 두께, 양념이나 소스의 여부에 따라 달라진다. 기본적인 요령만 기억해두면 고기를 구울 때 쉽게 응용할 수 있을 것이다.

 ## BEST 5. 국수 삶기

소면의 경우 물을 팔팔 끓여 소금을 약간 넣은 뒤 잘 펼쳐 넣고 삶는다. 중간에 거품이 올라올 때 찬물 1컵을 3·4번에 걸쳐 나눠 넣으면 온도 변화로 인해 면발이 더욱 탱탱해진다. 한가닥 끊어보아 흰 심지가 보이지 않을 정도로 익히면 되는데, 불을 끈 뒤에는 바로 찬물에 여러 번 비벼 헹궈야 한다. 면의 표면에 붙어있는 전분질을 헹궈서 제거해야 면이 붙거나 서로 달라붙지 않는다.

당면, 파스타, 쌀국수, 생면 등 면 종류에 따라 삶는 방법은 각기 다르다. 포장지에 표시된 삶는 법을 지키는 것이 최고의 방법이다.

주식탐구! 주요 식재료 맛있게 조리하기

우리 밥상의 기본 쌀 이야기

한국인의 주식 쌀. 좋은 쌀로 지은 밥 한 공기면 반찬이 시원찮아도 맛있게 먹을 수 있지만 쌀이 별로라면 산해진미를 차려도 만족스럽지가 않다. 밥상의 질을 높여줄 좋은 쌀에 대해 알아보자.

Point 1 쌀 포장지만 잘 봐도 좋은 쌀을 알 수 있다.
요즘에는 대부분 마트에서 포장된 쌀을 구매하기 때문에 직접 만져 보고 사기가 힘들다. 그럴 때는 쌀 포장지 뒷면의 품질표시를 확인하는 것이 방법. 가장 주목해야 할 부분은 도정연월일이다. 밥맛이 가장 좋은 쌀의 수분량은 16%정도인데 이 정도 수분을 보유하려면 도정한지 7~15일 이내의 쌀이어야 한다.

Point 2 수입 쌀, 한눈에 알아보기
구입한 쌀이 수입산인지 국산인지 100% 믿을 수 없다면 간단한 구별법을 알아 두자. 국산 쌀은 쌀알이 투명하고 길이가 짧고 둥글며 폭이 넓다. 반면 미국 수입산은 쌀알의 길이가 길고 보다 건조한 느낌이다. 중국 수입산의 경우 쌀알의 형태가 비슷해 구별이 어렵지만 투명도가 떨어지고 약간 누르스름한 색을 띠고 있다.

Point 3 마른 고추와 마늘로 쌀벌레를 예방
쌀벌레는 사계절 생기지만 특히 여름철에는 기온이 올라가고 습기가 많아 쌀벌레가 생기기 좋은 조건이 된다. 손으로 쌀을 한주먹 쥐어 보아 손바닥에 날가루 등이 묻어난다면 이미 쌀벌레가 생긴 것. 이럴 땐 쌀을 어둡고 공기가 잘 통하는 곳에 펼쳐 놓아 벌레가 자연스럽게 흩어지게 만든다. 햇볕을 쪼이면 쌀알이 갈라지니 그늘에 두어야 한다. 그리고 큰 볼에 쌀을 ⅓ 정도 담아 키질하듯 위로 쌀을 띄워가며 가루를 날리고 깨끗이 씻은 통에 담는다. 마른 고추와 마늘, 참숯을 쌀통 안에 넣어두면 쌀벌레 퇴치에 효과적이다. 쌀 5~10kg에 고추 3~4개를 넣고 2개월에 한 번씩 고추를 바꿔준다.

Point 4 김치냉장고에 보관한다.
쌀을 보관하기 위한 최적의 장소는 김치냉장고다. 밀폐 김치통에 담아 김치냉장고, 혹은 냉장실에 보관하면 쌀벌레가 생기지 않는다. 실온에 둔다면 햇빛이 들어오지 못하게 항아리나 색깔 있는 밀폐용기, 쌀통 등에 담아 서늘하고 습기 없는 곳에 보관한다. 또 쌀을 퍼낼 때는 물기가 닿지 않도록 조심한다. 수분 함량이 수시로 변하면 쌀이 변질될 가능성이 그만큼 높아진다.

Point 5 살살 휘젓듯 씻는다.
맛있게 밥을 짓고 싶다면 쌀을 잘 씻어야 한다. 쌀을 씻어낸 첫 물은 빨리 헹궈서 버리고, 쌀을 움켜잡듯이 눌러 가며 문질러 3~4회 물을 갈아주며 씻는다. 이때 힘을 주지 않고 살살 휘젓는 게 중요하다. 씻은 쌀을 물에 오래 불리는 것은 좋지 않다. 쌀겨냄새가 섞여 밥에 냄새가 나기도 하고 밥알 모양이 뭉개져서 밥맛이 떨어진다. 쌀을 미리 불려 보관하고 싶다면 30분 정도 불린 쌀을 체에 밭쳐 물기를 빼고 밀폐용기에 담아 냉장 보관한다.

Point 6 묵은쌀엔 식초와 다시마 2조각!
묵은쌀에서 나는 냄새 제거에는 식초가 제격이다. 전날 저녁에 식초 한 방울을 떨어뜨린 물에 쌀을 담갔다가 씻어서 물기를 빼두고 다음날 아침 한 번 더 미지근한 물로 헹궈 밥을 지으면 냄새가 나지 않는다. 또 다시마를 2조각 정도 넣고 밥을 하거나 다시마를 5분 정도 끓인 물로 밥을 지어도 같은 효과를 볼 수 있다. 오래 저장한 쌀일수록 밥물의 양을 넉넉히 잡아야 밥맛이 좋다. 밥물은 묵은 쌀이라면 쌀의 1.5배, 햅쌀이라면 1.1배가 적당하다. 쌀을 불에 얹기 전에 약간의 소금과 식용유를 넣고 밥을 지으면 부드럽고 윤기 흐르는 밥이 되고 찹쌀을 섞어 밥을 지어도 찰진 밥을 먹을 수 있다.

냄새 없이 담백하게 돼지고기 요리하기

쇠고기에 비해 가격이 저렴할 뿐 아니라 맛이 뛰어나고 영양도 풍부하다.
한 가지 단점은 돼지고기 특유의 냄새. 냄새 없이 깔끔하게 요리하는 비결을 알아보자.

Point 1 조리 전 핏물을 확실히 제거한다.

신선한 상태의 날고기에서는 누린내가 나지 않는다. 윤기가 돌며 색깔이 연한 핑크빛 고기를 고르자. 유통과정이 긴 수입산보다는 신선도가 높은 국내산이, 수퇘지보다는 암퇘지가 누린내가 적다. 돼지고기 냄새를 유발하는 원인은 바로 뼈나 근육 사이에 들어 있는 핏물이다. 요리하기 전에 고기를 찬물에 담가 핏물을 제거하는 이유가 바로 여기에 있다. 특히 살코기보다 뼈 속의 핏물이 더 냄새가 심하므로 갈비처럼 뼈가 함께 붙어 있는 고기는 넉넉한 찬물에 2시간 이상 담가두어야 냄새가 나지 않는다.

Point 2 다양한 향신 채소로 냄새를 날리자

핏물을 제거하고도 미처 다 없애지 못한 냄새는 조리하면서 날린다. 마늘, 양파, 파, 생강 등의 향신 채소는 냄새를 줄이는 데 효과적이다. 특히 생강의 진저론이라는 향 성분은 냄새를 제거하는 효과가 탁월하므로 돼지고기 요리에 꼭 넣는 것이 좋다. 그 외 술의 알코올과 된장, 커피, 후추, 월계수잎 등도 누린내 제거에 효과가 있다.
하지만 무엇보다 중요한 건 익는 동안 냄새가 날아갈 수 있도록 뚜껑을 열어야 한다는 것. 냄새 제거에 좋은 재료를 아무리 많이 넣어도 뚜껑을 꼭 닫고 조리하면 냄새가 날아가지 않아 누린내가 다시 물이나 고기에 흡착된다. 물론 익은 후에는 뚜껑을 덮고 조리해도 괜찮다.

Point 3 요리별 포인트를 기억하자

볶음 요리에는 양념장에 파, 마늘, 생강, 술 또는 된장 등을 넣거나 식용유를 두른 팬에 파, 마늘, 생강을 넣어 향을 낸 뒤 고기를 볶는다. 보쌈이나 수육처럼 삶는 요리에는 익기 시작하면 향신 재료를 넣고 뚜껑을 연 채로 익힌다. 찌개에 넣을 경우 양념한 고기를 볶아 완전히 익힌 뒤 물을 붓고 끓이면 양념에 의해 냄새가 제거되어 국물에서 돼지고기의 누린내가 나지 않는다.

닭고기 부위별로 맛있게 먹기

요즘은 닭고기를 부위별로 구입하는 경우가 많은데, 가격은 약간 비싸도 원하는 부위나 양만 살 수 있어 오히려 경제적이다. 부위별 특성을 살려 맛있게 조리해 보자.

닭다리살&넓적다리살

닭고기의 부위는 크게 다리살, 넓적다리살, 가슴살, 안심, 닭봉, 닭날개로 나눌 수 있다. 다리살은 운동량이 가장 많아 근육이 잘 발달되어 있는 부분으로 쫄깃한 식감이 특징이다. 구이나 튀김, 조림 등 다양한 요리에 두루 어울리는 반면 굵은 힘줄이 여러 개 뻗어 있는 단점이 있다. 그런 면에서 닭다리살을 좋아하는 사람들이 대체해서 사용하면 좋을 부위가 바로 넓적다리살이다. 닭다리 바로 위의 넓적한 부분으로, 맛은 다리살과 흡사하지만 굵은 뼈가 없기 때문에 낭비가 적고, 구이, 튀김, 조림, 볶음 등 어느 요리에도 잘 어울린다.

닭가슴살&닭안심

닭가슴살은 담백하고 깔끔한 맛이 특징지만 식감이 다소 뻑뻑한 것이 단점. 조리 도중 육즙이 빠지면 더 뻑뻑하고 단단해질 수 있으므로 다른 부위보다 익히는 방법이 중요하다. 삶거나 팬에 굽는 경우 모두 온도를 최대한 높인 상태에서 재빨리 겉을 익혀 안의 육즙이 빠져나가지 못하도록 한다. 일단 겉을 익힌 뒤 불을 약하게 줄여 안쪽까지 부드럽게 익힌다. 닭가슴살 안쪽으로 가운뎃손가락 보다 조금 길고 도톰한 살이 붙어 있는데 이것이 바로 안심이다. 닭고기 중 가장 부드럽고 연한 살코기로, 지방이 거의 없어 주로 튀김용으로 사용한다. 패스트푸드점에서 판매하는 텐더 스트립은 모두 안심을 요리한 것이라 생각하면 된다.

닭날개&닭봉

닭날개는 피부미용에 좋은 양질의 단백질인 콜라겐 함유량이 높아 쫀득한 식감이 특징이다. 지방 함량이 많아 자칫 느끼하게 느껴질 수도 있는데, 찜이나 조림에 이용하기보다는 그대로 굽거나 튀겨야 느끼함이 줄어들고 껍질의 바삭하고 고소한 맛을 살릴 수 있다. 닭봉은 닭날개 바로 위에 붙어있는 부위로, 생김새는 닭다리와 유사하지만 크기가 훨씬 작다. 닭날개에 비해 다소 뻑뻑하지만 콜라겐 함유량이 높고 쫄깃해 찜이나 튀김, 구이용으로 다양하게 활용할 수 있다.

닭고기 냄새 제거법

조리법에 따른 냄새 제거 방법도 기억해두자. 구이나 튀김용으로 사용할 경우 우유에 30분 정도 담갔다 사용하거나 올리브유와 허브, 통후추, 생강즙 등으로 밑간해 재워두면 냄새도 제거되고 맛도 더욱 좋아진다. 삶거나 데치는 요리에는 파, 마늘, 생강, 통후추, 청주, 맛술 등을 넣어 삶으면 효과적이다. 삶는 동안에는 뚜껑을 열어 냄새가 날아갈 수 있도록 하자.

생선요리 맛을 끌어올리는 비법

몸에 좋고 맛도 좋지만 비린내 때문에 직접 만들기는 꺼리는 사람들이 많다. 구울 때마다 부서지는 생선살도 초보들에게는 스트레스로 다가오기 마련. 기초손질법과 포인트를 기억하면 집에서도 맛있는 생선요리를 할 수 있다.

Point 1 신선한 생선을 고르자.

생선의 모양이 뭉개지지 않고 그대로 있는지 확인한다. 신선한 생선일수록 생기가 있고 광택이 난다. 눈알이 맑고 또렷한 것, 내장이 나와 있지 않은 것, 비늘이 단단히 붙어 있는 것이 좋다. 특히 아가미가 선홍빛인 것을 확인하는 것이 중요하다. 토막 낸 것은 단면이 통통하고 윤기가 흐르는 것이 좋다. '생물'이라는 표시가 없다면 냉동 후 해동한 생선이라는 의미. 이러한 것은 가급적 다시 냉동하지 않고 바로 요리하는 것이 좋다.

Point 2 요리별 맛 살리기 포인트

냉동 생선은 완전히 해동한 뒤 조리한다. 속이 언 상태에서 요리를 하면 겉만 먼저 익어 살이 으스러지고 익는 시간도 오래 걸려 맛이 덜하다. 냉장실에서 서서히 해동한다. 구이를 할 때는 소금, 된장, 간장 등을 뿌려 재웠다가 가볍게 털어낸 뒤 굽는다. 이렇게 밑간을 하면 비린내가 제거될 뿐 아니라 살에 탄력이 생겨 잘 부서지지 않는다.

간혹 동태찌개가 비리고 쓴맛이 날 때가 있다. 쓸개와 핏덩어리가 남아 있는 채로 끓였기 때문. 쓴맛은 쓸개에서 나고, 비린내는 핏덩어리에서 난다. 동태는 찬물에 담가 녹인 후 내장과 핏덩어리를 깨끗이 제거해 끓이자. 끓일 때에는 뚜껑을 반쯤만 덮어 둬야 비린내가 날아가고 속까지 잘 익는다. 찌개, 조림에는 비린내를 잡아주고 맛도 좋게 하는 파, 마늘, 생강, 양파, 후춧가루, 고춧가루 등을 사용하고 쑥갓이나 깻잎 등 향이 있는 채소를 넣어 마무리 하면 좋다. 자반고등어 등 짠 생선은 쌀뜨물에 10분 정도 담갔다 사용하면 생선 맛을 살리면서 짠기를 뺄 수 있다.

Point 3 구입 직후 손질한다.

생선은 사왔을 때 냉장고에 넣기 전에 바로 손질을 한다. 내장을 손질하지 않은 생선이라면 구입 즉시 내장을 제거해야 비린내가 나지 않는다. 흐르는 물에 핏물을 씻어낸 뒤 바닷물처럼 짠 소금물에 헹군다. 토막 낸 생선은 물에 씻으면 단면으로 맛성분이 빠져나오므로 소금물에 가볍게 헹궈 물기를 닦아낸다. 수분과 공기에 오래 노출되면 비린내가 나기 시작하므로 물기를 닦고 밀봉해 냉장 보관한다. 냉동실에 보관할 때에도 물기를 잘 닦고 랩에 싸서 넣는다. 구이용은 바람이 잘 통하는 곳에서 하루 정도 말려 보관하면 구울 때 살이 잘 부서지지 않고 맛도 더 좋다.

Point 4 부서지지 않게 요리하려면

생선을 구울 때는 팬이나 석쇠를 완전히 달군 뒤 생선을 올려야 들러붙지 않는다. 미리 칼집을 넣으면 간도 적절히 배고 구울 때 껍질 수축으로 인한 부서짐이 덜하다. 생선을 굽기 전에는 굵은 소금을 뿌려 15분 정도 두었다가 물기를 완전히 제거한다. 밀가루나 녹말가루를 묻혀 구우면 생선살이 잘 부서지지 않고 팬에 달라붙지 않을뿐더러 가루가 기름을 흡수해 기름이 튀지 않는다.

양념구이를 할 때는 초벌구이 후 양념을 발라야 타지 않고 속까지 잘 익는다. 흰 살 생선은 살 쪽부터 굽고 기름기가 많은 등 푸른 생선은 껍질 쪽부터 굽는 것이 좋다. 찌개용 생선은 굵은 소금을 뿌려 30분 정도 두었다가 체에 밭쳐 끓는 물을 끼얹으면 생선에 남은 불순물이 제거되고 겉이 단단해진다. 또 육수가 끓을 때 넣어야 겉이 바로 익어 살이 으스러지지 않는다.

음식 맛이 살아난다! 양념 해부

요리에 사용되는 수많은 양념들. 왜 꼭 그 양념을 사용해야 하는지 알쏭달쏭하기만 했다면 각 양념들의 특징을 알아 두자. 맛과 향, 형태의 미묘한 차이가 요리에서 어떻게 나타나는지 알 수 있다.

짠맛을 내는 양념

음식의 간을 맞추는 데 쓰는 가장 기본적인 양념이 바로 짠맛을 내는 양념이다.

소금

주성분은 염화나트륨이다. 음식에 향이나 색을 더하지 않으면서도 깔끔하게 간을 맞출 수 있어 거의 모든 요리의 기본 간으로 쓰인다. 다른 양념으로 간을 한 뒤에 맛을 보고 추가로 간을 조절할 때도 요긴하게 쓰인다.
천일염, 재제염, 정제염, 암염, 죽염 등으로 나뉘는데, 굵은 소금이라고 말하는 천일염은 갯벌 염전에서 바닷물의 수분을 자연 증발시켜 만든다. 채소를 절이거나 장을 담글 때 사용한다. 재제염은 입자가 눈꽃 모양이라 꽃소금이라고 불린다. 천일염을 물에 녹여 불순물을 제거하고 가열해 재결정화시킨 것으로 천일염에 비해 짠맛이 강하고 습기 방지 처리가 되어 보관하기 좋다. 정제염은 바닷물을 전기분해한 기계염으로 주로 식품공장에서 사용한다. 암염은 땅 속에서 굳은 소금 덩어리로 공업용 원료로 사용하고, 죽염은 천일염을 대나무에 넣어 높은 온도에서 구운 것으로 독특한 풍미를 갖는다.

간장

콩으로 메주를 쑤어 소금물에 30~40일 정도 담가 두었다가 그 국물을 떠내 달여서 만든다. 요리에 넣으면 먹음직스러운 색과 향을 낸다. 국물 요리에 간을 할 때 간장을 많이 넣으면 색이 탁해질 수 있으므로 소금과 섞어 사용하는 것이 일반적이다. 진간장, 국간장, 맛간장, 양조간장 등 종류가 다양하다. 진간장은 간장을 오랜 시간 숙성시킨 것으로 국간장보다 달짝지근하고 감칠맛이 좋다. 볶음이나 조림 등에 알맞다. 국간장은 전통방식으로 만든 간장을 말한다. 국물 요리나 간을 맞출 때, 나물 무침에 소량 사용하면 감칠맛이 좋아진다. 양조간장은 메주를 6개월 이상 숙성시켜 만든다. 깊고 풍부한 색과 향이 특징으로 가열하지 않고 찍어 먹는 양념장이나 드레싱으로 먹는 게 더 맛있다.

참치액

훈연참치를 조금 더 편리하게 사용할 수 있도록 개발한 제품. 훈연참치를 추출한 뒤 다시마와 무, 감초 등을 넣어 만든다. 따로 육수를 내지 않고도 감칠맛을 낼 수 있게 도와준다.

멸치액젓

멸치를 발효, 숙성시킨 뒤 달여서 만든다. 특유의 냄새가 강하고 깊은 맛이 풍부하고 단맛은 적다. 각종 김치에 넣어 시원하고 깊은 맛을 낸다. 이 외에도 나물이나 찌개, 탕 등에 간장 대신 사용하면 진한 풍미를 내기 좋다.

된장

콩으로 메주를 만들어 소금물을 부어 장을 담근 뒤 간장을 떠내고 남은 건더기에 소금을 더해 섞어 만든다. 간장, 고추장과 함께 한식에서 가장 많이 사용되는 양념. 국물요리는 물론 무침, 볶음 등에 두루 사용한다.

두반장

매콤한 사천식 요리에 많이 쓰이는 중국식 된장. 누에콩으로 만든 된장에 고추나 향신료를 넣어 발효시킨 것으로 독특한 매운맛과 향기가 난다. 소스나 볶음요리를 만들 때 짠맛을 내는 양념의 양을 줄이고 두반장을 약간 넣으면 중식 느낌 물씬 풍기는 별미가 된다.

굴소스

생굴을 소금에 넣어 발효시킨 후 웃물을 따라내고 걸쭉한 상태로 만든 중국식 소스. 짠맛이 강하지만 굴 특유의 향과 감칠맛이 더해져 복합적인 맛을 낸다. 일반 간장보다는 짠맛이 강하고 맛과 향이 진하기 때문에 조금만 넣어도 충분히 감칠맛을 낼 수 있다. 볶음이나 조림, 튀김 등 각종 요리에 두루 쓰이고 테이블 양념으로도 사용된다.

단맛을 내는 양념

단맛은 매운맛, 짠맛, 신맛을 완화시키는 작용을 하므로 다양한 양념장과 소스에 두루 사용된다.

설탕
원료는 사탕수수. 정제된 단맛을 내 가장 많이, 다양하게 사용된다. 제조 과정에 따라 흰설탕, 황설탕, 흑설탕으로 나뉘는데, 황설탕과 흑설탕은 특유의 색과 짙은 향이 있어 베이킹이나 차에 주로 사용하고, 흰설탕은 두루 사용한다.

올리고당
설탕분자에 과당분자를 결합시킨 감미료. 장내 유익균인 비피더스유산균을 증식시키는 효과가 있어서 장 활성화에 도움을 준다. 색이나 점도는 물엿과 비슷하지만 단맛이 덜하다. 열에 약하기 때문에 고온에서 오래 조리하는 경우에는 사용하지 않는 것이 좋다.

꿀
당 감미료 중 당도가 가장 높다. 천연 성분이기 때문에 몸에 좋은 여러 영양소를 함유하고 있다는 장점이 있는 반면 열에 약하므로 조리 마지막에 첨가한다. 특유의 맛과 향이 강해 음식의 맛에 영향을 미친다. 요리용으로는 향이 약하고 잔맛이 없는 아카시아꿀이 무난하다.

조청
쌀과 엿기름이 원료. 볶음 요리에 사용하면 윤기도 나고 오래 보관할 수 있지만 특유의 맛이 있어서 음식 맛에 영양을 미치니 메뉴에 따라 고려하여 사용한다.

물엿
조청이 되기 전 단계의 양념. 잘 굳는 조청의 단점을 보완했지만 조청과는 달리 정제과정을 거치게 되어 영양소의 손실이 많다. 설탕보다 당도가 낮아 물엿만으로 단맛을 맞출 경우 비교적 많은 양을 사용하게 되는데 농도가 묽어져 요리에 물기가 생기는 것이 단점이다. 때문에 보통 설탕 등의 다른 감미료와 함께 사용한다. 음식에 윤기를 내준다.

신맛을 내는 양념

식초: 당류나 전분질이 풍부한 곡류, 과실류, 주류 등을 주원료로 하여 미생물로 발효시켜 제조한다. 양념장이나 요리에 물기가 많으면 좋지 않은 경우 2배 식초를 사용한다.

🧂 매운맛을 내는 양념

고춧가루
음식에 매운맛은 물론 먹음직스러운 붉은 색깔을 내 준다. 용도에 따라 고운고춧가루, 일반 고춧가루, 청양 고춧가루 등으로 구분할 수 있다. <mark>고운 고춧가루는 식재료에 고운 붉은 색을 들일 때 사용하면 좋고, 청양 고춧가루는 일반 고춧가루와 1 : 1 또는 1 : 2 비율로 섞어 사용하면 더욱 입맛 당기는 매운맛</mark>을 내는데 좋다.

고추장
쌀가루에 고춧가루, 엿기름, 메줏가루, 소금 등을 섞어 만드는 발효식품. 영양이 풍부하고 매운맛을 내는 성분인 캡사이신이 식욕을 돋우고 소화를 촉진한다. <mark>단맛, 감칠맛, 매운맛, 짠맛, 신맛의 다양한 맛과 향이 조화롭게 어우러져 있다.</mark> 예전에는 찹쌀고추장은 초고추장이나 음식의 색을 내는 용도로 이용하고, 밀가루고추장은 찌개나 국을 끓일 때에, 보리고추장은 여름에 쌈장용으로 만들어 먹었다. 요즘에는 재래식 고추장보다는 밀가루에 황국균을 배양한 코지에 고춧가루·소금·물엿 등을 섞어 만드는 개량식 고추장을 주로 이용한다.

통후추
짜릿한 매운맛과 자극적인 향이 특징이다. 검은 후추는 매운맛이 강하고 흰색 후추는 순한 맛이 나면서 다른 후추에 비해 향이 부족하고 분홍색 후추는 매운맛보다는 향이 더 강하다. 후추의 상쾌한 향미는 식욕을 돋우고 고기 누린내나 생선 비린내를 없애는 데 효과적이다. 스테이크나 샐러드에 넣으면 향을 진하게 느낄 수 있다. 또 국물요리나 볶음요리 등에 완성 직전의 단계에서 사용한다. 흰색 후추는 흰색소스나 생선요리에 주로 쓰인다. 후추는 살균효과가 있어 햄과 소시지 같은 가공식품에도 널리 사용된다.

머스터드
겨자씨로 만들어 톡 쏘는 매운맛을 낸다. 샐러드드레싱이나 디핑소스로 두루 활용한다. 흑겨자로 만들어 향이 짙은 것을 독일풍 조제 머스터드라 하고, 백겨자로 만들어 매운맛을 내는 것을 영국풍 조제 머스터드라고 한다. 허브와 백포도주를 섞어 톡 쏘는 맛이 나면서 끝맛이 부드러운 디종 머스터드는 드레싱용 고급 머스터드다. 겨자, 통후추 부순 것, 간장, 마늘, 올리브유, 적포도주, 소금을 넣고 잘 섞어 차가운 고기나 소시지·샐러드·샌드위치에 드레싱으로 사용한다.

요리에 쓰이는 술

청주
청주를 촘촘한 체에 걸러 만든다. 투명한 색감과 신선한 향미가 특징. 때문에 요리에 가장 무난하게 두루 사용할 수 있다. 고기나 생선 요리에 넣으면 본 재료의 맛은 해치지 않으면서 잡내를 제거하는 효과가 탁월하다.

소주
보통 우리가 마시는 소주는 높은 도수의 증류 주정을 희석해 농도를 조절한 희석식 소주로 요리에 넣으면 청주와 비슷한 역할을 한다. 도수가 높아 잡내 제거 효과는 조금 더 크지만 향이 진해 양 조절이 필요하다.

맛술
조미료를 넣어 맛을 낸 요리용 술. 도수가 낮고 알코올 향이 적으며 단맛이 있어 잡내 제거보다는 감칠맛과 윤기를 내는 목적으로 사용한다. 단맛이 강한 일식 요리에 자주 사용하고 고기나 생선의 육질을 부드럽게 할 때도 사용한다. 단맛이 있으니 양념할 때 설탕 양을 조절할 것.

와인
서양 술이다 보니 한식보다는 서양식에 주로 사용한다. 고기의 잡내를 제거할 뿐 아니라 요리의 풍미를 더욱 풍부하게 하여 소스의 베이스로 사용하거나 스테이크를 마리네이드(밑간)할 때 많이 사용한다.

맥주
보리 맥아를 발효시킨 맥주는 다른 술과 마찬가지로 식재료의 잡내를 제거한다. 또한 톡 쏘는 탄산가스의 특징을 살려 튀김 반죽에 차가운 맥주를 넣으면 순간적으로 부풀어 올라 바삭한 튀김을 만들 수 있다.

막걸리
모든 전통주의 기본이 되는 술로 밥과 누룩, 물을 섞어 발효, 숙성시켜 만든다. 짙은 향과 색이 있어 요리에 많이 사용하지 않지만 떡 반죽에 넣으면 발효 가스의 작용으로 반죽을 부풀게 한다.

알고 먹는 식용유!

올리브유
올리브를 압착 또는 추출하여 얻은 식물성 기름. 일반 식용유보다 발연점이 낮고, 열을 가하지 않은 상태에서 먹을 수 있어 샐러드드레싱으로 많이 사용한다.

포도씨유
포도씨를 압착해 얻은 기름으로 발연점이 250℃로 일반 식용유보다 높다. 고온에서 비교적 오래 요리해도 쉽게 타지 않는 것이 장점. 특유의 느끼한 향과 냄새가 없어 요리 재료의 고유한 맛을 살릴 수 있다. 튀김·구이·부침에 잘 어울린다.

해바라기유
해바라기 씨앗을 압착해 얻은 기름. 필수 지방산을 다량 함유하고 있으며 다른 식물성 기름보다 비교적 많은 비타민A와 E를 함유하고 있다. 포도씨유와 마찬가지로 발연점이 250℃로 높아 잘 타지 않고, 콜레스테롤과 트랜스지방 함량 0%로 최근 건강한 기름으로 각광받고 있다.

쌀눈유
현미의 쌀겨에서 채유한 기름. 쌀눈에 함유된 감마 오리자놀 성분이 몸 안의 콜레스테롤을 낮추는데 도움을 준다. 역시 발연점이 250℃로 높아 고온에서도 잘 타지 않기 때문에 볶음, 부침, 구이, 튀김 등 다양한 요리에 사용해도 좋다.

맛내기 기초 공사 : 육수 만들기

배 속까지 개운해지는 맑은 국의 시원한 맛이나 뜨끈한 찌개에서 느껴지는
고기의 진한 풍미같은 감칠맛은 단순히 양념을 하는 것만으로는 내기 힘들다.
사용하면 요리의 감칠맛과 품격을 몇 단계는 상승시켜주는 다양한 육수를 소개한다.

다시마우린물
필수 재료 다시마(1장=10×10cm)

다시마를 물(4컵)에 10분 정도 담갔다가 건져 만든다. 가장 간단하게 만들 수 있는 기본적인 육수로 감칠맛을 내는 효과가 좋다. 다시마는 구입 후 사방 10cm 크기로 잘라 보관통에 담은 뒤 냉동 보관하면 필요할 때마다 편하게 꺼내 쓸 수 있다.

황태육수
필수 재료 황태머리(1개), 다시마(1장=5×5cm), 무(½ 토막)

물(4컵)에 황태머리, 다시마, 무를 넣고 중약불로 15분 정도 끓인 뒤 체로 국물만 거른다. 황태머리는 채소국과 잘 어울리는 육수 재료. 무를 함께 넣어도 좋고, 황태와 다시마만 넣고 끓여도 구수한 맛이 살아난다.

조개육수
필수 재료 바지락(1¾컵), 청주(0.5)

바지락을 소금물(물 3컵+소금 1)에 담가 30분 정도 해감한 뒤 물을 넉넉히 붓고 중간 불에 올린 뒤 끓어오르면 청주(0.5)를 넣어 입을 벌릴 때까지 끓인다. 조개류 특유의 시원한 국물맛이 일품! 바지락 등의 조개는 해감한 뒤 육수를 내야 한다. 청주를 넣어 비린내를 없애고 사용한다.

멸치다시마육수
필수 재료 국물용 멸치(10마리), 다시마(1장=5×5cm)

국물용 멸치와 다시마를 물(4컵)에 넣고 중약불로 10분 정도 끓인 뒤 체로 건더기를 건져 낸다. 다시마를 오래 끓이면 국물에 끈적한 성분이 배어나오니 맑은 국물을 원한다면 육수가 끓어오르면 즉시 다시마를 건진다. 멸치도 오래 끓이면 비린내가 나므로 특유의 향이 싫다면 10분 정도만 끓이는 게 좋다.

청양고추육수
필수 재료 청양고추(1개), 다시마(1장=10×10cm)

청양고추를 어슷 썰어 다시마와 함께 물(4컵)에 넣고 중간 불로 끓인다. 팔팔 끓어오르면 체로 건더기를 건진다. 청양고추에서 매콤하고 시원한 맛이 우러나와 특히 생선조림 등을 만들 때는 비린내를 잡아주고 입맛을 돋우는 역할을 한다. 청양고추 대신 마른 고추를 사용하거나 무를 추가해도 된다.

채소육수
필수 재료 양파(½개), 무(1토막), 다시마(1장=10×10cm)

물(4컵)에 양파와 무, 다시마를 넣고 중간 불로 10분 정도 끓인 뒤 체에 걸러 만든다. 채소만 넣고 끓이면 맑고 깔끔한 맛의 육수를 만들 수 있다. 양파나 무는 국물을 맛있게 해주는 대표적인 채소. 여기에 대파 뿌리나 양배추, 마늘 등을 함께 넣고 끓여도 감칠맛이 살아난다.

가쓰오부시육수
필수 재료 다시마(1장=5×5cm), 가쓰오부시(1컵)

물(4컵)에 다시마를 넣고 중간 불에 올려 끓어오르면 불을 끈 뒤 가쓰오부시를 넣고 5분 정도 우려내고 체에 거른다. 가쓰오부시를 넣고 끓이면 쓴맛이 우러날 수 있으니 불을 끄고 뜨거운 다시마물에 담가 살짝 우려내기만 한다. 귀찮을 때는 가쓰오부시를 찬물에 넣고 전자레인지에 3분 정도 돌리면 편하다.

쇠고기육수
필수 재료 쇠고기 양지머리(150g), 마늘(5쪽), 대파(10cm)

육수용 쇠고기는 양지머리나 사태가 적당하고, 찬물에 1~2시간 담가 핏물을 뺀 후 끓여야 국물이 깔끔하고 누린내가 나지 않는다. 냄비에 물(10컵)과 핏물을 제거한 쇠고기, 마늘, 대파를 넣고 센 불에 올려 끓어오르면 중간 불로 줄여 30분 정도 고기가 부드러워질 때까지 푹 끓인다. 다 끓으면 고기는 건져내 건더기나 고명으로 사용하고 국물은 면포에 걸러 차게 식힌 뒤 위에 뜨는 기름을 걷어낸다.

> **육수보관하기**
> 며칠 내로 먹을 분량은 물병이나 페트병에 넣어 냉장보관하고, 오래두고 먹을 분량은 소분해 냉동실에 얼려 놓으면 보름 정도는 처음 맛 그대로 육수를 사용할 수 있다. 냉동해 얼린 육수는 실온이 아닌 냉장실에서 해동하는 것이 위생적이다.

무침 양념

나물무침에는 간장, 고추장, 된장, 소금의 기본 양념들을 사용하는데 비율에 따라 맛이 좌우된다. 보통 나물 100g당 양념 1숟가락을 기준으로 하면 된다.

된장무침
된장 1 : 맛술 1

두릅, 냉이, 얼갈이배추 등을 살짝 데쳐 된장 양념에 무치면 나물 맛이 더욱 구수해진다. 된장에 맛술을 넣으면 된장의 짠맛은 줄고 농도는 묽어져 무치기 좋은 정도가 된다. 여기에 다진 파, 다진 마늘, 깨소금, 참기름을 약간씩 넣어 섞는다. 고소함을 더하고 싶다면 마요네즈나 들깻가루를 조금 넣어도 좋다. 들깻가루를 넣으면 물기가 생기는 현상도 줄일 수 있다.

간장무침
간장 2 : 설탕 1 : 식초 1

간장 양념 하나만 제대로 만들어도 나물무침이나 샐러드에 무궁무진하게 활용할 수 있다. 새콤한 맛을 좋아한다면 식초를, 단맛을 좋아하면 설탕을 더 넣으면 된다. 기호에 따라 고춧가루, 다진 파, 다진 마늘, 깨소금 등을 넣으면 깔끔한 맛의 겉절이를 만들 수 있다. 더 진한 맛을 내고 싶다면 간장 대신 까나리액젓이나 멸치액젓을 ½ 양으로 넣는다.

소금무침
나물 200g : 소금 0.3

소금으로 맛을 내면 재료의 순수한 맛을 가장 잘 살릴 수 있다. 많은 종류의 양념이 필요 없어 간단하지만, 소금의 양을 가늠하는 것이 결코 만만치 않다. 나물무침의 비율은 나물 200g당 소금 0.3숟가락 정도면 알맞다. 나물 200g은 삶은 뒤 꼭 짜 양손으로 쥐었을 때 손 안에 쏙 들어가는 덩어리로 2개 정도 분량이다. 꽃소금을 사용하면 맛이 깔끔하다.
숙주나물, 시금치, 쑥갓 등은 소금으로 간을 해 깔끔한 맛을 내는 대표적인 나물. 소금이 녹아 나물에 스며들기까지 시간이 걸리므로 꼭꼭 주물러 무쳐야 간이 속까지 잘 밴다. 여기에 참기름, 깨소금, 다진 파와 다진 마늘을 조금 추가하면 맛이 더 풍부해진다.

고추장무침
고추장 3 : 설탕 1 : 식초 1

도라지나 더덕, 씀바귀, 돌나물, 오이 등 대부분의 나물 재료와 잘 어울리는 양념이 바로 고추장이다. 새콤달콤한 맛을 원할 경우 설탕과 식초, 고추장을 1 : 1 : 3 비율로 넣는다. 단맛을 좋아하지 않거나 밥반찬으로만 먹을 경우에는 설탕을 반으로 줄여도 좋다. 여기에 고춧가루, 다진 마늘, 다진 파, 통깨 등을 추가하면 된다. 무친 뒤 바로 먹을 것이 아니라면 고춧가루를 섞어 무쳐야 수분이 생기는 것을 막을 수 있다.

한식 양념장 요리에 꼭 맞게 사용하기

레시피보다 적거나 많은 양을 요리하게 됐을 때, 식재료들은 비율에 맞춰 양을 조절하기 쉽지만
양념은 애매할 때가 많다. 맛을 봐가며 대충 줄이다보면 초보자들에게는 실패가 따라오는 일이 많은데,
꼭 들어가야 하는 양념의 비율을 알아두면 실수를 줄일 수 있다.

볶음 양념

쇠고기에는 간장, 돼지고기에는 고추장, 해물에는 고추장과 고춧가루를 섞은 양념이 잘 어울린다.

쇠고기볶음
간장(굴소스) 1 : 설탕 0.5 : 청주 1

쇠고기에는 강하지 않고 깔끔한 맛의 양념이 잘 어울린다. 간장 양념으로 조리하는 것이 가장 일반적이지만 간장 대신 굴소스를 넣으면 더욱 풍부한 맛을 낼 수 있다. 간장(굴소스)의 양은 쇠고기 100g당 1.5순가락이 적당하다.

돼지고기볶음
고추장 2 : 간장 1 : 고춧가루 1 : 설탕 1

기름진 돼지고기에는 칼칼한 고추장 양념이 잘 어울린다. 고기볶음을 할 때 고춧가루를 많이 넣으면 고기가 익기 전에 양념이 타기 쉬우므로 주의한다. 볶는 기술에 자신이 없다면 고춧가루보다는 고추장의 비율을 늘리는 것이 좋다. 얼큰한 맛을 살리고 싶다면 고춧가루 대신에 두반장을 넣는다. 돼지고기와 궁합이 잘 맞는 사과를 갈아 넣으면 잡냄새가 없어지고 맛도 한결 부드러워진다.

해물볶음
고추장 2 : 고춧가루 2 : 간장 1 : 설탕 1

매운 해물볶음요리에는 고추장과 고춧가루를 동량으로 넣는다. 소금 대신 간장을 넣으면 음식의 빛깔이 좋아지고 감칠맛을 더할 수 있다. 청주를 넣으면 비린내를 없애 어떤 해물도 맛있게 볶을 수 있다. 팬을 뜨겁게 달군 후 식용유를 약간 둘러 채소를 먼저 볶고 해물, 양념 순으로 넣어 재빨리 볶는다. 낙지 같은 해물은 오래 볶으면 질겨지므로 재빨리 볶아 내는 것이 포인트.

조림 양념

물과 양념장의 비율을 잘 맞춰야 한다. 무른 재료는 양념장의 2배, 단단한 재료는 양념장의 4배 정도의 물을 넣는다.

생선조림
간장 1 : 맛술 0.5 : 물 3

맛술이 생선의 비린내를 없애고 적당한 단맛과 윤기를 더해준다. 생선 100g당 간장 1.5순가락을 사용하면 적당한데, 뼈를 발라내고 살만 조릴 땐 간장을 절반 정도로 줄인다. 채소를 같이 넣을 경우 채소의 무게만큼 양념의 비율을 늘리면 된다. 비린맛이 강한 등푸른 생선은 기본 양념장에 고춧가루, 생강, 마늘 등을 넉넉히 넣어 만든다. 양파를 갈아 넣으면 단맛도 증가되고 비린내 제거에 효과적이다.

마른반찬조림
간장 1 : 설탕 1 : 맛술 1

멸치나 황태포 등을 조릴 때 물 대신 맛술이나 청주를 넣으면 단맛도 나고 잡내 제거에도 효과적이다. 건어물은 제품마다 짠맛에 조금씩 차이가 나므로 맛을 보고 간이 강하면 단맛을 약간 추가한다. 멸치볶음을 빨갛게 만들고 싶다면 간장대신 고추장을 넣는다.

육류조림
간장 2 : 설탕 1 : 청주 1

고기를 익힐 때 처음부터 조림장을 넣으면 간이 잘 배지 않고 익으면서 고기가 딱딱해진다. 핏물을 충분히 빼고 삶아서 익힌 후에 조림장을 넣어야 양념이 잘 밴다. 고기 100g당 간장 1.5순가락을 기준으로 삼아 양념장을 만든다. 배즙을 넣으면 고기가 부드러워지는데, 이때는 설탕의 양을 줄여야 한다.

채소밑반찬조림
간장 1 : 설탕 0.5 : 물 4

연근, 우엉, 콩 같은 단단한 재료는 재료를 먼저 부드럽게 익힌 뒤 양념장을 넣어 간이 배도록 푹 끓인다. 간장은 재료 100g당 1.5순가락이 적당하다. 콩자반은 마른 콩을 부드럽게 삶은 뒤 조림장을 넣고, 우엉은 끓는 물에 데쳐 조림장을 넣고 조린다.

향신채소 사용법 총정리

한식을 만들 때 여기저기 빠지지 않고 들어가는 채소들이 있다. 찌개의 2% 부족한 맛을 살리는 다진 마늘, 국에 시원한 맛을 더하는 대파, 볶음요리에 은은한 단맛과 감칠맛을 더하는 양파, 고기요리의 잡냄새를 제거하고 향긋함을 더하는 생강까지. 4가지 기본 향신 채소 사용법만 제대로 알아도 완성도 높은 음식을 만들 수 있다.

마늘

마늘은 김치, 찌개, 무침, 볶음 등에 빠지지 않고 들어가는 한식 필수 재료. 요리별 사용법을 알아보자.

매운맛보다는 깔끔함을 원할 때 다진 마늘
맵고 끈적이는 진액이 나오지 않도록 칼날이나 커터로 다진다. 아주 작게 썬다는 느낌으로 다지면 되는데 생으로 먹는 드레싱이나 냉채소스 등에 넣으면 매운맛은 덜하고 마늘 특유의 맛을 잘 살릴 수 있다. 볶음요리에도 다져서 넣으면 진액이 나오지 않아 깔끔하고 마늘의 향이 잘 살아난다.

즉석에서 빠르고 쉽게 사용할 때는 으깬 마늘
찧거나 으깬 마늘은 시간이 지나면서 향과 맛이 변하게 되므로 오래 두고 먹는 방법으로는 좋지 않다. 하지만 즉석에서 으깨 바로 사용하면 적은 양으로도 마늘의 향을 잘 느낄 수 있어 찌개나 국에 넣거나 고기에 밑간할 때, 나물무침 등에 사용하면 좋다.

맑은 국 끓일 때는 누른 마늘
칼 옆면으로 힘을 주어 꾹 눌러 사용한다. 이때도 즉석에서 바로 눌러 사용해야 마늘의 향이 변하지 않는다. 생태맑은탕, 콩나물국 등 맑은 국에 누른 마늘을 넣으면 국물이 탁해지지 않으면서 마늘의 맛을 우려낼 수 있다. 중국요리처럼 기름이 넉넉히 들어가는 볶음요리에 사용해도 좋다. 누른 마늘을 볶아 향을 낸 후 건져내면 마늘이 타서 지저분해지는 것을 막을 수 있다.

대파

파란 부분과 흰 부분의 용도가 다른데, 파란 부분은 볶음요리나 계란찜, 조림 등에 쓰고, 흰 부분은 다져 양념으로 넣거나 파채, 국물요리에 쓴다.

양념·볶음요리에는 다진 파
파에 길게 칼집을 넣어 송송 썬 후 다지면 쉽고 편하다. 다진 파는 양념장에 주로 사용하는데 파란 부분에는 진액이 있어 양념재료를 뭉치게 하고 재료에 양념이 고루 배는 것을 방해하므로 흰 부분을 사용하는 것이 좋다. 나물을 무칠 때는 곱게 다지고, 볶음요리에 향을 내기 위해 쓸 때는 큼직하게 다져 사용한다.

생으로 먹을 때는 파채
주로 흰 부분을 쓰는데 파란 부분을 함께 사용하고 싶다면 물에 여러 번 헹궈 진액을 없앤다. 흰 부분의 가운데에 있는 심지는 딱딱하고 두툼해 파채에 적당하지 않으므로 길게 칼집을 넣어 빼낸 후 썬다. 고기나 생선요리에 생으로 곁들이면 입 안을 깔끔하게 정리해준다.

오래 두고 먹을 때는 냉동 대파
대파는 국물을 시원하게 하는 효과가 있지만 파란 부분을 많이 넣으면 진액으로 인해 국물이 탁해지므로 국·찌개에 들어가는 대파는 파란 부분의 중간까지만 쓰는 것이 좋다. 대파 한 단을 사면 양이 많아 사용하고 남을 때가 많다. 이때는 파를 송송 썰어 지퍼백에 담아 납작하게 얼려 놓는다. 사용할 땐 해동하지 않고 끓는 국물에 바로 넣으면 모양과 향이 잘 살아난다.

생강

맵고 향이 강한 생강은 생선과 육류의 냄새를 제거하고 살균작용도 한다. 생강을 손질해 사용하는 것이 번거롭다면 생강가루를 사용하는 방법도 괜찮다.

음식의 모양새를 살릴 때는 생강즙

고기요리나 생선요리에 생강즙을 넣으면 건더기가 없어 음식의 모양새가 깔끔하다. 강판이나 믹서에 갈아 면포에 짜 사용하며 생강에 수분이 적을 때에는 물이나 청주를 섞어서 짜기도 한다. 매번 갈아서 즙을 내는 것이 귀찮다면 한꺼번에 갈아 소분해 얼려 사용한다. 향이 다소 약해지기는 하나 편리하다.

잡내는 제거하고 향은 살리고 채 썬 생강

고기나 해산물로 볶음요리를 할 때 약한 불로 달군 팬에 식용유를 두르고 다지거나 채 썬 생강을 볶아 향을 내면 잡냄새는 없어지고 좋은 향을 더할 수 있다. 생강을 다질 때는 찧지 않고 칼로 작게 썰듯이 다져야 기름에 들어갔을 때 생강즙으로 인해 타는 것을 방지할 수 있다. 채 썬 생강을 찬물에 담가 매운 맛을 뺀 후 생선구이나 돼지고기구이, 회에 곁들여 먹으면 생강의 향긋함을 즐길 수 있다.

숙성시켜 사용하는 양념장에는 간 생강

생강을 강판에 갈면 섬유질은 걸러지고 즙과 건더기만 남는다. 생강이 들어가는 드레싱이나 양념간장, 초고추장에 넣거나 숙성시켜 사용하는 양념장에 넣으면 좋다. 갈면서 생강의 향이 강해져 조금만 넣어도 맛이 확 산다.

양파

생으로 먹기도 하고, 양념, 볶음, 국물요리에 넣으면 달고 시원한 맛을 낸다. 오래 볶을수록 단맛이 증가해 설탕 대신 자연스런 단맛을 내는 데 좋다.

샐러드드레싱에는 다진 양파

양파를 다질 때는 뿌리 쪽에 여분을 남겨두고 세로로 칼집을 넣은 후 방향을 틀어 편 썰듯 칼집을 넣고 다시 가로로 송송 썰면 빠르게 다질 수 있다. 칼에 힘을 주어 썰면 양파의 매운 향을 내는 세포가 으깨지면서 눈이 맵기 때문에 잘 드는 칼로 써는 것이 좋다. 다진 양파는 드레싱이나 볶음요리에 주로 사용하며 익히지 않고 생으로 먹을 때에는 소금에 살짝 절였다 물기를 짜서 사용하면 매운맛이 덜하다.

볶음요리에는 채 썬 양파

양파를 채 썰 때는 뿌리 쪽을 완전히 잘라낸 후 썰어야 가닥이 잘 떨어진다. 반 자른 양파를 가운데를 축으로 두고 부챗살 모양으로 썰면 수직으로 써는 것보다 모양과 굵기가 일정하다. 볶음요리에는 두툼하게 썰고, 무침에 들어갈 때는 얇게 썬다.

밑간이나 양념할 때 양파즙

강판이나 믹서에 갈아서 사용한다. 강판에 갈 때 양파 뿌리 부분을 남겨 손잡이 삼아 잡고 갈면 양파가 흐트러지지 않는다. 고기를 재울 때 넣으면 육질이 부드러워지고 고기의 맛도 한결 좋아진다. 요리에 들어가면 형태가 거의 보이지 않기 때문에 밑간이나 양념에 그대로 넣어도 좋지만 물김치나 국물에는 즙만 짜서 넣어야 국물이 탁해지지 않는다.

Skill up! 요리 포인트 해부

🍊 Save my hands! 기본 칼 사용법

요리의 시작은 언제나 재료 손질부터! 그러나 식재료를 다듬기도 전에 내 손을 먼저 희생시킨다는 게 요리 초보의 슬픈 점이다. 유혈사태 방지를 위해 기본 칼 사용법과 재료 손질법을 알아 두자. 칼은 손잡이와 칼날이 만나는 지점에 검지를 두고 자연스럽게 쥔다.

Point 1 칼로 다듬기
뿌리채소 중 껍질이 있는 더덕이나 우엉 등은 칼날로 긁거나 필러로 껍질을 제거한다. 무나 당근 같이 비교적 껍질이 얇을 경우 깨끗이 씻어 그대로 사용해도 되고 깨끗한 수세미로 문질러 벗기거나 칼날로 살살 긁어 벗겨낸다.

Point 2 다지기
양파 뿌리 쪽 5mm 정도를 여분으로 남기고 결대로 길게 칼집을 넣은 뒤 직각 방향으로 잘게 썰어 다진다.
마늘 칼 옆면으로 마늘을 때려 눌러 으깬 뒤 칼날을 사용해 곱게 다진다.
파 파에 길게 칼집을 여러 번 넣어 곱게 썬다.

양파 다지기

마늘 으깨 다지기

파 썰기

Point 3 썰기
어슷 썰기 재료를 가지런히 놓고 칼을 비스듬히 들어 사선으로 썬다. 단면이 넓기 때문에 재료에 맛이 잘 배어들어 조림이나 국에 넣을 채소는 어슷 써는게 좋다.
송송 썰기 재료의 동그란 단면을 살려 잘게 썬다. 양념장에 넣거나 고명으로 사용할 때 좋다. 주로 고추나 파처럼 가늘고 긴 재료를 썰 때 사용한다.
채 썰기 길고 가늘게 써는 방법. 재료를 얇게 썬 다음 겹쳐 다시 가늘게 썬다.
돌려 깎아 채 썰기 5~6cm 길이로 토막 낸 뒤 과일 껍질을 벗기듯 칼을 살살 움직여 돌려 깎고, 겹쳐 다시 가늘게 썬다. 오이, 애호박 등의 씨를 빼고 채 썰 때 사용한다.
깍둑 썰기 정육면체의 주사위 모양으로 써는 방법. 먼저 재료를 막대 모양으로 썬 뒤 다시 네모나게 썬다.

반달 썰기 애호박, 감자, 고구마 등 원이나 원통형의 재료를 길게 반 가른 뒤 원하는 두께로 썰면 반달 모양이 나온다.
저미기, 포뜨기 버섯이나 생선, 닭고기 등의 두꺼운 재료를 조금 더 얇고 납작하게 써는 방법. 재료를 바닥에 두고 움직이지 않도록 한 손으로 눌러가며 고정시킨 뒤 칼을 눕혀 천천히 움직여 동일한 두께로 썬다.

어슷 썰기

송송 썰기

채 썰기

돌려 깎아 채 썰기

깍둑 썰기

반달 썰기

저미기, 포뜨기

🍊 칼날의 위치와 용도
칼날의 위치마다 용도의 차이가 있다. 칼끝은 고기의 힘줄을 끊거나 채소 꼭지를 도려낼 때 사용하고, 칼날 앞부분에서 중앙부분은 채소를 채 썰거나 미세하게 모양을 내 썰 때 사용한다. 중앙에서 뒷부분으로 올수록 큼직한 재료를 힘주어 썰기 좋다. 칼의 맨 뒷쪽은 단단한 채소의 싹이나 홈을 도려내기 좋다. 칼등은 고기를 두들겨 연육시키는 용도로 사용하고, 더덕이나 우엉 등의 뿌리채소의 껍질을 긁어낼 때 사용한다. 칼 옆면은 두부나 마늘 등을 으깨는 데 사용한다.

맛내기 핵심! 불 조절 노하우

불의 세기는 크게 센 불, 중간 불, 약한 불로 나눈다. 요리마다 적정한 불의 세기가 다르니 잘 알아두고 조절한다.

센 불
화력이 아주 강해 재료를 태우기 쉬우므로 짧은 시간에 조리하는 볶음요리나 찜요리, 중국요리, 또는 물을 팔팔 끓일 때 사용한다.

중간 불
불이 세지도 약하지도 않은 중간 단계. 국물이 있는 요리는 보통 센 불로 먼저 팔팔 끓인 뒤 중간 불로 줄여 맛을 우려낸다.

약한 불
중간 불보다 불꽃이 약해 오래 끓이는 조림이나 사골국 등 오래 끓여 맛을 우려낼 때 사용한다.

요리별 불조절

Point 1 국, 찌개, 조림
처음부터 약한 불로 끓이면 재료가 익지 않아 뭉개지기 쉽고 간이 제대로 배지 않으므로 처음에는 센 불로 끓이다가 끓고 나면 중간 불이나 약한 불로 낮춰 국물이 재료 속까지 푹 배도록 끓인다.

Point 2 구이
고기나 생선을 구울 때는 육즙이 빠져나가지 않도록 센 불로 겉을 익힌 뒤 약한 불로 줄여 속까지 익힌다. 자주 뒤집으면 육즙이 빠져나가 맛도 떨어지고 모양도 예쁘게 나오지 않는다. 한쪽이 충분히 익으면 뒤집어 익힌다.

Point 3 채소 볶음
팬에 기름을 센 불로 달군 뒤 재료를 넣어 재빨리 볶으면 수분이 빠져나오는 정도가 줄어 아삭함이 살고 영양 손실을 줄일 수 있다.

Point 4 튀김
채소는 센 불에서 180℃ 정도의 높은 온도를 유지하며 재빨리 튀기고, 고기가 들어가는 요리는 속까지 완전히 익혀야 하므로 중간 불에 올려 튀긴다.

절대 실패하지 않는 요리 비법 공개

튀김요리

Point 1 기본 중 기본 기름 고르기

주방 한구석에 언제나 자리하고 있는 기름. 식용유의 대명사인 대두유부터 포도씨유, 카놀라유, 올리브유 등 그 종류도 다양한데, 튀김요리를 하기 좋은 기름을 고르려면 우선 발연점을 확인해야 한다. 발연점이 높아야 기름이 타면서 유해한 물질이 생기는 걸 방지하고, 튀김도 더 바삭해진다. 대두유, 포도씨유, 카놀라유는 발연점이 250℃로 높아 튀김용으로 딱이다. 전문가가 만든 튀김처럼 고소한 향을 추가하고 싶다면 참기름을 약간 첨가해도 된다.

> **Bad** 튀김요리에는 안 어울린다, 올리브유
> **Good** 포도씨유, 카놀라유
> **Excellent** 기름의 양에 따라 참기름 2~3 순가락을 첨가하면 풍미 up!

Point 2 수분을 잡아라! 재료 손질

튀김을 하다 사방으로 팽팽 튀는 기름의 습격을 받은 경험이 있다면, 혹은 한입 베어 문 튀김이 눅눅해 기분 상한 적이 있다면 주목! 모든 원인은 재료의 수분에 있다. 재료의 수분을 제거하지 않고 고온의 기름에 넣으면 기름이 튀어 다칠 염려도 있거니와, 수분이 있던 자리를 기름이 대체해 눅눅해지기 쉽다. 키친타월로 물기를 잘 닦아내야 하고, 새우는 꼬리에 달린 물총을 제거한다. 반죽옷을 꼼꼼히 입혀 코팅하는 것 또한 기름이 튀는 것을 방지할 수 있는 또 하나의 포인트다.

> **Bad** 수분 가득 머금은 재료
> **Good** 조리하기 전 재료 구석구석 물기 제거
> **Excellent** 기름이 튀지 않게 튀김옷도 꼼꼼히!

Point 3 바삭한 옷을 입혀라! 반죽 만드는 법

밀가루와 물이 만나면 글루텐이라는 끈적한 단백질 성분이 생긴다. 튀김의 수분을 붙잡아 바삭해지는 것을 막기 때문에 글루텐 생성을 최소화하는 것이 좋다. 방법으로는 첫째, 젓는 것을 최소화한다. 반죽을 많이 저을수록 글루텐 성분이 강해진다. 달걀은 차가운 물에 미리 풀어 놓고, 밀가루는 대충 저어도 잘 섞일 수 있게 체에 걸러서 사용한다. 하얀 밀가루가 듬성듬성 보이는 반죽이 생소하겠지만 당황하지 말자. 튀김옷으로는 완벽한 상태다. 둘째, 온도를 낮춘다. 글루텐은 온도가 높을수록 잘 형성되기 때문에 반죽에는 차가운 물을 사용하고, 얼음을 넣어 차갑게 만드는 것도 좋다. 셋째, 튀기기 직전에 튀김옷을 만든다. 미리 만들면 글루텐이 강해져 튀김이 눅눅해진다.

> **Bad** 눈대중으로 모든 재료를 한 번에 넣고 열심히 젓기
> **Good** 달걀은 미리 풀어주고, 밀가루는 체에 거르고, 점성이 생기지 않게 적당히 젓기
> **Excellent** 얼음 넣은 차가운 물로 반죽하고, 튀기기 직전에 튀김옷 입히기

Point 4 재료 맛을 살리는 온도 맞추기

재료 마다 최상의 튀김 온도는 각기 다르다. 채소의 경우 보통 160℃~170℃ 사이가 좋고, 얇게 손질한 경우는 190℃~200℃에서 순식간에 튀겨낸다. 새우, 오징어 등의 해물은 170~180℃가 적당하다. 닭고기나 돼지고기 같이 두께가 있는 육류는 2번 튀기는 것을 추천한다. 170~180℃의 온도로 속까지 익히고, 180~200℃로 온도를 높여 한 번 더 바삭하게 튀겨내면 겉과 속 모두 잘 익는다. 또한 급한 마음에 재료를 냄비 가득 넣는 것은 금물. 기름의 온도를 유지하기 위해 재료를 냄비의 표면적의 ⅔ 이상 넣지 않도록 한다.

> **Bad** 재료를 한꺼번에 몰아넣고 재빠르게 튀겨내기
> **Good** 재료의 크기, 종류에 따라 각각 튀김냄비에 넣기
> **Excellent** 소량씩 넣어 튀기고, 육류는 2번 튀겨 내기

Point 5 눈으로 튀김온도 측정하기

기름에 튀김 반죽이나 나무젓가락을 넣어 재료가 떠오르거나 젓가락 주위로 기포가 올라오는 시간을 따져보면 온도계 없이도 튀김온도 측정이 가능하다.

온도	시간	알맞은 튀김 재료
160~170℃	4~5초	치킨 등의 두꺼운 고기, 도너츠, 두꺼운 채소 등 비교적 오래 튀겨 속까지 익힐 경우
170℃~180℃	2~3초	대부분의 튀김, 고기, 생선, 해산물
190℃~이상	1초	1차로 튀겨서 속까지 익힌 재료(돈가스 등)를 한 번 더 튀겨 겉을 바삭하고 노릇하게 만들 때, 크로켓이나 채소 등 짧게 익힐 경우

볶음요리

Point 1 볶음요리에 좋은 팬이 따로 있다?
짧은 시간에 재료를 익혀 요리를 완성하기 때문에 재료 본연의 맛을 최대한 살릴 수 있을 뿐만 아니라 영양 손실도 적다. 맛있는 볶음요리를 위해서는 화력을 강하게 하고, 양이 많을 땐 열전도율이 높은 폭이 넓고 깊은 팬을 사용한다. 재료에 닿는 면적이 넓어야 재료가 고루 빨리 익기 때문. 한번 열이 오르면 쉽게 내려가지 않고 유지되는 두꺼운 철제 팬은 최고의 선택이다.

Point 2 익는데도 순서가 있다
재료마다 익는 시간이 제각각이기 때문에 시간이 오래 걸리는 단단한 재료부터 순서대로 넣거나 재료를 각각 따로 볶는다. 팬을 충분히 달군 뒤 재료를 넣고, 주걱이나 젓가락으로 섞어가며 센 불로 볶는다.

Point 3 양념장은 마지막에!
대부분의 볶음요리에서 주재료와 양념장은 한 번에 넣고 볶지 않는다. 재료 먼저 볶은 뒤 양념장을 나중에 섞거나 양념장을 따로 끓여 볶은 재료를 넣고 버무려야 재료의 식감을 제대로 살릴 수 있고 쉽게 타지 않는다.

Point 4 중요한 건 스피드!
조리시간이 길어지면 해산물과 육류의 경우 육즙이 빠져나와 질기고 퍽퍽해진다. 채소는 질척해지고 색도 변한다. 재료의 양에 알맞은 크기의 팬을 사용하고, 발연점이 높은 식물성 기름을 사용하는 것이 중요하다.

깔끔하고 얌전하게 전부치기

재료 손질이 관건!
재료 손질만 잘해도 전 부치는 게 한결 수월해진다. 재료에 미리 간을 하고 물기를 제거하는 것이 중요하다. 수분이 많으면 부치면서 모양이 쉽게 흐트러지므로 소금을 뿌려 가볍게 절인 뒤 물기를 닦아내거나 재료를 미리 애벌로 익혀둔다.

Point 1. 생선살은 소금물에 녹인 후 물기 제거
요즘은 손질해 포를 뜬 냉동 제품을 쉽게 구할 수 있어 생선전 부치기가 한결 편해졌다. 소금(1)을 녹인 찬물(1컵)에 냉동 생선살을 담가 해동하면 녹으면서 간이 골고루 잘 밴다. 녹인 생선살은 키친타월로 물기를 완전히 제거한 뒤 사용한다. 수분이 남아 있으면 옷이 쉽게 벗겨지고 전을 지지는 동안 기름이 많이 튄다.

Point 2. 호박은 도톰하게 썰어 절이기
호박은 다른 재료보다 도톰하게 썰어야 부치고 나서 흐물흐물해지지 않는다. 소금을 골고루 뿌려 10분 정도 절인 뒤 수분이 나오면 키친타월로 두드려 닦아 사용한다.

Point 3. 산적 재료는 같은 크기로 썰어야
산적은 들어가는 모든 재료를 같은 크기로 썰어야 모양이 가지런하고 얌전하다. 고기는 구우면서 수축해 크기가 작아지므로 다른 재료보다 약간 길게 써는 것이 좋다. 산적 양끝에는 맛살이나 햄 등 잘 부서지지 않고 탄력 있는 재료를 꽂는다.

옷 입히기 & 불조절 마스터하기
전을 먹었을 때 밀가루가 뭉쳐 있지 않도록 하려면 밀가루를 묻힐 때 달걀물을 입히는 방법 등 요령이 따로 있다.

Point 1. 달걀은 소금간을 미리 해두자
달걀을 풀기 전 소금을 넣어 미리 간을 하면 달걀이 흰자까지 잘 풀리고 전을 부쳤을 때 맛도 더 좋다. 체에 한두 번 내리면 덩어리지지 않고 깔끔해진다. 노르스름한 색을 내고 싶다면 노른자만 한 개 더 넣어도 좋다.

Point 2. 밀가루를 묻힐 때는 최대한 얇게
재료에 달걀물을 입히기 전 밀가루를 최대한 얇게 묻혀야 달걀옷이 쉽게 벗겨지지 않고 재료의 맛을 잘 살릴 수 있다. 밀가루를 묻힌 뒤 재료를 달걀물에 담갔다 부치는데, 이때 달걀물이 많이 묻으면 전의 가장자리가 지저분해지므로 건지면서 털어내는 것이 중요하다.

Point 3. 재료별 불조절을 기억하자
팬을 미리 약한 불로 달군 뒤 식용유를 두르고 다시 조금 더 달군다. 생선전은 중약불에서 타지 않게 여러 번 뒤집어가며 부쳐야 속까지 잘 익는다. 호박전은 약한 불로 익히면 속이 지나치게 부드럽게 익기 때문에 중간 불로 뒤집어가며 굽는다. 산적과 표고버섯, 고추전 등은 색을 살리기 위해 한 면에만 밀가루를 묻히고 달걀물에 담갔다가 잘 털어 부치는데, 밀가루 묻힌 면부터 70% 정도 익힌 뒤 뒤집어서 마저 익힌다. 식용유를 추가할 때는 팬의 가장자리로 흘려 넣어야 팬에 고여 있던 식용유의 온도가 떨어지지 않는다.

바로 지금이야! 맛을 살리는 간하기 타이밍

같은 양념, 같은 재료를 썼는데도 만들어진 요리의 맛과 모양이 그때그때 다르다면? 대부분의 이유는 간하는 타이밍에서 찾을 수 있다. 양념 넣는 시간만 잘 맞춰도 기본 이상의 맛을 낼 수 있으니 비장의 간하기 타이밍을 꼭 확인한다.

겉절이는 먹기 직전에
겉절이나 샐러드는 먹기 직전 양념을 넣어 버무린다. 미리 버무려 놓으면 수분이 빠져나와 채소의 아삭한 식감이 떨어지고, 채소에서 나온 물 때문에 겉절이가 질척이고 간도 싱거워진다.

달걀요리는 달걀을 풀 때
달걀을 풀 때는 소금을 약간 넣고 풀어야 달걀의 단백질이 분해되면서 몽글몽글한 흰자가 부드럽게 잘 풀린다. 달걀을 다 풀고 나서 소금을 넣으면 소금이 완전히 녹지 않아 간이 고르지 않고 심하면 뭉쳐서 씹히는 경우도 있다.

장조림은 고기가 다 익은 후
고기가 완전히 익은 뒤 간장을 넣는다. 처음부터 간장을 넣고 삶으면 삼투압 현상으로 고기가 익으면서 수분이 빠져나와 질겨지고 맛이 떨어진다. 고기가 완전히 익은 뒤 간을 해야 부드러우면서 속까지 간이 잘 밴다.

콩자반은 콩이 다 익은 후
콩을 완전히 익힌 뒤 양념장을 넣어 간을 하는 것이 좋다. 보통 콩자반용 콩은 딱딱하게 마른 콩을 사용하는데, 무르게 익히기 전 미리 간을 하면 아무리 오래 삶아도 부드러워지지 않는다. 삼투압에 의해 콩이 수분을 흡수하는 것을 방해하기 때문이다.

생선구이는 굽기 20~30분 전
생선은 돼지고기나 쇠고기보다 수분이 많고 육질이 연하다. 굽기 20~30분 전에 미리 소금을 뿌려 간을 해두면 수분이 빠져 나오면서 살이 단단해져 잘 부서지지 않고 속까지 간이 배어 맛이 더 좋다. 반면 고기는 굽기 직전에 소금을 뿌려야 육즙이 빠지지 않는다.

양념구이는 재료가 80% 익은 후
양념구이를 할 때 처음부터 양념을 발라 구우면 재료가 익기 전에 양념이 먼저 타버린다. 재료를 80% 정도 익힌 뒤 양념장을 발라 가며 굽는다. 이렇게 하면 속까지 잘 익고 양념도 타지 않아 맛있고 깔끔하다.

국·찌개는 완성 5분 전
국이나 찌개를 끓일 때는 완성 5분 전 간을 한다. 끓는 동안 졸아들면서 간이 세지기 때문인데, 처음부터 소금이나 간장을 넣고 끓이면 재료의 맛이 잘 우러나지 않아 국물의 맛이 겉돌게 된다. 간을 한 후 5분 정도 더 끓여 맛이 어우러지도록 한다.

🥩 육류

닭고기와 돼지고기는 생생한 핑크빛이 나는 것이, 쇠고기는 선명한 선홍색을 띠는 것이 신선하다. 비계나 닭껍질이 누런 빛을 띠는 것은 좋지 않다.

고기 표면에 식용유를 바르고 랩을 씌워두면 3~4일 정도 냉장 보관할 수 있다. 삼겹살은 서로 붙지 않게 하는 것이 포인트로, 펼친 비닐백에 삼겹살을 한 겹 올리고 다시 비닐백으로 덮기를 반복한다. 닭고기는 소금과 청주를 뿌려 밀폐용기에 담아 보관한다. 고기류를 냉동할 때는 비닐백에 넣고 공기를 완전히 제거해야 하는데, 쇠고기는 6개월, 닭고기는 1~2개월, 돼지고기는 4~6개월까지 보관 가능하다.

🍄 두부·콩나물·버섯

두부는 끓는 물에 살짝 데쳐 깨끗한 물에 담가 냉장 보관한다. 콩나물이나 숙주나물도 물에 담가두면 신선하게 보관 가능하다. 송이버섯은 지퍼백에 담아 영하 30°C 이하에서 냉동했다가 포장상태 그대로 물에 담가 녹인 뒤 요리한다.

🐟 생선류

눈이 맑고 아가미가 붉은 것, 배를 만졌을 때 탄력이 있고 비늘이 벗겨지지 않은 것이 신선하다. 새우는 껍데기가 투명하고 윤기 나는 것이 좋고, 수염과 머리가 단단하게 붙어있는지 확인한다. 조개는 살아있는 것이 가장 신선한 것으로, 살이 선홍색으로 통통하고 탄력이 있어야 좋다. 껍질이 부서지고 쾌쾌한 냄새가 나는 것은 피한다.

내장을 제거해 안쪽까지 잘 씻고 물기를 없앤 뒤 소금을 뿌려 배 부분에 키친타월을 끼워둔다. 오래 두고 먹는다면 옅은 소금물에 2시간 정도 담갔다가 식촛물에 헹궈 물기를 제거한 뒤 쿠킹포일로 꼼꼼하게 감싸 급속 냉동시킨다. 해동할 때 옅은 소금물에 담가두면 생선의 단백질이 응고되어 육즙과 영양분이 흘러나오거나 생선살이 부서지는 것을 방지할 수 있다. 흰살생선은 6개월, 등푸른생선은 3개월까지 냉동 보관할 수 있다.

식재료 구입 손질 보관법

계획적으로 장을 본 것 같은데도 냉장고 정리를 하다보면 버리는 식재료가 꽤 많이 나온다.
미처 사용하지 못하고 상해버리는 식재료가 그만큼 많은 것. 이런 낭비를 줄이고 싶다면
신선함을 오래 유지하는 구입·손질·보관법을 알아 두자.

채소류

양파 껍질이 투명하고 윤기가 흐르는 것이 좋다. 자루에 들어 있는 양파를 구입할 때는 모양이 일정한 것을 고른다. 서로 닿지 않게 스타킹에 하나씩 넣고 묶어 줄줄이 꿰어 걸어두면 좋다. 감자와 함께 두면 둘 다 오래 보관하지 못하니 주의한다.

감자 감자는 빛이 닿으면 싹이 나기 쉽고 저온에 약하다. 통풍이 잘 되고 빛이 들어오지 않는 서늘한 곳에 보관한다. 사과와 함께 보관하면 싹이 나는 것을 늦출 수 있다.

오이 반듯하고 굵고, 윤기가 나는 것이 좋다. 껍질에 오돌토돌한 돌기가 있으면 싱싱한 오이다. 신문지로 감싸 지퍼백에 넣어 냉장 보관한다.

호박 꼭지가 싱싱하고 윤기가 있고 상처가 없는 것, 너무 크지 않고 모양이 반듯한 것을 구입한다. 쓰다 남은 호박은 단면을 랩으로 감싸야 표면이 마르지 않는다.

당근 색이 선명하고 표면이 매끈한 것, 윗부분에 검은 테가 없고 잔뿌리 없는 것이 싱싱하다.

고추, 피망, 파프리카 색이 짙고 단단한 것을 구입해 밀폐용기에 담거나 지퍼백에 넣어 보관한다. 씻어서 씨와 꼭지를 떼고 보관해도 좋다.

양배추 & 양상추 겉잎이 녹색으로 싱싱하고, 들어봤을 때 묵직한 것으로 고른다. 칼로 자르면 칼이 닿은 부분부터 색이 변하기 시작한다. 되도록 손으로 뜯어서 쓰고, 남은 것은 랩으로 꽁꽁 싸서 냉장 보관한다.

토마토 토마토는 껍질이 탱탱하고 윤기나는 것이 좋다. 꼭지를 아래로 향하게 뒤집어 냉장실에 보관하는데, 파란 토마토는 실온에 두어 숙성 시킨 뒤 냉장 보관한다.

잎채소 흙이 묻은 채로 물을 뿌린 신문지에 싸두는데 세워서 보관하면 잎이 덜 상한다.

자주 사용하는 식재료는 갈무리 해두자

다진 마늘은 비닐팩에 넣고 납작하게 누른 뒤 한 번에 쓰기 좋을 만큼 젓가락으로 자국을 내어 냉동실에 얼려 둔다. 작은 얼음통에 넣어도 좋고, 요즘은 다진 마늘 전용 큐브통이 나와서 통에 담아 사용하면 편하다. 고추나 무, 대파, 생강 등은 작게 잘라 냉동실에 얼려 두고 사용할 수 있으나 시간이 지날수록 수분이 빠지고 고유의 향과 맛도 사라지니 최대한 빨리 사용한다. 부추, 쪽파 등의 잎이 연하고 가는 채소는 흙이나 잔뿌리 등 지저분한 것을 털어낸 뒤 신문지에 말아 냉장실에 보관한다. 양파는 공기가 통하는 망에 넣어 서늘한 곳에 보관하는 것이 좋다.

LEVEL 1
서바이벌요리

STEW　　　NOODLE　　　SALAD

문제 Q 출출한 밤, 야식으로 김치볶음밥을 만들기 위해 주방으로 향한 A씨. 맛있게 익은 김치를 송송 썰어 넣고 밥을 볶는다. 고소한 맛을 더하려고 비장의 무기, 달걀프라이도 반숙으로 만들어 보기 좋게 올리는데. 신나게 한입 떠먹자마자 밍밍한 맛에 실망을 금치 못한다. 눈 감고도 만들 수 있을 거라고 생각했던 김치볶음밥에 실패한 이유는 무엇일까?

보기
1. 김치를 충분히 볶지 않았다.
2. 찬밥을 사용했다.
3. 양념을 더 넣지 않았다.
4. 너무 뜨거울 때 맛을 봤다.

정답 A 3. 양념을 더 넣지 않았다.

김치볶음밥은 의외로 맛있게 간 맞추는 것이 쉽지 않은 요리다. 김치만 넣어서는 왠지 심심한데, 이때 고추장이나 김치 국물, 설탕 등의 양념을 더 넣으면 진한 김치 맛이 밥알에 촉촉하게 잘 배어든다. 설탕은 김치의 신맛을 중화시켜 맛의 밸런스를 맞추는 역할을 한다. 취향에 따라 다를 수 있지만 볶음밥용 김치는 잘게 다져 볶는 것이 밥알과 잘 어우러져 더 맛있다. 다진 햄, 참치 등의 재료를 더해서 만들어도 좋다.

COOKING TIP

우리 집 김치는 왜 유독 빨리 실까?

김치가 공기와 닿으면 공기 중에 있는 초산균이 번식해 금방 시어질 수 있다. 오랫동안 맛있는 상태로 즐기고 싶다면 공기와의 접촉을 최소화하고 온도 변화를 줄여 보자. 통에 김치를 담을 때 빈틈없이 채워 넣고 꼭꼭 눌러 공기를 뺀 뒤 배추 겉잎으로 윗부분을 덮고 무거운 돌이나 물주머니를 올린다. 그 뒤에 위생 비닐 등으로 한 겹을 더 감싸고 뚜껑을 덮어 공기 접촉을 최대한 차단한다. 먹을 때는 김치통을 자주 열지 않아야 공기와의 접촉을 최소화하고 온도 변화를 억제할 수 있다. 처음부터 작은 통에 소량씩 나눠 보관하면 더 좋다. 또, 김치에 들어간 부속 재료에 따라 숙성 속도가 다른데, 마늘이나 젓갈이 많이 들어간 김치, 주재료에 수분 함량이 높은 김치는 빨리 숙성되므로 단기간에 소비할 수 있을 만큼 적당히 담그는 것이 좋다.

김치볶음밥

찬밥과 신김치만 있으면 따로 장볼 필요 없이 언제든 만들 수 있다.
참치나 햄, 스크램블 에그를 함께 넣어도 좋다.

가장 쉽고 간단한 일품 요리

김치볶음밥

필수 재료 김치(½컵), 양파(½개), 밥(1공기), 달걀(1개)
양념장 설탕(0.5)+김치 국물(3)+고추장(0.3)
양념 참기름(1), 참깨(약간)

요리에 자신이 없는 사람이라도 한 번쯤은 도전해 봤을 만한 대중적인 메뉴. 그만큼 레시피도 다양하고 저마다의 노하우가 있다. 지금 소개하는 것은 가장 기본적인 레시피로, 들어가는 재료도 최소화했다. 이 레시피로 김치볶음밥 만드는 법을 익힌 뒤에는 재료를 추가하거나 과정을 약간씩 변형해 나만의 맛을 찾아보는 것도 좋다. 통조림 참치나 작게 썬 햄 등을 추가하고, 식용유나 참기름 대신 버터를 사용해도 된다.

START »

김치는 작게 썬다.

양파는 굵게 다진다.

양념장을 고루 섞는다.

참기름은 발연점이 낮아 쉽게 탈 수 있으니 오래 볶을 경우 발연점이 높은 식용유와 섞어 사용한다.

중간 불로 달군 팬에 식용유(2)와 참기름(0.5)을 두른다.

김치를 넣고 부드러워질 때까지 볶는다.

양파를 넣어 조금 더 볶는다.

팬에 밥알이 눌어붙을 경우 식용유를 조금 더 추가한다.

밥을 넣어 주걱으로 저어가며 살짝 더 볶는다.

고추장을 너무 많이 넣으면 텁텁한 맛이 나고, 김치 국물도 너무 흥건하게 넣으면 밥이 질어진다.

양념장을 붓고 고루 간이 배도록 잘 저어 섞는다.

불을 끄고 참기름(0.5)을 뿌려 섞는다.

다른 팬에 식용유(1.5)를 두르고 달걀을 올려 프라이한다.

그릇에 볶음밥을 담고 달걀프라이를 올린 뒤 참깨를 뿌려 마무리한다.

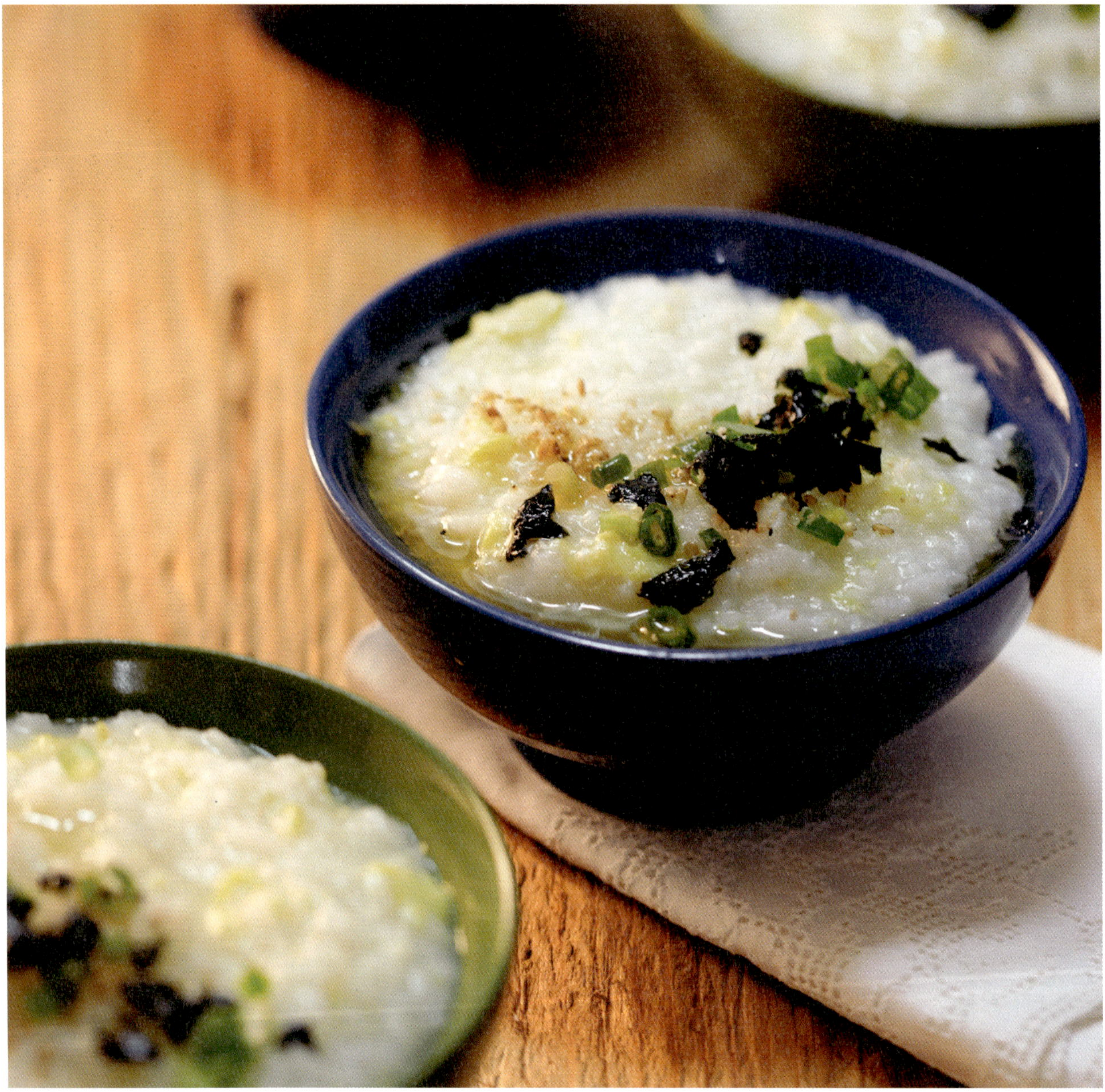

깔깔한 아침 입맛에 딱
찬밥달걀죽

필수 재료 찬밥(1늘 공기), 달걀(1개)
선택 재료 다시마(1장=10×10cm), 쪽파(1대), 김가루(적당량)
양념 소금(적당량), 참기름(0.6), 부순 참깨(1)

찬밥을 넣고 다시마의 감칠맛이 배도록 걸쭉하게 끓여 만들었다. 다시마는 오래 끓이면 알긴산이라는 끈끈한 점액질 성분이 나오는데, 맑은 국물요리를 만들 때는 빨리 건져야 국물이 텁텁해지지 않는다. 걸쭉하고 부드러운 식감이 특징인 죽을 끓일 때는 먼저 건져도 좋고, 귀찮다면 밥과 함께 푹 끓여도 된다. 입이 깔깔한 아침에도 술술 넘겨가며 편하게 먹기 좋다.

뚝딱 만드는 영양밥
콩나물밥

필수 재료 쌀(2컵), 콩나물(2줌=160g)
양념장 쪽파(2대), 고춧가루(1), 간장(3), 물(1), 다진 마늘(0.3), 참기름(1), 부순 참깨(0.5)

콩나물밥에 들어가는 콩나물은 굳이 머리까지 다듬을 필요 없다. 오히려 머리 부분을 씹을 때 고소한 맛이 더 좋으므로 지저분한 부분만 다듬도록 한다. 일반 국거리용 콩나물을 사용해도 좋고, 조금 더 아삭한 씹는 맛을 원한다면 굵은 찜용 콩나물도 좋다. 밥물을 맞출 때는 콩나물에서 수분이 나오는 것을 감안해 평소보다 물을 조금 넣는다.

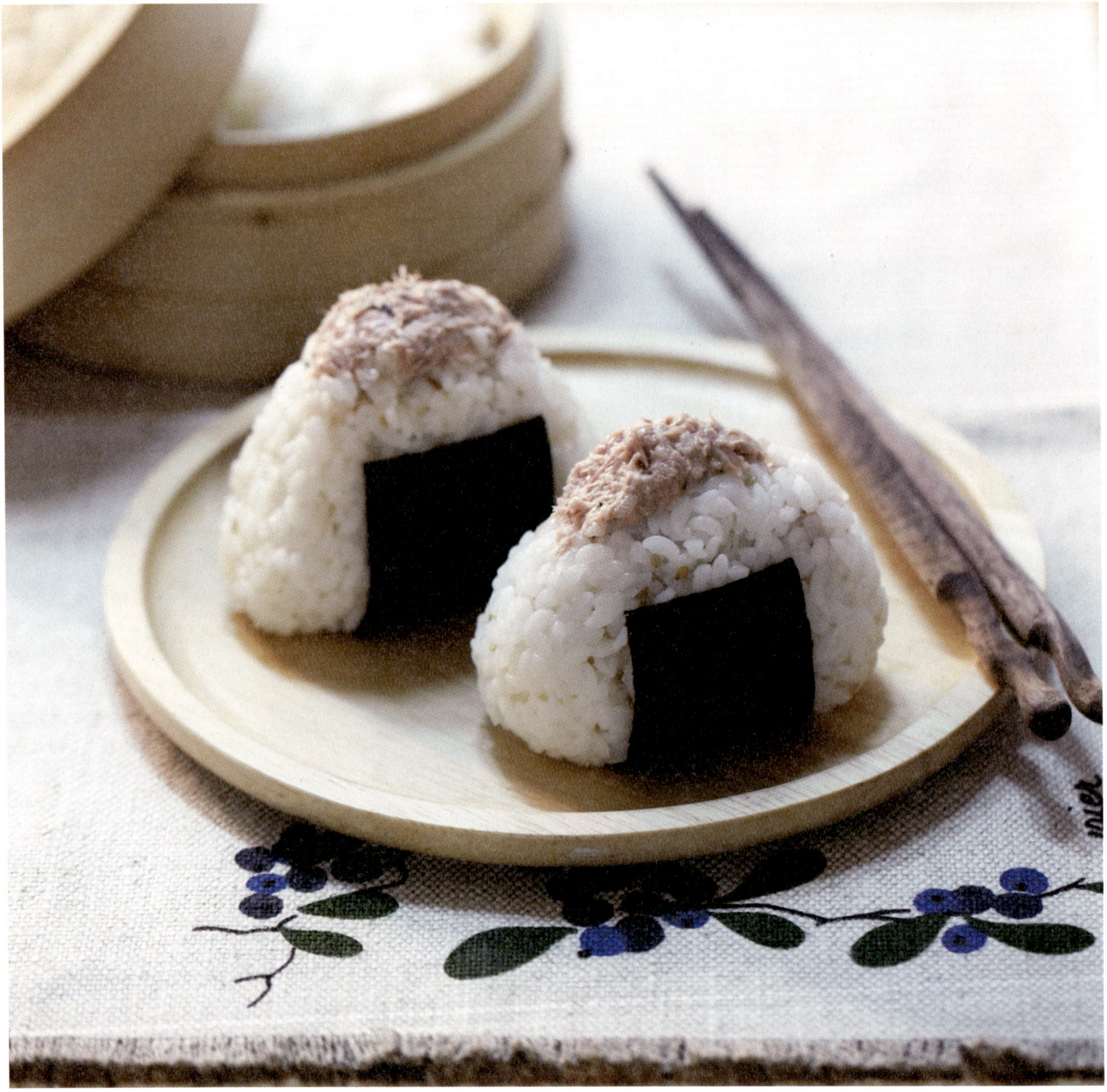

홈메이드 삼각김밥

참치오니기리

필수 재료 밥(1과 1/2공기), 양파(1/4개), 김(1/2장),
통조림 참치(1캔=150g)
밑간 소금(0.2), 참깨(0.5), 참기름(1.5)
양념 마요네즈(2), 후춧가루(약간)

밥에 적당한 찰기가 있어야 오니기리가 쉽게 부서지거나 밥알이 흐트러지지 않는다. 밥을 지을 때 찹쌀을 약간 섞거나 물을 조금만 더 넣으면 찰기가 생겨 모양도 잘 잡히고 식감도 좋아진다. 맨손으로 모양을 잡기 어려울 땐 비닐팩을 이용하면 좋다. 비닐팩을 넓게 잘라 밥을 올린 뒤 처음에는 둥글게 뭉치고, 각을 잡아가며 삼각형으로 모양을 빚는다. 삼각김밥틀을 구입해 활용해도 좋다.

챈탈출 QUIZ

문제 Q 한가로운 일요일 오후, 늦은 점심을 준비하는 A씨. 외출한 엄마를 대신해 간단하면서도 푸짐한 잔치국수를 끓이기로 한다. 직접 만들어 본 적은 없지만 엄마가 하시던 걸 떠올려가며 꽤 그럴싸하게 요리를 한다. 큰맘 먹고 달걀지단까지 부쳐 썰어내고 나니 완벽한 반상 완성. 뿌듯한 마음으로 국수를 그릇에 담고 식구들을 식탁으로 불러 모은다. 그런데 면발을 젓가락으로 들어 올리는 순간, 완벽해 보였던 국수의 치명적인 단점이 드러난다. 면발이 한데 뭉쳐 떡이 되어버린 이유는 무엇일까?

보기
1. 육수를 낼 때 멸치를 너무 많이 넣었다.
2. 간을 할 때 국간장을 사용했다.
3. 가족에 대한 사랑이 부족했다.
4. 삶은 소면을 충분히 헹구지 않았다.

정답 A 4. 삶은 소면을 충분히 헹구지 않았다.

소면의 겉에는 전분질이 묻어 있는데 깨끗이 제거하지 않으면 국수가 쉽게 불어 식감이 떨어지고 면끼리 떡처럼 달라붙게 된다. 끓는 물에 삶는 것만으로는 다 씻겨 나가지 않으므로 삶은 뒤 찬물에 여러 번 비벼 씻어야 한다. 쫄깃하고 탱탱한 면발을 위해 확실히 씻어주는 센스를 발휘해 보자. 또 소면을 삶다가 거품이 올라올 때 찬물을 약간씩 부어주는 것도 면발을 탱탱하게 만드는 데 도움이 된다.

COOKING TIP

멸치마다 용도가 따로 있다고?

멸치는 크기와 굵기에 따라 잔멸치, 중간멸치, 굵은멸치로 나뉜다. 잔멸치와 중간멸치는 볶음, 조림과 같은 밑반찬용. 굵은멸치는 육수를 내는 국물용으로 적합하다. 멸치는 전체적으로 은백색 또는 청백색을 띠는 것이 좋고 비늘이 벗겨지지 않은 것, 냄새를 맡아 보아 구수하고 짭조름한 향이 나는 것이 신선한 것이다. 국물용은 내장을 떼어내고 이물질을 제거한 뒤 비닐팩에 담아 냉동실에 보관한다.

잔치국수 NOODLE

멸치육수에 소면을 말아 먹는 기본 스타일의 잔치국수.
송송 썬 김치나 김가루 등을 고명으로 올려도 좋다.

깔끔하고 고소한 국수의 기본

잔치국수

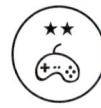

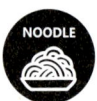

★★
2 SERVINGS
NOODLE

필수 재료 애호박($\frac{1}{2}$개), 달걀(2개), 소면(2줌)
선택 재료 양파($\frac{1}{4}$개)
육수 재료 국물용 멸치(10마리), 무($\frac{1}{2}$토막=75g)
다시마(1장=10×10cm)
양념 새우젓(0.5), 다진 마늘(0.3),
부순 참깨(0.3), 국간장(1), 소금(0.2)

맑고 깔끔한 맛을 내려면 소면을 잘 삶아야 한다. 소면을 삶는 동안 거품이 계속 올라오는데, 이때 차가운 물을 조금씩 부으면 거품이 가라앉는 동시에 면발이 더욱 탱탱해진다. 면발을 한 가닥 건져서 끊었을 때 흰 심지가 보이지 않을 정도로 삶고, 잘 삶은 소면은 찬물에 담가 손으로 살살 비벼가며 전분질을 씻어내야 국물이 텁텁해지지 않는다.

START »

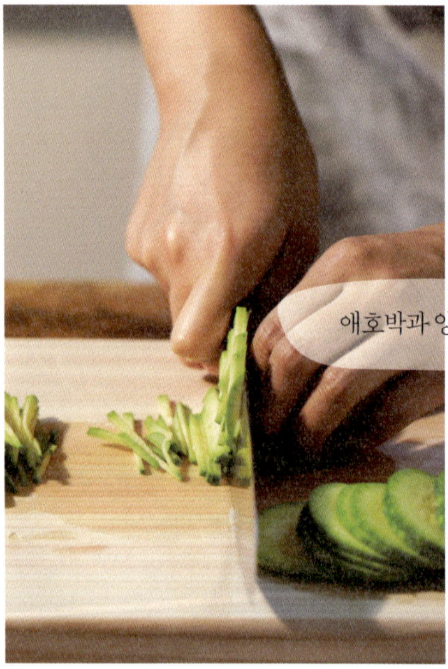
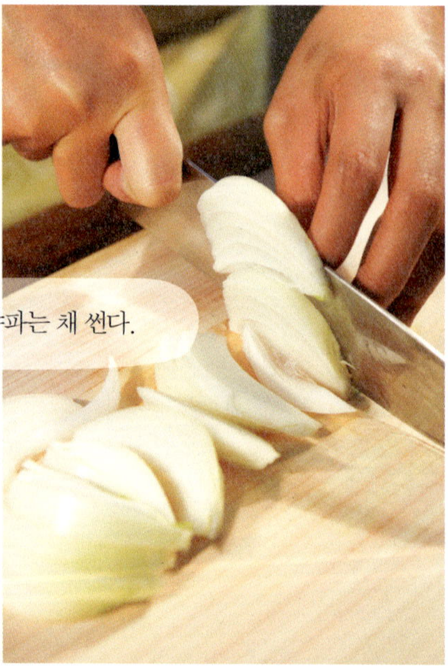
애호박과 양파는 채 썬다.

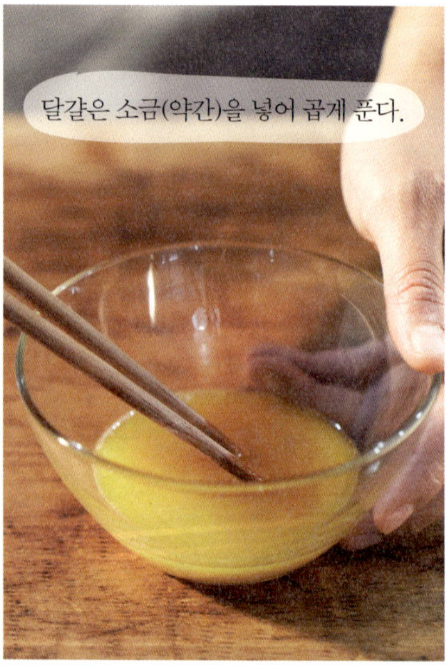
달걀은 소금(약간)을 넣어 곱게 푼다.

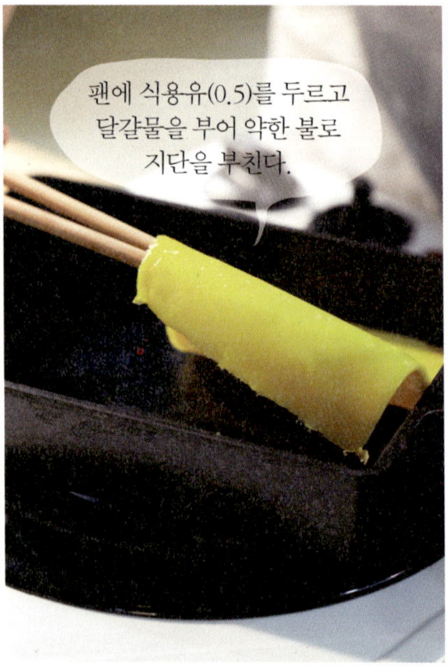
팬에 식용유(0.5)를 두르고
달걀물을 부어 약한 불로
지단을 부친다.

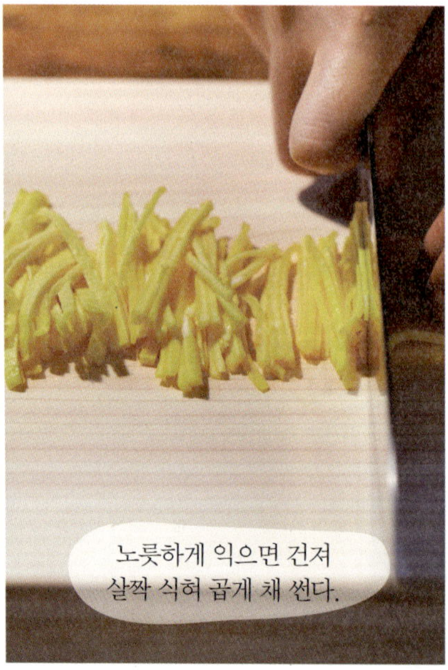
노릇하게 익으면 건져
살짝 식혀 곱게 채 썬다.

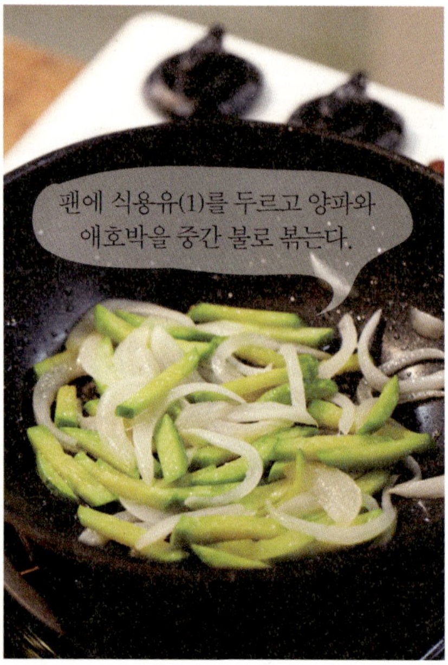
팬에 식용유(1)를 두르고 양파와
애호박을 중간 불로 볶는다.

초보탈출 QUIZ

문제 Q 쌀쌀한 날씨 탓에 따끈한 국물이 먹고 싶어진 A씨. 쫄깃한 반죽을 후후 불어 먹는 별미 수제비를 만들기로 한다. 반죽만 잘 만들면 나머지 과정은 쉬워 보이는 요리라 부담 없이 도전! 야무지게 밀가루로 반죽도 직접 만든다. 육수를 내고, 재료를 썰고, 생각보다 간단하게 준비를 마치고 안심한 것도 잠시. 예상치 못한 난관을 만나 당황하게 되는데. 결국 밑 부분은 타서 눌어붙고 나머지는 푹 퍼진 수제비를 만들고 만다. A씨가 수제비를 망치게 된 이유는?

보기
1. 수제비 반죽을 덜 치댔다.
2. 오래된 황태머리를 사용해 육수를 냈다.
3. 육수에 미리 양념을 하지 않았다.
4. 반죽을 넣을 때 센 불로 끓였다.

정답 A 4. 반죽을 넣을 때 센 불로 끓였다.

초보자들이 수제비를 만들 때 가장 힘들어 하는 것이 바로 육수에 반죽을 떼어 넣는 부분이다. 센 불로 끓이면서 반죽을 넣으면 반죽을 다 떼어 넣을 때쯤엔 육수가 많이 졸아들거나 먼저 넣은 반죽이 너무 푹 퍼질 수 있다. 익숙하게, 빠르게 반죽을 떼어 넣을 자신이 없다면 반죽을 넣을 땐 꼭 약한 불로 줄인다. 좀 더 안정적으로 넣을 수 있고, 처음에 넣은 반죽과 나중에 넣은 반죽이 고르게 익으니 식감도 훨씬 좋다.

COOKING TIP

알쏭달쏭 밀가루 골라 쓰기

밀가루는 글루텐 함량에 따라 강력분, 중력분, 박력분으로 나뉜다. 글루텐이란 밀가루 입자가 엉기도록 만들어 주는 성분을 말한다. 강력분은 글루텐 함량이 높아 쫄깃쫄깃하고, 박력분은 글루텐 함량이 낮아 폭신하고 바삭한 식감을 준다. 케이크나 부드러운 쿠키를 만들 때는 박력분을 사용하고, 쫄깃한 빵은 강력분으로 만든다. 중력분은 글루텐 함량이 강력분과 박력분의 중간 정도라 다목적용으로 가정에서 많이 사용한다. 국수, 수제비, 만두피 등의 면 요리에 적당하다.

수제비

따끈하고 포근한 맛이 좋아 흐린 날이면 유독 더 생각나는 음식. 소박하지만 구수한 맛을 즐겨보자.

소박하고 포근한 맛
수제비

필수 재료 밀가루(중력분, 1½컵), 양파(½개), 애호박(½개), 대파(10cm)
선택 재료 들깻가루(2)
육수 재료 황태머리(1개), 국물용 멸치(5마리), 다시마(1장=10×10cm)
양념 소금(0.2), 국간장(0.7), 다진 마늘(0.3), 후춧가루(약간), 참기름(약간)

육수에 수제비 반죽을 빨리 떼어 넣는 것이 요리의 핵심이다. 반죽을 되직하게 만들어 손으로 떼어도 되고, 조금 더 묽게 해 그릇째 들고 숟가락으로 떠 넣어도 좋다. 반죽을 떼어 넣을 때는 불을 약하게 줄여야 국물이 졸아들거나 먼저 넣은 반죽이 퍼지는 것을 막을 수 있다. 조금 더 쫄깃한 식감을 원한다면 반죽을 비닐로 감싸 실온에서 20~30분 정도 숙성시키거나 반죽에 전분을 약간 넣어도 좋다. 양파 대신 감자를 넣으면 한결 구수하고 포근한 요리가 된다.

START »

물(1컵)에 소금(0.2)을 넣어 섞은 뒤 밀가루에 부어 반죽한다.

반죽을 충분히 치대야 쫄깃쫄깃해진다.

양파와 애호박은 굵게 채 썰고, 대파는 어슷 썬다.

냄비에 물(5½컵)과 육수 재료를 넣고 센 불로 끓인다.

황태머리 대신 황태포(1줌) 또는 국물용 멸치(10마리)를 사용해도 좋다.

끓어오르면 약한 불로 줄여 15분간 끓인 뒤 체로 건더기를 건진다.

육수에 반죽을 한입 크기로 떼어 넣는다.

불을 아주 약하게 줄이고 떼어 넣어야 먼저 넣은 반죽이 퍼지지 않는다.

애호박을 넣어 중간 불로 끓인다.

중간에 뜨는 거품은 잘 걷어낸다.

반죽이 투명해지면 양파와 국간장(0.7), 다진 마늘(0.3), 후춧가루를 넣어 끓인다.

채소와 반죽이 다 익으면 대파와 들깻가루를 넣어 한 번 더 끓여 마무리한다.

들깻가루를 넣으면 간을 심심하게 해도 깊은 맛이 살아난다.

마지막에 참기름을 넣으면 고소함이 배가 된다.

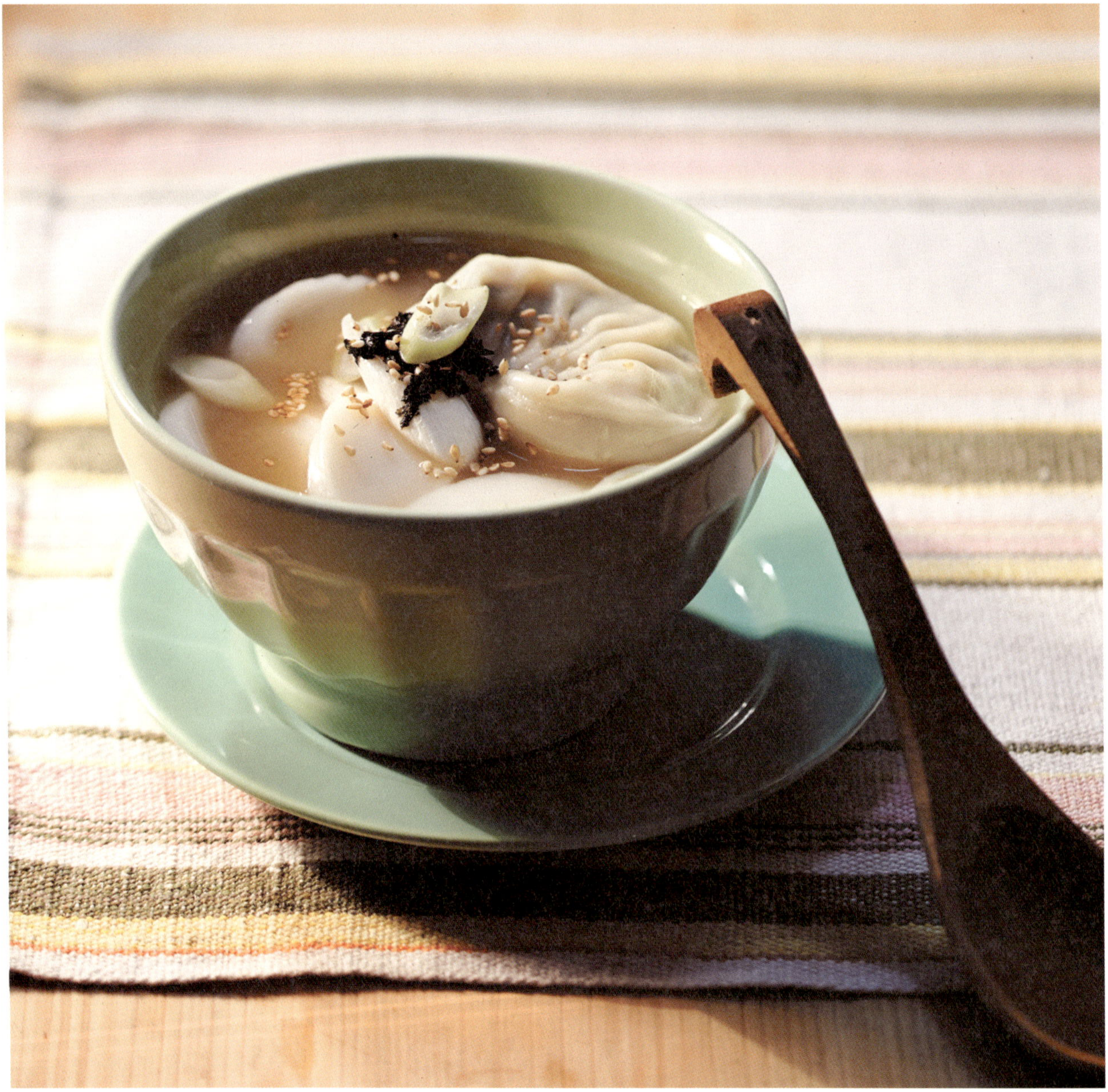

냉동실에 떡을 쟁여놓게 만드는

떡국

필수 재료 떡국떡(3컵), 대파(10cm), 만두(4개)
선택 재료 김가루(적당량)
육수 재료 국물용 멸치(10마리),
 다시마(1장=10×10cm)
양념 국간장(0.7), 소금(0.1), 후춧가루(약간),
 참기름(약간)

> 국간장 대신 참치액(1)을 넣어도 좋다.

멸치육수를 이용해 떡국을 끓일 땐 비린내를 제거해 깔끔한 맛을 내는 것이 중요하다. 국물용 멸치는 내장을 제거한 뒤 가볍게 가루를 털어내 손질하고, 물을 넣고 끓이기 전에 마른 냄비에 미리 볶으면 손쉽게 비린내를 제거할 수 있다. 냉동실에 보관해둔 떡은 물에 담가 해동시켜 사용하면 식감이 더욱 좋아진다.

초간단 QUIZ

문제 Q

오랜만에 고등학교 동창들을 집으로 초대한 A씨. 동창들을 만나니 그 시절 즐겨 먹던 분식점 요리가 그리워진다. 야무진 솜씨로 분식점의 대표메뉴 떡볶이를 만들기로 한다. 분식점에서 항상 사 먹던 그 맛을 떠올리며 열심히 만드는 A씨와 친구들. 그런데 끓이면 끓일수록 떡볶이가 이상해진다. 분명 물이 졸아들어야 할 타이밍인데 물이 점점 많아지는 것. 결국 밍밍한 맛의 국물 떡볶이가 되어버렸는데. 추억의 음식에 도전했다 참패하고 만 A씨와 친구들. 무엇을 잘못한 걸까?

보기

1. 떡을 넣을 때 양배추도 함께 넣었다.
2. 뚜껑을 열고 끓였다.
3. 개봉한 지 오래된 시판 고추장을 사용했다.
4. 떡을 해동하지 않고 사용했다.

정답 A

1. 떡을 넣을 때 양배추도 함께 넣었다.

떡볶이에 달큰한 감칠맛을 더해주는 양배추는 물이 많은 채소다. 열을 조금만 오래 가해도 양배추 속 수분이 다 빠져나와 예상했던 것보다 국물 양이 많아질 수 있다. 따라서 떡볶이를 만들 땐 양념과 떡을 넣고 충분히 끓인 뒤 완성 직전에 양배추를 넣어 살짝만 더 끓여야 국물도 맛있게 졸아들고, 적당히 숨이 살아 있는 양배추를 맛볼 수 있다.

COOKING TIP

종류도 다양하구나, 떡볶이!

즉석 떡볶이 : 멸치육수에 각종 사리와 신선한 채소, 떡을 함께 넣어 끓인다. 남은 국물에 양념을 더해 밥을 볶아 먹어도 맛있다.

궁중 떡볶이 : 고추장을 사용하지 않고 흰떡과 쇠고기, 각종 채소를 간장 양념에 볶는다. 궁중에서 즐겨 먹었던 음식으로 '간장 떡볶이'라고도 한다.

기름 떡볶이 : 효자동 통인 시장의 명물이 된 떡볶이. 팬에 기름을 넉넉히 두르고 고춧가루 양념에 버무린 떡을 볶아낸다. 쫄깃한 맛과 매콤한 향이 일품.

크림 떡볶이 : 크림 스파게티를 응용한 퓨전 떡볶이. 우유와 생크림을 끓인 뒤 떡을 넣고 버무려 하얗게 만든다. 고소한 향과 부드러운 맛이 특징.

떡볶이

분식의 대표주자로 많은 사랑을 받고 있는 떡볶이.
양념이 쏙쏙 배어들게 만드는 비법을 알아보자.

PAN-FRY

분식점 스타일 그대로!
떡볶이

필수 재료 사각 어묵(2장), 대파(15cm), 떡볶이떡(2컵=300g)
선택 재료 달걀(2개), 양배추(3장)
양념 고춧가루(1.5), 간장(2), 고추장(2), 올리고당(3), 참깨(약간)

같은 재료를 사용하더라도 조리법의 미세한 차이에 따라 간이 배어든 정도나 떡의 쫄깃함이 달라진다. 떡에 양념이 잘 배어든 맛있는 떡볶이를 만들고 싶다면 떡을 넣기 전에 양념을 미리 풀어 넣고 끓이고, 냉동시킨 떡은 살짝 해동해 사용하는 것이 좋다. 삶은 달걀은 양념장에 넣고 너무 오래 끓이면 터질 수도 있으니 떡이 어느 정도 익은 뒤 마지막에 넣거나 반으로 잘라 넣는다.

START »

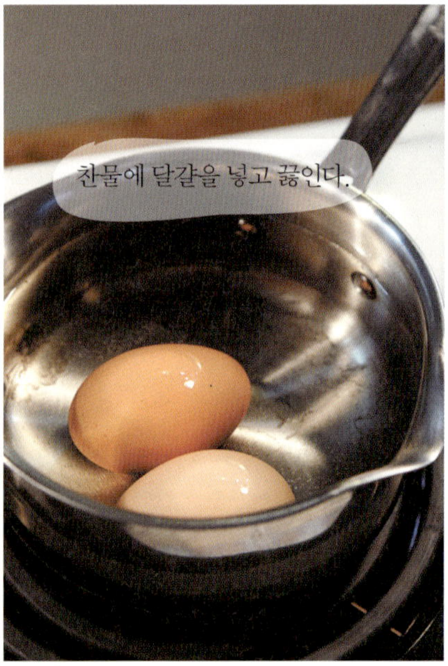

찬물에 달걀을 넣고 끓인다.

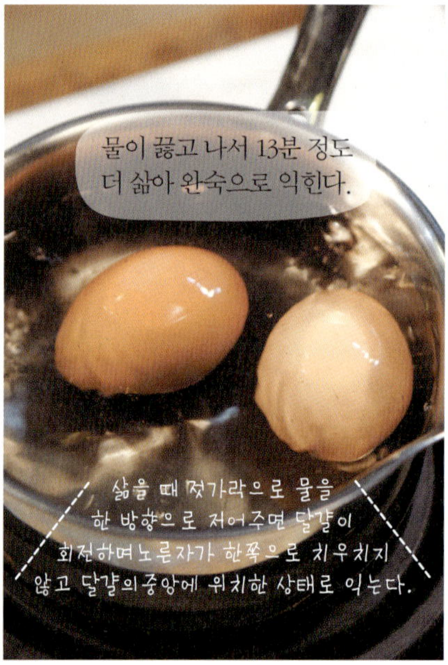

물이 끓고 나서 13분 정도 더 삶아 완숙으로 익힌다.

삶을 때 젓가락으로 물을 한 방향으로 저어주면 달걀이 회전하며 노른자가 한쪽으로 치우치지 않고 달걀의 중앙에 위치한 상태로 익는다.

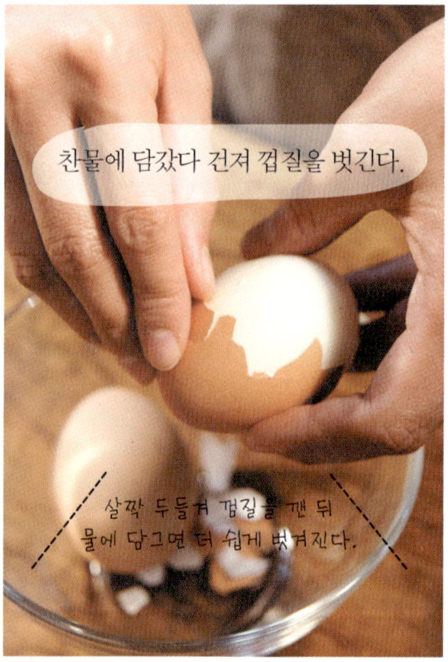

찬물에 담갔다 건져 껍질을 벗긴다.

살짝 두들겨 껍질을 깬 뒤 물에 담그면 더 쉽게 벗겨진다.

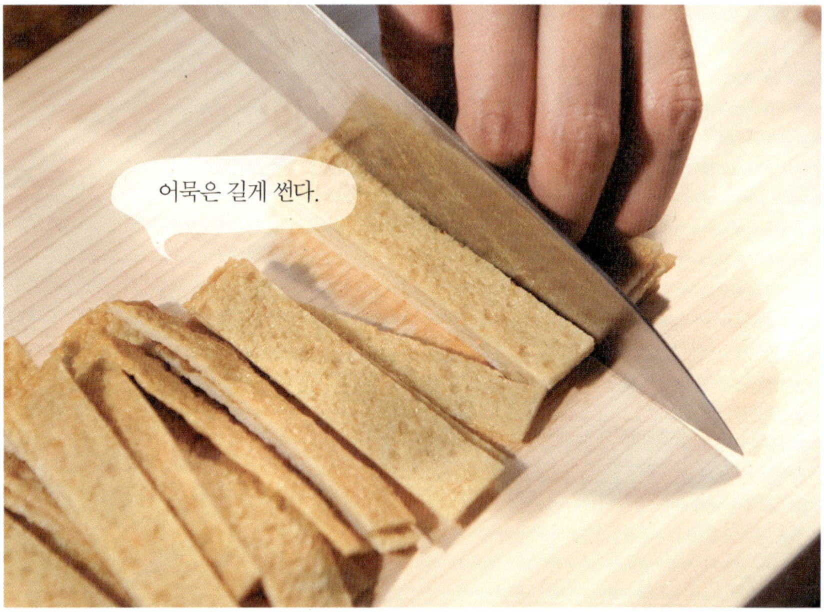

어묵은 길게 썬다.

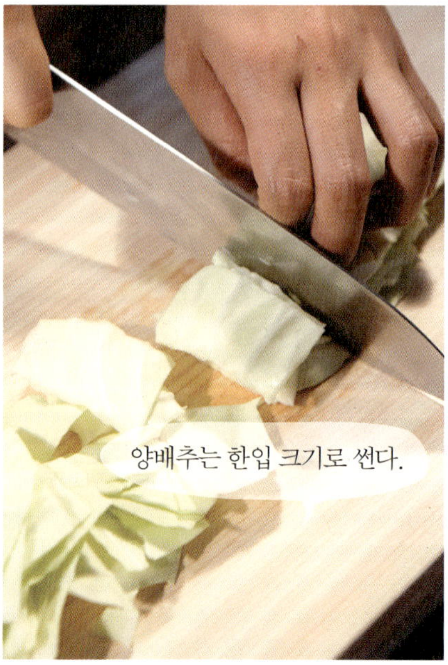

양배추는 한입 크기로 썬다.

대파는 송송 썬다.

냄비에 물(2½컵)을 붓고 참깨를 제외한 **양념**을 잘 풀어 넣고 끓인다.

볶은 춘장을 약간 추가하면 보다 사먹는 스타일에 가까운 맛이 난다.

떡을 넣고 중간 불로 끓인다.

국물이 약간 걸쭉해지면 어묵과 양배추, 달걀을 넣는다.

🪐 양배추는 마무리 단계에서 넣고 살짝만 익혀야 물이 많이 나오지 않는다.

떡과 달걀에 간이 배어 색이 변하면 대파를 넣고 살짝 더 끓인다.

그릇에 담고 참깨를 뿌려 마무리한다.

초보탈출 Quiz

문제 Q 평소 인스턴트 우동을 즐겨 먹던 A씨. 집밥을 만들어 먹기 시작한 김에 우동도 손수 끓여 보기로 한다. 인스턴트 제품으로는 낼 수 없는 깔끔한 국물맛에 도전! 칼칼한 매운맛을 내줄 김치를 듬뿍 썰어 넣고 김치유부우동을 끓인다. 멸치다시마육수를 만들고 김치와 유부를 풍당풍당 넣는데…. 끝내주는 국물을 상상하며 끓인 우동이 뭔가 이상하다. 김치를 넣어 개운할 줄 알았는데 기름이 둥둥 뜬 국물은 느끼하기만 하다. 기름 둥둥 우동을 만들게 된 A씨의 사연은?

보기

1. 통통하게 살이 오른 멸치로 육수를 냈다.
2. 유부를 데치지 않고 그냥 사용했다.
3. 김치를 너무 작게 썰어 넣었다.
4. 다시마를 너무 오래 넣고 끓였다.

정답 A 2. 유부를 데치지 않고 그냥 사용했다.

유부는 두부를 튀긴 가공 식품이라 바로 국물에 넣으면 유부가 지니고 있던 기름기가 빠져나와 국물을 느끼하게 만들 수 있다. 기름기 없는 깔끔한 국물을 원한다면 먼저 끓는 물에 유부를 살짝 데친 뒤 물기를 적당히 빼 사용하는 것이 좋다. 이렇게 기름기를 빼면 칼로리도 더불어 낮아지니 일석이조.

COOKING TIP

사용하고 남은 유부는 어떻게 보관하나요?

유부는 두부를 납작하게 썰어 기름에 튀겨 만드는데, 콩의 단백질 성분이 그대로 들어 있고 칼슘, 지질, 철분의 함량이 높은 건강식품이다. 대형마트 등에서 시판 제품을 쉽게 구할 수 있다. 두부보다 상하는 속도가 빠르지 않아 비교적 오래 보관할 수 있다. 개봉 후에는 냉장실에서 5일 정도 두고 먹는다. 1회에 사용할 만큼 소분해 밀봉한 뒤 냉동실에 보관하면 더 오랫동안 두고 먹을 수 있는데, 필요할 때 자연 해동해 사용하면 된다.

김치유부우동

유부의 고소한 맛을 좋아하는 사람이라면 김치를 넣지 않고 끓여도 좋다.
뚝배기나 나베 용기에 끓여 전문점 분위기를 내보면 어떨까.

고춧가루 팍팍 뿌려 개운하게 즐겨요
김치유부우동

필수 재료 유부(6장), 김치(1컵), 우동면(200g, 2봉지)
선택 재료 쑥갓(1줌)
육수 재료 국물용 멸치(10마리), 다시마(1장=10×10cm)
양념 참기름(0.7), 참치액(1.5), 소금(약간)

유부는 요리에 그대로 넣으면 국물에 기름기가 배어나올 수 있으니 끓는 물에 살짝 데쳐 사용하는 것이 좋다. 양념으로 사용된 참치액은 가다랑어농축액으로, 간을 맞추는 것은 물론 감칠맛을 더해주는 역할도 한다. 없다면 가다랑어포를 뜨거운 육수에 5분 정도 우려내 맛을 내거나 국간장으로 대체할 수 있다.

START »

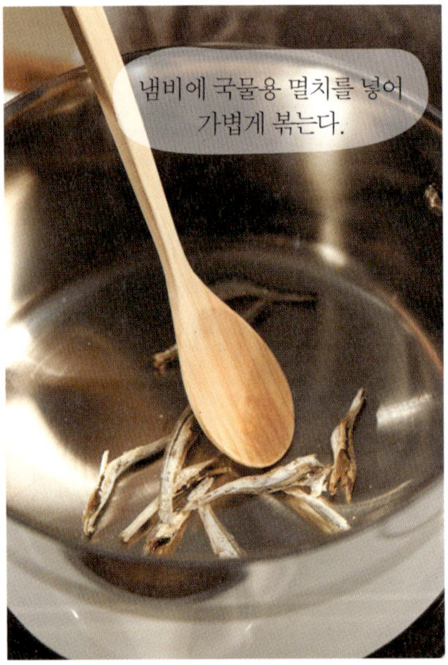

냄비에 국물용 멸치를 넣어 가볍게 볶는다.

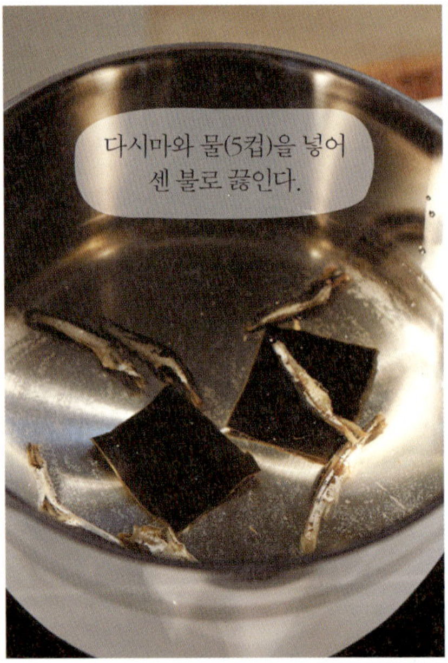

다시마와 물(5컵)을 넣어 센 불로 끓인다.

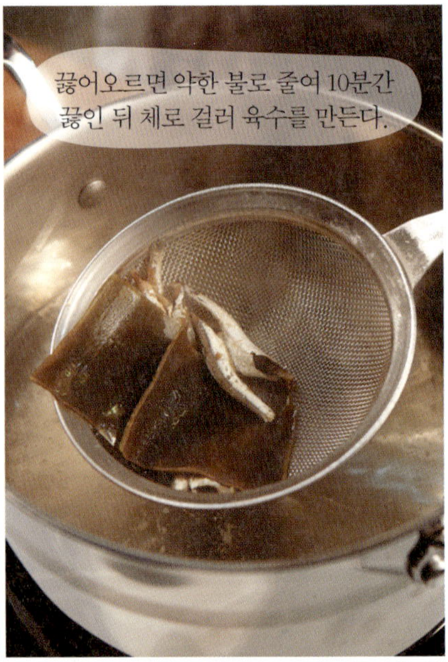

끓어오르면 약한 불로 줄여 10분간 끓인 뒤 체로 걸러 육수를 만든다.

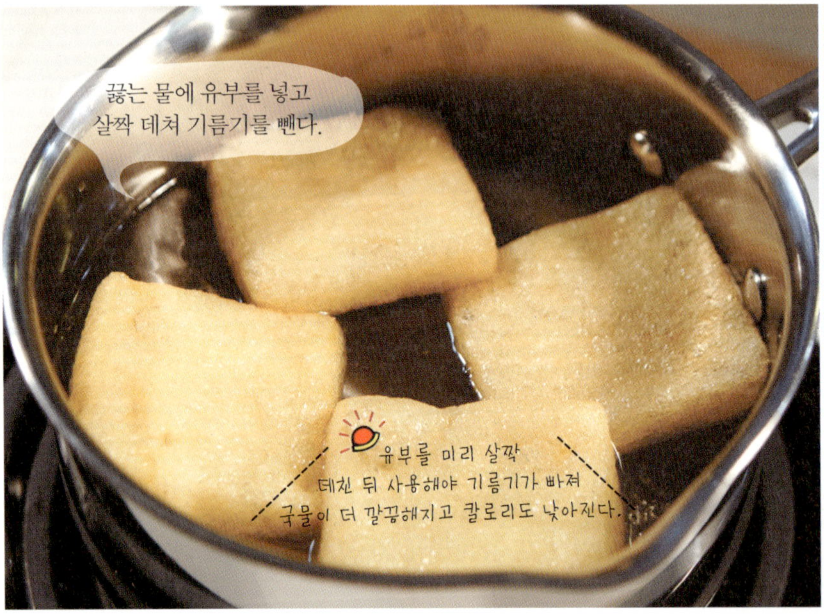

끓는 물에 유부를 넣고 살짝 데쳐 기름기를 뺀다.

유부를 미리 살짝 데친 뒤 사용해야 기름기가 빠져 국물이 더 깔끔해지고 칼로리도 낮아진다.

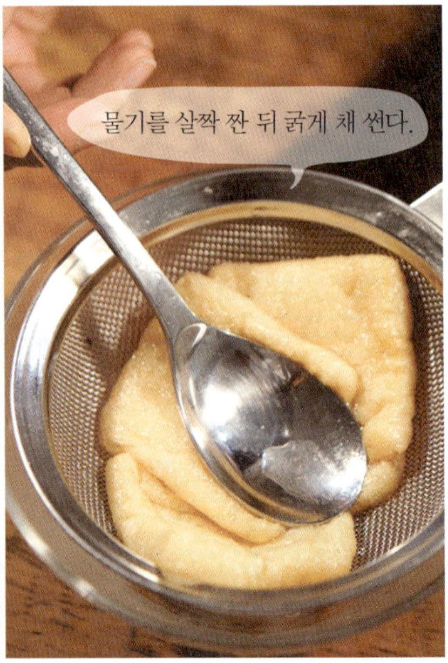

물기를 살짝 짠 뒤 굵게 채 썬다.

김치는 먹기 좋은 크기로 썬다.

냄비에 참기름(0.7)를 두르고 김치를 넣어 중간 불로 1~2분간 볶는다.

육수를 부어 중간 불로 끓인다.

끓어오르면 우동면을 넣어 끓인다.

우동면이 풀어지면 유부와 참치액(1.5)을 넣어 살짝 더 끓인다.

부족한 간은 소금으로 맞춘다.

그릇에 담은 뒤 쑥갓을 올려 마무리한다.

취향에 따라 고춧가루를 뿌리면 더욱 개운하다.

챔탈출 QUIZ

문제 Q 최근 야식을 자주 먹어서인지 눈에 띄게 살이 찐 A씨. 당장 오늘부터 필사의 다이어트에 돌입하기로 한다. 저녁 메뉴는 칼로리를 쏙 뺀 샐러드로 정하고 샐러드채소와 닭가슴살, 몸에 좋은 올리브유까지 일사천리로 구매완료! 드레싱을 정성스럽게 섞고, 풀밭 속의 한줄기 희망 닭가슴살도 노릇하게 굽는다. 내일 아침 배가 약간이라도 들어가 있길 바라며 그 어느 때보다 열심히 요리를 한다. 그런데 아뿔싸! 접시에 예쁘게 샐러드를 담으려고 보니 채소들이 영 시들시들하다. 분명 싱싱한 걸로 골라서 샀는데, 어째서 잠깐 사이 숨이 다 죽어버린 걸까? 다이어트를 위태롭게 만든 A씨의 실수는?

보기
1. 토마토의 껍질을 벗기지 않았다.
2. 채소를 드레싱에 미리 버무려 뒀다.
3. 올리브유를 너무 적게 넣었다.
4. 버무린 볼의 크기가 너무 컸다.

정답 A 2. 채소를 드레싱에 미리 버무려 뒀다.

샐러드채소를 드레싱에 버무리면 물기와 양념의 염도, 산도 때문에 숨이 금방 죽는다. 샐러드의 생명인 아삭아삭 싱싱한 맛을 살리고 싶다면 드레싱과 버무리는 걸 최대한 늦추자. 모든 재료를 준비해 두었다가 먹기 직전 드레싱에 버무린다. 채소를 미리 손질했을 땐 얼음물에 담가두었다가 먹기 직전 물기를 완전히 제거하고 사용하면 좋다.

COOKING TIP

샐러드엔 꼭 어린잎채소만 넣어야 하나요?

샐러드 재료로는 주로 잎채소를 사용하는 경우가 많은데 생으로 먹어도 좋은 샐러드채소로는 양상추, 양배추, 치커리, 적양상추, 청겨자, 적근대, 셀러리, 로메인 등이 있다. 이 외에도 열매채소나 뿌리채소, 콩 등 다양한 채소를 활용하면 영양과 맛이 더욱 풍성한 샐러드를 만들 수 있다. 가지, 애호박, 단호박 등의 단단한 열매채소와 연근, 비트, 당근 등의 뿌리채소는 얇게 자른 뒤 구워 따뜻한 샐러드로 만들면 좋다. 버섯과 양파, 마늘, 파프리카 등은 살짝만 구워 드레싱을 뿌려 먹으면 맛있다. 병아리콩을 삶아 곁들이기도 한다.

오일드레싱샐러드

샐러드에 들어가는 재료에는 특별한 공식이 없다.
취향에 맞는 채소를 골라 부담 없이 즐기는 것이 제일!

채소 샐러드의 기본형
오일드레싱샐러드

필수 재료 닭가슴살(2쪽=250g), 샐러드채소(2줌), 방울토마토(8개),
선택 재료 로즈마리(2줄기)
밑간 올리브유(2), 소금(0.1), 후춧가루(약간)
드레싱 재료 양파(⅛개), 식초(2), 올리브유(3), 꿀(0.5), 소금(약간)

드레싱의 풍미를 살리는 쉬운 방법은 과일 향이 살아 있는 레몬식초나 사과식초를 활용하는 것. 생레몬즙이나 와인식초를 사용하면 가장 좋지만, 없다면 과일 식초로도 충분히 풍미를 낼 수 있다. 식초와 오일의 비율을 1:1~1:2 정도로 취향에 맞게 조절해가며 섞으면 된다. 시간이 지나면 오일이 분리가 되므로 먹기 직전에 한 번 더 섞어 먹는다. 샐러드채소는 미리 손질해 두면 금방 숨이 죽을 수 있다. 얼음물에 담가 두었다 먹기 직전 물기를 완전히 제거해 드레싱에 버무린다.

START »

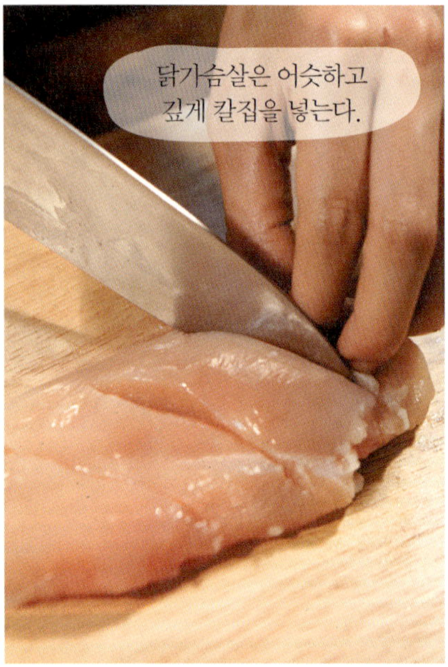

닭가슴살은 어슷하고 깊게 칼집을 넣는다.

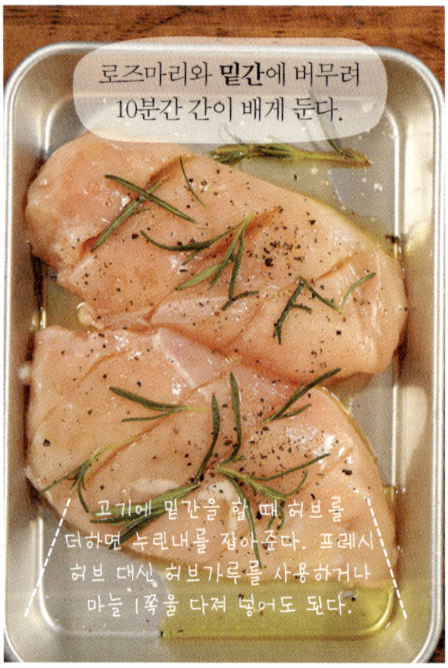

로즈마리와 **밑간**에 버무려 10분간 간이 배게 둔다.

고기에 밑간을 할 때 허브를 더하면 누린내를 잡아준다. 프레시 허브 대신 허브가루를 사용하거나 마늘 1쪽을 다져 넣어도 된다.

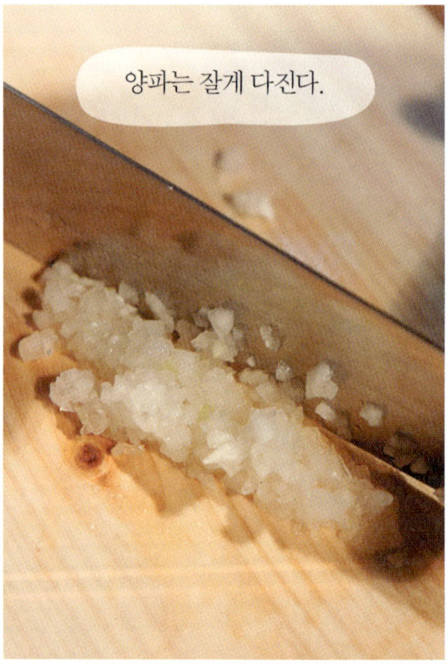

양파는 잘게 다진다.

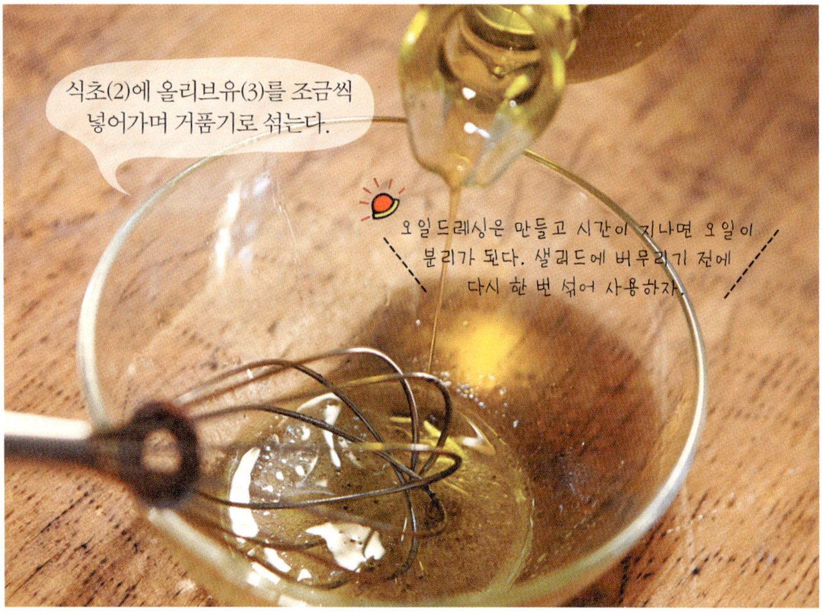

식초(2)에 올리브유(3)를 조금씩 넣어가며 거품기로 섞는다.

오일 드레싱은 만들고 시간이 지나면 오일이 분리가 된다. 샐러드에 버무리기 전에 다시 한 번 섞어 사용하자.

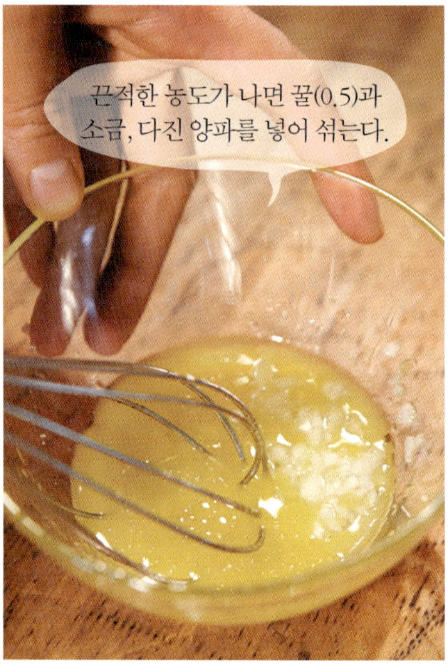

끈적한 농도가 나면 꿀(0.5)과 소금, 다진 양파를 넣어 섞는다.

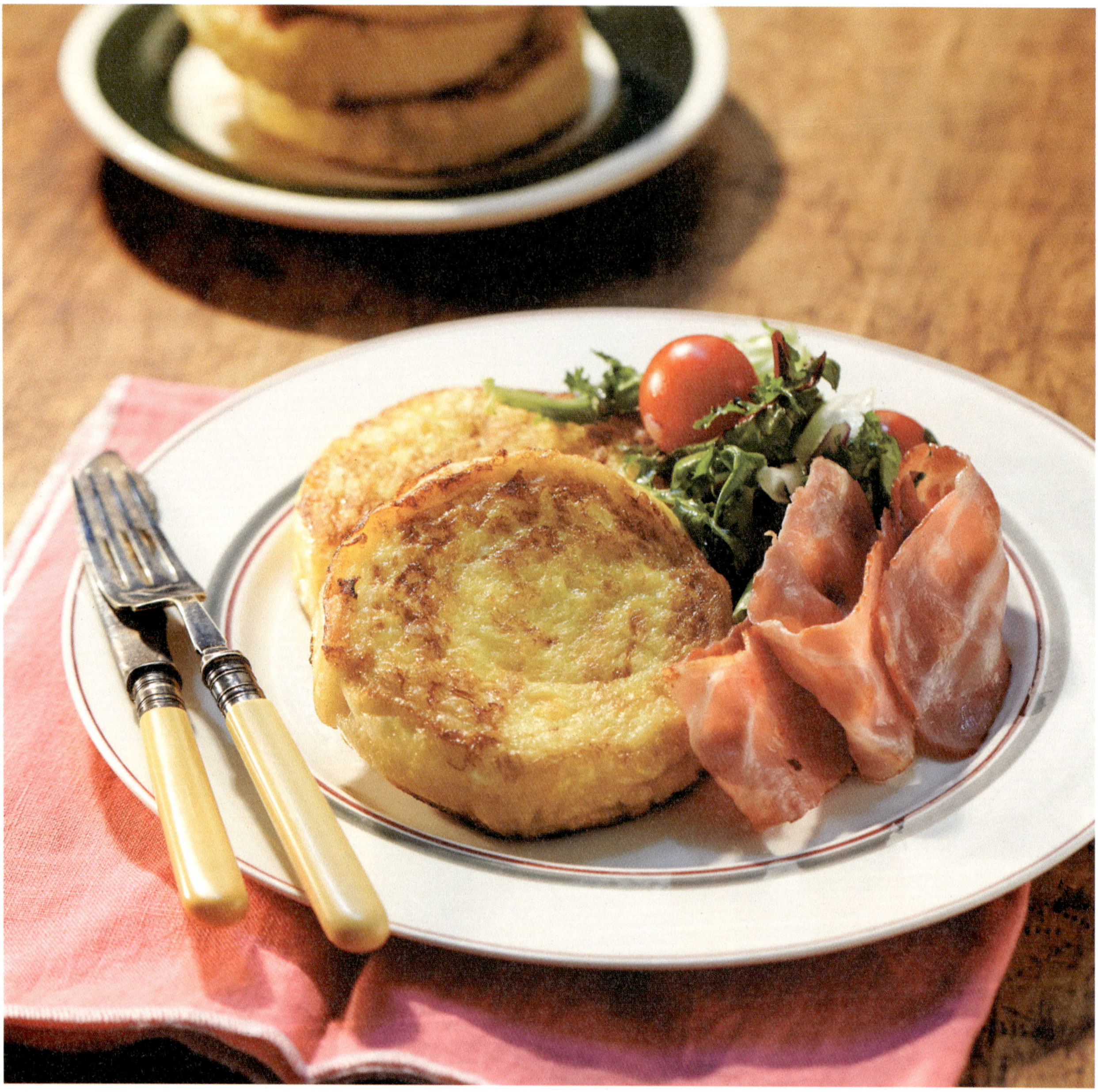

나른한 주말 점심메뉴로 딱!
프렌치토스트 브런치

필수 재료 통식빵(½개=4조각 분량), 달걀(2개), 우유(⅓컵), 꿀(1)
선택 재료 베이컨(4줄), 샐러드채소(1⅓줌), 방울토마토(4개)
드레싱 식초(1)+꿀(0.5)+올리브유(2)
양념 소금(약간)

곱게 푼 달걀에 우유를 넣어 달걀물을 만들면 빵 속까지 잘 배어들어 구운 뒤에도 촉촉하다. 또 달걀물 자체에 꿀이나 연유를 섞으면 단 맛이 배어 심심하지 않고 굳이 나중에 설탕이나 시럽을 뿌리지 않아도 된다. 고소한 맛을 더하고 싶다면 구울 때 식용유 대신 버터(1)를 녹여 사용한다.

초보탈출 QUIZ

문제 Q 여전히 다이어트 의지를 불태우고 있는 A씨. 등산 동호회에 가입해 주말이면 열심히 운동을 한다. 산에 오를 때 등산복보다도 중요한 필수 아이템은 바로 저칼로리 도시락! 파전과 막걸리의 유혹에서 A씨를 든든하게 지켜 주는 지원군이다. 오늘은 손으로 집어 먹기 편한 클럽샌드위치를 준비, 폭발하는 식욕을 꾹꾹 눌러 참고 점심시간만을 기다린다. 드디어 찾아온 식사시간, 빛의 속도로 도시락을 푼 A씨는 그러나 이내 조용히 샌드위치를 내려놓고 만다. 통밀빵이 축축하게 젖어 먹을 수가 없었던 것. 비 한 방울 내리지 않은 화창한 날 물에 푹 젖은 샌드위치를 먹게 된 이유는 무엇일까?

보기
1. 닭가슴살에 칼집을 잘게 넣었다.
2. 빵 위에 토마토를 바로 올렸다.
3. 오이 피클을 다져 넣었다.
4. 양상추를 너무 크게 썰었다.

정답 A 2. 빵 위에 토마토를 바로 올렸다.

샌드위치는 빵과 빵 사이에 어떤 재료를 넣는지에 따라 맛도, 모양도 천차만별로 달라진다. 클럽샌드위치는 세 장의 빵 사이사이에 얇게 저민 닭고기와 잎채소, 토마토 등을 올려 만드는 게 보통. 이때 빵 위에 소스를 펴 발라 주면 빵 표면이 코팅돼 위에 올리는 재료의 물기를 덜 흡수하게 된다. 또 물기가 많은 재료는 반드시 수분을 제거하고 올려야 한다. 토마토는 씨 부분에 물이 많으니 키친타월이나 면포로 수분을 제거하고 빵 위에 다른 재료를 올린 뒤 그 위에 올려야 빵이 축축해지는 것을 막을 수 있다.

COOKING TIP

알갱이가 톡톡 씹히는 이 머스터드, 이름이 뭐요?

매콤하고 깔끔한 맛으로 샌드위치의 맛을 한층 살려 주는 숨은 일등 공신 머스터드! 요즘 한창 인기를 끌고 있는 것은 겨자씨가 살아 있는 홀그레인 머스터드와 디종 머스터드다.

홀그레인 머스터드 : 겨자씨의 껍질을 제거하지 않고 거칠게 부숴 식초와 향신료를 첨가해 만든다. 겨자 알갱이가 살아 있어 톡톡 씹히는 질감과 향이 좋다. 스테이크, 생선 요리, 샌드위치 등에 사용한다.

디종 머스터드 : 짙은 노란색의 머스터드로 껍질을 벗겨낸 겨자씨를 갈아 넣어 매운맛과 톡 쏘는 맛이 강하다. 올리브유, 발사믹식초를 섞어 드레싱이나 소스로 사용하며, 꿀을 섞어 허니 머스터드 소스를 만든다.

클럽샌드위치

세 장의 식빵 사이에 닭가슴살과 채소를 살뜰히 채워 넣어 만든다.
통밀빵이나 천연 발효빵을 사용하면 더욱 건강하고 보기도 좋다.

샌드위치 도시락으로 딱!

클럽샌드위치

필수 재료 닭가슴살(1쪽=125g), 양상추(4장), 토마토(1개), 식빵(6장), 슬라이스 체다치즈(2장)
선택 재료 베이컨(6장), 오이피클(6개)
밑간 소금(0.1), 올리브유(1.5), 허브가루(약간), 후춧가루(약간)
소스 머스터드소스(2.5)+마요네즈(3.5)+꿀(1)

샌드위치 속재료로 들어가는 닭가슴살은 도톰한 모양 그대로 조리하기보다는 밑간을 하기 전에 미리 1cm 미만의 두께로 저며 사용하면 편리하다. 통으로 굽는 것보다 조리 시간도 단축되고 빵에 올리기도 수월하다. 토마토는 씨 부분에 수분이 많으므로 빵에 올리기 전 키친타월에 올려 겉도는 수분을 살짝 제거해야 빵이 금방 눅눅해지지 않는다. 양상추 등 다른 채소도 물기를 완전히 빼고 사용한다.

START »

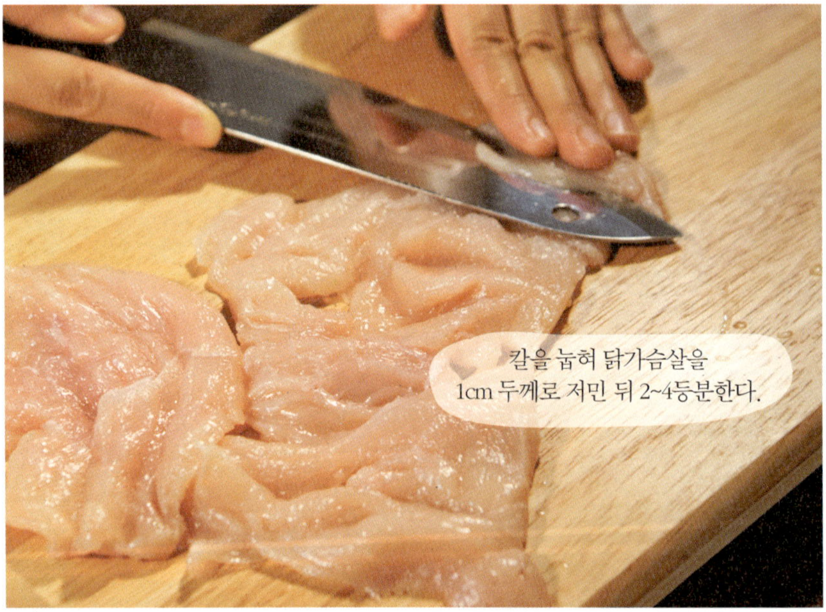

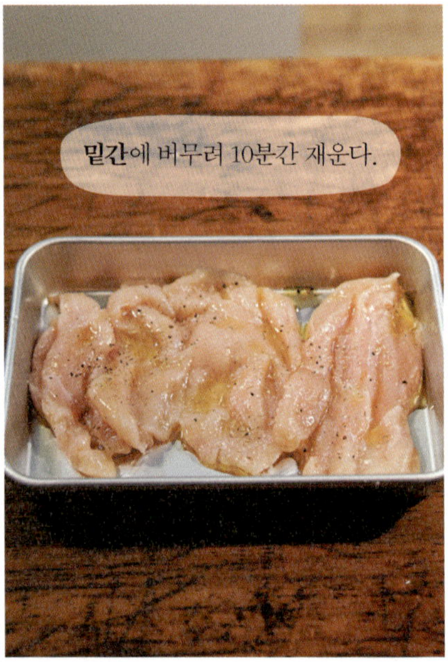

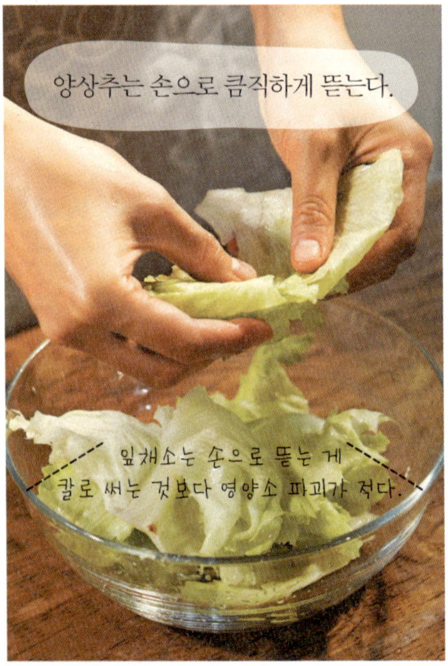

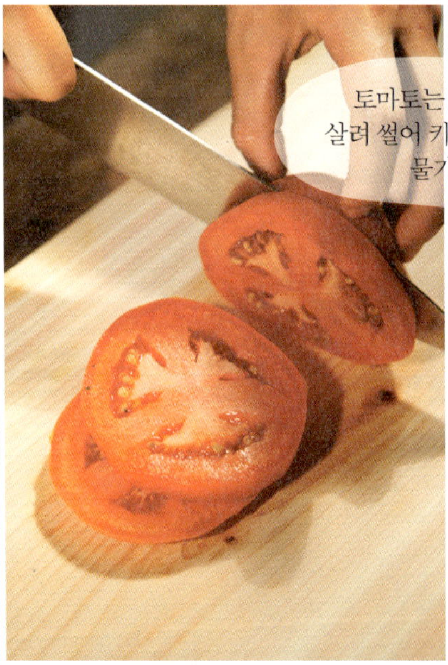

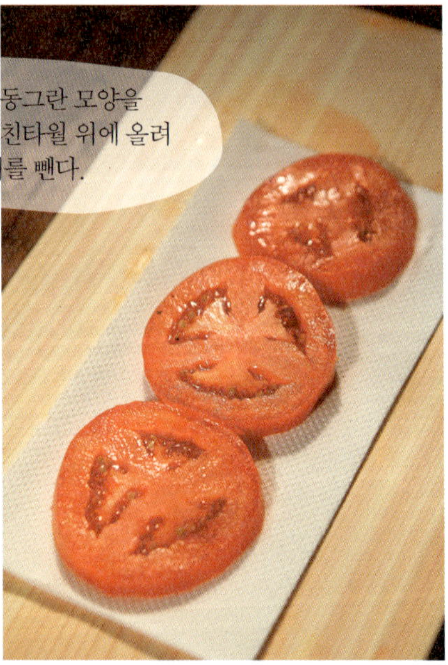

- 칼을 눕혀 닭가슴살을 1cm 두께로 저민 뒤 2~4등분한다.
- 밑간에 버무려 10분간 재운다.
- 양상추는 손으로 큼직하게 뜯는다.
  잎채소는 손으로 뜯는 게 칼로 써는 것보다 영양소 파괴가 적다.
- 토마토는 동그란 모양을 살려 썰어 키친타월 위에 올려 물기를 뺀다.

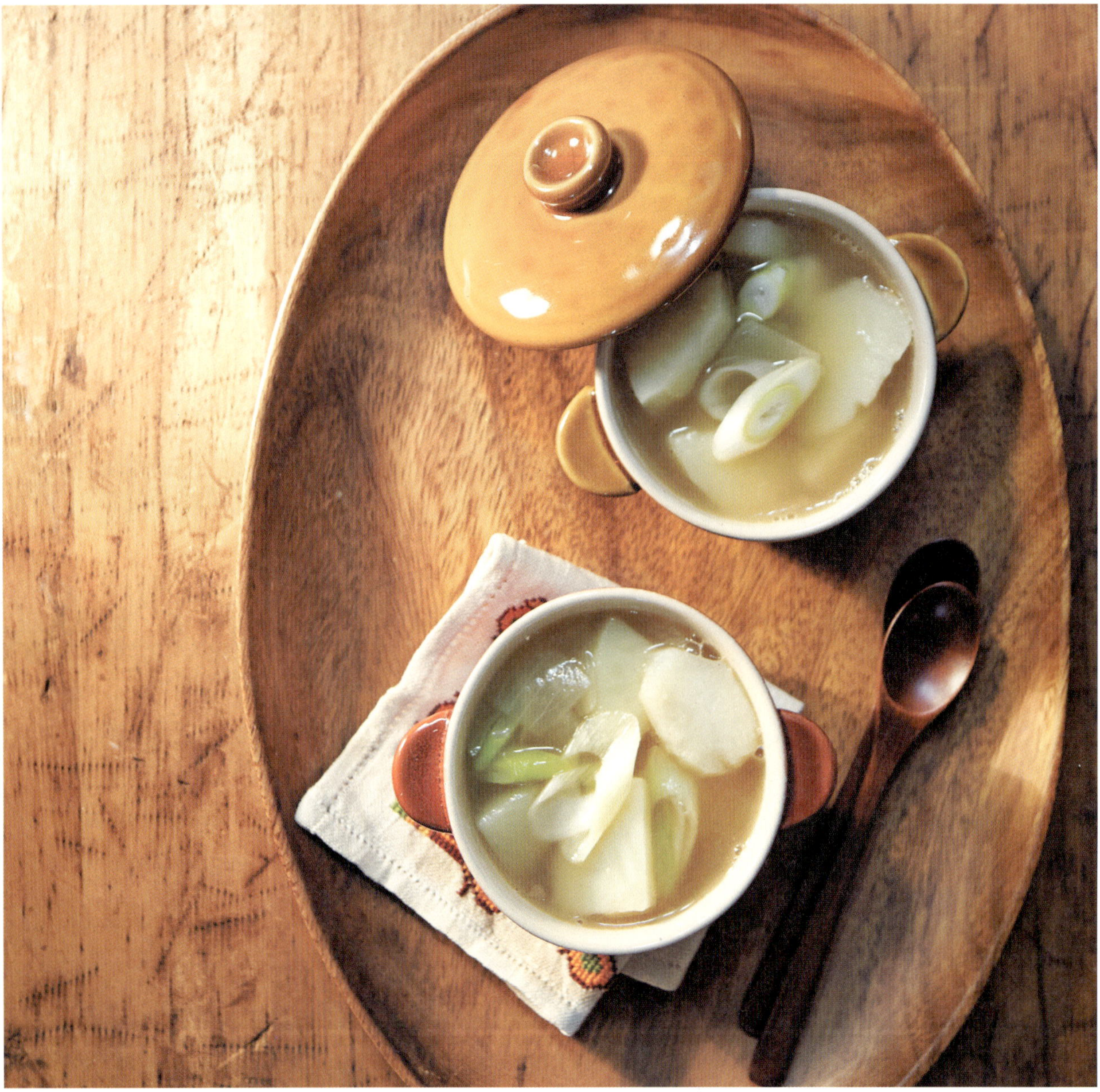

포실포실한 감자가 입안에서 사르륵 부서지는
감잣국

필수 재료 감자(2개), 양파(½개), 대파(10cm)
선택 재료 국물용 멸치(10마리)
양념 참기름(1.5), 국간장(1), 다진 마늘(0.5), 소금(약간)

감자처럼 조리 중 부서지기 쉬운 채소는 국물에 끓이기 전 미리 볶아주면 좋다. 또한 감자는 분이 많아 볶는 동안 탈 수 있으니 참기름을 두르고 주걱으로 계속 저어가며 볶아야 한다. 국을 끓일 때 육수를 사용하면 간을 세게 하지 않아도 감칠맛이 난다. 다시마나 소분해 판매하는 티백 형태의 제품도 유용하다. 국간장으로 간을 다 맞추면 국물색이 탁해지니 소금과 섞어 간을 한다.

초보탈출 Quiz

문제 Q

거친 불금을 보낸 여파로 숙취에 시달리고 있는 A씨. 시원한 콩나물국으로 괴로운 속을 달래보기로 한다. 콩나물을 대충 다듬어 넣고 한참 팔팔 끓이던 A씨, 아무래도 더 맵게 먹고 속을 풀고 싶어 고춧가루를 더 넣고 또 한참을 끓여 맛을 보는데……. 올라오는 콩나물 비린내에 속이 오히려 더 뒤집어져 버리고 만다. 숙취 해소용 요리의 대명사 콩나물국을 망쳐 버린 A씨의 실수는?

보기

1. 술을 많이 마셔 뭘 먹을 상태가 아니다.
2. 묵은 고춧가루를 사용했다.
3. 콩나물을 너무 깨끗이 씻었다.
4. 끓이는 중간에 뚜껑을 여닫았다.

정답 A

4. 끓이는 중간에 뚜껑을 여닫았다.

콩나물을 물에 넣고 끓일 때 뚜껑을 덮어야 할지 열어야 할지 고민하는 사람이 많은데, 사실은 둘 다 가능하다. 중요한 것은 콩나물이 잘 익을 때까지 처음 상태를 그대로 유지해야 한다는 것. 뚜껑을 덮었다면 덮은 그대로, 열었다면 연 상태로 끝까지 끓여야 한다. 콩나물이 다 익으면 고소한 콩 냄새가 나므로 일단 끓이기 시작했다면 소신을 갖고 끝까지 뚜껑을 사수하자.

COOKING TIP

콩나물에 머리 떼고 꼬리 떼면 뭐가 남나요?

콩나물로 요리를 하다 보면 머리와 꼬리를 다듬어야 할지, 그냥 둬야 할지 고민이 될 때가 많다. 책이나 인터넷을 찾아봐도 레시피마다 다듬는 법이 약간씩 달라 혼란스럽긴 마찬가지. 콩나물, 어떻게 먹어야 제대로 먹는 걸까? 콩나물은 비타민C, 단백질, 아스파라긴산 등 다양한 영양소를 풍부하게 함유하고 있는데, 특이한 것은 머리, 줄기, 뿌리의 부위마다 함유하고 있는 영양소가 다 다르다는 것. 콩나물 머리에는 단백질, 지방, 탄수화물, 당분 등이 들어있고, 줄기에는 비타민C를 비롯한 다양한 비타민이 들어 있다. 꼬리에는 숙취 해소와 해독작용을 하는 아스파라긴산이 들어 있다. 이 모든 영양소를 빠짐없이 먹고 싶다면 상하거나 무른 부분만 정리하고 전체를 먹는 게 가장 좋다. 차례 음식이나 손님 초대 요리처럼 모양이 중요한 경우에만 머리와 꼬리를 제거한다.

콩나물국

내 거친 음주 습관과 불안한 다음날의 스케줄을 위하여!
숙취해소와 속풀이용 국물 요리의 대명사.

쓰린 속 달래 주는 시원한 한 그릇
콩나물국

필수 재료 콩나물(2늠 줌=200g), 대파(10cm)
육수 재료 국물용 멸치(10마리)
양념 국간장(0.5), 다진 마늘(0.3), 소금(0.1)

콩나물을 제대로 익히지 않으면 비린내가 나고, 너무 오래 익히면 메주냄새가 난다. 잘 익은 콩나물은 고소한 콩 냄새가 난다는 것을 기억해 두고, 뚜껑을 덮고 끓였다면 고소한 콩 냄새가 올라오기 전까지는 뚜껑을 열지 않는다. 뚜껑을 열고 끓일 때도 마찬가지로 잘 익을 때까지 그대로 두어야 비린내가 나지 않는다.

START »

콩나물은 머리의 껍질과 꼬리의 지저분한 부분을 정리한다.

깨끗이 씻어 체에 밭쳐 물기를 뺀다.

대파는 송송 썬다.

멸치는 내장을 제거한다.

냄비에 국물용 멸치를 약한 불로 볶아 비린내를 날린다.

물(4½컵)을 붓고 센 불에서 끓어오르면 약한 불로 줄여 10분간 끓인 뒤 멸치는 체로 건진다.

육수에 콩나물을 넣고 뚜껑을 열고 중간 불로 7분간 끓인다.

뚜껑을 덮고 끓여도 된다. 중간에 뚜껑을 여닫지 않고 익을 때까지 그대로 둔다.

대파와 **양념**을 넣고 살짝 더 끓인다.

부족한 간은 소금으로 맞춰서 마무리한다.

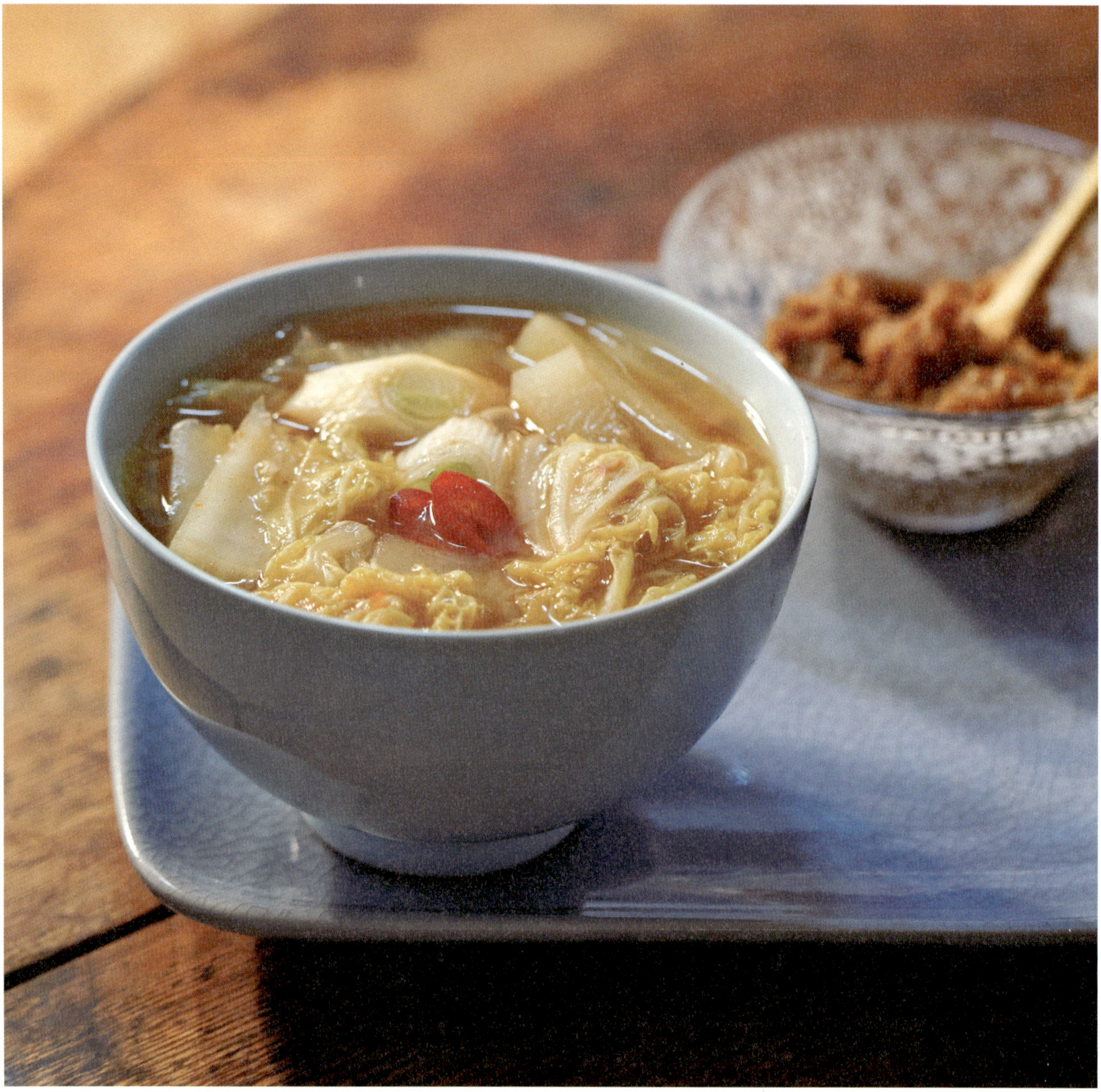

보글보글 집밥의 향기가 물씬 나는~
배추된장국

필수 재료 배추(4~5장), 대파(10cm)
선택 재료 무(1토막=150g), 붉은고추(1개)
육수 재료 국물용 멸치(10마리)
양념 된장(1.5), 국간장(0.5), 고춧가루(0.5), 다진 마늘(0.5)

배추는 너무 오래 끓이면 푹 퍼져 흐물흐물해진다. 단단한 무부터 넣고 반투명해지면 배추를 넣고 끓여야 적당히 익고 시원한 국물 맛도 낼 수 있다. 배추처럼 연한 채소는 상처가 생기면서 풋내가 날 수 있는데 된장으로 간을 하면 이 냄새도 잡아준다.
된장국에 고추장을 약간 넣으면 감칠맛이 더 산다. 된장과 고추장의 비율은 5:1 정도가 적당하다.

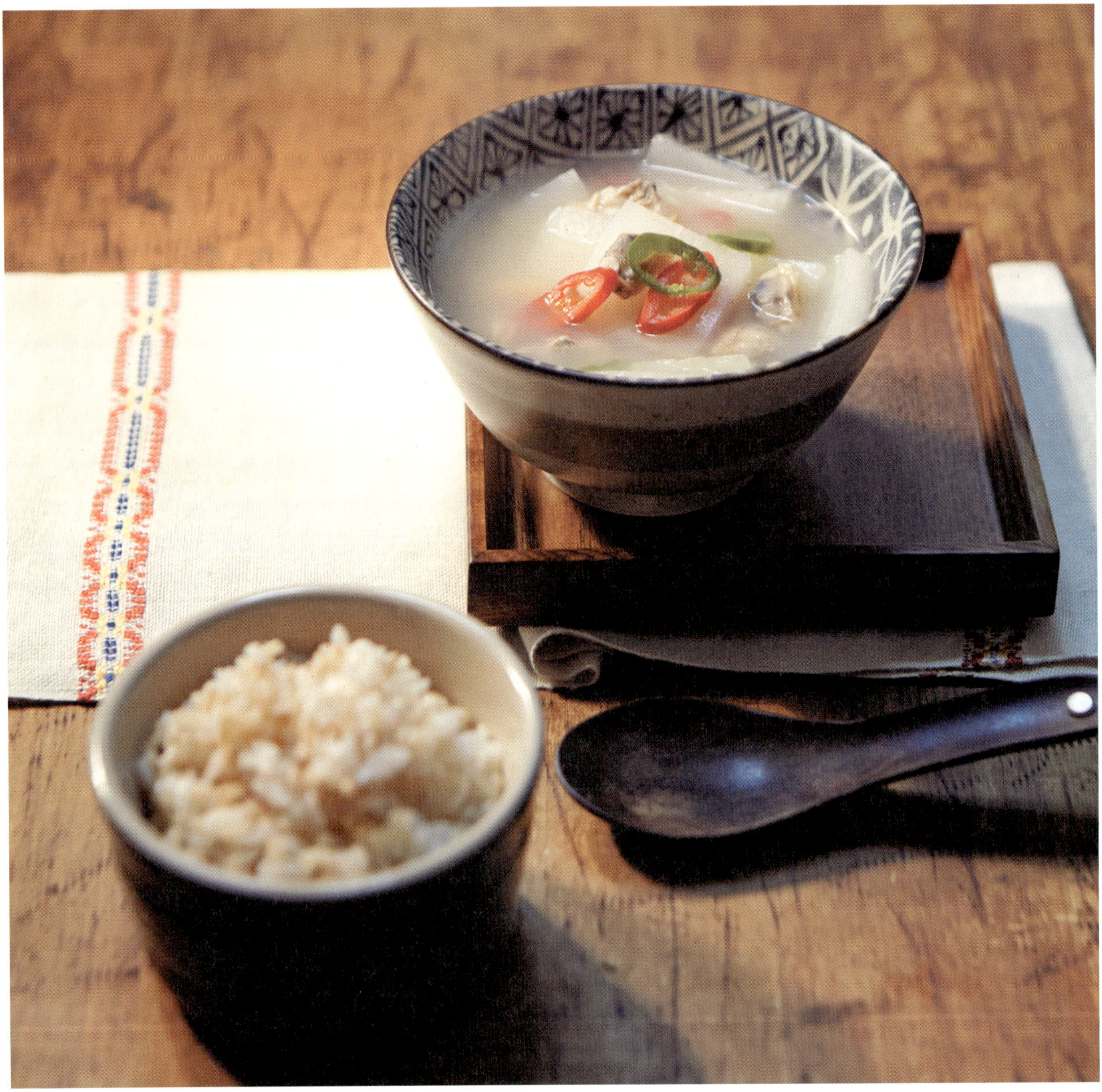

뽀얀 조개 국물이 다 했잖아요!
바지락뭇국

필수 재료 바지락(3컵=600g), 무(2토막=300g)
선택 재료 풋고추(1개), 붉은고추(1개)
양념 참기름(1), 소금(0.2), 후춧가루(약간)

조개를 해감하지 않고 사용하면 국을 끓이는 과정에서 흙을 토해내므로 반드시 해감을 하고, 해감해서 판매하는 조개는 여러 번 비벼 씻어 사용한다. 무엇보다 신선한 조개를 사용하는 것이 중요한데, 상한 조개는 냄새가 심하니 잘 맡아보고 구매한다. 조개에서 시원한 맛이 우러나와 별도의 육수 없이도 진한 국물 맛을 낼 수 있으나 건더기까지 먹을 경우 너무 오래 끓이지 않는다.

탈출 Quiz

문제 Q 냉동실을 정리하다 이사 올 때 샀던 북어포를 발견한 A씨. 당황하지 않고 그대로 식재료로 이용한다. 메뉴는 무난하게 빨리 만들 수 있는 북엇국으로 골라 요리를 시작하고, 착착 잘 진행이 되나 했는데 뭔가 이상하다. 냄비에 북어를 넣고 볶는데 생각보다 참기름이 너무 많이 들어간다. 조금씩 붓고 또 부어도 금세 북어포가 싹 흡수해 버린다. 이대로라면 국이 느끼해질 게 뻔한 일. 이대로 요리를 계속해야 할지 말아야 할지, A씨를 고민에 빠트린 원인은 무엇일까?

보기
1. 100% 국산 참깨로 만든 맛있는 참기름이었다.
2. 크기가 큰 북어를 사용했다.
3. 이사한 집에 수맥이 흐른다.
4. 북어를 마른 상태 그대로 사용했다.

정답 A 4. 북어를 마른 상태 그대로 사용했다.

바싹 마른 상태의 북어는 양념을 해도 간이 잘 배지 않고, 그대로 기름을 두르고 볶으면 기름을 많이 흡수해 정량보다 많은 양의 기름을 사용하게 된다. 손질하기 전에 우선 물로 촉촉하게 적셔 부드럽게 만드는 것이 손질하기도 쉽고, 양념이 고루 배는 데 도움이 된다. 물에 담가 불리면 북어의 맛 성분이 빠져나가 맛이 덜해질 수 있다. 적은 양의 물을 북어포에 뿌리는 방식으로 불리는 것이 좋다.

COOKING TIP

말린 생선이라고 막 사지 마세요~

북어는 12월부터 2월 사이에 생태를 건조장에 걸쳐 결빙과 건조를 반복해 부슬부슬하게 말린 것이다. 물기를 바싹 말려 저장성을 높였지만 그렇다고 신선도를 무시해서는 안 된다. 빛이 누렇고 살이 부드럽고 도톰한 것이 신선하고 좋은 북어다. 구입할 때부터 신선한 것을 잘 골라 구입한다. 말린 생선이라 습기에 약하고 곰팡이가 생기기 쉬우니 바람이 잘 통하고 그늘진 곳에 보관하는 것이 좋다. 손질할 때는 마른 상태에서 바로 칼로 토막 내는 것보다 물로 촉촉하게 적신 뒤 면포로 감싸 방망이로 두드려 부드럽게 만들어 자르는 것이 손질하기 쉽다.

북엇국

퍽퍽하게 마른 북어포는 물에 불려 부드럽게 만들어야 간이 고루 밴다. 채 썬 무가 시원하고 달큰한 맛을 더해준다.

해장엔 네가 최고구나!
북엇국

필수 재료 북어포(2컵=60g), 무(1토막=150g), 대파(10cm)
선택 재료 달걀(1개)
밑간 국간장(0.5), 맛술(0.5), 다진 마늘(0.3), 참기름(0.5)
양념 소금(약간), 참기름(0.5), 다진 마늘(0.3), 새우젓(1), 국간장(0.5)

북어포가 마른 상태에서 바로 간을 하면 고루 배지 않는다. 물에 적셔 촉촉하게 만든 뒤 밑간하는데, 맛 성분이 적게 빠져나갈 수 있도록 물은 되도록 적게 사용한다. 육수에 바로 넣고 끓이지 말고 북어를 밑간한 뒤 국을 끓이면 간도 깊이 배고 나중에 국물 간 맞추기도 쉽다. 달걀을 넣으면 부드러운 식감을 더할 수 있다. 깔끔하고 맑은 국물을 원한다면 생략한다.

START »

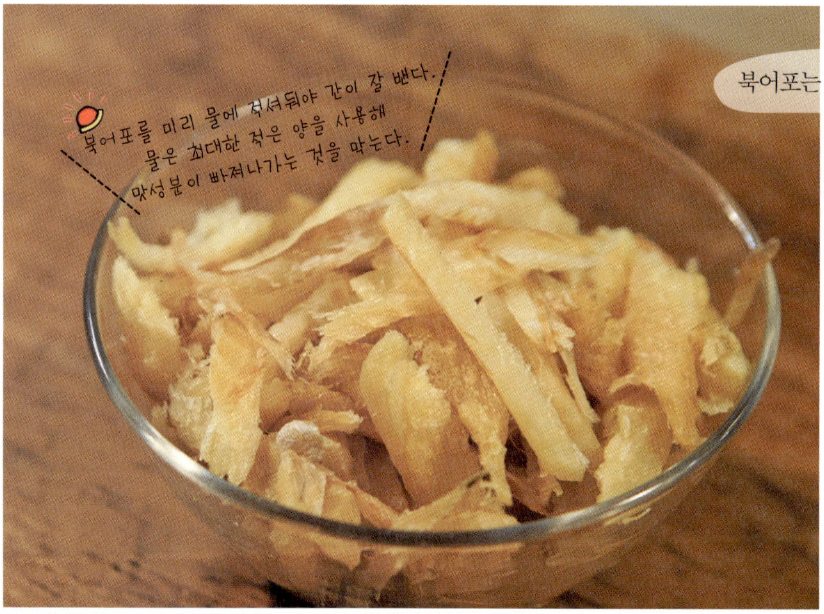

북어포를 미리 물에 적셔둬야 간이 잘 밴다. 물은 최대한 적은 양을 사용해 맛성분이 빠져나가는 것을 막는다.

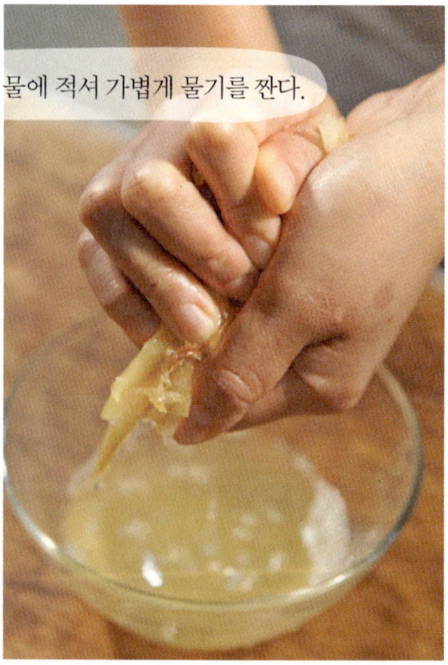

북어포는 물에 적셔 가볍게 물기를 짠다.

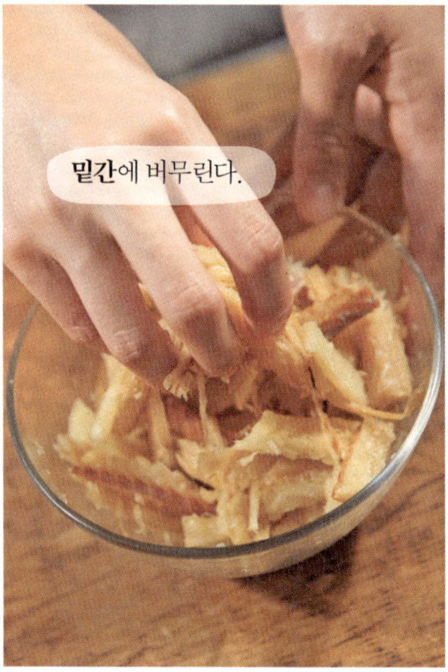

밑간에 버무린다.

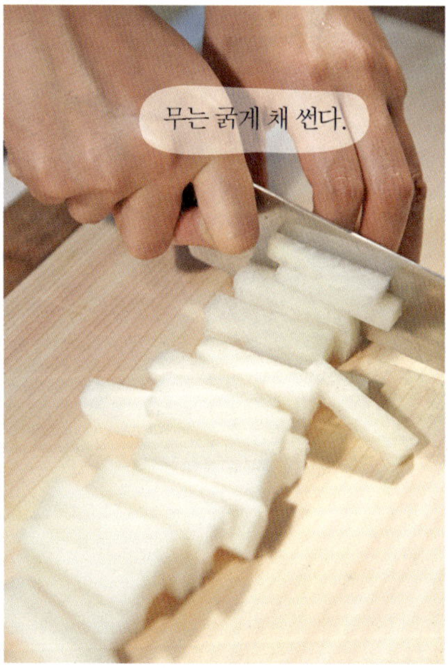

무는 굵게 채 썬다.

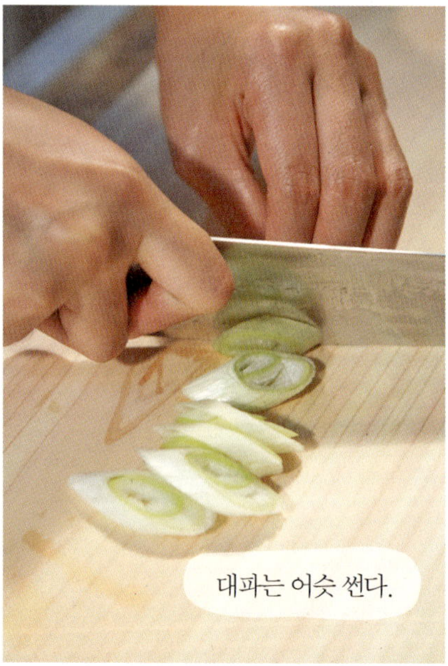

대파는 어슷 썬다.

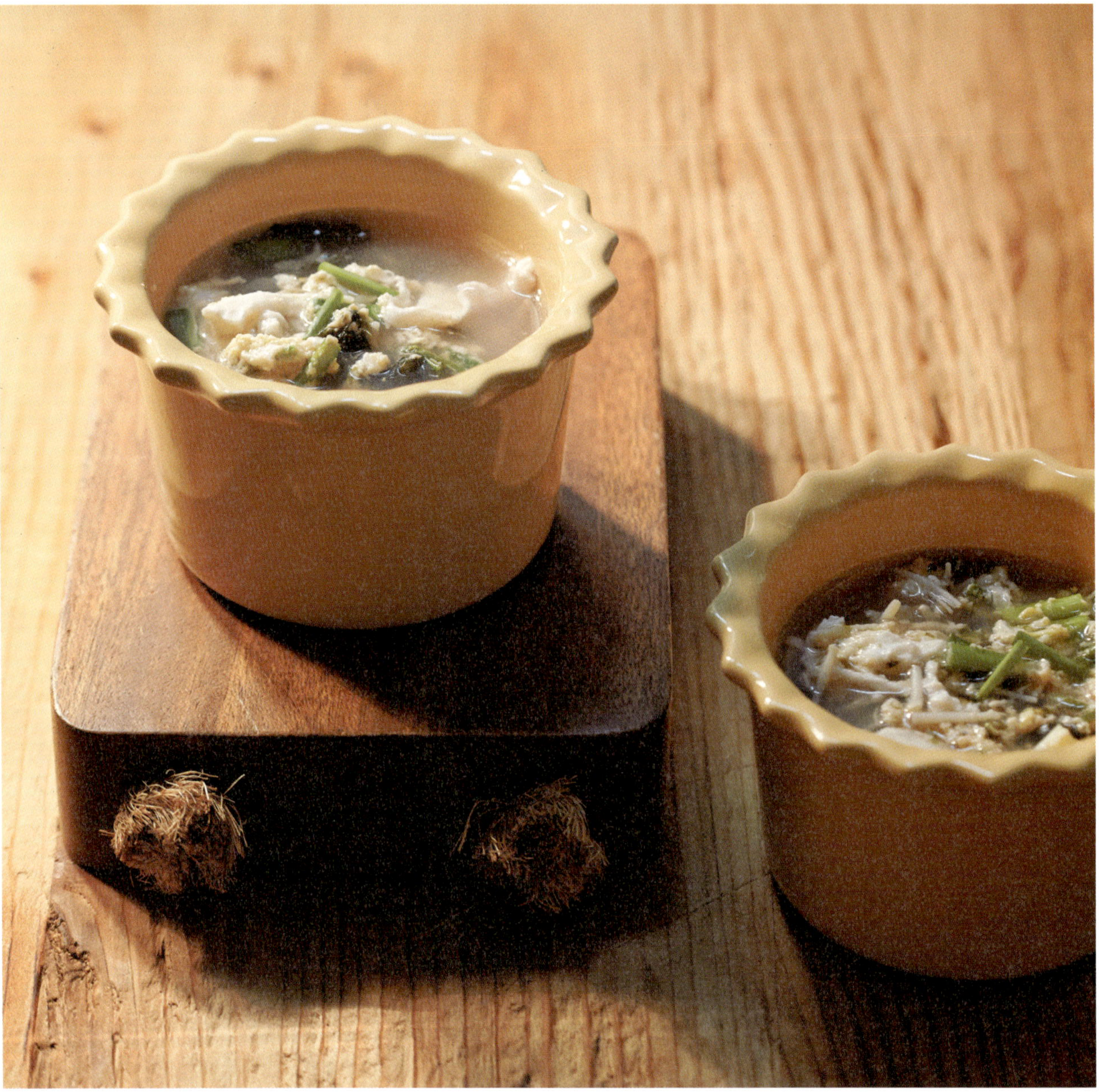

바쁜 아침 식사나 유아식으로 활용도 만점

김달걀국

필수 재료 김(4장), 달걀(2개)
선택 재료 쪽파(3대), 팽이버섯(⅓줌)
양념 소금(약간), 국간장(1), 후춧가루(약간)

조미김이 아닌 일반 김은 생각보다 물에 완전히 풀어지기까지 시간이 오래 걸리니 한입 크기로 잘라 처음부터 넣고 끓인다. 달걀물과 쪽파, 버섯은 각각 따로 넣어도 되는데, 그릇을 냄비에서 10~20cm 정도 높이로 들고 달걀물이 줄처럼 가늘게 떨어지도록 살살 부으면 중국집 달걀탕처럼 부드럽고 결이 살아 있는 달걀을 맛볼 수 있다. 이런 방식을 '줄알치기'라고 한다. 국물에 달걀물을 넣고 너무 휘저어 섞으면 달걀이 다 풀어져 국물이 지저분해지므로 살살 섞는다.

START »

김은 큼직하게 자른다.
봉지에 넣고 부수면 김가루가 날리지 않고 편하다.

쪽파와 팽이버섯은 송송 썬다.

달걀은 소금(약간)을 넣어 곱게 푼다.

달걀물에 쪽파와 팽이버섯을 넣어 섞는다.
달걀물에 섞이도 되고 각각 따로 넣어도 된다.

냄비에 물(4컵)을 부어 끓어오르면 김을 넣는다.

김이 풀어지면 달걀물을 붓는다.
바로 휘저으면 달걀이 다 풀어져 국물이 지저분해진다. 열십자를 그리듯 살짝 저어 준다.

달걀이 익을 정도로만 살짝 더 끓여 **양념**으로 간해 마무리한다.

초보탈출 Quiz

문제 Q 엄마 생신을 맞아 난생 처음으로 미역국을 끓이게 된 A씨. 그동안 한 번도 생신상을 차려 드린 적이 없었던 게 마음에 걸려 큰 맘 먹고 A++ 한우도 구입! 쇠고기 미역국을 만들기 시작한다. 마른 미역을 불려 조물조물 씻고 냄비에 넣어 볶다가 끓이기까지. 순조롭게 마무리가 되어 가는 것 같은데. 완성된 미역국의 색이 어쩐지 수상쩍다. 평소에 먹던 것보다 더 까맣고 짠내도 나는 것 같은데. 생신상에 올릴 미역국을 망쳐 버린 A씨의 실수는 무엇일까?

보기
1. 생미역이 아닌 마른 미역을 사용했다.
2. 간을 국간장으로만 맞췄다.
3. 쇠고기의 핏물을 제거하지 않았다.
4. 수입산 미역을 사용했다.

정답 A 2. 간을 국간장으로만 맞췄다.
국간장은 염분과 수분이 섞여 있는 양념이라 국간장만으로 간을 맞추려면 소금으로 맞출 때보다 많은 양을 넣어야 한다. 때문에 국물의 색이 까맣게 될 수밖에 없고, 간장 특유의 짠내도 날 수 있다. 국간장으로 깊은 맛을 내주고, 부족한 간은 소금으로 맞추는 게 좋다.

COOKING TIP

미역국 끓일 땐 생미역? 마른 미역?

생미역과 마른 미역 모두 사용할 수 있다. 생미역으로 미역국을 끓이면 미역의 부드러운 맛을 더 잘 즐길 수 있다. 미역을 수확하는 겨울철에 끓이면 좋고, 마른 미역은 사철 쉽게 구할 수 있어 편리하다. 조리법은 재료를 손질하는 과정 외에는 동일하다. 생미역은 표면에 끈끈한 점액질이 있고 특유의 바다냄새가 나므로 찬물에 비벼 깨끗이 헹궈 사용한다. 한 시간 정도 물에 담가 두었다가 씻어도 좋다. 마른 미역은 눅눅하지 않고 잘 마른 것으로 골라 구입하고, 냉수에 30분 정도 담갔다 맑은 물로 헹궈 바로 사용한다.

미역국

요리에 관심이 없는 사람이라도 한 번쯤은 꼭 끓이게 되는 미역국.
요리법을 익혀 두면 두고두고 요긴하게 활용할 수 있다.

미역국은 사랑입니다!
미역국

필수 재료 마른 미역(20g=⅔컵), 쇠고기(국거리용, 200g)
선택 재료 들깻가루(2)
양념 청주(2), 참기름(3), 다진 마늘(1), 국간장(2), 소금(0.2)

마른 미역은 불리면 양이 10배 이상 늘어나므로 불리기 전에 분량을 확인하고 사용하는 것이 좋다. 미역을 미리 참기름에 볶으면 미역의 비린 향이 날아가고 국물에 맛이 더 빨리 배어나와 한층 더 깊은 국물 맛을 낼 수 있다. 육수를 넣은 뒤에는 중약불로 비교적 오래 푹 끓여야 미역의 부드러운 식감과 깊은 맛이 살아난다. 국간장으로만 간을 하면 국물 색깔이 어두워지니 소금과 섞어 간한다.

START »

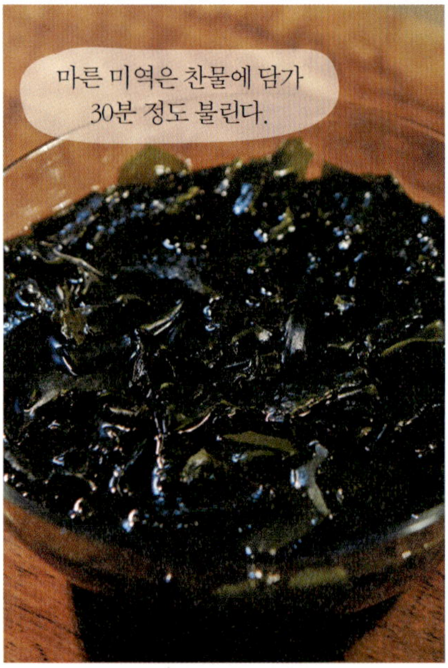

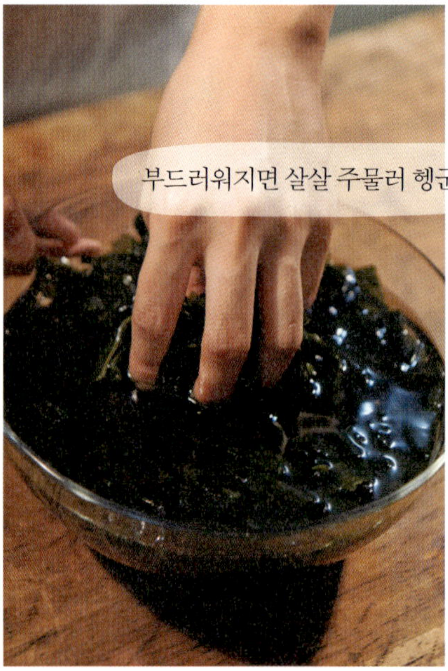

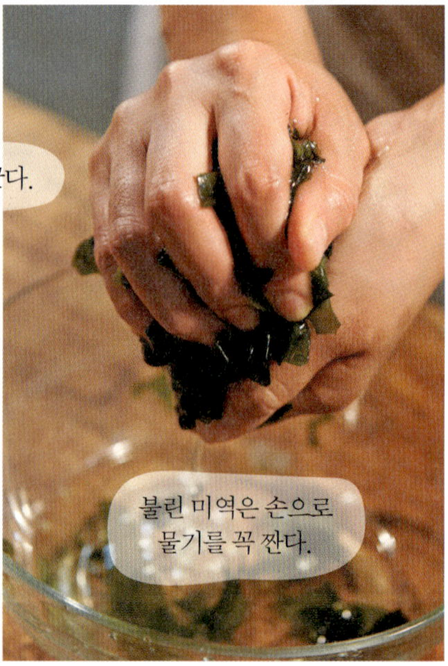

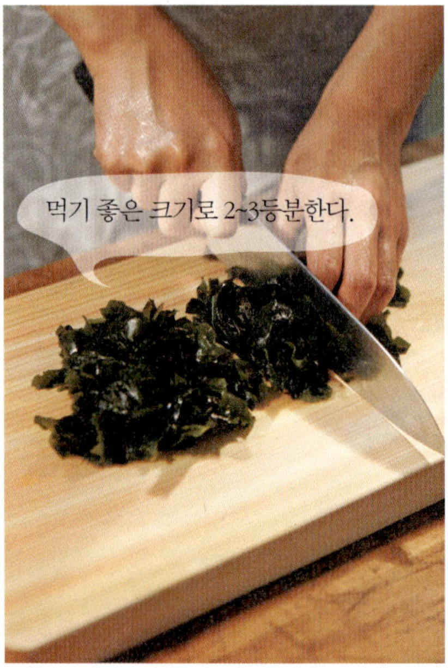

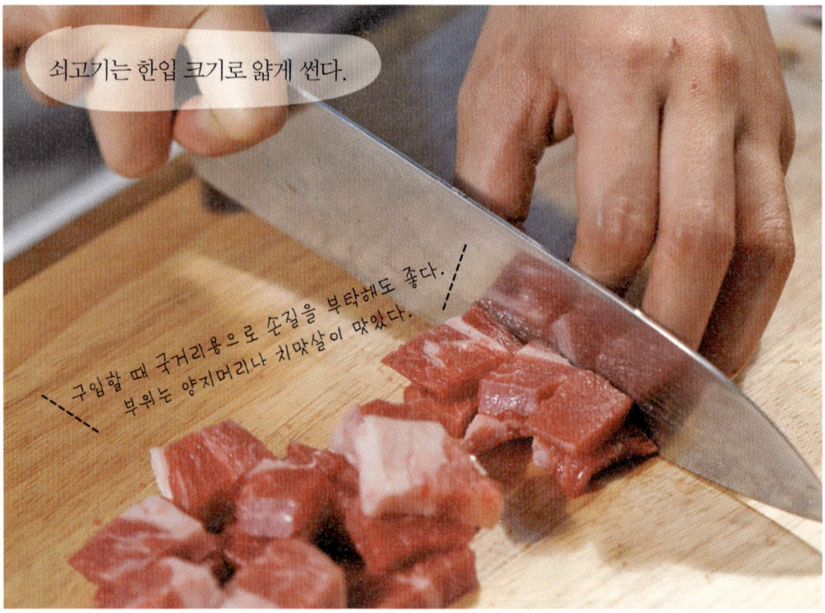

- 마른 미역은 찬물에 담가 30분 정도 불린다.
- 부드러워지면 살살 주물러 헹군다.
- 불린 미역은 손으로 물기를 꼭 짠다.
- 먹기 좋은 크기로 2~3등분한다.
- 쇠고기는 한입 크기로 얇게 썬다.
- 구입할 때 국거리용으로 손질을 부탁해도 좋다. 부위는 양지머리나 치맛살이 맛있다.

초보탈출 Quiz

문제 Q 고향집에 내려가 엄마표 된장을 가져온 자취생 A씨. 오랜만에 집밥 느낌 물씬 풍기는 저녁상을 차리기로 결심한다. 오늘의 메뉴는 엄마의 대표 요리 된장찌개! 늘 먹던 찌개를 생각하며 뚝딱뚝딱 재료 손질도 하고 어렵지 않게 찌개를 끓이는데……. 국물의 간을 보고 끝내주는 맛에 감동을 느낀 것도 잠시. 막상 본격적으로 재료를 넣다 보니 예상 밖으로 불어나는 양에 당황하고 만다. A씨 혼자 먹기엔 버거울 만큼 찌개의 양이 늘어나게 된 이유는?

보기
1. 육수를 만들지 않고 맹물로 끓였다.
2. 마지막에 센 불로 국물을 졸이지 않았다.
3. 된장국을 끓일 때와 같은 양의 물을 넣었다.
4. 뚝배기가 아닌 일반 냄비에 끓였다.

정답 A 3. 된장국을 끓일 때와 같은 양의 물을 넣었다.

같은 국물 요리라도 찌개를 끓일 때 유독 양조절에 실패를 많이 한다면 처음부터 물 양을 너무 많이 잡고 있진 않은지 의심해 보자. 찌개는 국물과 건더기 재료가 1 : 1 정도의 비율로 들어가면 알맞다. 처음에 물을 너무 많이 넣으면 재료를 추가하다 냄비가 넘치는 일이 생길 수 있고, 필요한 양보다 많이 만들어 남기게 된다. 된장찌개는 오래 끓이는 찌개가 아니므로 정량에 가까운 물만 넣고 끓여도 충분하다.

COOKING TIP

된장도 냉장고에 넣어 둬야 하나요?

된장은 담그는 것만큼이나 보관하는 것이 중요하다. 낮은 온도에서 보관해야 색이 검게 변하는 것도 막을 수 있고, 된장에 함유된 유익한 물질들을 유지할 수 있다. 시판 된장을 구입해서 먹을 만큼 떠낸 뒤에는 뚜껑을 꼭 닫아 냉장실에 보관하는 것이 좋다. 또 된장은 습기에 민감해 물기가 있으면 맛이 변하고 상하기 쉬우므로 된장을 뜰 때는 마른 주걱이나 숟가락을 사용하고, 뜬 뒤에는 꾹꾹 눌러 위를 평평하게 다져 놓는다.

된장찌개

된장은 너무 오래 끓이면 영양소가 파괴된다.
재료를 작게 썰어 넣어 끓이는 시간을 줄인다.

STEW

누구나 좋아하는 진정한 국민 찌개

된장찌개

필수 재료 양파(½개), 두부(½모=145g), 대파(10cm)

선택 재료 표고버섯(2개), 청양고추(1개), 붉은고추(1개)

육수 재료 국물용 멸치(10마리), 다시마(1장=10×10cm)

양념 된장(2), 고춧가루(0.5), 다진 마늘(0.5)

된장은 집집마다, 브랜드마다 맛과 간이 각기 다르다. 때문에 찌개나 국에 넣을 땐 맛을 봐 가면서 양을 가감해 간을 맞추는 것이 좋다. 된장이나 청국장 등 되직한 장을 국물에 넣을 때는 고루 잘 풀릴 수 있도록 체에 밭쳐 풀어 넣거나 그릇에 따뜻한 육수를 조금 덜어 먼저 장을 푼 뒤 국물에 넣는 방법을 사용한다. 고춧가루나 고추장을 넣어 칼칼함을 살려도 좋지만 많이 넣으면 텁텁할 수 있으니 주의한다.

START »

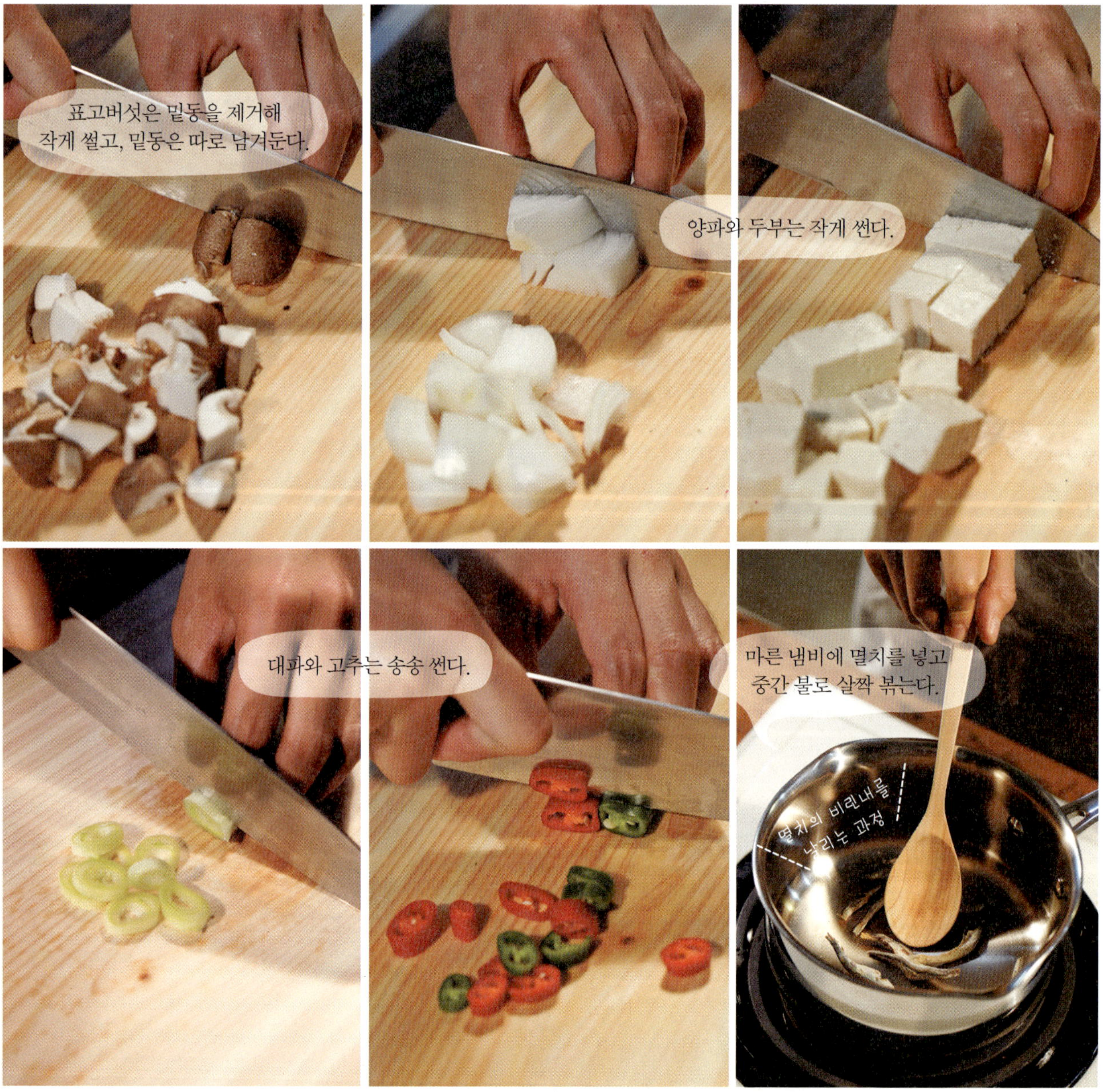

표고버섯은 밑동을 제거해 작게 썰고, 밑동은 따로 남겨둔다.

양파와 두부는 작게 썬다.

대파와 고추는 송송 썬다.

마른 냄비에 멸치를 넣고 중간 불로 살짝 볶는다.

멸치의 비린내를 날리는 과정

다시마와 표고버섯 밑동, 물(4컵)을 넣어 센 불로 끓인다.

찌개는 생각보다 물이 적게 들어간다. 재료와 물이 1:1 비율 정도가 되도록 처음부터 물양을 적게 잡는다.

육수 대신 쌀뜨물을 사용해도 좋다.

끓어오르면 약한 불로 줄여 10분간 끓인 뒤 건더기는 체로 건진다.

육수(3컵)에 된장(2)을 푼다.

양파를 넣어 중간 불로 끓인다.

건더기 재료는 단단한 것부터 무른 것까지 순서대로 넣고 익힌다.

끓어오르면 버섯과 두부, 고춧가루(0.5)를 넣어 끓인다.

다시 끓어오르면 대파와 고추, 다진 마늘(0.5)을 넣어 한 번 더 끓여 마무리한다.

청국장이나 고추장을 약간 추가하면 더 건강하고 깊은 맛이 난다.

최단탈출 Quiz

문제 Q
배고픈 휴일, 냉장고를 뒤지던 A씨. 푹 삭은 김장김치만 덜렁 남은 냉장고를 보고 할 말을 잃는다. 결국 김치찌개를 끓이기로 결정. 후다닥 시장에 가서 돼지고기를 사오고. 돼지고기를 뚝뚝 썰어 넣고 보글보글 찌개를 끓이는 A씨. 고깃집에서 시켜 먹던 얼큰하고 새콤한 맛을 생각하니 입 안에 금세 침이 고인다. 그런데 국물을 한 숟갈 떠먹는 순간 참지 못하고 수저를 내려놓고 만다! 열심히 끓인 찌개에서 어째서 고기 누린내가 진동을 하는 걸까?

보기
1. 삼겹살 부위를 사용했다.
2. 시판 다진 마늘을 사용했다.
3. 찌개를 너무 오래 끓였다.
4. 돼지고기를 충분히 볶지 않았다.

정답 A
4. 돼지고기를 충분히 볶지 않았다.

고기의 신선도가 떨어지면 누린내가 나게 된다는 것은 누구나 아는 사실. 그러면 신선도가 나쁘지 않은 고기를 사용했는데도 냄새가 나는 것은 무슨 이유일까? 조리 과정에서 쉽게 놓칠 수 있는 포인트가 바로 돼지고기를 충분히 볶아야 한다는 것이다. 돼지고기의 누린내는 고기가 익으면서 많이 발생한다. 따라서 돼지고기를 물에 넣고 끓이기 전에 충분히 볶아 주면 냄새가 날아가서 찌개를 끓여도 국물에 냄새가 배지 않는다. 누린내는 날아가고 돼지고기의 감칠맛만 남아 진하고 맛있는 찌개를 만들 수 있다.

COOKING TIP

덜 익은 김치로 끓이는 야매 신김치찌개

숟가락질을 멈출 수 없는 김치찌개의 매력. 신김치의 맛이 잘 우러난 매콤새콤한 국물에 있다. 잘 익은 김치가 없을 땐 덜 익은 김치에 약간의 양념을 더해 맛을 따라잡아 보자. 김치를 볶을 때 설탕을 약간 넣으면 신김치처럼 자연스럽게 숨이 죽고, 육수를 넣고 끓이다 양념을 넣을 때 식초를 반숟가락 정도 넣으면 새콤한 맛을 더할 수 있다. 타이밍에 맞게 양념을 살짝만 더해도 요리의 맛이 달라진다.

김치찌개

참치나 통조림 꽁치를 넣을 수도 있지만 김치찌개는 역시 돼지고기를 넣어야 제맛. 매콤새콤한 맛과 고소한 풍미가 입맛을 사로잡는다.

진정한 밥도둑
김치찌개

필수 재료 대파(10cm), 김치(2컵=360g), 돼지고기 목살(150g), 김칫국물(⅓컵)
선택 재료 양파(½개), 두부(⅓모=145g)
양념 참기름(1), 청주(1), 고춧가루(0.5), 다진 마늘(0.5), 다진 생강(0.2)

김치찌개 역시 김치볶음밥과 마찬가지로 김치만 넣어서는 진한 맛을 내기 힘들다. 김치 국물을 섞어 간을 맞추고 김치의 진한 맛을 국물에 더해주자. 김치와 육수를 한꺼번에 넣고 끓이는 것보다 김치를 먼저 볶다가 육수를 붓는 것이 김치의 맛이 더 잘 우러나온다. 돼지고기를 넣을 경우 잘 볶아 누린내를 날린 뒤 끓일 때 마늘과 생강을 넣어 누린내를 완전히 잡는다. 김치에 마늘과 생강이 양념으로 들어 있으므로 너무 많이 넣지는 않는다.

START »

대파는 어슷 썬다.

양파는 굵게 채 썬다.

두부는 도톰하게 썬다.

김치는 한입 크기로 썬다.

돼지고기는 한입 크기로 썰어 준비한다.

냄비에 참기름(1)을 두르고 돼지고기와 청주(1)를 넣고 센 불로 볶는다.

국물을 넣기 전에 돼지고기를 익혀 누린내를 날려 준다. 국물에 누린내가 배는 것을 막을 수 있다.

고기가 반쯤 익으면 김치를 넣고 중간 불로 3분간 볶는다.

양파를 넣어 조금 더 볶는다.

두께가 두꺼운 고기는 센 불로 익히면 겉은 타고, 안은 덜 익는다.

물(2컵)과 김칫국물(⅔컵)을 붓고 중약불로 10분간 끓인다.

두부와 대파, 고춧가루(0.5), 다진 마늘(0.5), 다진 생강(0.2)을 넣어 5분간 더 끓인다.

부족한 간은 소금으로 맞춰 마무리한다.

찬탈출 QUIZ

문제 Q 한 달에 한 번은 쫄깃쫄깃한 오징어를 씹어줘야 직성이 풀리는 오징어 마니아 A씨. 장을 보던 중 1+1 판매하는 싱싱한 생물 오징어를 발견, 냉큼 구입한다. 한 마리는 탱탱하게 삶아 초장을 찍어 먹고, 나머지 한 마리로는 국물 요리를 만들어 곁들어 먹기로 한다. 오징어의 내장을 살살 빼내고 한입 크기로 잘 손질해 끓는 물에 풍덩 빠트리고, 적당히 익었겠다 싶어 뚜껑을 열었는데 이럴 수가! 실한 오징어는 온데간데없고 다 쪼그라든 오징어만이 남아있다. 맛을 보니 팅팅 불은 반건조 오징어처럼 질깃거린다. 탱탱한 오징어가 초라해진 이유는 과연 무엇일까?

보기
1. 너무 오래 끓였다.
2. 제철이 아닌데 오징어를 샀다.
3. 작은 냄비를 사용했다.
4. 오징어에 칼집을 넣지 않았다.

정답 A 1. 너무 오래 끓였다.

오징어는 육질이 연한 해산물이라 오래 익힐수록 수분이 빠져나가 크기가 작아지고 식감이 질겨진다. 오징어의 색이 불투명하게 변하면 다 익었다는 신호니 그 이상 오래 끓일 필요가 없다. 손질할 때는 익히면서 수축할 것을 대비해 원하는 크기보다 크게 썰어 주는 것도 요령이다.

COOKING TIP

3단 변신 오징어, 맛있게 보관하자

생물 오징어 : 생물 오징어는 구입한 즉시 내장을 제거하고 몸통과 다리를 분리해 깨끗이 씻은 뒤 비닐팩에 소분해 냉동 보관한다. 용도에 맞게 미리 썰거나 칼집을 넣어 놓으면 해동해서 따로 손질할 필요 없이 편리하게 사용할 수 있다.

반건조 오징어 : 반건조 오징어는 아직 수분을 많이 함유하고 있는 상태라 상온에 보관해서는 안 된다. 꺼내 먹기 편하게 한 마리씩 따로 비닐팩에 포장한 뒤 냉동 보관한다.

마른 오징어 : 장시간 안전하게 보관하기 위해서는 냉동 보관하는 것이 좋다. 반건조 오징어에 비해 쉽게 상하지 않으므로 서늘한 곳에 두거나 냉장 보관하는 것도 가능하나 이런 경우 빠른 시간 내에 먹는 것이 좋다.

오징어국

우리나라 사람들이 유독 좋아하는 오징어.
따뜻한 바닷물을 따라 움직이는 어류라 국산 오징어는 여름이 제철이다.

오징어와 무로 시원하게, 고춧가루로 칼칼하게
오징어국

필수 재료 오징어(2마리), 무(옹 토막=100g), 대파(10cm)

선택 재료 느타리버섯(1줌), 다시마(1장=10×10cm)

양념 된장(1), 고춧가루(0.7), 국간장(1), 다진 마늘(0.5), 소금(약간), 후춧가루(약간)

오징어, 새우 등 육질이 연한 해산물은 오래 익힐수록 쪼그라들며 질겨져 맛이 없다. 육수에 다른 재료를 먼저 넣고 익힌 뒤 마지막에 넣고, 색이 변해 익으면 바로 간을 맞춰 불을 끈다.

START »

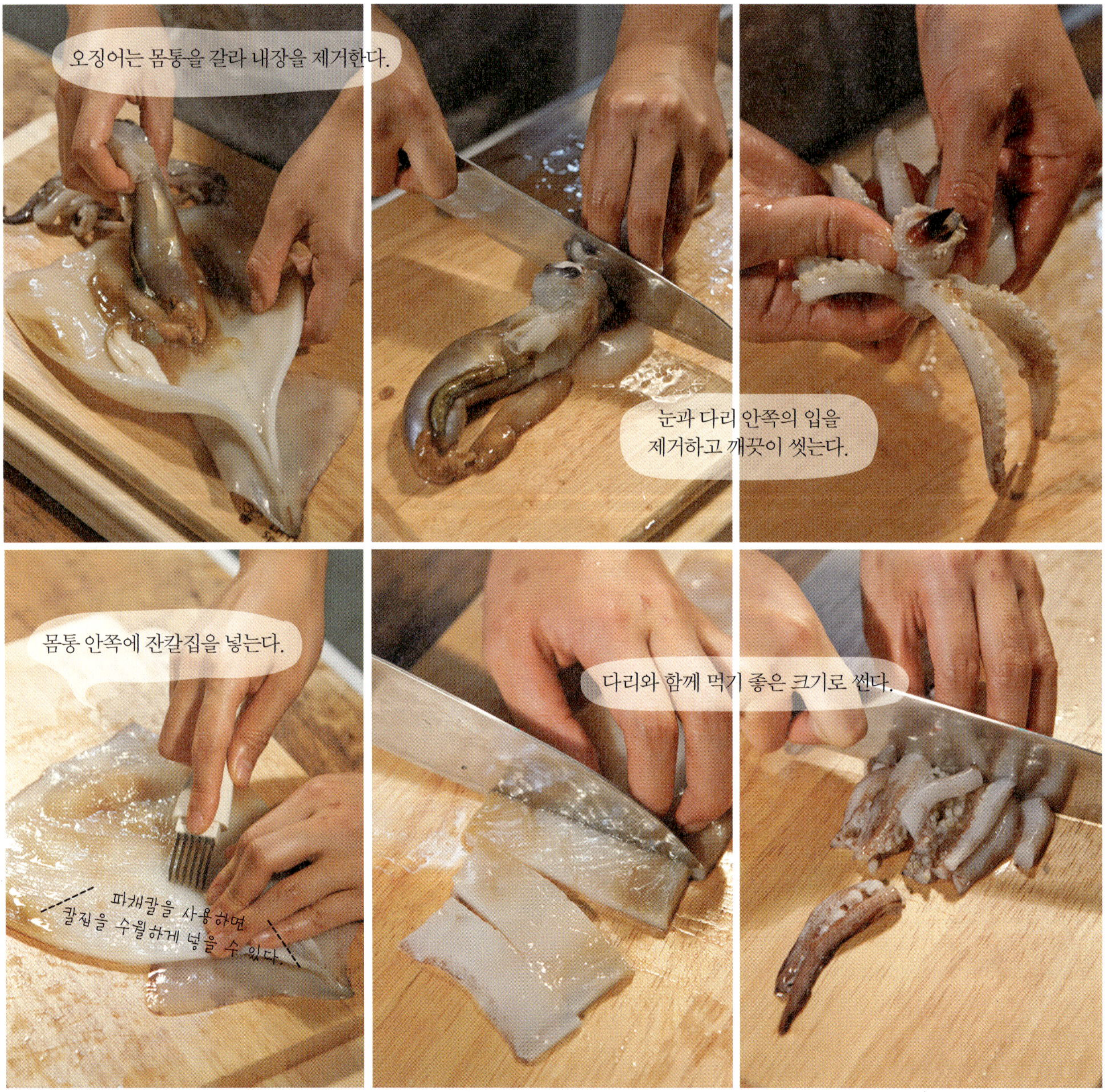

오징어는 몸통을 갈라 내장을 제거한다.

눈과 다리 안쪽의 입을 제거하고 깨끗이 씻는다.

몸통 안쪽에 잔칼집을 넣는다.

파채칼을 사용하면 칼집을 수월하게 넣을 수 있다.

다리와 함께 먹기 좋은 크기로 썬다.

LEVEL 2
반찬마스터

초보탈출 QUIZ

문제 Q

사 먹는 것보다 훨씬 저렴한 집밥의 매력에 푹 빠진 A씨. 오늘도 초저렴, 초간단 밑반찬으로 밥상을 채우기로 한다. 메뉴는 감자채볶음으로 정하고 감자와 양파를 사서 집으로 향하는데. 아뿔싸. 채칼이 없다. 번거롭지만 칼로 감자채를 써는 A씨. 그런데 감자채를 볶는 순간, 더 큰 난관에 봉착하고 만다. 나무젓가락으로 열심히 젓고 있는데도 팬에 감자가 눌어붙어 볶아지지 않는 것! 힘들게 채 썬 보람도 없이 감자채는 떡이 되어 버리는데……. A씨의 노력을 수포로 만들어 버린 치명적인 실수는 무엇일까?

보기

1. 올리브유로 볶지 않았다.
2. 감자에 밑간을 하지 않았다.
3. 볶기 전 감자의 전분을 제거하지 않았다.
4. 감자를 너무 두껍게 썰었다.

정답 A

3. 볶기 전 감자의 전분을 제거하지 않았다.

감자를 썰고 나면 칼 옆면에 쌀뜨물 같은 뿌연 물기가 남는 걸 볼 수 있다. 감자가 갖고 있는 전분이 묻어난 것인데, 물로 씻어내지 않으면 볶을 때 팬에 눌어붙어 타거나 감자채끼리 들러붙어 덩어리지기 쉽다. 손질한 감자는 물에 잠시 담가두었다가 전분질이 빠지면 물기를 닦아내고 사용한다. 고구마도 감자와 마찬가지로 전분이 나오므로 물에 담가 전분질을 빼고 요리하는 것이 좋다.

COOKING TIP

감자는 다이어트 식품이 맞나요?

감자는 전분이 주성분인 탄수화물 식품이다. GI지수(혈당지수 : 특정 음식을 섭취해 소화되는 과정에서 얼마나 빠른 속도로 포도당으로 전환되어 혈당 농도를 높이는가를 표시한 수치. GI지수가 높으면 인슐린 분비를 촉진시켜 배고픔을 빠르게 느끼게 된다.)가 높아 다이어트에 좋지 않다는 의심을 받기도 하지만 이를 뛰어넘을 정도로 다양한 장점 역시 갖고 있다. 우선 100g에 55kcal로 칼로리가 낮고 포만감이 크며 비타민C가 사과의 2배나 들어 있어 피로 회복과 스트레스 해소에 도움이 된다. 특히 감자의 비타민C는 열을 가해도 쉽게 파괴되지 않아 다이어트 시 부족해질 수 있는 영양소를 섭취하기 충분하다. 또 섬유질이 풍부해 소화기의 운동을 활발하게 하며 변비 예방에 탁월한 효과가 있다.

감자채볶음

부드러운 식감과 고소한 맛으로 남녀노소 누구나 좋아하는 밑반찬.
이유식으로 만들 땐 소금 간을 줄이고 피망 대신 당근을 넣는다.

PAN-FRY

이유식부터 도시락 반찬까지, 만능 밑반찬

감자채볶음

★
4 SERVINGS
PAN-FRY

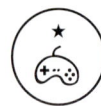

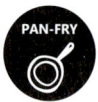

필수 재료 감자(2개), 양파(½개)
선택 재료 피망(1개)
양념 소금(0.5), 후춧가루(약간), 참깨(0.2)

감자를 채 썰어 팬에 그대로 볶을 경우 전분질 때문에 바닥에 눌어붙어 타기 쉽다. 감자나 고구마 같이 전분질이 있는 재료는 물에 헹궈 전분질을 씻어낸 뒤 물기를 제거하고 조리한다. 감자 헹구는 물에 소금을 약간 넣으면 감자에 탄력이 생겨 볶을 때 잘 부서지지 않는다.

START »

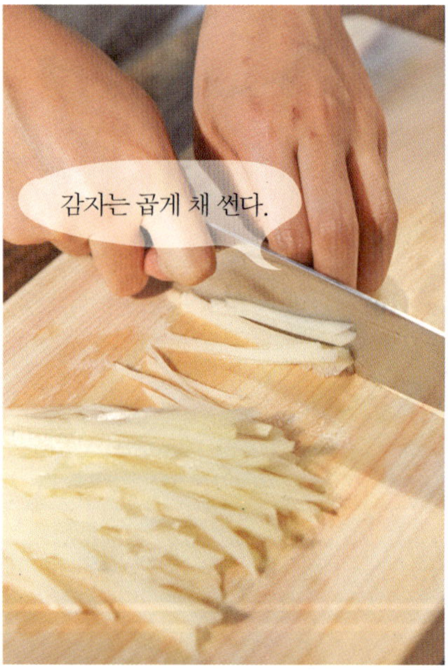
감자는 곱게 채 썬다.

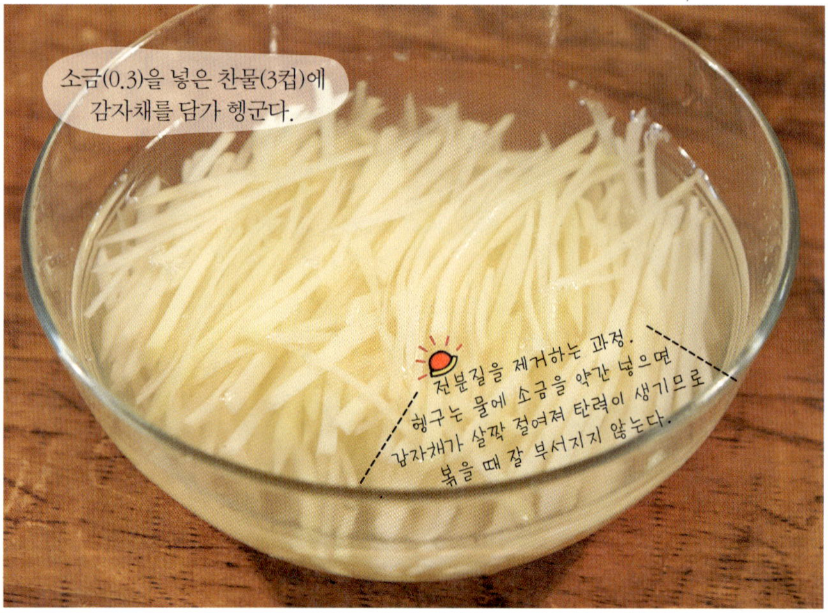
소금(0.3)을 넣은 찬물(3컵)에 감자채를 담가 헹군다.
전분질을 제거하는 과정. 헹구는 물에 소금을 약간 넣으면 감자채가 살짝 절여져 탄력이 생기므로 볶을 때 잘 부서지지 않는다.

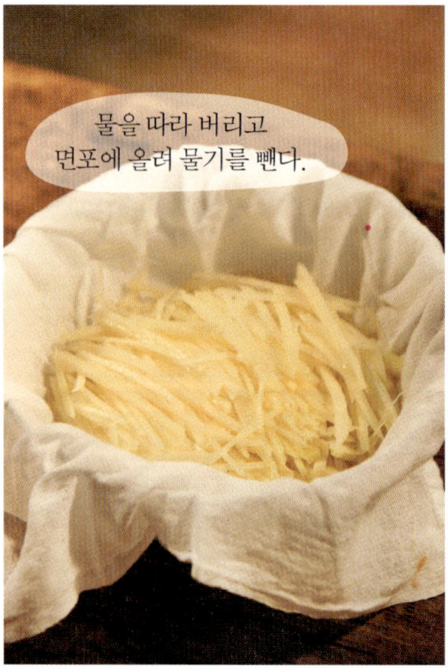
물을 따라 버리고 면포에 올려 물기를 뺀다.

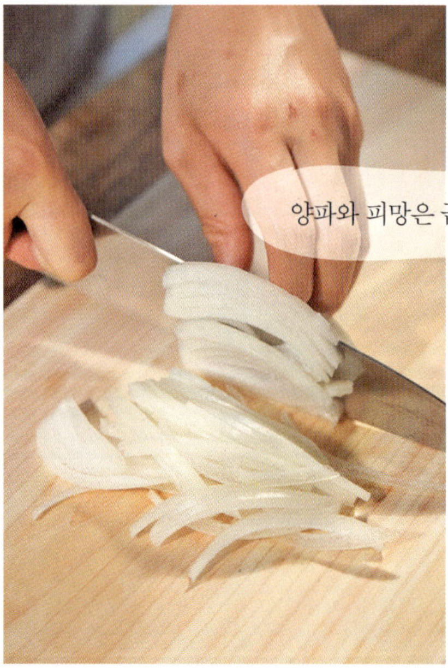
양파와 피망은 곱게 채 썬다.

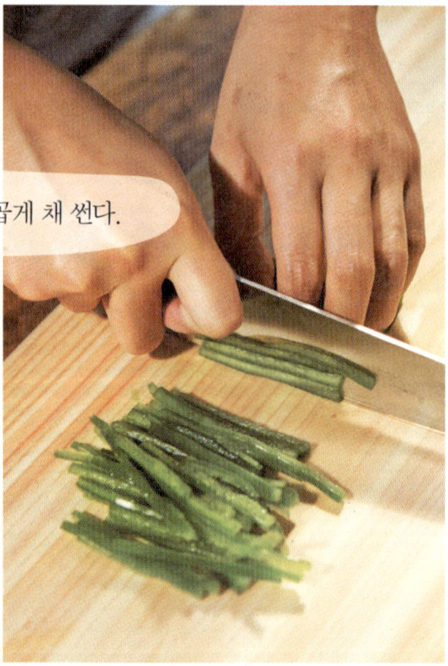

팬을 달궈 식용유(1.5)를 두른다.

감자를 넣어 중간 불에서 잘 저어가며 볶는다.

감자가 투명해지기 시작하면 양파를 넣고 소금(0.1), 후춧가루를 뿌려 볶는다.

감자와 양파가 거의 다 익으면 피망을 넣는다.

소금(0.1)을 더 뿌려 살짝 볶은 뒤, 그릇에 담고 참깨(0.2)를 뿌려 마무리한다.

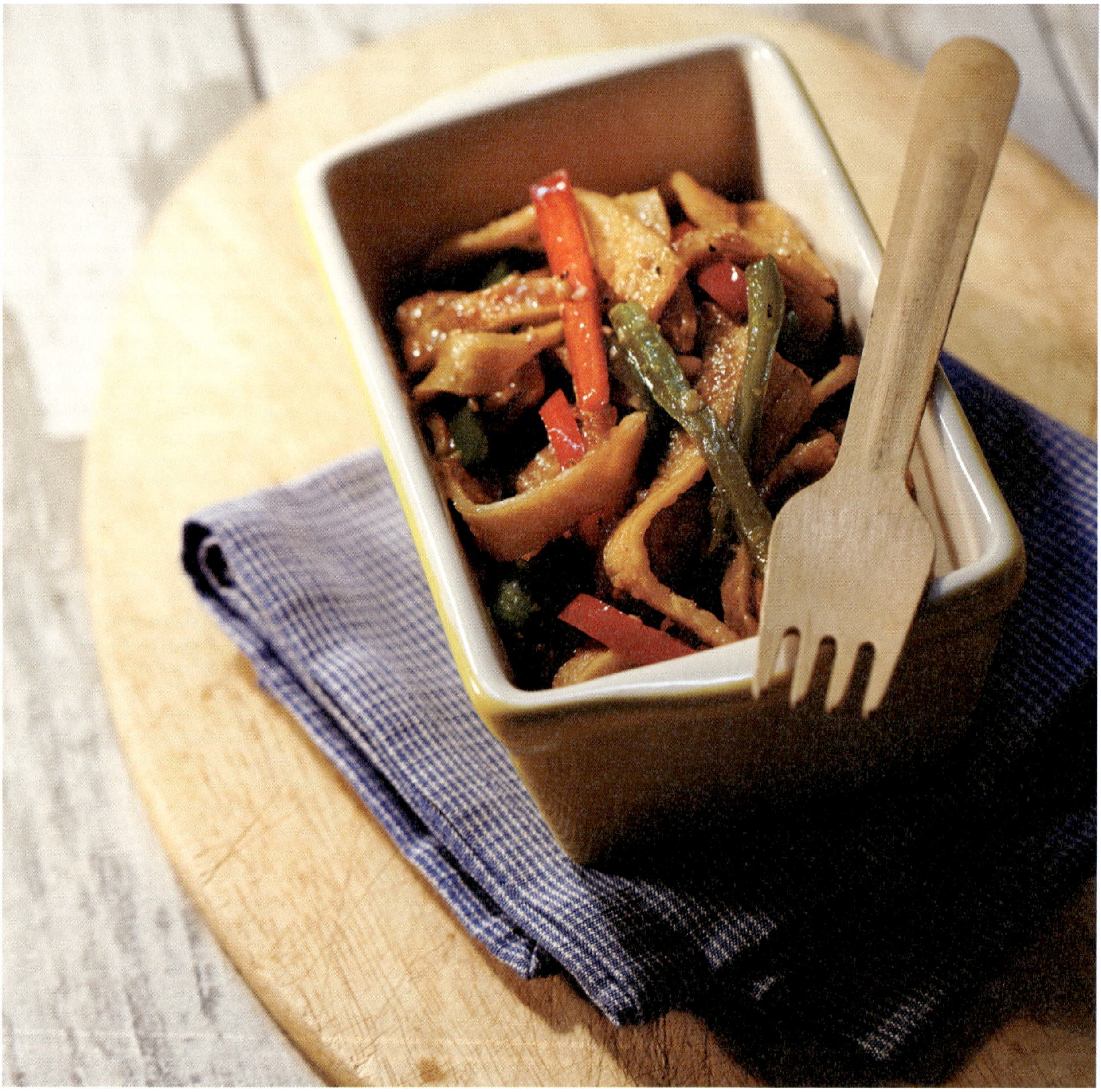

생계형 밑반찬 레시피

어묵볶음

필수 재료 판어묵(5장), 두 가지 색 피망(½개 씩)
양념장 간장(1.5)+물(1)+다진 마늘(0.5)+올리고당(2)+참기름(0.5)+후춧가루(약간)
양념 참깨(0.2)

어묵은 제조과정에서 이미 한 번 튀겨서 나온 것이기 때문에 오래 익힐 필요가 없다. 센 불로 재빨리 볶아 비린내를 날린 뒤 양념장을 넣고 간이 배도록 살짝만 더 볶으면 충분하다. 양념장은 불에 타기 쉽기 때문에 양이 많지 않은 경우 재료를 먼저 익힌 뒤 마지막에 넣고 물기만 재빨리 날린다는 느낌으로 살짝 볶아야 한다.

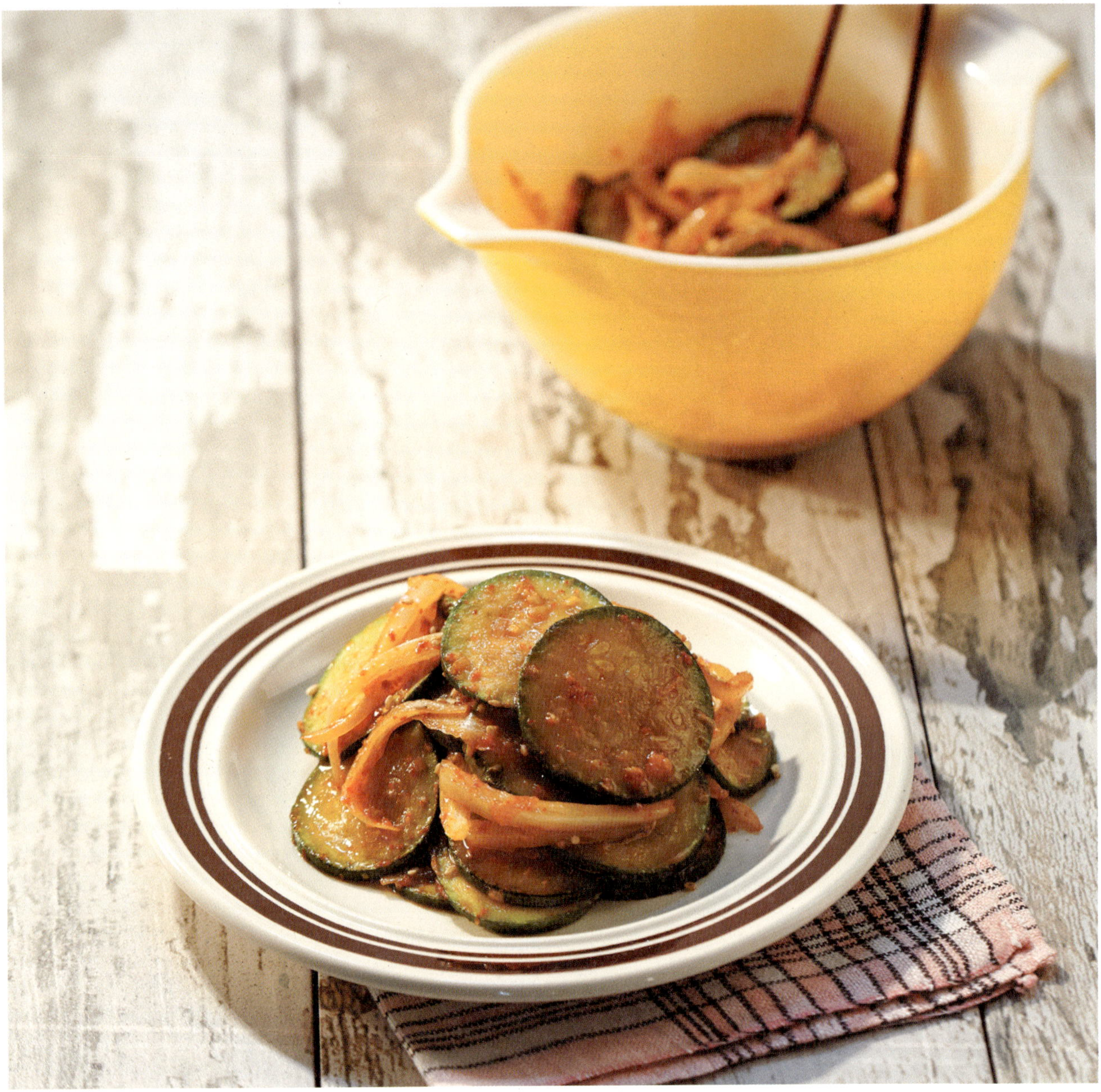

매콤해서 더 감칠맛 나는
애호박볶음

필수 재료 애호박(1개), 양파(½개)
양념 고추기름(1), 참기름(1), 참깨(약간)
양념장 설탕(0.5)+고춧가루(1)+간장(2.3)+
　　　　 다진 파(1.5)+다진 마늘(0.5)+참기름(0.5)

애호박은 수분이 많은 채소라 너무 푹 익히면 물컹해진다. 씹는 맛을 살리고 싶다면 살짝 투명해질 정도로만 볶고, 부드러운 식감을 원한다면 조금 더 도톰하게 썰어 오래 볶는다. 매운 향이 싫거나 아이와 함께 먹을 거라면 볶을 때 고추기름이 아닌 들기름이나 식용유를 이용하고, 양념장에는 설탕과 고춧가루, 간장 대신 다진 새우젓 한 숟가락과 소금 약간을 넣는다.

초보탈출 QUIZ

문제 Q 거울을 보다 목주름이 한 줄 늘어난 걸 발견한 A씨. 착잡한 마음을 안고 노화 방지에 좋은 식품을 검색한다. 보라색 컬러푸드에 노화 방지를 돕는 항산화물질이 많이 들어 있다는 정보를 입수, 지식왕의 추천대로 가지 요리를 만들기로 한다. 당장 가지를 사러 마트로 달려간 A씨, 보라색이 선명하고 토실토실한 가지를 골라 가지볶음을 만든다. 그러나 뿌듯함도 잠시, 주체할 수 없는 기름기에 금세 젓가락을 놓고 마는데. 가지볶음을 씹을수록 물컹하게 기름이 배어나오는 이유는?

보기
1. 가지를 찌지 않고 바로 볶았다.
2. 식용유를 한꺼번에 넣었다.
3. 양념장에 물기가 너무 적었다.
4. 들기름과 일반 식용유를 섞어서 사용하지 않았다.

정답 A 2. 식용유를 한꺼번에 넣었다.

가지의 하얀 속 조직은 스펀지처럼 흡수력이 좋다. 팬에 볶을 때 기름을 한꺼번에 넣으면 가지가 금세 기름을 흡수해 느끼해진다. 가지 하나만을 볶는다면 팬에 기름을 두르지 않고 달군 뒤 가지를 살짝 볶아 숨을 죽이고, 그 뒤에 기름을 조금씩 넣어가며 볶는다. 다른 재료와 함께 볶을 때 처음에 기름을 조금만 두르고 가지를 넣어 볶다가 중간에 양념장이 타지 않을 정도로만 기름을 조금씩 추가로 넣어가며 볶는다.

COOKING TIP

컬러푸드의 대표 가지, 얼마나 몸에 좋을까?

대표적인 컬러푸드 가지에는 항산화 물질인 안토시아닌 성분이 많이 들어 있다. 안토시아닌은 지방의 흡수를 돕고 피를 맑게 해줌으로써 고혈압 및 암 예방에 효과가 있고 노화를 억제한다. 또 가지는 식이섬유가 풍부해 장속의 노폐물을 없애주고 변비에 좋으며. 스펀지처럼 기름을 잘 흡수해 충분한 영양섭취를 도와 만성피로 개선에도 좋다. 가지에 함유된 필수지방산 리놀렌산과 세포 손상을 막아주는 비타민 E는 지용성 물질이라 기름과 함께 조리하면 흡수가 더욱 용이하다. 반면 가지 자체는 100g에 16kcal로 저칼로리 식품이라 기름을 사용하지 않고 조리하면 다이어트에 도움이 된다.

가지볶음

가지는 모양이 구부러지지 않고 곧으며 짙은 보라색이 선명하고 광택이 좋은 것, 살이 단단하고 무거운 신선한 것으로 고른다.

PAN-FRY

기름과 만나 영양흡수 Up!

가지볶음

필수 재료 가지(2개), 양파(½개)
선택 재료 풋고추(1개), 붉은 고추(1개)
양념장 고춧가루(0.7)+간장(3.5)+물(3)+다진 마늘(0.5)+올리고당(1)+참기름(0.7)+후춧가루(약간)+부순 참깨(0.5)

가지는 스펀지처럼 흡수력이 좋기 때문에 처음부터 식용유를 너무 많이 두르고 볶으면 익기도 전에 기름만 많이 흡수해 느끼해질 수 있다. 처음에는 조금만 두르고 중간 중간 조금씩 타지 않을 정도로 추가로 넣어가며 볶는다. 이 때 식용유 대신 물을 넣어도 좋다. 고춧가루가 들어가는 양념장은 미리 만들어두면 고춧가루가 불며 고루 잘 섞이고 맛도 좋아진다.

START »

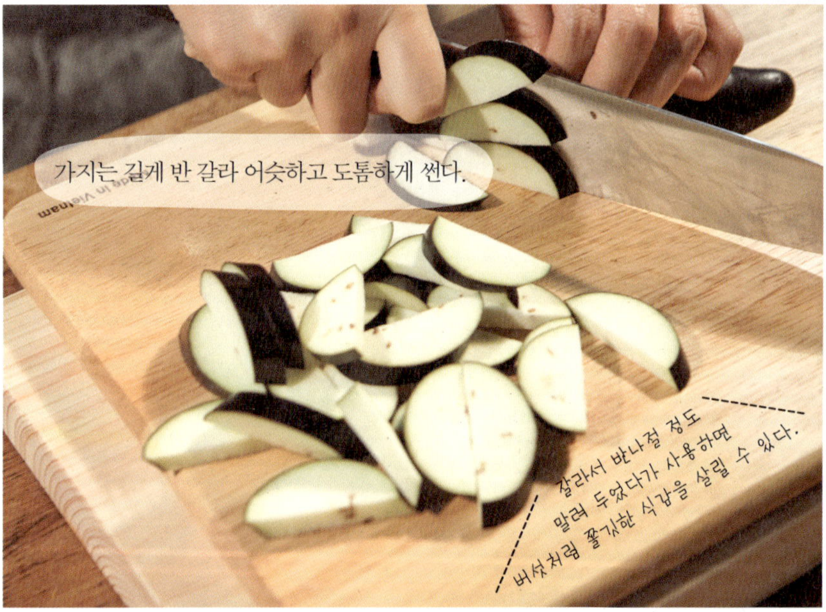

가지는 길게 반 갈라 어슷하고 도톰하게 썬다.

갈라서 반나절 정도 말려 두었다가 사용하면 버섯처럼 쫄깃한 식감을 살릴 수 있다.

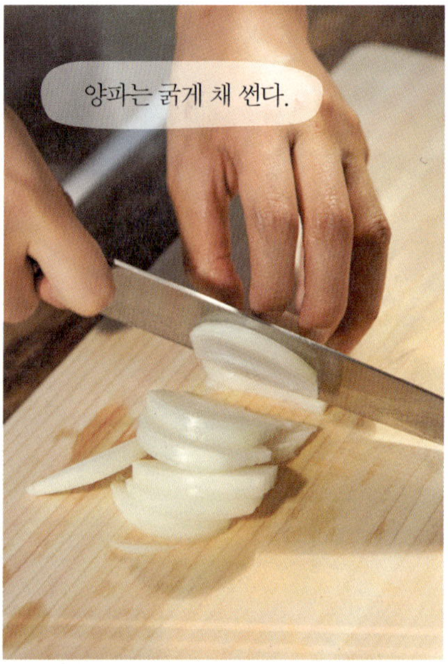

양파는 굵게 채 썬다.

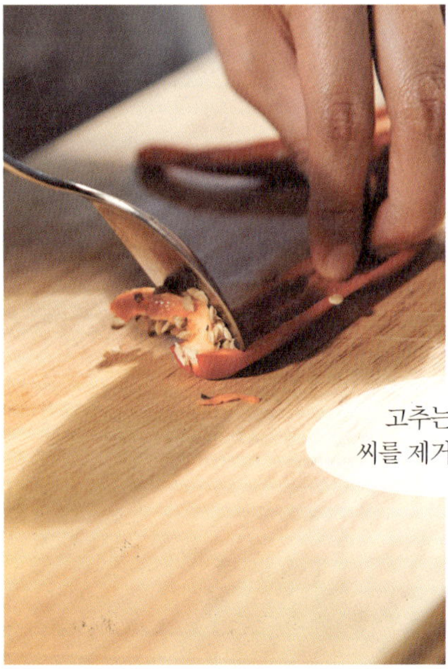

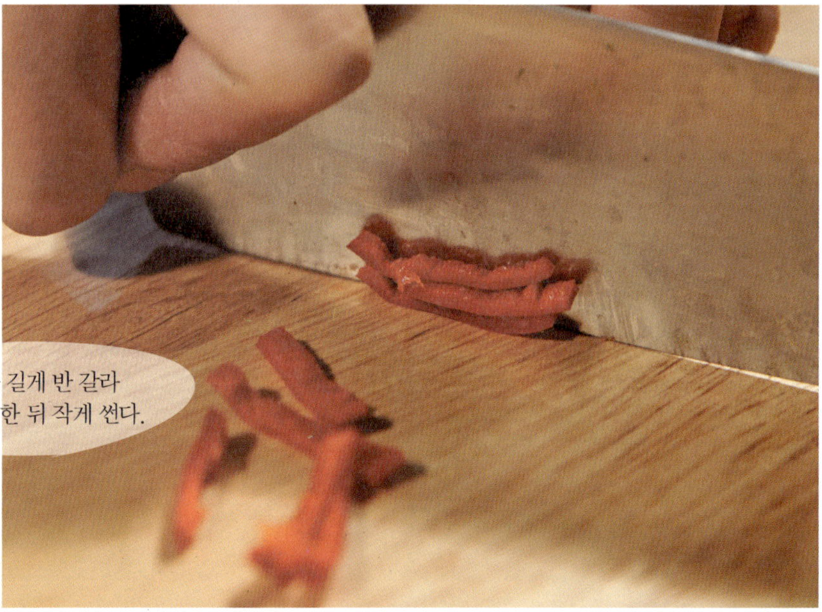

고추는 길게 반 갈라 씨를 제거한 뒤 작게 썬다.

양념장을 고루 섞는다.

팬에 식용유(2)를 두르고 양파를 넣어 센 불로 볶는다.

양파가 반투명해지면 중간 불로 줄인 뒤 가지를 넣어 잘 저어가며 볶는다.

타지 않도록 식용유나 물을 조금씩 더 넣어가며 볶는다.

💡 가지는 식용유를 금방 흡수하니 골고루 묻을 수 있도록 부지런히 저어준다.

가지가 익기 시작하면 양념장을 붓고 고루 간이 배도록 볶는다.

가지에 간이 배면 고추를 넣어 살짝 더 볶아 마무리한다.

바삭바삭 과자보다 맛있는
잔멸치볶음

필수 재료 잔멸치(2컵=100g)
선택 재료 아몬드 슬라이스(½컵=40g)
양념장 간장(1.3)+다진 마늘(0.3)+올리고당(2)+식용유(1)+참깨(0.5)

마른 팬에 멸치를 먼저 볶아 수분과 비린내를 날린 뒤 양념장에 버무려야 바삭한 식감이 산다. 볶은 뒤 체에 밭쳐 잔가루를 털어내면 더 깔끔하게 만들 수 있다.
양념장의 양이 적기 때문에 생각보다 쉽게 끓어오르고 탈 수 있다.
약한 불로 끓여 바로 불을 끄고 멸치를 넣어 재빨리 볶는다.
주걱 두 개를 이용해 버무리면 쉽고 빠르게 버무릴 수 있다.

마른 새우의 바삭함이 그대로~
마른새우볶음

필수 재료 마른 새우(2컵=40g)
선택 재료 풋고추(1개), 참깨(약간)
양념장 설탕(0.5)+간장(2)+청주(0.5)+
다진 마늘(0.5)+물엿(2)

마른 새우의 바삭바삭한 식감을 살리고 싶다면 양념하기 전에 미리 볶아 수분을 날려준다. 양념장을 넣은 뒤에도 오래 볶지 않고 새우와 잘 섞일 정도로만 재빨리 볶는다. 불을 켠 상태에서 재빨리 섞는 것이 자신 없다면 양념장이 끓어오를 때 바로 불을 끄고 잔열로 버무려도 좋다.

초보탈출 QUIZ

문제 Q 부지런한 도시락족이 되기로 결심한 A씨. 많이 만들어 두고 일주일 내내 싸갈 수 있는 만만한 밑반찬이 어떤 게 있을까 고민한다. 결국 매일 먹어도 질리지 않는 오징어채볶음을 만들기로 결정! 매콤달콤한 양념장을 바글바글 끓여 맛있게 볶아낸다. 어쩐 일로 무사히 완성된 요리에 기쁨을 감추지 못하는 A씨! 그러나 A씨의 기쁨은 다음날 아침 끝나고 만다! 도시락 반찬을 담으며 집어 먹은 오징어채볶음이 이가 들어가지 않을 정도로 딱딱한 이유는 무엇일까?

보기
1. 물엿을 너무 일찍 넣었다.
2. 수입산 오징어채를 사용했다.
3. 흑설탕을 넣었다.
4. 한 번에 너무 많은 양을 만들었다.

정답 A 1. 물엿을 너무 일찍 넣었다.

오징어채는 재료 자체가 질기기 때문에 너무 오래 볶거나 끈적거리는 양념장에 버무리면 금방 단단해진다. 물엿을 뺀 양념장으로 먼저 버무려 간을 하고, 완성 직전에 물엿을 넣고 짧게 볶아야 오징어채가 딱딱해지는 것을 막을 수 있다. 이때 마요네즈를 넣으면 부드러운 식감과 고소함, 윤기를 동시에 가미할 수 있다. 양념장을 오래 끓일수록 오징어채는 딱딱해진다는 것도 기억해 두자.

COOKING TIP

맥주안주로 최고! 오징어채로 만든 땅콩버터오징어

적적한 저녁, 집에서 가볍게 만들어 맥주와 함께 즐겨보자!

필수 재료
진미채(3줌=150g), 버터(2), 땅콩버터(4), 물(1), 물엿(1)

1. 오징어채는 물에 5분 정도 담갔다 물기를 꼭 짜 먹기 좋은 길이로 자른다.
2. 팬에 버터(2)와 땅콩버터(4), 물(1), 물엿(1)을 넣고 약한 불로 섞어가며 녹인다.
3. 양념이 끓기 시작하면 오징어채를 넣어 잘 섞어가며 중간 불로 굽는다.
4. 노릇하게 색이 올라오면 불을 꺼 마무리한다.

오징어채볶음

오징어채는 색이 고르고 잘 마른 것으로 골라 구입한다. 곰팡이가 생기기 쉬우니 사용하고 남았다면 냉장실에 넣어 보관한다.

PAN-FRY

냉장고에 두고 먹어도 보드라운
오징어채볶음

필수 재료 진미채(3줌=150g)
양념장 설탕(0.5)+고운 고춧가루(0.7)+간장(1)+
청주(0.5)+다진 마늘(0.5)+고추장(3)
양념 마요네즈(1.5), 물엿(2), 참깨(약간)

오징어채볶음은 오래 볶거나 설탕을 너무 많이 넣으면 딱딱해진다. 우선 말랑한 것으로 골라 구입하고 요리할 때는 불에 닿는 시간을 최소화하는 것이 좋다. 설탕 양을 줄이고 물엿이나 꿀을 사용하면 훨씬 부드럽고 촉촉한 오징어채를 만들 수 있다.
또, 오징어채를 볶기 전에 미리 맛술에 버무리거나 끓는 물을 부어 데치는 것도 부드러운 오징어채볶음을 만드는 좋은 방법이다.

START »

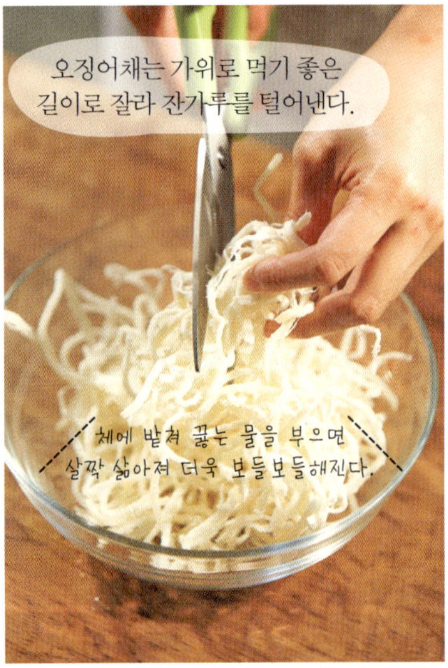

오징어채는 가위로 먹기 좋은 길이로 잘라 잔가루를 털어낸다.
체에 받쳐 끓는 물을 부으면 살짝 삶아져 더욱 보들보들해진다.

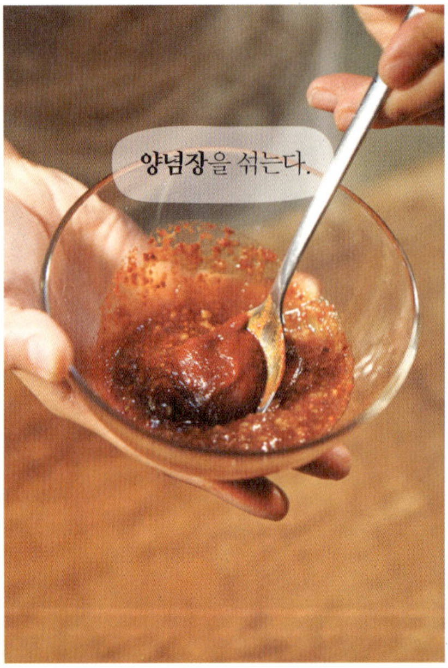

양념장을 섞는다.

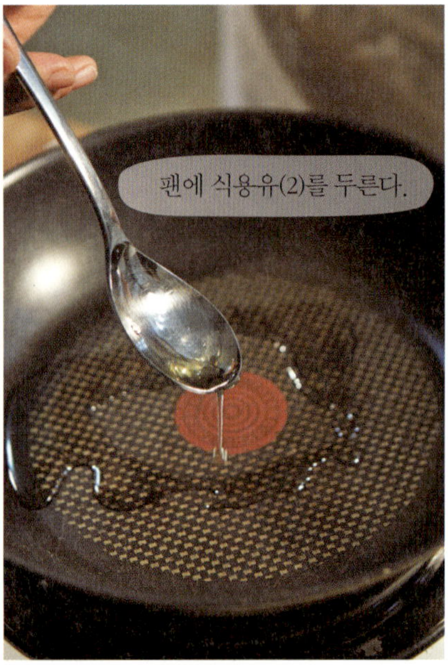

팬에 식용유(2)를 두른다.

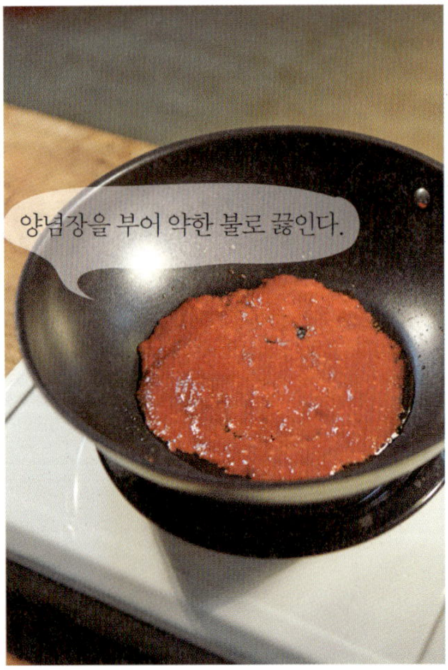

양념장을 부어 약한 불로 끓인다.

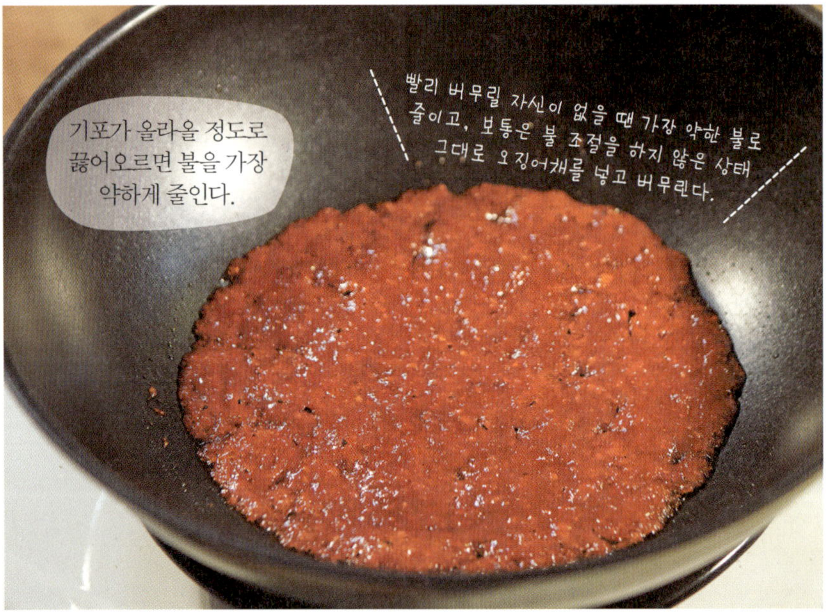

기포가 올라올 정도로 끓어오르면 불을 가장 약하게 줄인다.

빨리 버무릴 자신이 없을 땐 가장 약한 불로 줄이고, 보통은 불 조절을 하지 않은 상태 그대로 오징어채를 넣고 버무린다.

오징어채를 넣어 재빨리 버무린다.

고루 버무려지면 불을 끄고
마요네즈(1.5)와 물엿(2)을 넣어 고루 버무린다.

🍙 물엿같이 끈적거리는 양념은
마지막에 넣어야 오징어채가
딱딱해지지 않는다.

참깨를 뿌려 마무리한다.

꼬들꼬들한 식감을 살린
미역줄기볶음

필수 재료 염장 미역줄기(2줌=350g)
양념 간장(0.5), 다진 마늘(0.5), 참기름(0.5), 참깨(약간)

염장상태로 판매하는 미역줄기는 짠맛이 강하기 때문에 충분히 물에 헹궈 소금기를 제거하는 과정이 필요하다. 한 가닥 먹어 보고 짠맛이 없어졌을 때 사용한다. 간을 할 때도 맛을 본 뒤 미역 자체의 간에 따라 양념의 양을 가감해야 한다.

초보탈출 QUIZ

문제 Q 다이어트하느라 매일 닭가슴살을 삶아 먹고 있는 A씨. 입에서 닭 비린내가 날 지경이다. 참다 못해 오늘은 양념장이라도 넣고 요리다운 요리를 만들기로 하고, 가슴살보다 부드러운 안심을 사와 각종 채소와 함께 손질한다. 소시지채소볶음 양념장을 응용해 빠르게 요리를 완성. 자신도 모르게 닭고기만 골라서 먹는데 뭔가 이상한 게 씹힌다! 요리하는 중 이물이 들어간 줄 알고 깜짝 놀란 A씨. 확인해 보니 다행히 닭의 힘줄이었지만 찝찝한 느낌이 영 가시질 않는데……. 완벽한 요리에 옥의 티가 등장한 이유는 무엇일까?

보기
1. 닭을 우유에 담가 연육하지 않았다.
2. 닭의 심지를 제거하지 않았다.
3. 피망의 속씨를 잘 제거하지 않았다.
4. 지저분한 주방에서 조리했다.

정답 A 2. 닭의 심지를 제거하지 않았다.

닭 안심은 그 자체로도 부드럽고 맛있는 부위다. 다만 흰색 심지를 제거하지 않으면 먹을 때 씹혀 식감과 맛을 방해할 수 있으니 귀찮더라도 제거한 뒤 조리하는 센스를 발휘하는 게 좋다.

COOKING TIP

닭가슴살과 닭안심은 같은 부위 아닌가요?

닭가슴살과 안심을 동일한 부위로 알고 있는 사람들이 많지만, 정확히 말하면 안심은 가슴살 안쪽에 붙어 있는 가늘고 긴 덩어리 고기다. 닭가슴살은 통살이지만 안심에는 흰 끈 같은 힘줄이 한 줄 붙어 있다. 두 부위 모두 지방함량이 거의 없고 단백질이 풍부하며 칼로리가 낮아 다이어트식품으로 인기가 높다. 식감은 안심이 닭가슴살보다 조금 더 부드럽고, 닭가슴살은 오래 익히면 질겨지기 쉽다. 닭가슴살은 주로 닭가슴살 스테이크, 샐러드, 샌드위치로 활용하고 안심은 튀김, 찜, 샐러드, 냉채 등에 사용한다.

닭고기볶음 PAN-FRY

닭안심은 누린내가 심하지는 않지만 마늘이나 양파 같은 향신 채소와 함께 볶으면 풍미가 더 좋아진다. 부드러운 부위라 따로 연육은 필요 없다.

친숙한 양념장으로 색다른 요리를!
닭고기볶음

필수 재료 마늘(7쪽), 양파(1개), 닭 안심(1팩=450g)
선택 재료 피망(1개)
밑간 청주(1), 소금(약간), 후춧가루(약간)
양념장 고춧가루(0.5)+간장(1)+다진 마늘(0.5)+고추장(1.5)+케첩(1)+올리고당(3)

소세지채소볶음의 매콤새콤달콤한 양념을 활용해 담백한 안심을 입맛 당기는 반찬으로 만들었다. 안심은 지방이 적어 담백하면서도 식감이 부드러운 맛있는 부위. 다만 하얗게 보이는 힘줄을 제거하지 않으면 먹을 때 씹힐 수 있으니 귀찮더라도 제거한 뒤 조리하는 게 좋다.

START »

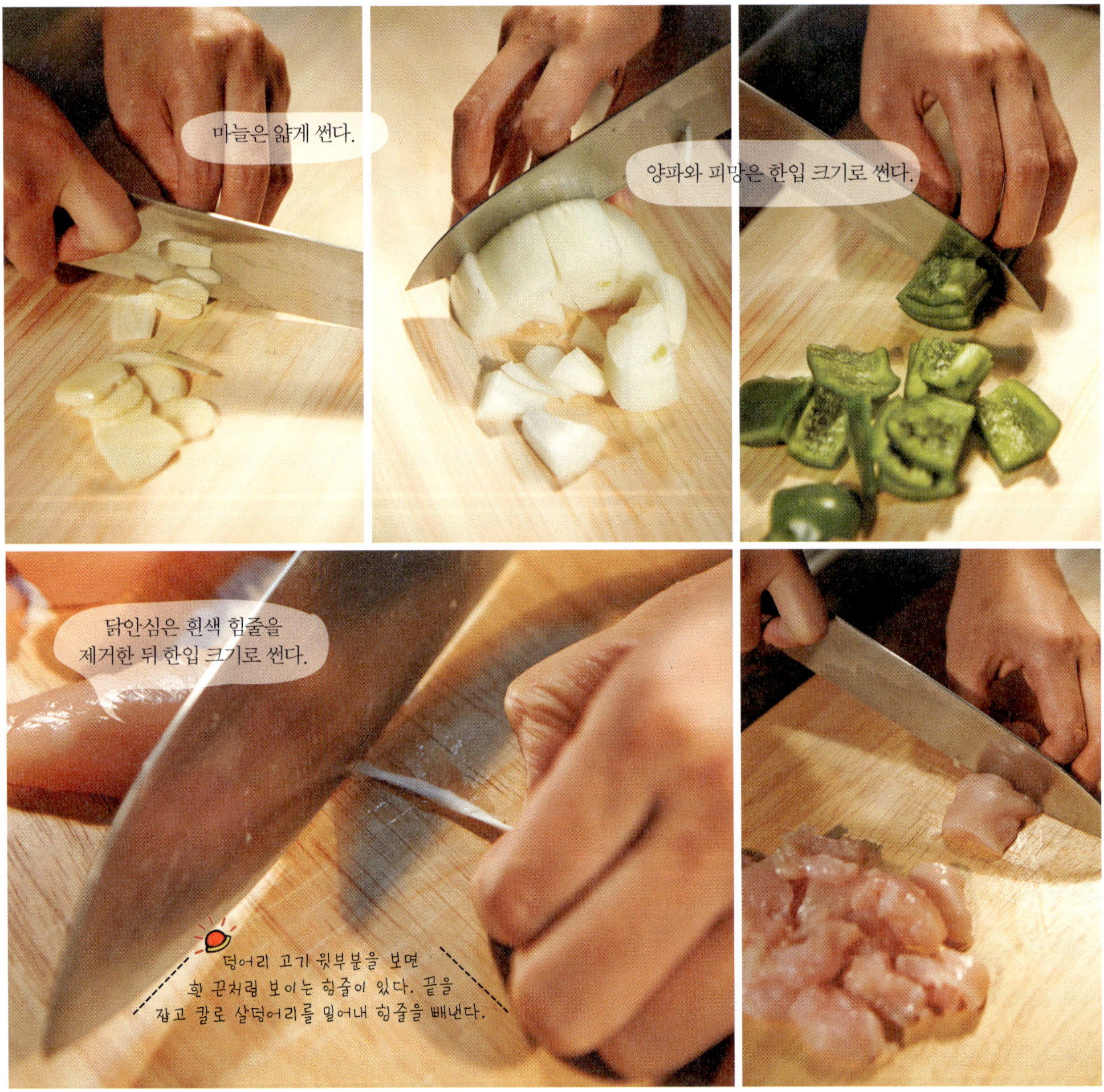

마늘은 얇게 썬다.

양파와 피망은 한입 크기로 썬다.

닭안심은 흰색 힘줄을 제거한 뒤 한입 크기로 썬다.

덩어리 고기 윗부분을 보면 흰 끈처럼 보이는 힘줄이 있다. 끝을 잡고 칼로 살덩어리를 밀어내 힘줄을 빼낸다.

초보탈출 Quiz

문제 Q 평소 편식이 심한 A씨.
몸에 좋은 채소도 많이 먹으라는 엄마의 잔소리에 못 이겨 오랜만에 나물 요리를 만들게 된다. 메뉴는 가격도, 요리법도 간단한 시금치나물! 한 단을 몽땅 다듬어 데친 뒤 얼른 찬물로 헹구는데……. 분명 싱싱한 걸로 골라서 요리한 것 같은데, 어째서 시든 것처럼 황록색으로 변해 있는 걸까? 싱싱한 시금치를 시들시들하게 만든 A씨의 실수는 무엇일까?

보기
1. A씨는 요리에 소질이 없다.
2. 데친 시금치를 찬물에 헹궜다.
3. 시금치를 물에 헹궈 씻은 뒤 요리했다.
4. 뚜껑을 닫고 시금치를 데쳤다.

정답 A 4. 뚜껑을 닫고 시금치를 데쳤다.

뚜껑을 닫고 시금치를 데칠 때 색깔이 황록색으로 변하는 것은 데치면서 휘발된 유기산들이 뚜껑에 고였다가 시금치의 색소 성분과 만나 반응을 일으키기 때문. 휘발된 성분들이 그대로 날아갈 수 있도록 뚜껑을 열고 데쳐야 변색을 막을 수 있다. 끓는 물에 소금을 약간 넣는 것도 도움이 된다. 또 시금치에 들어 있는 '수산'이라는 성분은 쓴맛을 내고, 결석을 유발할 수 있는데, 이 성분 역시 데치면서 휘발된다. 시금치의 색과 맛, 건강까지 지킬 수 있도록 꼭 냄비 뚜껑을 열어 두자!

COOKING TIP

시금치가 몸에 얼마나 좋은지 한번 봅시다!

채소 중에서도 영양가가 특히 높은 것으로 알려진 시금치. 영양적으로 얼마나 우수한 식품일까? 시금치는 다량의 비타민A와 비타민C, 칼슘, 철분을 함유하고 있는 알카리성 식품이다. 시금치의 철분 함량은 당근이나 고추, 피망의 약 3배로 많아 빈혈 예방에 효과적이다. 항암작용을 하는 비타민A 베타카로틴과 피로회복에 좋은 비타민C의 함량도 높다. 또한 단백질의 함량도 높고 질이 좋으면서도 열량이 낮아 다이어트 식품으로도 적합하다. 섬유질을 많이 함유하고 있어 변비 예방과 빈혈 예방에도 좋다.

시금치무침 SEASONED

시금치는 짙은 초록색을 띠는 것이 싱싱하고 시든 잎이 없는 것이 좋다.
사용하고 남으면 신문지에 싸서 냉장 보관한다.
보관 중 온도가 높거나 시간이 오래 지나면 비타민C가 파괴되어 색이 노랗게 시들게 된다.

천 원으로 영양 반찬 만들기

시금치무침

필수 재료 시금치(1단=300g)
양념 소금(0.7), 국간장(0.5), 다진 마늘(0.5), 다진 파(1), 부순 참깨(0.5), 참기름(1)

시금치를 데칠 때는 질긴 줄기 쪽부터 넣어 데친다. 작은 차이지만 잎까지 무르지 않게 데칠 수 있는 쏠쏠한 팁이다. 또 물에 소금을 넣고 뚜껑을 열고 데쳐야 푸른색이 더욱 선명해진다. 찬물에 헹군 시금치는 물을 너무 꼭 짜면 오히려 질겨질 수 있으니 물기를 적당히 제거한다.

START »

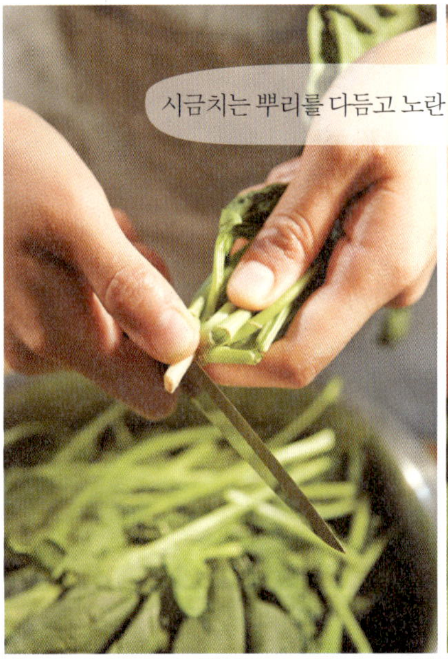

시금치는 뿌리를 다듬고 노란 겉잎을 떼어 낸다.

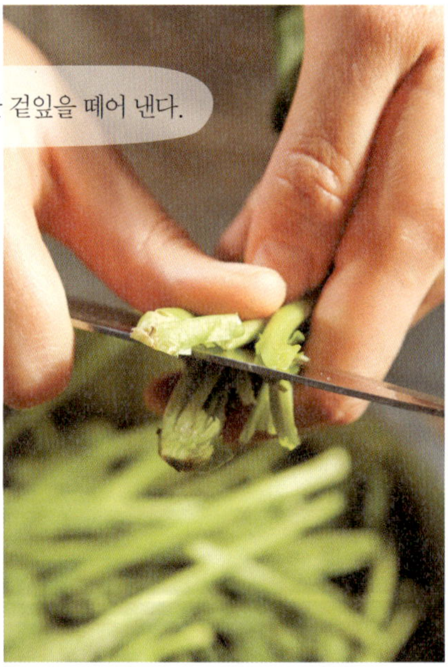

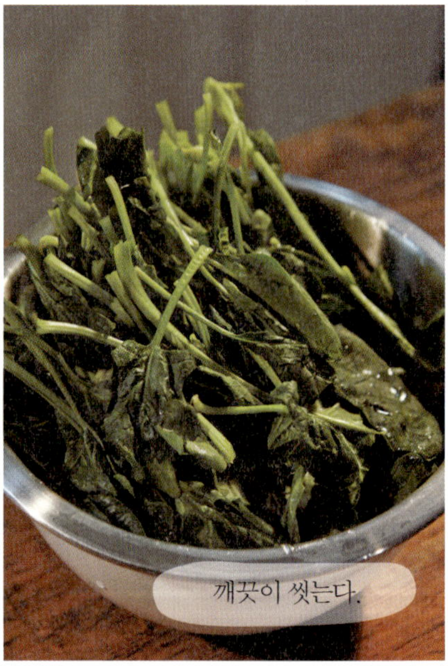

깨끗이 씻는다.

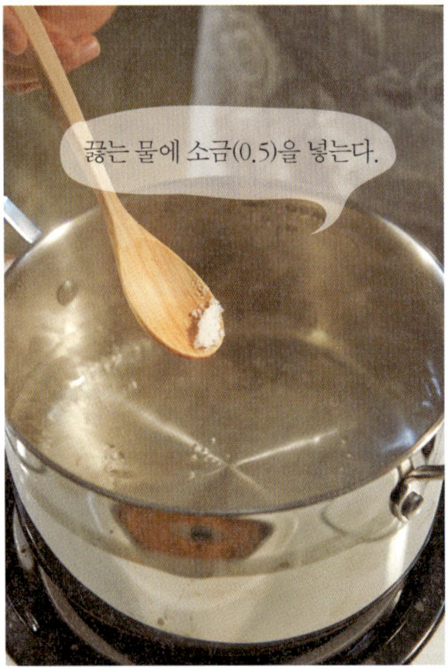

끓는 물에 소금(0.5)을 넣는다.

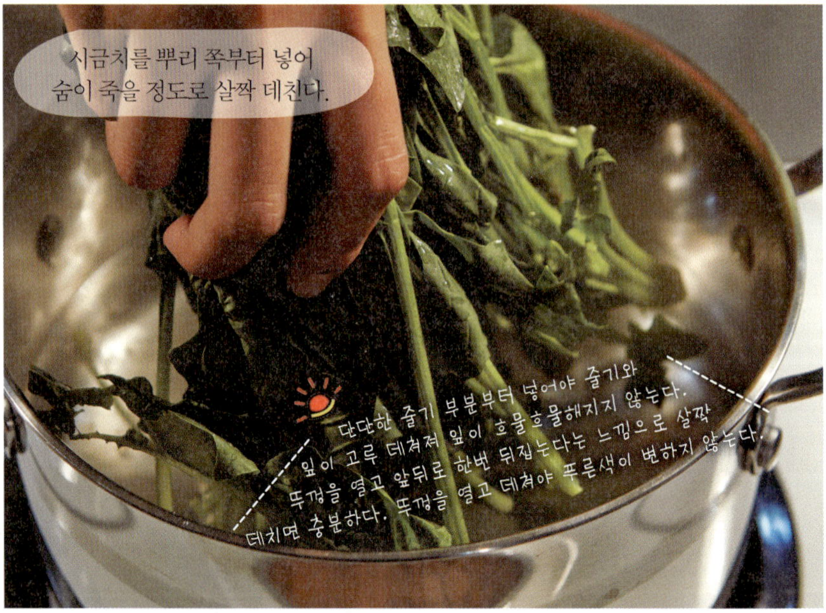

시금치를 뿌리 쪽부터 넣어 숨이 죽을 정도로 살짝 데친다.

단단한 줄기 부분부터 넣어야 줄기와 잎이 고루 데쳐져 잎이 흐물흐물해지지 않는다. 앞뒤로 한번 뒤집는다는 느낌으로 살짝 데치면 충분하다. 뚜껑을 열고 데쳐야 푸른색이 변하지 않는다.

찬물에 헹궈 식힌 뒤 물기를 짠다.

찬물에 바로 헹궈야 식감이 유지된다.

먹기 좋은 크기로 2등분한다.

소금(0.2), 국간장(0.5), 다진 마늘(0.5), 다진 파(1)를 넣어 무친다.

채소를 버무릴 때는 손가락으로 가볍게 집어 털듯이 버무려야 상처가 많이 나지 않아 식감이 좋다.

손으로 부순 참깨(0.5)와 참기름(1)을 넣고 무쳐서 마무리한다.

밑반찬의 기본!
콩나물무침

필수 재료 콩나물(1봉지=340g)
양념 소금(0.5), 고춧가루(1), 다진 파(2), 다진 마늘(0.5), 부순 참깨(0.3), 참기름(0.7)

콩나물의 양과 굵기, 냄비의 열전도율, 화력 등에 차이가 있을 수 있으므로 콩나물을 삶는 적정한 시간은 절대적으로 말하긴 어렵다. 콩나물의 상태를 보고 삶는 시간을 조절한다. 고소한 콩 냄새가 올라오면 잘 익은 상태다. 삶은 콩나물은 찬물에 헹궈 아삭함을 살려도 좋지만 수용성 비타민이 풍부한 재료라 물에 헹구는 것보다는 체에 밭쳐 한 김 식힌 뒤 양념에 버무리는 것이 영양적으로는 더 좋다.

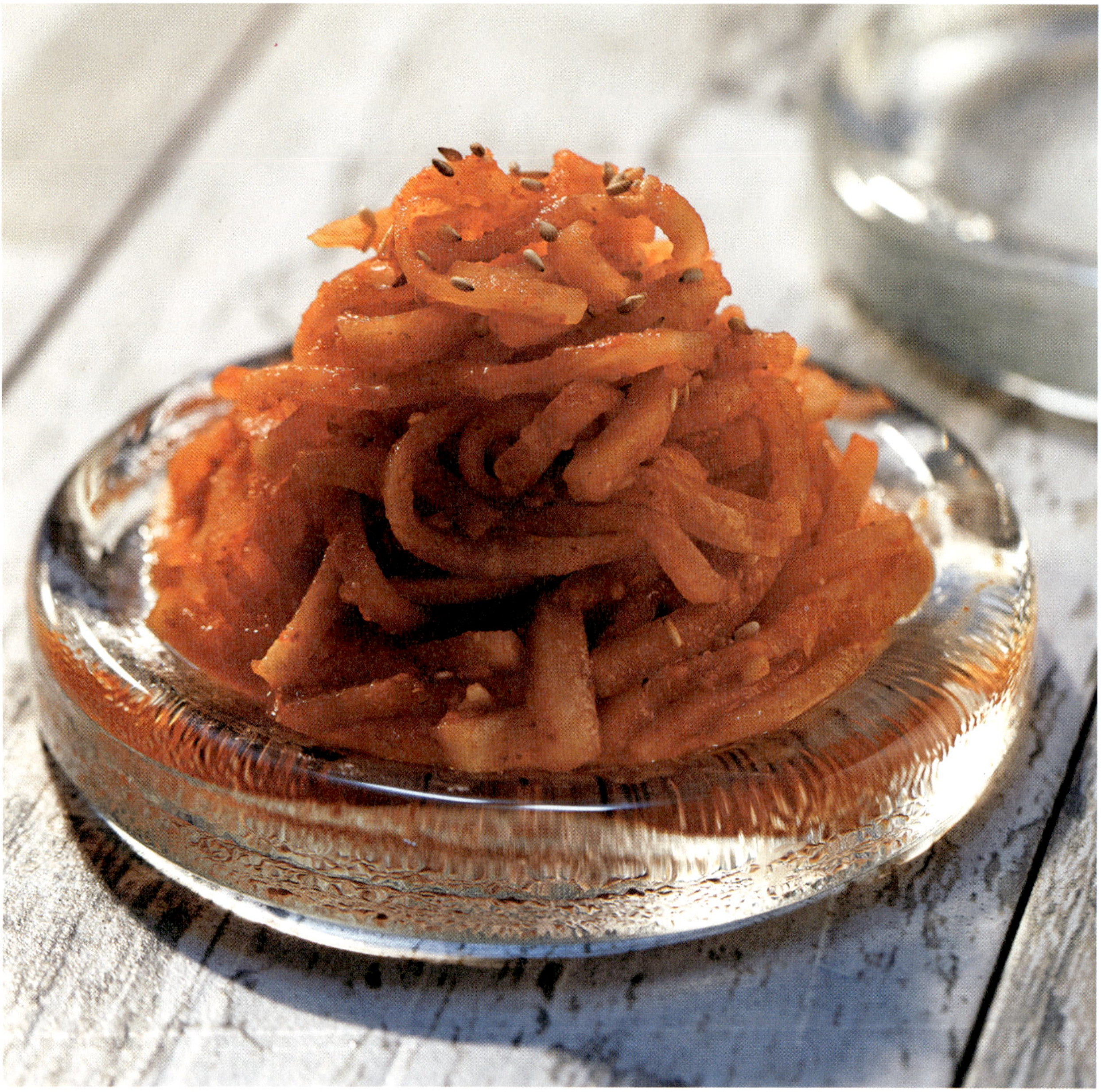

만들어 바로 먹는 무김치

무생채

필수 재료 무(2⅔토막=400g)
양념 소금(0.3), 고운 고춧가루(1), 설탕(1), 식초(1.5), 다진 파(1), 다진 마늘(0.3), 부순 참깨(0.5)

무처럼 조직이 단단한 채소는 양념이 배어드는 데 시간이 비교적 오래 걸린다. 특히 고춧가루처럼 색이 있는 양념의 경우 다른 양념보다 먼저 버무려 맛과 색을 흡수시킨 뒤 나머지 간을 해야 보기에도 좋고 맛도 좋은 반찬을 만들 수 있다.

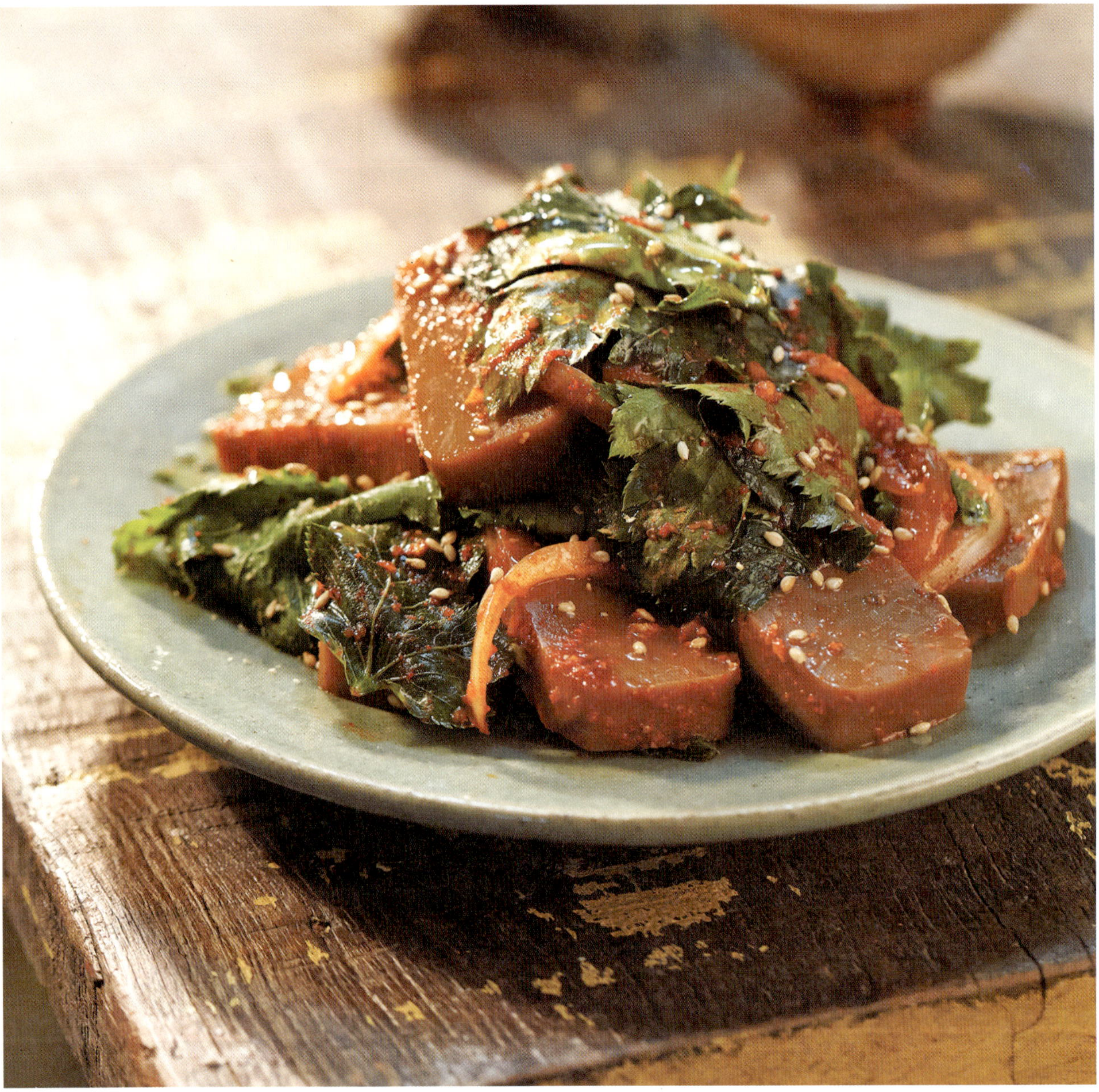

칼로리 걱정 내려놓고 마음껏 즐긴다
도토리묵무침

필수 재료 도토리묵(1모=400g),
참나물(1줌=60g)
선택 재료 양파(⅓개)
양념장 설탕(0.7)+고운 고춧가루(2)+간장(2.5)+
까나리액젓(0.7)+다진 마늘(0.5)+
부순 참깨(0.5)+참기름(1)

도토리묵에는 중금속을 정화하고 성인병을 예방하는 효능이 있다. 미세먼지 때문에 건강이 염려된다면 자주 요리해 섭취해보자. 칼로리도 낮아 다이어트 걱정 없이 마음껏 즐길 수 있다. 참나물 등의 잎채소는 세게 버무릴 경우 숨이 금방 죽고 물러지므로 다른 재료부터 양념장에 버무려 두었다가 상에 올리기 전 가볍게 섞어낸다. 도토리묵이 살짝 딱딱해졌을 땐 끓는 물에 가볍게 데쳐내면 다시 탱탱해진다.

START »

묵은 납작하게 썬다.

참나물은 잎을 떼고 줄기는 적당한 길이로 썬다.

양파는 채 썬다.

양념장을 섞는다.

잎채소는 너무 오래 버무리면 쉽게 물러진다. 도토리묵을 먼저 양념장에 버무린 뒤 참나물을 넣고 가볍게 섞어야 고루 양념이 되고 채소의 아삭함도 산다.

도토리묵에 양념장을 넣어 버무린다.

참나물을 넣어 가볍게 한 번 더 버무려 마무리한다.

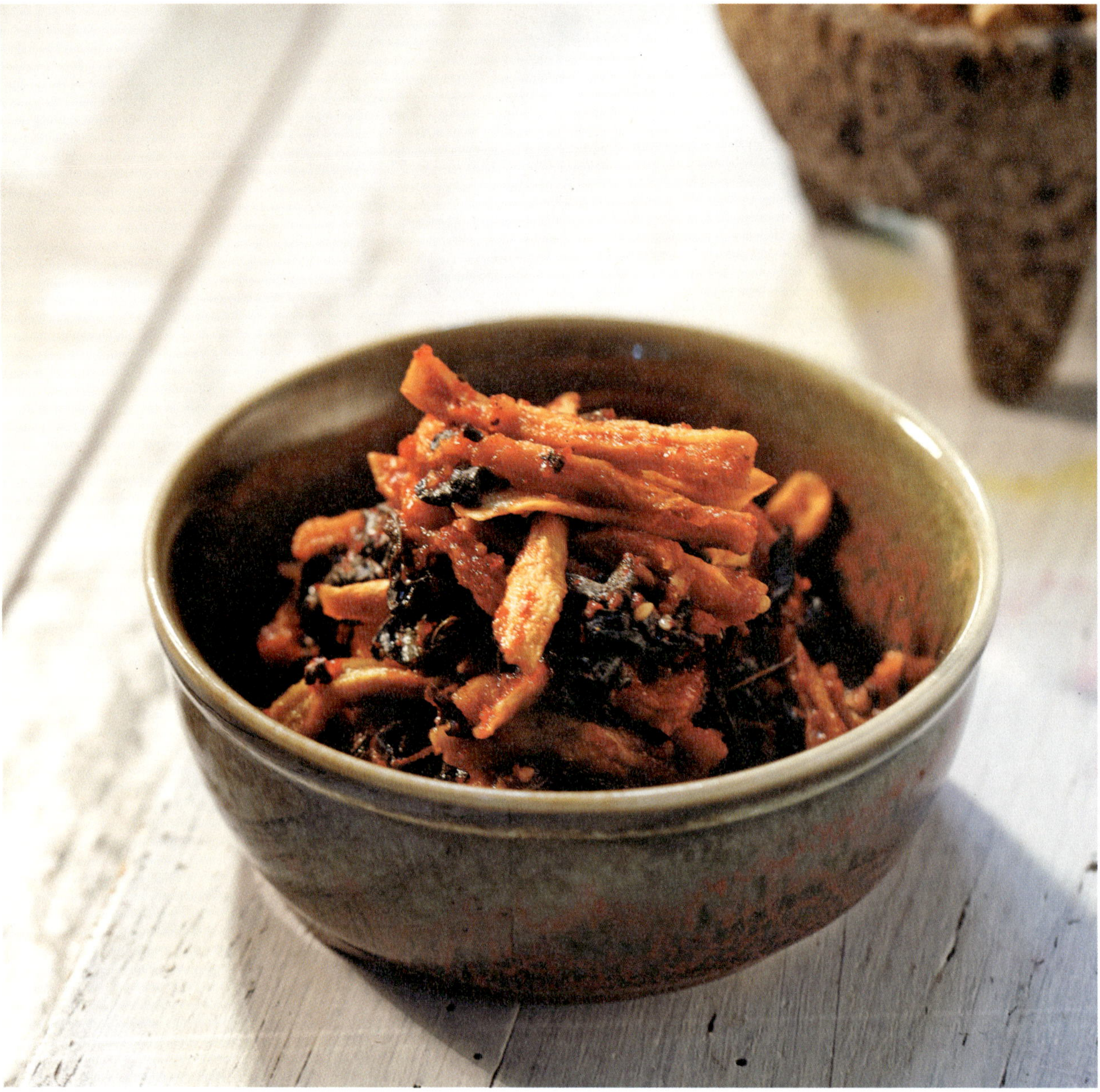

영양가와 식감을 살린 말린 나물의 매력
무말랭이무침

필수 재료 고춧잎(1줌=30g), 무말랭이(2줌=80g)
양념장 설탕(1.5)+고춧가루(5)+간장(4)+까나리액젓(1)+다진 마늘(1.5)+물엿(4)+참깨(1)

무말랭이는 충분히 주물러 씻어야 꿉꿉한 냄새가 나지 않는다. 또 너무 오래 불리면 스펀지처럼 물컹거려 식감이 좋지 않으니 만졌을 때 꼬들꼬들함이 느껴질 정도로만 불린다. 양념장을 넉넉하게 넣고 무쳐 두면 오랫동안 마르지 않고 촉촉하게 먹을 수 있고 밥을 비벼 먹을 때도 좋다. 버무린 뒤 바로 먹어도 되지만 간이 배도록 하루 이상 두었다가 먹는 게 가장 맛있다.

START »

고춧잎은 주물러 씻은 뒤 물에 30~40분간 담가 부드럽게 불린다.

무말랭이는 물에 담가 여러 번 주물러 씻어 군내를 제거한다.

잠길 정도의 물을 부어 10분 정도 불린다.

🍅 무의 말린 상태에 따라 불리는 시간이 달라질 수 있다. 마트에서 판매하는 제품은 약 10분 정도 불리면 꼬들꼬들해 진다.

불린 고춧잎이 부드러워지면 물기를 짠다.

불린 무말랭이는 물기를 꼭 짠다.

양념장을 섞는다.

양념장에 무말랭이와 고춧잎을 넣고 조물조물 무쳐 마무리한다.

탈출 QUIZ

문제 Q 한가로운 주말 오후, 외식이 하고 싶어진 A씨. 약속도 없고 혼자 밥을 사 먹는 게 익숙지 않아 고민이다. 결국 집에서 손쉽게 만들 수 있는 외식 메뉴를 검색하고, 매콤새콤한 양념이 매력적인 오징어무침과 충무김밥을 만들기로 한다. 꼬들꼬들한 찬밥으로 만든 김밥과 매콤한 오징어무침의 환상적인 조합이란! 기대에 찬 블로거의 비법 양념장을 따라 만드는 A씨. 오징어도 예쁘게 손질해 데치는데……. 끓는 물에 들어간 오징어가 영 이상하다. 열심히 넣은 칼집이 속으로 말려들어 버린 건 왜일까?

보기

1. 오징어 바깥쪽에 칼집을 넣었다.
2. 오징어 다리도 함께 데쳤다.
3. 물에 소금을 넣지 않고 데쳤다.
4. 오징어 컨디션이 좋지 않았다.

정답 A 1. 오징어 바깥쪽에 칼집을 넣었다.

오징어에 칼집을 넣으면 속까지 쉽게 익고 간이 잘 밸 뿐만 아니라 보기에도 더욱 먹음직스러워 보이는 미관상의 효과도 있다. 오징어는 익으면서 껍질 쪽이 안으로 말리는 특성이 있으므로 꼭 몸통 안쪽에 칼집을 넣는다. 칼집을 처음 넣었을 땐 티가 잘 나지 않더라도 익히면 칼집 사이사이가 벌어지면서 더욱 예쁘게 말려 보기 좋은 무늬가 생긴다.

COOKING TIP

오징어무침이 있다면 빠질 수 없다! 충무김밥 만들기

필수 재료 무(½개=400g), 김밥용 김(8장), 밥(2공기)
절임 양념 설탕(3), 소금(0.3), 식초(3)
양념 설탕(1), 고춧가루(2), 청양 고춧가루(1), 멸치액젓(1.5), 식초(1), 다진 파(0.5), 다진 마늘(0.5), 매실청(1)

1. 무는 껍질째 삐쳐 썬다.
2. **절임 양념**에 버무려 1시간~한나절 정도 냉장실에서 절인다.
3. 절인 무의 물기를 빼고 **양념**을 넣어 섞는다.
4. 김을 4등분한다.
5. 김 위에 밥을 얇게 올려 돌돌 말아 오징어무침과 무김치를 곁들여 마무리한다.

오징어무침

매콤새콤한 양념이 입맛을 사로잡는 별미. 오징어 대신 꼴뚜기나 주꾸미를 사용해도 맛있다.

집나간 입맛이 돌아오는 매콤새콤한 양념이 일품!
오징어무침

필수 재료 오징어(2마리), 미나리(1줌)
양념장 설탕(0.7)+고운 고춧가루(1)+간장(1.5)+식초(1.5)+다진 마늘(0.3)+고추장(1)+올리고당(1)+참기름(0.5)

오징어는 오래 익히면 쪼그라들며 육질이 단단해진다. 끓는 물에 넣고 색이 하얗게 변하면 바로 건져낸다. 오징어의 비린 향이 싫다면 데칠 때 깨끗이 씻은 레몬 ¼ 조각을 함께 넣는다. 간이 깊이 배도록 칼집을 넣는데, 오징어는 익으면서 껍질 쪽이 안으로 말리니 몸통 안쪽에 칼집을 넣어야 보기에도, 요리하기에도 좋다.

START »

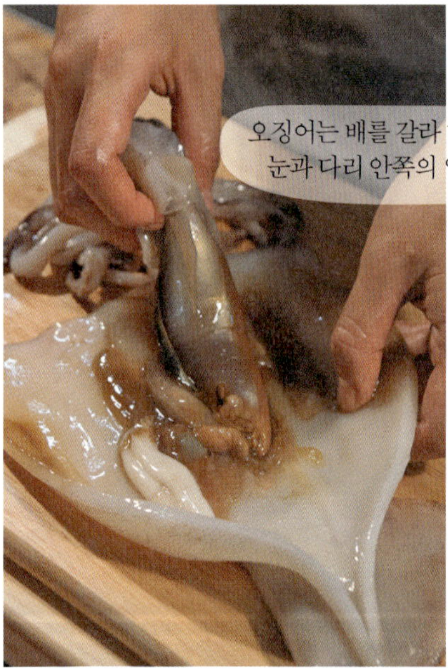

오징어는 배를 갈라 내장을 잘라내고 눈과 다리 안쪽의 입을 제거한다.

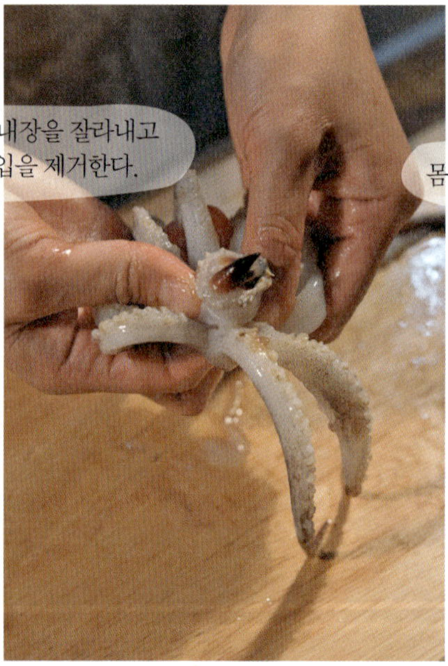

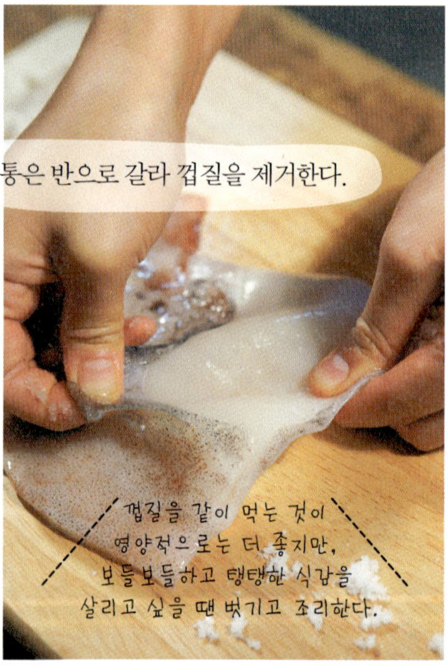

몸통은 반으로 갈라 껍질을 제거한다.

껍질을 같이 먹는 것이 영양적으로는 더 좋지만, 보들보들하고 탱탱한 식감을 살리고 싶을 땐 벗기고 조리한다.

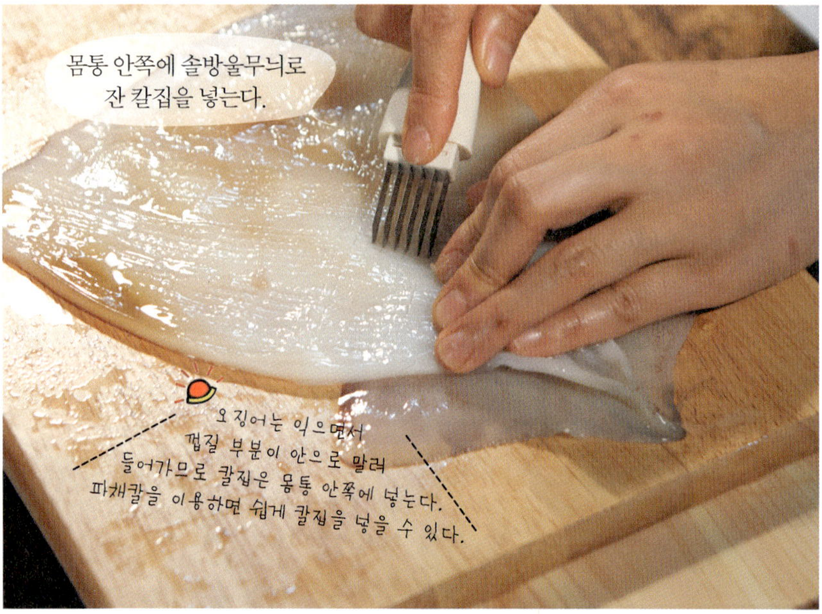

몸통 안쪽에 솔방울무늬로 잔 칼집을 넣는다.

다리는 적당한 길이로 썬다.

오징어는 익으면서 껍질 부분이 안으로 말려 들어가므로 칼집은 몸통 안쪽에 넣는다. 파채칼을 이용하면 쉽게 칼집을 넣을 수 있다.

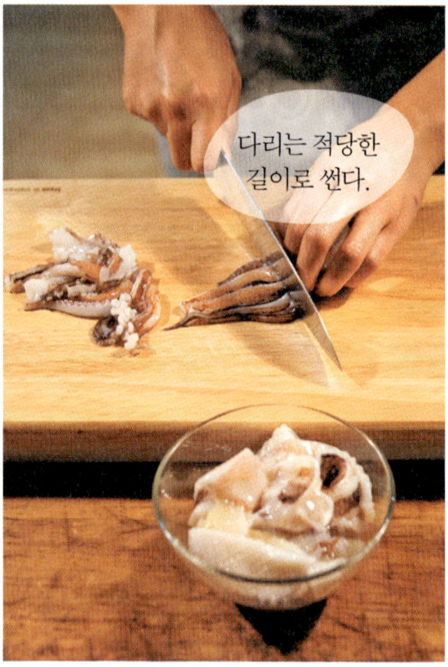

초탈출 Quiz

문제 Q 야식으로 매운 족발을 시킨 A씨. 보고 싶었던 영화 한 편에 맥주까지 준비했지만 뭔가 빠진 것 같은 느낌이다. 배달된 족발을 보고 나서야 매운맛을 달래줄 달걀찜을 빼고 시킨 걸 깨닫고. 아쉽지만 홈메이드 달걀찜으로 대신하기로 한다. 찬장 구석에 던져 두었던 뚝배기까지 꺼내는 수고를 마다하지 않는 A씨. 오랜 기다림 끝에 완성된 달걀찜을 수저로 떠올려 보니 어딘가 이상하다. 왜 어디서 한 대 맞은 것처럼 푸르딩딩한 것일까? 먹음직스러운 달걀찜이 썩음썩음한 색으로 변한 이유는 무엇일까?

보기
1. 중탕을 소주로 하지 않았다.
2. 뚝배기를 잘 씻지 않고 바로 사용했다.
3. 마음이 급해서 간하는 걸 잊어버렸다.
4. 달걀찜을 너무 오래 익혔다.

정답 A 4. 달걀찜을 너무 오래 익혔다.

달걀이 익으면서 푸른색으로 변하는 건 달걀찜뿐만 아니라 삶은 달걀의 노른자에서도 볼 수 있다. 이는 열이 가해지며 노른자의 철분과 흰자의 황이 만나 황화철이 만들어졌기 때문. 열을 지나치게 오래 가했을 때 생기는 현상이다. 보기에는 좋지 않지만 먹는 데는 전혀 문제가 없으니 안심해도 좋다. 달걀찜이 적절하게 익었다면 불 위에 오래 두지 말고 내리는 것이 보기 좋은 달걀찜을 만드는 비결이다.

COOKING TIP

나라별로 다양한 달걀찜 스타일~

한국식 달걀찜 : 달걀을 잘 풀어 송송 썬 대파나 채소를 넣고 새우젓으로 간해 중탕한다. 깔끔한 맛이 특징.

일본식 달걀찜 : 달걀물에 가쓰오부시육수나 다시마육수를 넣고 새우, 표고버섯, 은행 등을 큼직하게 손질해 부재료로 넣는다. 소금, 설탕, 맛술로 간을 해 찜통에서 쪄낸다. 푸딩같이 곱고 보드라운 식감이 좋다.

이탈리아 스타일 프리타타 : 달걀물에 시금치, 파프리카, 마늘 등을 넣고 소금으로 간한 뒤 오븐에 익혀서 완성한다. 알록달록한 색깔이 나고 달걀찜과 달걀말이의 중간 정도의 식감이 난다.

달걀찜

홈메이드 달걀찜의 부드러운 식감은 얼마나 달걀을 곱게 풀었느냐에 달려 있다.
알끈을 제거하고 체에 곱게 걸러 보자.

달걀찜

엄마의 손맛이 느껴진다!

필수 재료 쪽파(2대), 달걀(4개)
선택 재료 다시마(1장=10X10cm), 붉은고추(1개)
양념 청주(1), 새우젓 국물(2), 소금(약간), 후춧가루(약간)

달걀찜에 새우젓으로 간을 하면 달걀 비린내도 잡아주고 더 부드러워진다. 새우젓은 국물만 이용하거나 건더기를 잘게 다져 넣는 것이 더 깔끔하고, 취향에 따라 고춧가루를 약간 넣어도 맛있다. 모양을 예쁘게 만들고 싶다면 찜 그릇을 쿠킹포일로 덮어서 찐다. 냄비 뚜껑에 맺힌 수증기가 달걀 표면에 떨어져 윗면의 모양이 흐트러지는 것을 막아준다.

START »

물(1컵)에 다시마를 15분 정도 담가 우린다.

쪽파는 송송 썬다.

붉은고추는 길게 반 갈라 씨를 제거한 뒤 작게 썬다.

달걀을 풀어 체에 거른다.

달걀을 곱게 풀수록 찜의 식감이 보드라워진다.

달걀물에 다시마 우린 물과 **양념**을 넣어 섞는다.

찜 그릇에 달걀물과 쪽파, 고추를 넣는다.

찜 그릇 위를 쿠킹 포일이나 뚜껑으로 덮으면 윗면이 매끈하게 만들어진다.

냄비에 물을 3cm 높이로 붓고 찜 그릇을 넣어 뚜껑을 덮고 센 불로 5분간 익힌다.

그릇 재질, 두께에 따라 익는 시간은 차이가 날 수 있다.

중간 불로 줄여 10분간 익힌다.

너무 오래 찌면 찜의 색깔이 푸르딩딩해지고 식감도 나빠질 수 있다.

젓가락으로 찔러봤을 때 달걀물이 묻어나오지 않을 정도로 익혀 마무리한다.

짜지 않아 딱 좋은
두부조림

필수 재료 손두부(1모=400g), 대파(10cm)
밑간 소금(약간), 후춧가루(약간)
양념장 물(½ 컵)+설탕(0.7)+고춧가루(1.5)+
간장(3.5)+다진 마늘(0.5)+다진 파(2)+
참기름(0.7)

조림용 두부는 너무 얇게 썰면 부서지기 쉬우니 도톰하게 썬다. 양념장에 두부가 푹 잠기지 않으니 조릴 때 중간 중간 숟가락으로 국물을 끼얹어가며 고루 간이 밸 수 있도록 해준다. 두부가 부서지기 쉬워 뒤적거리는 것은 좋지 않지만 바닥에 눌어붙을 수 있으니 중간에 팬을 살살 흔들어 주는 것도 좋다.

START »

두부는 납작하고 도톰하게 썬다.

소금(약간), 후춧가루(약간)를 뿌려 밑간한다.

대파는 어슷 썬다.

양념장을 섞는다.

냄비에 두부를 담고 양념장을 부어 중간 불로 끓인다.

중간 중간 숟가락으로 양념을 끼얹어가며 조려야 간이 고루 밴다.

두부에 간이 어느 정도 배면 대파를 넣어 조금 더 조려 마무리한다.

162
163

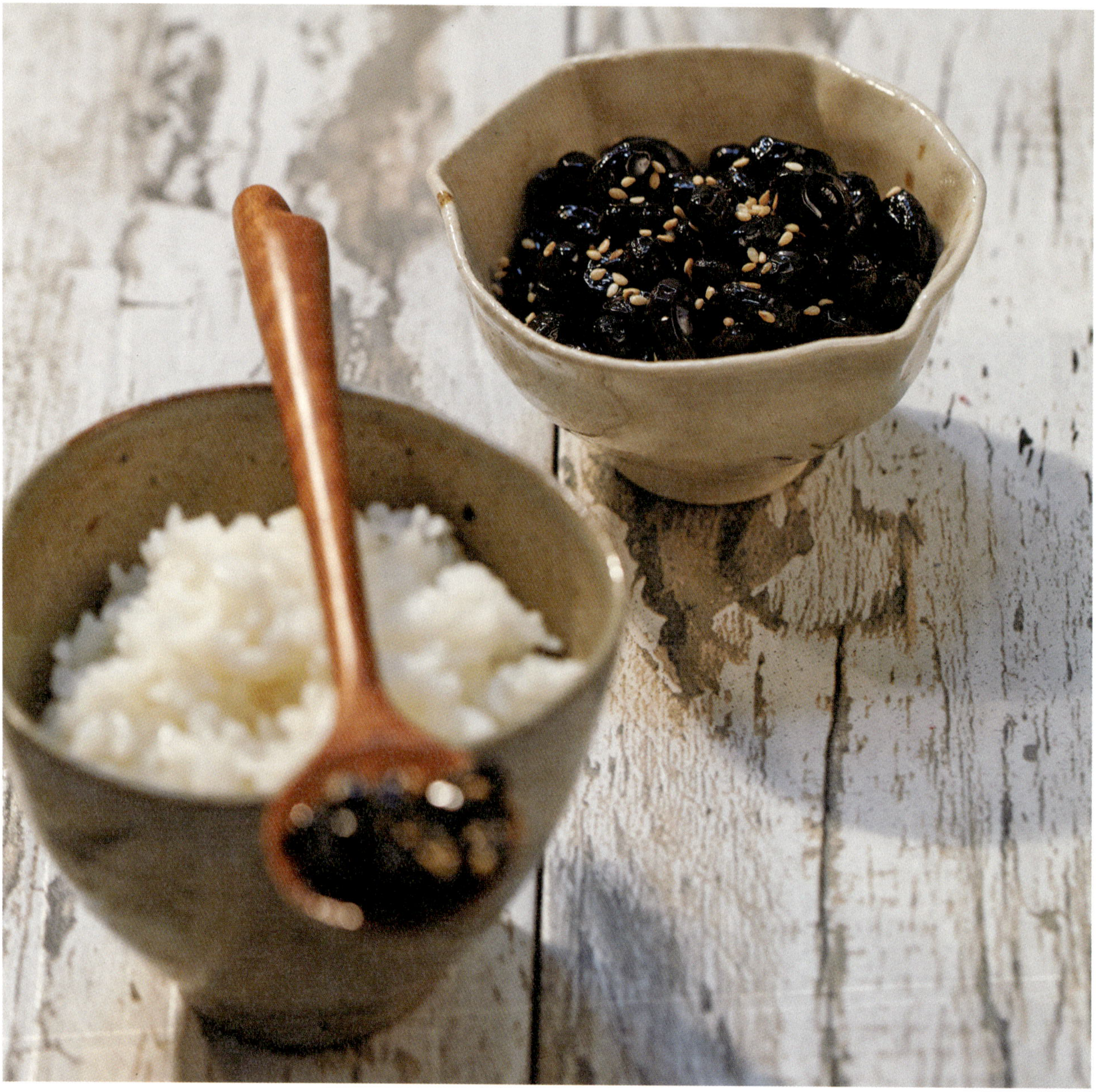

부드럽고 고소하게 만든다!
콩자반

필수 재료 서리태(2컵=260g)
양념 설탕(4), 간장(7.5), 물엿(3), 참깨(0.5)

양념을 보면 설탕이나 물엿이 많이 들어간다고 생각할 수 있지만, 콩자반은 달큰 짭조름한 것이 매력이라 정량을 그대로 넣는 것이 좋다. 다만 처음부터 간장양념에 익히면 콩이 너무 딱딱해져 두고 먹기 힘드니 콩부터 적당히 익힌 뒤 양념에 조린다.

START »

서리태는 2~3번 헹궈 씻은 뒤 넉넉한 물에 담가 2시간 정도 불린다.

냄비에 불린 콩과 물(1⅓컵)을 부어 중간 불로 끓인다.

양념을 넣기 전에 콩을 먼저 익혀야 딱딱해지지 않는다.

끓어오르면 약한 불로 줄여 10~15분간 끓인다.

콩이 익으면 설탕(4)과 간장(7.5)을 넣어 간이 배도록 끓인다.

물기가 줄어들면 물엿(3)을 넣어 살살 버무린다.

참깨(0.5)를 뿌려 마무리한다.

초보탈출 Quiz

문제 Q 고기 매니아 A씨, 두고 먹는 밑반찬도 고기가 들어간 걸로 만들기로 한다. 오늘의 도전 메뉴는 쇠고기 장조림! 핏물 빼기, 고기 삶기, 조림장 만들기까지. 시간이 오래 걸리는 요리지만 고기를 생각하며 힘든 줄도 모르고 척척 해치운다. 그렇게 요리를 시작한 지 한 시간이 지나고, 때깔도 예쁜 장조림이 완성됐다. 따끈한 쌀밥에 장조림 한 조각을 올려 맛있게 먹는 A씨. 그러나 곧 이상한 점을 발견한다. 장조림을 아무리 씹어도 당최 부드러워지지 않는 이유는 무엇일까?

보기
1. 고기의 핏물을 제대로 제거하지 않았다.
2. 빨리 만들고 싶은 욕심에 고기를 센 불로 끓였다.
3. 생강, 양파 등 향신채소를 넣지 않았다.
4. 양념장을 너무 조금 넣었다.

정답 A 2. 빨리 만들고 싶은 욕심에 고기를 센 불로 끓였다.

장조림을 만들 때마다 간은 잘 맞는데 고기가 질겨서 고민이었다면 불조절에 주목하자. 고기는 적당히 부드럽고 쫄깃하게, 간은 너무 짜지 않게 만들어야 하는데 특히 고기의 식감은 불조절에 영향을 많이 받는다. 처음에 고기를 넣고 물을 끓일 땐 센 불에 끓이지만, 한소끔 끓고 나면 반드시 중약불로 세기를 줄여 은근히 조려야 한다. 이렇게 고기를 먼저 삶아 익힌 뒤 조림장에 넣고 끓여야 고기가 질겨지는 것을 막을 수 있다.

COOKING TIP

다양한 버섯, 어울리는 요리는 따로 있어요!

느타리버섯 : 콜레스테롤을 제거해줘 동맥경화를 예방하고 정력 강화에 좋다. 살짝 데쳐낸 뒤 나물로 무치거나, 갖은 채소와 함께 볶아 먹으면 좋다.

양송이버섯 : 항암작용과 항균효과가 뛰어나며 육류 섭취 시 인체에 축적되기 쉬운 각종 유해 물질을 제거해줘 육류와 궁합이 가장 잘 맞는다. 또 샐러드, 파스타, 피자 등 각종 요리의 재료로 많이 사용된다.

표고버섯 : 쫄깃쫄깃한 식감이 좋은 것이 특징. 혈압과 혈중 콜레스테롤 수치를 낮추고, 항바이러스 작용을 해 약효도 뛰어난 편. 찌개, 부침개, 볶음 등 다양한 형태의 요리에 사용되지만 특유의 향이 있으니 주의해서 사용한다.

팽이버섯 : 낮은 온도에서 자라는 특성이 있어 '겨울버섯'이라 불리기도 한다. 주로 찌개, 샤브샤브, 샐러드 등에 사용된다. 항균작용과 강심작용이 뛰어나다.

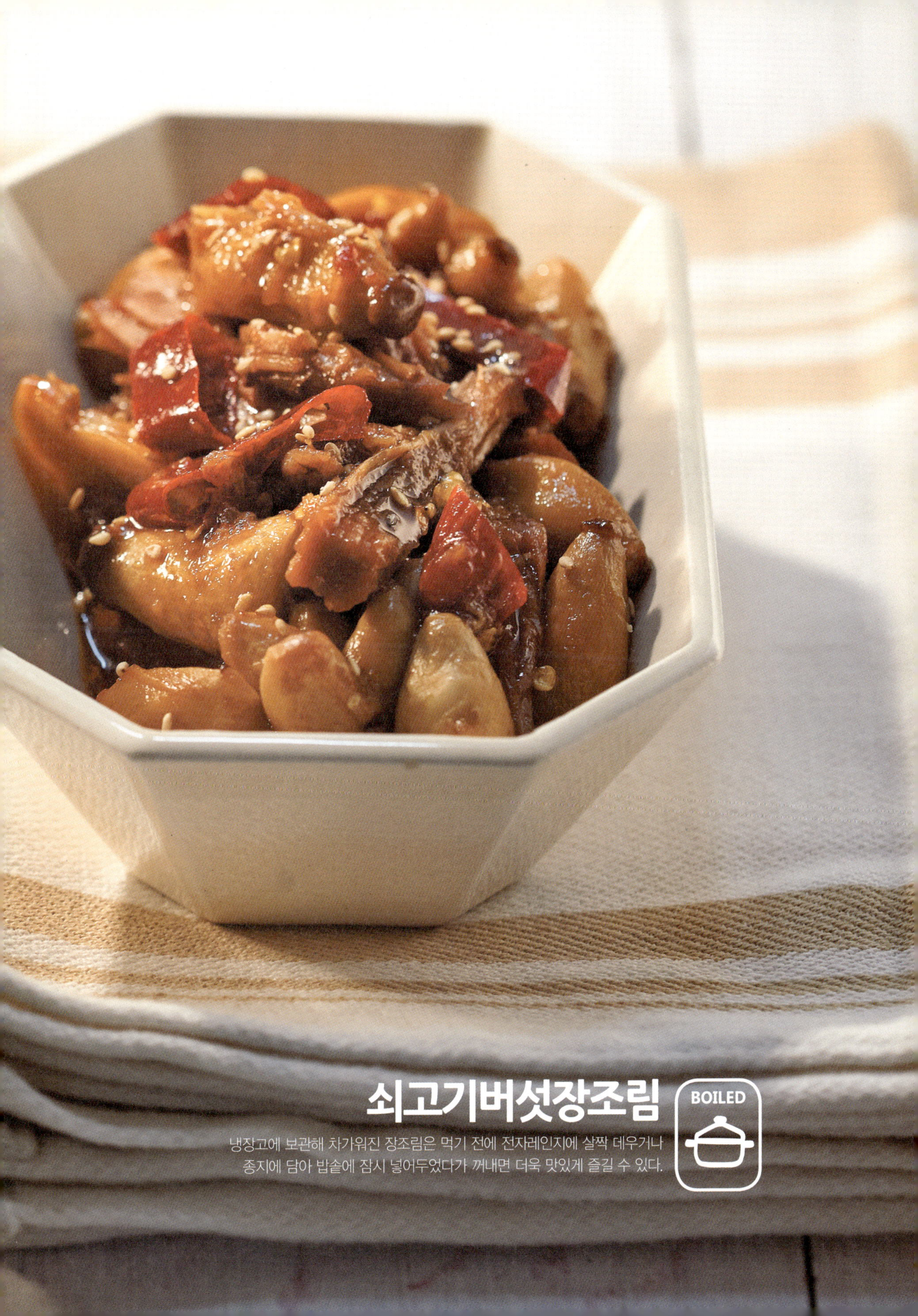

쇠고기버섯장조림

냉장고에 보관해 차가워진 장조림은 먹기 전에 전자레인지에 살짝 데우거나
종지에 담아 밥솥에 잠시 넣어두었다가 꺼내면 더욱 맛있게 즐길 수 있다.

부드럽고 쫄깃한 고기의 유혹
쇠고기버섯장조림

필수 재료 쇠고기(홍두깨살 또는 아롱사태, 400g),
미니 새송이버섯(3줌=300g)
고기 삶는 재료 생강(1쪽), 대파 파란 부분(20cm),
통후추(0.2), 청주(2)
조림장 생강(1쪽), 마늘(5쪽), 마른 고추(2개),
간장($\frac{1}{2}$컵), 설탕(4.5)

장조림에서 가장 중요한 점은 고기의 핏물을 잘 빼서 누린내가 나지 않게 하는 것과 중약불로 질기지 않고 부드럽게 익히는 것이다. 고기가 익지 않았을 때 조림장을 넣으면 간이 지나치게 짜고 고기가 질겨질 수 있으니 고기를 먼저 부드럽게 익힌 뒤에 양념장에 조린다. 완성된 장조림은 고기 겉이 마르지 않도록 조림장에 담가 두고, 먹을 때는 전자레인지에 따뜻하게 데워 먹는다.

START »

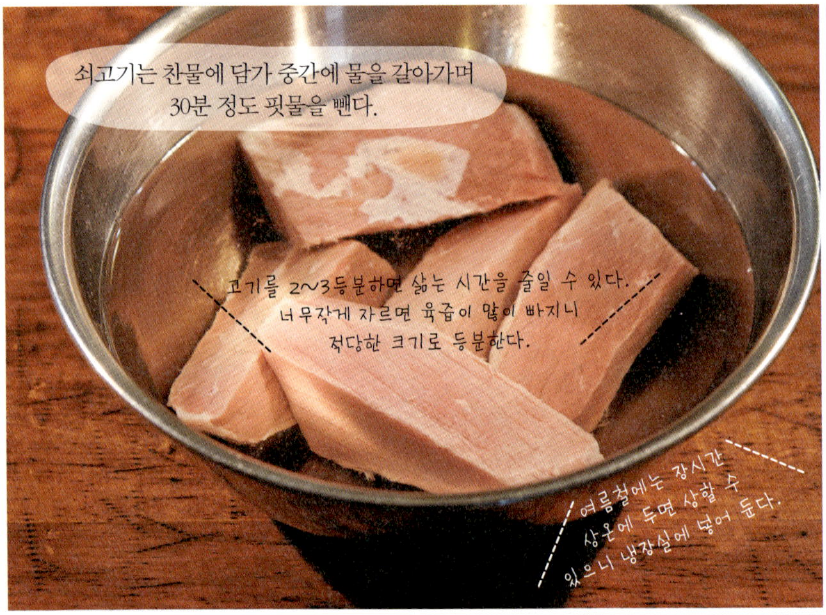

쇠고기는 찬물에 담가 중간에 물을 갈아가며 30분 정도 핏물을 뺀다.

고기를 2~3등분하면 삶는 시간을 줄일 수 있다. 너무 잘게 자르면 육즙이 많이 빠지니 적당한 크기로 등분한다.

여름철에는 장시간 상온에 두면 상할 수 있으니 냉장실에 넣어 둔다.

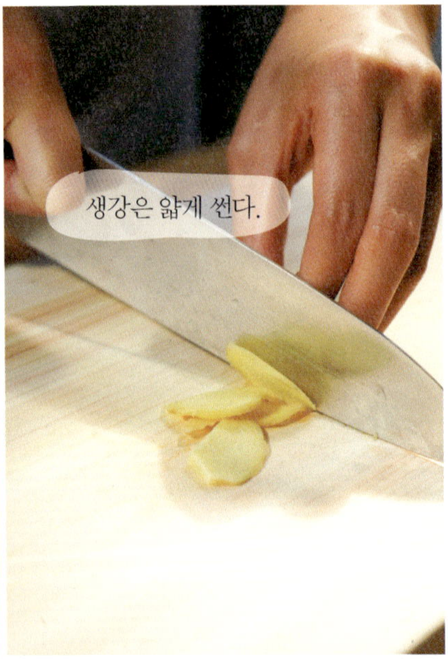

생강은 얇게 썬다.

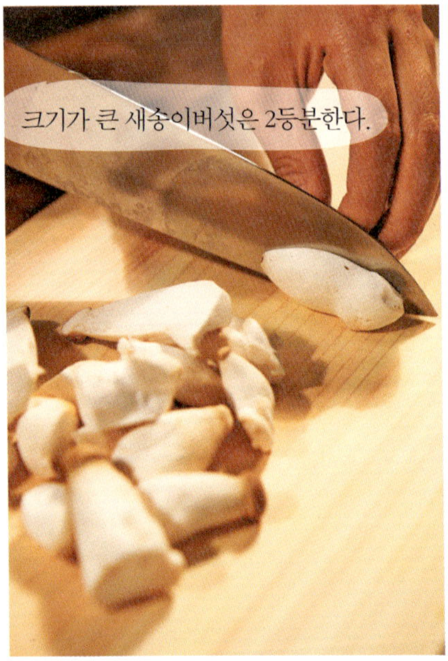

크기가 큰 새송이버섯은 2등분한다.

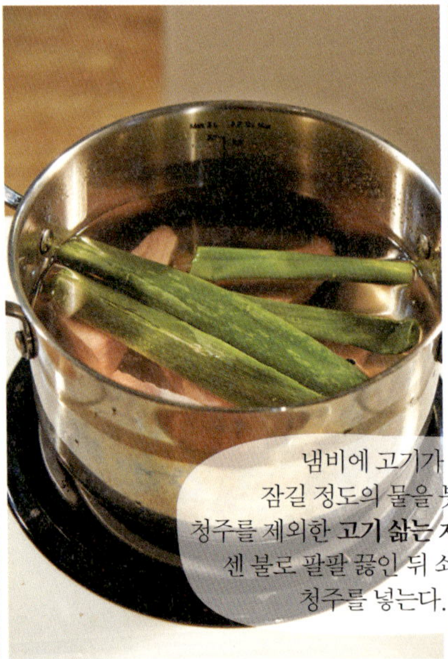

냄비에 고기가 잠길 정도의 물을 붓고 청주를 제외한 **고기 삶는 재료**를 넣어 센 불로 팔팔 끓인 뒤 쇠고기와 청주를 넣는다.

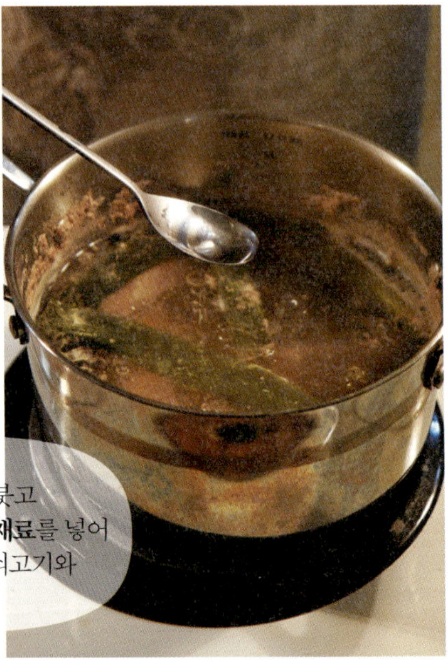

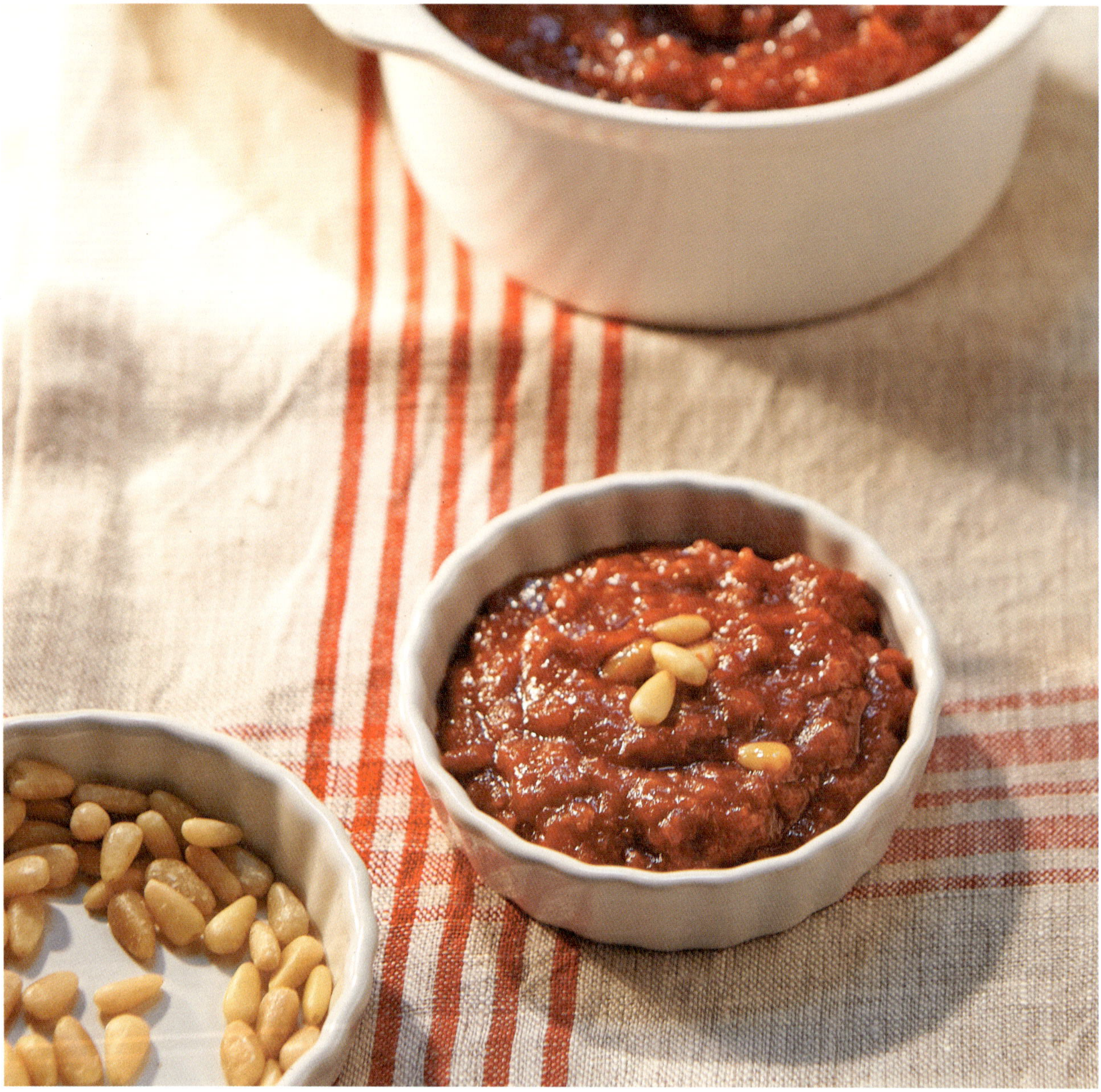

비빔밥, 쌈밥, 김밥까지 활용만점!

약고추장

필수 재료 다진 쇠고기(1컵=150g),
배(½개=배즙 1컵 분량),
고추장(1½컵=345g)
선택 재료 청주(2), 잣(약간)
밑간 설탕(0.8)+간장(1.5)+청주(1)+다진 파(2)+
다진 마늘(1)+참기름(0.5)+후춧가루(약간)
양념 참기름(1), 후춧가루(약간), 꿀(4)

약고추장은 달짝지근하게 만드는데, 꿀이나 물엿으로만 단맛을 맞추는 것보다 배를 갈아 섞으면 농도를 맞추기도 좋고 깊은 단맛을 낼 수 있다. 다진 쇠고기를 볶아 나온 기름은 그대로 사용해도 좋고, 기름기를 제거하고 싶다면 키친타월에 밭쳐 두었다가 사용한다.

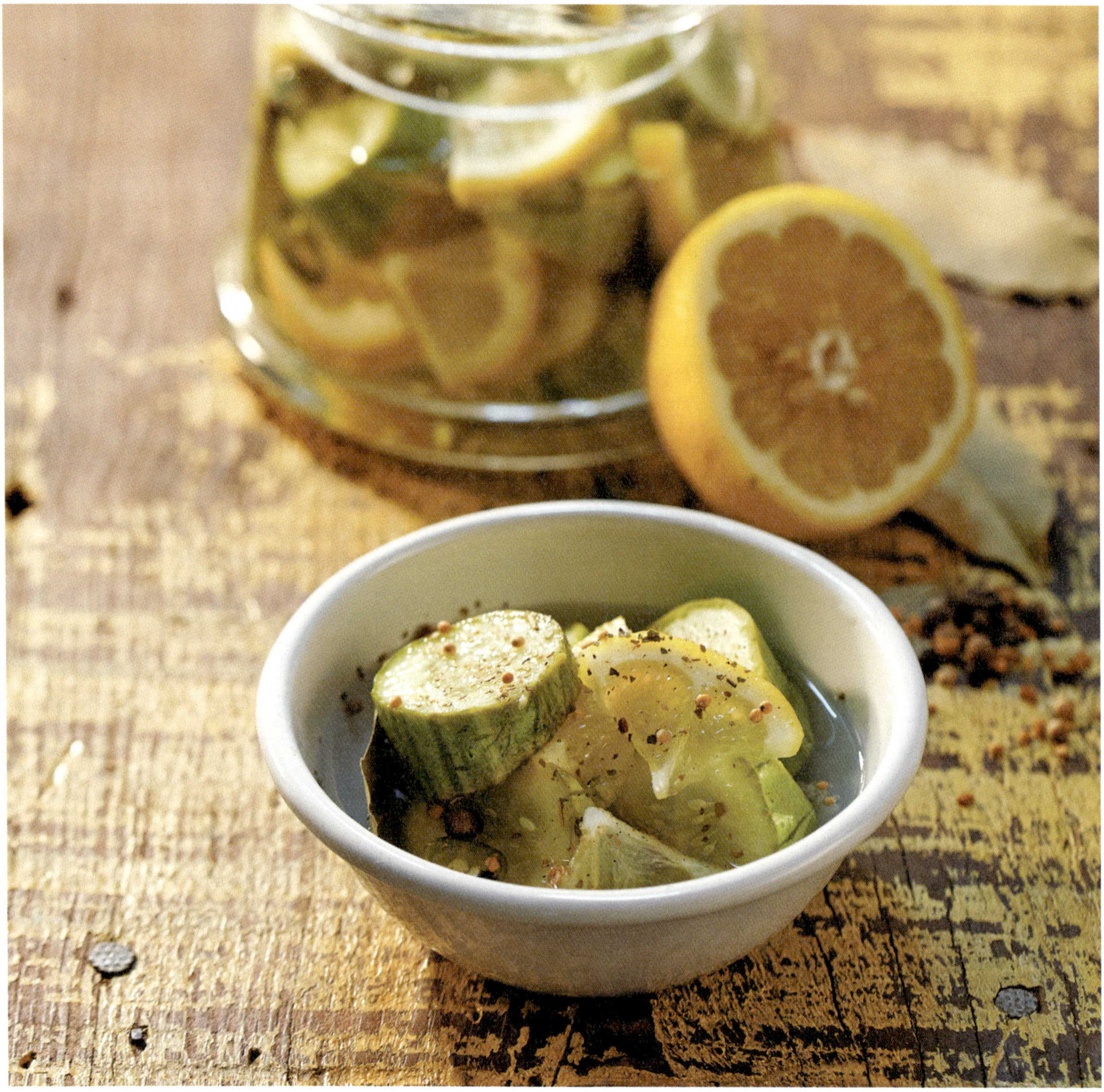

생각보다 간단하고 저렴한
오이피클

필수 재료 오이(2개)
선택 재료 레몬(½개), 청양고추(1개), 통후추(0.1), 월계수잎(1장)
절임물 설탕(½컵), 소금(1), 물(1½컵), 식초(½컵)

양식을 먹을 때 빠지면 섭섭한 피클. 절임물에 식초가 많이 들어가는데, 끓이면서 산이 날아가지 않게 하는 것이 중요하다. 물과 설탕, 소금부터 냄비에 끓인 뒤 가루 재료들이 다 녹았을 때 식초를 넣어야 한다. 레몬 같은 수입과일을 농약 걱정 없이 먹으려면 깨끗이 씻는 과정이 필요하다. 물기 없는 상태로 베이킹소다를 뿌려 문질러 닦고 소금을 뿌려 다시 한 번 문질러 닦은 뒤 끓는 물에 넣고 표면을 살짝 세척해 준다.

START »

오이는 한입 크기로 썬다.
오이를 삐쳐 썰어 모양을 내도 좋다.

레몬은 껍질을 깨끗이 씻어 얇게 썬다.

청양고추는 송송 썬다.

냄비에 물(1½컵)과 설탕(½컵), 소금(1)을 넣어 중간 불로 끓인다.

설탕과 소금이 녹으면 불을 끄고 식초(½컵)를 넣어 섞는다.
가루 재료가 다 녹은 뒤 식초를 넣어야 산이 날아가지 않아 피클의 새콤한 맛을 잘 낼 수 있다.

오이와 레몬, 청양고추, 통후추, 월계수잎을 넣는다.
뜨거운 절임물에 채소를 절여야 아삭해진다.

실온에서 반나절 정도 그대로 두어 완전히 식으면 밀폐용기에 담아 냉장실에서 하루 정도 숙성시켜 마무리한다.

백반집 부럽지 않은
조기구이

필수 재료 조기(2마리), 밀가루(2)
양념 소금(0.2)

생선구이를 할 때 가장 빈번하게 일어나는 실수는 껍질이 벗겨져 팬에 눌어붙고 지저분하게 구워지는 것, 기름이 많이 튀어 주방이 더러워지고 작은 상처를 입는 것이다. 생선을 손질하고 물기를 깨끗이 제거하지 않았기 때문에 생기는 문제들이다. 조기의 비늘을 벗겨내고 지느러미를 제거해 깨끗이 씻었다면 키친타월에 올리고 지그시 눌러 물기를 완전히 제거해야 한다. 그리고 밀가루를 가볍게 입혀 구우면 깔끔하게 구울 수 있다.

PAN-FRY   **BREAD**   **FRIED**

NOODLE   RICE   STEAMED

LEVEL 3

손쉬운 손님요리

초보탈출 QUIZ

문제 Q 자취생활을 시작하고 처음으로 부모님을 초대한 A씨. 솜씨는 부족해도 특별한 점심을 대접하고 싶다. 나름 신경을 써 고른 메뉴는 바로 제철 굴로 만든 굴무밥. 냄비로 밥을 짓는 건 처음이라 물의 양부터 불 조절까지 하나하나 신경을 써서 만든다. 하지만 막상 뚜껑을 열어보니 바닥 부분이 다 타서 밥 전체에서 탄내가 진동하는데……. 부모님께 솜씨 자랑을 하려던 A씨의 작은 꿈이 좌절된 이유는 무엇일까?

보기
1. 찬장에 보관해둔 쌀을 사용했다.
2. 굴이 자연산이 아니었다.
3. 부모님에 대한 A씨의 사랑이 너무 강했다.
4. 바닥이 얇은 라면 냄비를 사용했다.

정답 A 4. 바닥이 얇은 라면 냄비를 사용했다.

냄비로 밥을 지을 땐 물의 양, 불의 세기, 뜸 들이는 시간 등 신경 써야 할 부분이 많다. 간과하기 쉬운 또 하나의 포인트가 바로 냄비의 두께. 두께가 얇을수록 밥이 쉽게 타므로 가정에서 많이 사용하는 가볍고 열전도율이 좋은 냄비는 초보자들에겐 사용하기 어려울 수 있다. 더 두꺼운 스테인리스 냄비를 추천한다. 요리하기 전 냄비의 두께를 한 번 확인하는 걸 잊지 말자.

COOKING TIP

굴이 남자한테 좋다고? 정말?

바다의 우유라고 불릴 만큼 좋은 영양소를 많이 갖고 있는 굴. 최근 들어 특히 남성의 스태미나에 좋다는 사실이 주목을 받고 있다. 희대의 바람둥이 카사노바도 스태미나를 위해 굴을 먹었다는 것. 굴은 남성호르몬인 테스토스테론의 분비를 돕고 정자를 형성하는 아연을 많이 함유하고 있어 실제로 정자의 질을 개선하는 데 도움이 된다. 뿐만 아니라 혈액의 순환을 도와 혈관계 질환을 예방하고 치료하는 데도 효과적이다. 칼로리와 지방 함량도 낮으니 가족의 건강을 위해, 특히 남편과 아빠의 건강을 위해 자주 식탁에 올려 보자.

굴무밥

손님은 초대했는데 여러 가지 요리를 할 여유가 없을 때, 선택과 집중이 필요하다.
영양밥을 지으면 밥이 메인 요리 역할을 해 다른 메뉴에 신경을 덜 써도 된다.

메인 요리처럼 품 나는 밥 짓기
굴무밥

필수 재료 쌀(2컵), 소금(0.5), 굴(1컵), 무(⅓토막=100g)
선택 재료 다시마(1장=10×10cm)
양념장 쪽파(3대), 고춧가루(1), 간장(4), 다진 마늘(0.5), 참기름(1), 부순 통깨(0.5)

냄비밥을 할 경우 열전도율이 좋은 두꺼운 냄비를 사용해 뚜껑을 꼭 닫고 밥을 지어야 설익지 않는다. 건조된 상태의 쌀은 30분 이상 불린 뒤 사용한다. 특히 냄비밥을 지을 때는 전기밥솥으로 지을 때 보다 물 양을 넉넉히 잡아야 식감이 좋다. 하지만 무처럼 수분이 많은 채소와 함께 넣을 때는 무에서 빠져나오는 수분의 양을 감안하여 굳이 물을 더 넣을 필요는 없다.

START »

쌀은 물을 3번 정도 갈아가며 헹궈 30분 이상 불린다.

물(3컵)에 소금(0.5)을 넣어 섞는다.

굴을 넣어 헹군다.

체에 밭쳐 물기를 뺀다.

무는 굵게 채 썬다.

냄비에 쌀을 넣고 무와 굴을 올린 뒤 물(2컵)을 붓는다.

뚜껑을 닫고 센 불로 끓인다.

팔팔 끓여 거품이 올라오면 중간 불로 줄여 7분 더 끓인다.

냄비로 밥을 지을 때 뚜껑을 열면 증기가 다 빠져나가 요리를 망치기 쉽다. 유리로 된 뚜껑을 사용하면 조리 상태를 확인하기 위해 자꾸 뚜껑을 열어볼 필요가 없다.

약한 불로 10분간 더 끓인 뒤 불을 끄고 뚜껑을 닫은 상태로 10분간 뜸을 들인다.

쪽파를 송송 썰어 **양념장**을 섞는다.

뜸을 들인 밥은 주걱으로 살살 저어 섞는다.

그릇에 담고 양념장을 곁들여 마무리한다.

초보탈출 QUIZ

문제 Q

A씨는 요즘 홍대 유명 수제 버거 전문점에 푹 빠져 있다. 촉촉한 쇠고기 패티와 아삭한 채소가 탑처럼 쌓인 그 모습이란! 이게 바로 진짜 햄버거라며 매일같이 방문하기를 여러 날. 매번 맛집을 찾아가는 게 슬슬 귀찮아진다. 집에서 잔뜩 만들어두고 마음껏 먹기로 결정! 고기를 듬뿍 넣은 패티를 빚어 팬에 익히는데……. 차지게 잘 뭉쳐 있어야 할 패티가 자꾸 부스러진다. A씨의 소중한 고기 요리가 엉망이 된 이유는?

보기
1. 쇠고기의 핏물을 제거하지 않았다.
2. 팬에 기름을 많이 둘렀다.
3. 반죽할 때 충분히 치대지 않았다.
4. 돈 없을 땐 고기를 먹으면 안 된다.

정답 A

3. 반죽할 때 충분히 치대지 않았다.

햄버거의 꽃 패티. 수제 버거를 만들 땐 특히나 열과 성을 다해야 하는 부분이다. 다양한 재료들을 섞은 뒤에는 시간과 수고를 들여 충분히 치대야 육즙이 나와 끈기 있게 뭉쳐진다. 손으로 주무르는 정도가 아니라 반죽을 들어 올려 볼이나 반대편 손에 강하게 내려친다. 충분히 치댄 패티는 육즙이 풍부하게 나오고 예쁜 모양을 자랑하지만, 그렇지 않은 패티는 굽는 과정에서 다 갈라져 지저분해지기 쉽다.

COOKING TIP

순 쇠고기 패티보다 돼지고기를 섞은 패티가 더 맛있다고?

맛에 대한 선호는 개인의 취향에 따라 갈리겠지만 100% 쇠고기를 사용한 패티보다 쇠고기와 돼지고기를 섞은 것이 더 부드럽고 육즙도 풍성한 것이 사실이다. 패티 재료로는 기름기가 적은 부위를 사용하기 때문에 쇠고기만 사용했을 땐 퍽퍽하게 느껴질 수 있다. 보통 쇠고기와 돼지고기를 3:1 또는 1:1 비율로 섞어 사용한다. 양파, 마늘과 같은 향신 채소를 볶아 섞으면 고기의 텁텁함을 줄여주고 칼로리를 낮출 수 있다. 채소를 더 넣어 건강하게 먹고 싶을 땐 두부나 감자 등을 갈아 넣기도 한다.

BREAD 햄버거

수제 버거 집의 어마어마한 가격에 당황한 기억이 있다면 직접 만들어 먹는 것도 좋은 방법. 패티를 넉넉히 만들어 햄버그스테이크 등 다양한 요리도 활용해도 좋다.

수제 버거 전문점 따라잡기

햄버거

필수 재료 햄버거빵(2개), 양상추(2장), 양파(⅙개), 토마토(⅙개)
선택 재료 슬라이스 체다치즈(2개)
패티 재료 다진 쇠고기(2컵=300g), 다진 돼지고기(⅔컵=100g), 다진 양파(⅙개 분량), 우스터소스(0.5), 소금(0.1), 후춧가루(약간)
양념 청주(2), 버터(0.5), 머스터드소스(1.4), 마요네즈(2), 데리야키소스(3)

햄버거용 고기 패티는 반죽을 할 때 끈기가 생기도록 충분히 치대서 모양을 빚어야 구웠을 때 단면이 갈라지거나 부서지지 않는다. 빵이 눅눅해지는 걸 막고 싶다면 양상추와 양파 등의 채소는 물기를 말끔히 제거하고 사용한다. 빵 안쪽을 마른 팬에 구운 뒤 마요네즈나 머스터드소스를 얇게 바르면 코팅 효과를 내 빵이 수분을 흡수하지 않도록 도와 준다.

START »

키친타월에 쇠고기와 돼지고기를 올리고 청주(2)를 뿌려 핏물을 제거한다.
청주를 뿌려 고기 누린내를 제거한다. 핏물을 잘 제거해야 반죽이 질어지지 않는다.

팬에 식용유(1)를 두르고 다진 양파를 노릇하게 볶아 한 김 식힌다.

볼에 핏물을 제거한 고기와 볶은 양파, 우스터소스, 소금, 후춧가루를 넣어 섞는다.

끈기가 생길 때까지 충분히 치댄다.
반죽에 물기가 많을 때 빵가루를 넣어 질기를 조절한다. 충분히 치대야 끈기가 생긴다.

치댄 패티를 등글납작하게 빚어 가운데 부분을 손가락으로 눌러 살짝 오목하게 만든다.
패티는 익으면서 수축해 폭은 줄어들고 두께는 두꺼워진다. 빵보다 얇으면서 빵 지름보다 조금 크게 빚는다.

구운 빵은 겹쳐두면 눅눅해질 수 있으니 쌓아두지 않는다. 버터를 두르고 구워도 좋다.

마른 팬에 햄버거빵 안쪽 면을 노릇하게 구워 건진다.

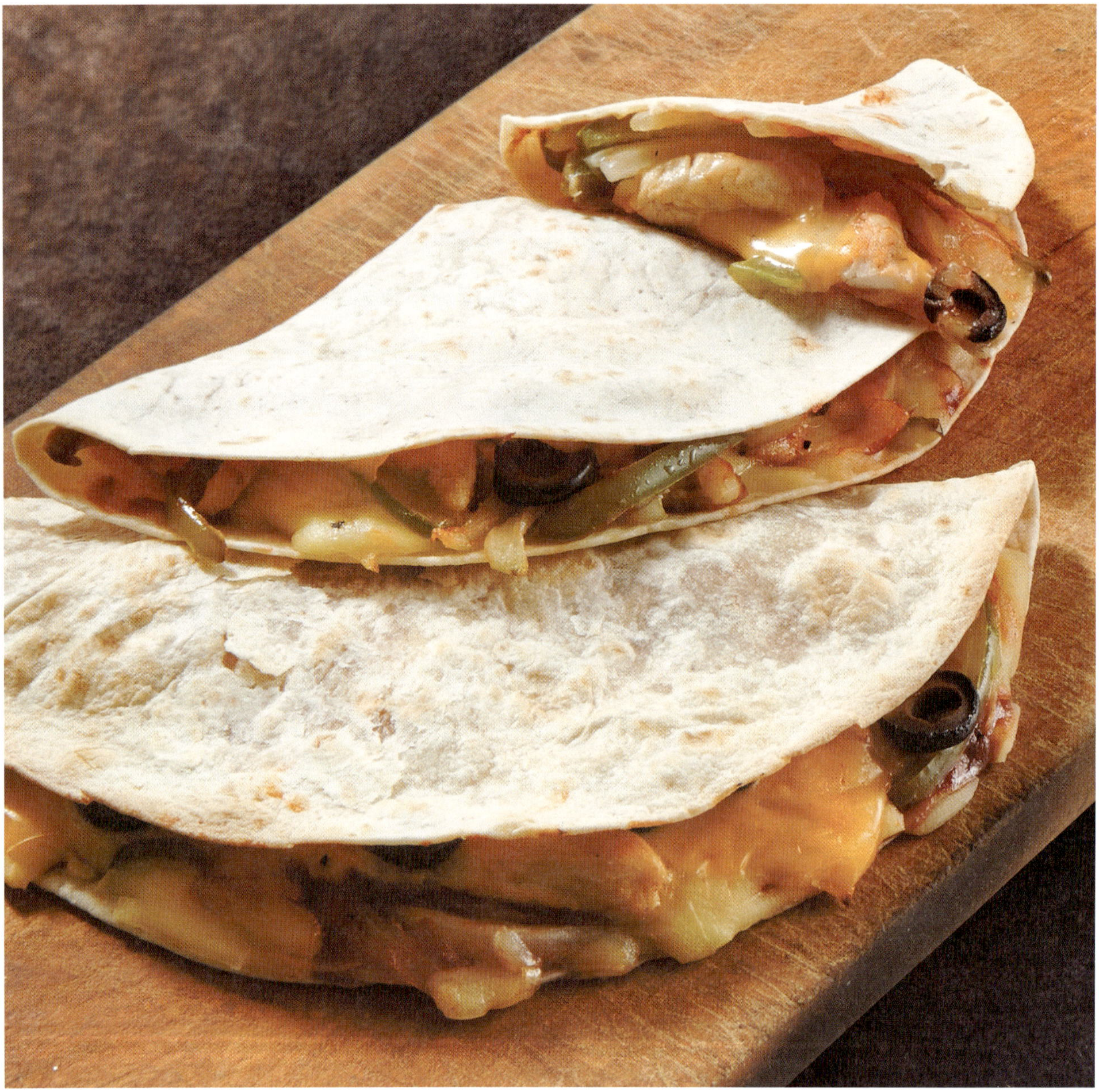

올라 멕시코~

케사디야

필수 재료 양파(½개), 피망(1개), 닭가슴살(1쪽), 토르티야(8인치, 2장), 슈레드 모차렐라치즈(1컵)
선택 재료 블랙 올리브(4개), 슬라이스 체다치즈(2장)
밑간 소금(0.1), 청주(1), 후춧가루(약간)
양념 소금(약간), 후춧가루(약간), 케첩(3)

케사디야는 속재료를 다양하게 바꾸면 여러 가지 맛으로 즐길 수 있다. 불고기 양념으로 맛을 낸 쇠고기나 돼지고기, 담백하게 허브로 향을 더해 구운 닭고기나 버섯, 신선한 채소와 치즈 등 취향에 맞게 선택한다. 다양한 맛의 케사디야를 준비하면 골라 먹는 재미까지 챙길 수 있을 것이다. 토르티야 대신 파라타를 사용하면 쫄깃한 식감으로 만들수 있다.

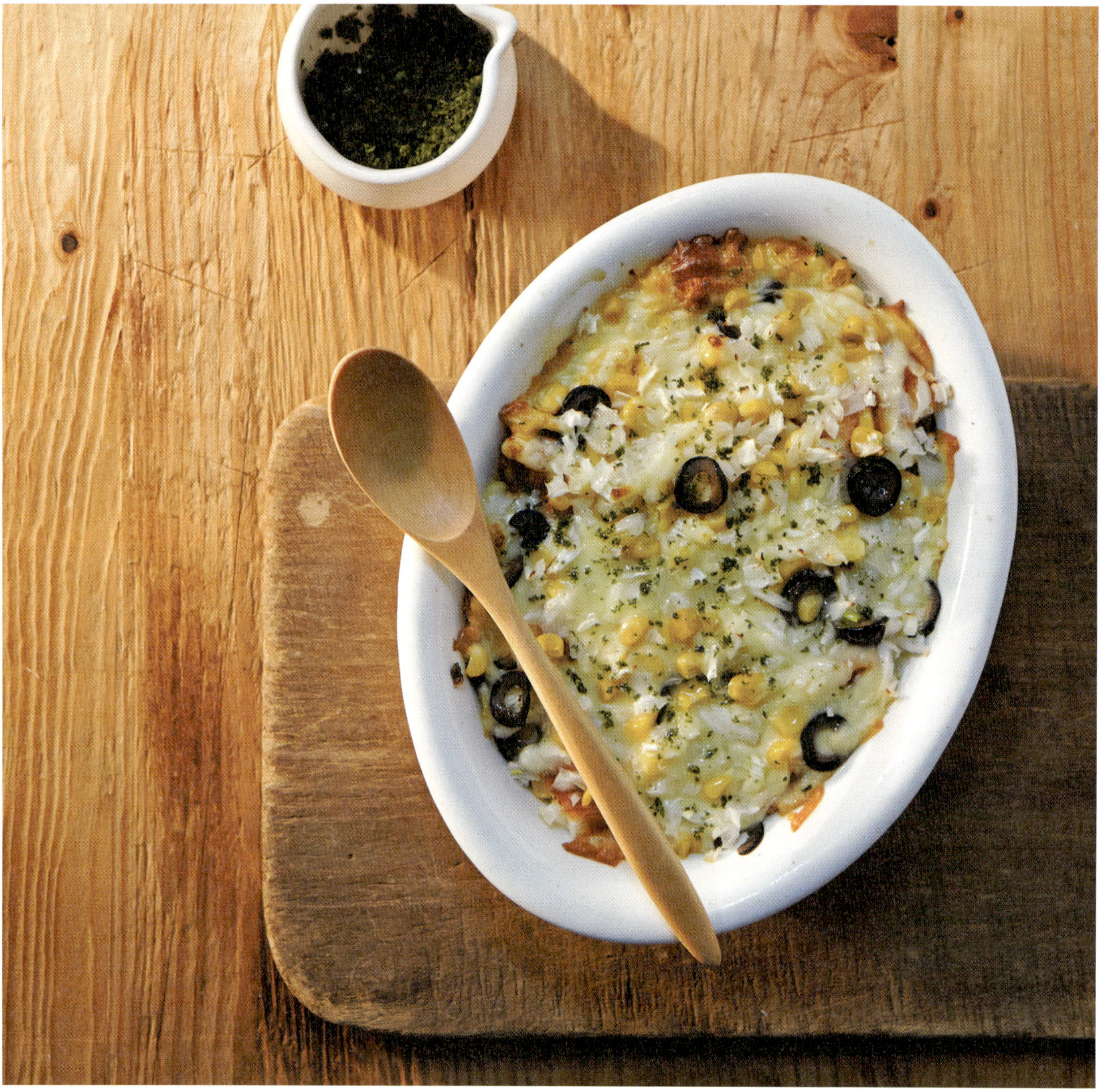

어린이 손님을 위한 간식
떠먹는 피자

필수 재료 식빵(2장), 양파(¼),
시판 토마토소스(4), 통조림 옥수수(5),
슈레드 모차렐라치즈(1컵), 우유(½컵)
선택 재료 블랙 올리브(4개)

떠먹는 피자에 사용하는 도우는 부드러워야 맛있다. 그래서 살짝 질긴 토르티야나 난보다는 남은 식빵을 활용하는 것이 좋다. 토마토소스만 바르면 촉촉함이 덜 하니 우유를 부어 빵을 적셔 떠먹기 좋게 농도를 맞춘다.

초보탈출 Quiz

문제 Q 봄바람 휘날리는 계절을 맞아 벚꽃 잎을 보러 가고 싶어진 A씨. 설레는 마음을 안고 도시락 준비에 나선다. 나들이에 빠질 수 없는 필수 준비물 김밥을 싸가기로 결정. 김 위에 밥과 참치, 달걀, 햄, 단무지 등 욕심껏 재료를 올리고 돌돌 만다. 다음날까지 두고 먹을 생각에 잔뜩 만들어 김밥 산을 완성한 A씨. 그런데 예쁘게 말린 김밥이 칼로 써는 순간 사정없이 망가지기 시작한다. 김이 질겨져 잘 썰리지 않고, 풀리거나 터지기까지 하는 것. 애써 만든 김밥을 볼품없게 만들어 버린 A씨의 실수는 무엇일까?

보기
1. 달걀지단을 너무 도톰하게 부쳤다.
2. 잡곡밥을 사용했다.
3. 갓 지은 밥을 그대로 사용했다.
4. 애인도 없는데 벚꽃 구경을 가려고 했다.

정답 A 3. 갓 지은 밥을 그대로 사용했다.

김밥은 맛을 내는 것만큼 터지지 않게 잘 써는 게 중요하다. 우선 김이 눅눅해지거나 너무 마르지 않도록 해야 하는데, 한 김 식힌 밥을 올려야 김밥 표면이 질겨지지 않고 매끈하다. 김 위에 갓 지은 뜨끈뜨끈한 밥을 그대로 올리면 김이 뜨거운 밥과 만나 팽창했다가 식으면서 수축해 쭈글쭈글 거리게 되니 주의하자. 또 칼질이 서툰 사람이라면 김밥을 랩으로 감싼 뒤 써는 방법을 사용하는 것도 좋다.

COOKING TIP

애매하게 남은 참치, 마지막까지 맛있게 먹자!

참치김밥, 참치김치찌개, 참치전 등 다양한 요리에 사용되는 참치. 요리를 할 때마다 항상 애매한 양이 남는데, 버리자니 아깝고 보관하자니 금세 맛이나 색이 변해 버려 고민이다. 통조림 참치는 식물성 기름을 첨가해 고압 살균 과정을 거쳐 만든 제품으로 공기와의 접촉을 차단시킨 밀봉 상태에서는 5년이 넘는 긴 유통기한을 가지지만 한번 개봉하면 빠르게 변질된다. 통조림을 처음 개봉했을 때의 상태를 오래 유지하고 싶다면 남은 참치를 내열 용기에 담은 뒤 랩이나 뚜껑을 닫아 밀봉하고 전자레인지에 1분 정도 돌려준다. 그대로 식혀 냉장 보관하면 된다. 통조림을 만들 때와 비슷하게 가열밀봉해 공기와의 접촉을 줄여주는 것이다.

참치김밥

요즘 한참 인기를 끌고 있는 프리미엄 스타일로 만들었다.
두툼한 두께에 속이 꽉 차 있어 한 끼 식사로 든든하다.

나들이 필수 준비물

참치김밥

필수 재료 밥(4공기), 당근(½개), 달걀(2개), 참치(1캔=210g), 김밥용 단무지(4줄), 김밥 햄(4개), 김밥용 김(4장)
선택 재료 시금치(2줌), 깻잎(8장), 김밥용 우엉조림(8줄)
밥 밑간 소금(0.3), 참기름(2), 참깨(0.5)
시금치 양념 소금(0.1), 다진 마늘(0.2), 참기름(0.5)
양념 소금(0.5), 마요네즈(2)

맛있는 김밥은 우선 밥이 맛있어야 한다. 평소보다 물을 약간 덜 넣어 고슬고슬하게 지어야 김으로 싸 꽉 뭉쳐 놓았을 때도 꼬들꼬들 찰진 식감이 살아 있다. 밥을 지은 뒤 바로 밑간에 버무려야 양념이 고루 잘 배고 밑간한 밥은 넓은 그릇에 담아 한 김 식혀 사용해야 김이 눅눅해지지 않는다. 김에 밥을 깔 때 끝까지 깔면 너무 두꺼워지고 말기 힘드니 김의 ¾ 정도에만 올린다.

START »

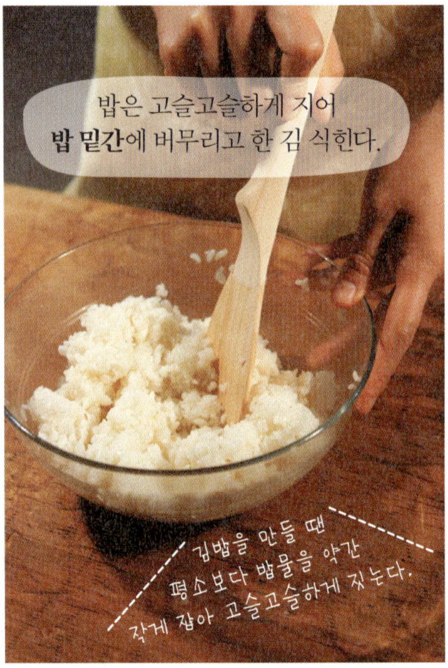

밥은 고슬고슬하게 지어 **밥 밑간**에 버무리고 한 김 식힌다.

김밥을 만들 때 평소보다 밥물을 약간 적게 잡아 고슬고슬하게 짓는다.

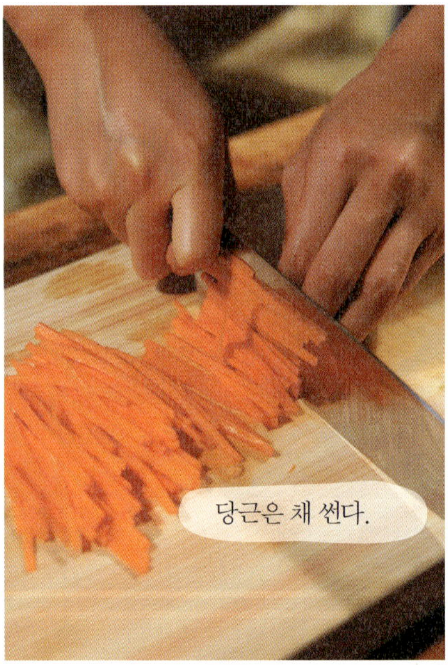

당근은 채 썬다.

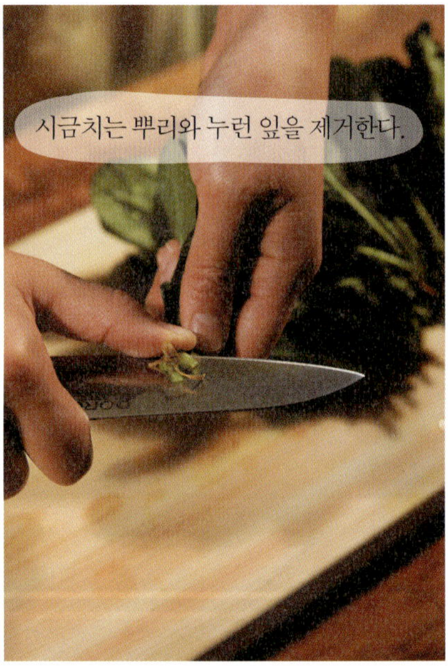

시금치는 뿌리와 누런 잎을 제거한다.

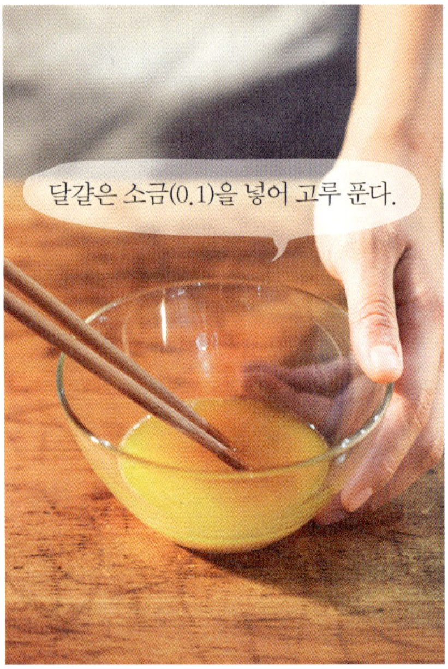

달걀은 소금(0.1)을 넣어 고루 푼다.

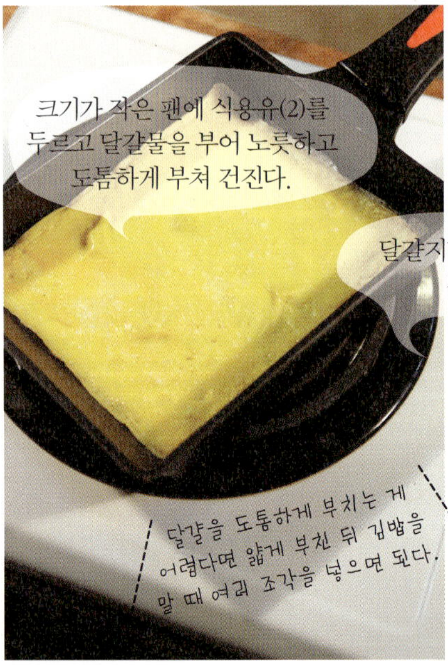

크기가 작은 팬에 식용유(2)를 두르고 달걀물을 부어 노릇하고 도톰하게 부쳐 건진다.

달걀을 도톰하게 부치는 게 어렵다면 얇게 부친 뒤 김밥을 말 때 여러 조각을 넣으면 된다.

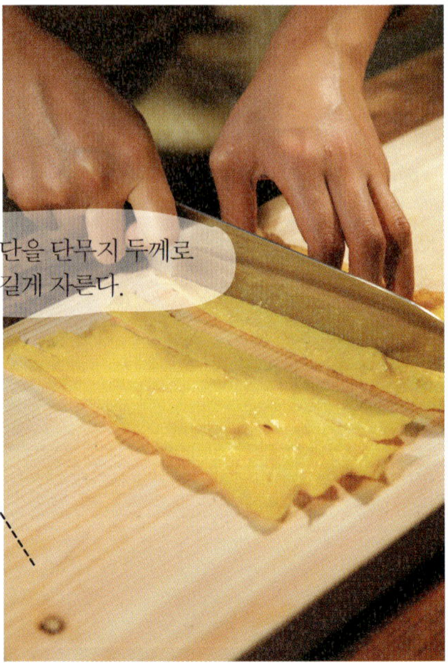

달걀지단을 단무지 두께로 길게 자른다.

식용유(1)를 두른 팬에 당근을 넣어 소금(0.1)을 뿌리며 볶아 건진다.

시금치가 푹 잠길 정도의 넉넉한 물을 끓여 소금(0.3)을 넣고 시금치를 담가 숨이 죽을 정도로 데쳐 건진다.

시금치를 데칠 때는 뚜껑을 열어둬야 색도 선명하고 쓴맛이 나지 않는다.

시금치의 물기를 너무 꼭 짜면 질겨진다.

찬물에 헹귀 물기를 짠 뒤 **시금치 양념**으로 버무린다.

참치는 체에 밭쳐 기름을 제거한 뒤 마요네즈(2)에 버무린다.

고추장(0.5), 올리고당(0.3)으로 버무리면 매콤참치김밥이 된다.

김발 위에 김의 거칠거칠한 부분이 위로 오도록 올린 뒤 식힌 밥을 고루 펴 올린다.

뜨거운 밥을 올리면 김이 눅눅해지니 헨 김 식혀서 김의 가장자리 2cm 정도 남기고 올린다.

깻잎(2장)의 꼭지를 제거하고 밥 위에 올린다.

준비한 모든 재료를 길게 올린다.

김발로 감싸 지그시 힘을 쥐가며 돌돌 만다.

꼭꼭 눌러 단단하게 만든 뒤 김발을 풀고 먹기 좋은 두께로 잘라 마무리한다.

랩을 덮어 썰거나 빵칼을 이용하면 부서지지 않는다.

초보탈출 QUIZ

문제 Q 친구와 통화를 하다 갑작스럽게 약속을 잡게 된 A씨. 집으로 초대해 그동안 부쩍 는 요리솜씨를 보여주기로 한다. 메뉴는 중식을 좋아하는 친구를 위해 마파두부로 정하고 요리왕 비룡을 능가하는 솜씨로 뚝딱 요리를 마친다. 그런데 식탁에 마주 앉아 식사를 하려는 A씨의 눈에 이상한 게 포착된다. 덮밥 위에 뿌연 덩어리가 떠 있는 것. 따뜻한 덮밥에 텁텁한 덩어리가 생긴 이유는 무엇일까?

보기

1. 녹말가루를 넣어 농도를 조절했다.
2. 두부가 푹 익도록 오래 끓였다.
3. 마늘을 너무 굵게 다졌다.
4. 두부를 넣기 전 물을 빼지 않았다.

정답 A 1. 녹말가루를 넣어 농도를 조절했다.

마파두부는 마무리 단계에서 녹말을 넣어 농도를 약간 걸쭉하게 내야 덮밥으로 비벼먹기 좋은 상태가 된다. 하지만 끓이는 중에 녹말을 가루 상태 그대로 넣는 것은 위험한 발상. 녹말가루는 뜨거운 물과 섞이면 호화돼 풀처럼 걸쭉하게 덩어리가 진다. 미리 찬물에 풀어 녹말물을 만든 뒤 사용해야 덩어리지지 않고 잘 섞인다.

COOKING TIP

낯설지만 끌리는 그 양념! 두반장과 굴소스

두반장은 콩을 발효시켜 만든 중국식 된장에 마른 고추와 향신료를 넣고 다시 발효시켜 만든다. 사천요리에 많이 쓰이고, 마파두부 외에도 볶음면, 찌개, 조림 등 많은 요리에 활용이 가능하다. 짭짤하고 매콤한 맛에 특유의 향이 있어 요리에 소량씩 넣어 맛을 살리는 용도로 사용하면 좋다.

굴소스는 신선한 생굴을 소금에 넣어 발효시킨 뒤 웃물을 따라내고 걸쭉한 상태로 만든다. 대표적인 중국식 소스로 볶음이나 조림, 튀김 등 각종 요리에 두루 쓰인다. 굴 특유의 향미가 있어 요리에 간장 대신 사용하면 다른 조미료를 첨가하지 않아도 깊은 맛이 난다. 일반 간장보다 짠맛이 강하고 맛과 향이 진해 조금씩 넣어서 맛을 내야 한다. 볶음면, 볶음밥, 채소볶음 등 주로 볶음 요리에 많이 쓰인다.

마파두부덮밥

집에서 활용하기 좋은 중식 요리.
매콤짭짤한 맛이 입맛을 당기고 만들기도 쉽다.

갑작스레 방문한 손님도 폼 나게 대접하자
마파두부덮밥

필수 재료 마늘(2쪽), 대파(10cm), 두부(⅓모=145g), 다진 돼지고기(⅔컵=150g), 밥(2공기)
양념 고추기름(1), 다진 생강(0.2), 청주(1), 두반장(4), 간장(0.7), 후춧가루(약간)
녹말물 녹말가루(1)+찬물(2)

마파두부에 넣는 두부는 연두부와 단단한 두부 모두 사용 가능하다. 연두부를 넣으면 소스에 두부가 풀어져 부드럽고 걸쭉한 느낌이 난다. 두부의 형태가 남아 있는 스타일을 원한다면 부서지지 않는 단단한 두부를 사용한다. 돼지고기가 많이 들어가므로 마늘이나 대파, 생강 등의 향신 채소를 넉넉히 사용해야 누린내가 나지 않는다.

START »

마늘과 대파는 굵게 다진다.

두부는 키친타월로 감싸 물기를 뺀 뒤 사방 1.5cm 크기로 깍둑 썬다.

팬에 식용유(1)와 고추기름(1)을 두른다.

쾌도탈출 Quiz

문제 Q 오래만에 칼퇴근에 성공한 A씨. 오징어덮밥으로 푸짐하고 간편하게 저녁 만찬을 즐기기로 하고, 마트에서 저렴한 생물 오징어를 구입. 이제는 해산물도 척척 잘 손질한다며 혼자 뿌듯해 한다. 양념장을 섞고, 달달 볶으니 근사한 냄새가 올라오는데……. 그런데 완성된 오징어볶음이 어쩐지 낯설다. 아무리 덮밥이라지만 물은 한강같이 많고, 오징어는 탱탱함을 잃고 쪼그라든 것. 통통한 생물 오징어를 사용했는데 왜 이런 결과가 나온 걸까?

보기

1. 오징어를 너무 오래 볶았다.
2. 양파를 미리 볶았다.
3. 양념장에 고추장을 너무 많이 넣었다.
4. 오징어를 잘 씻지 않았다.

정답 A 1. 오징어를 너무 오래 볶았다.

생물 오징어는 수분을 많이 함유하고 있는 재료라 열을 오래 가하면 그 수분이 다 빠져나와 요리에 물이 많이 생기고, 살은 쪼그라들고 질겨진다. 통통하고 쫄깃한 오징어를 맛보고 싶다면 센 불에 재빨리 볶아내는 게 좋다. 덮밥의 경우에는 어느 정도 국물이 필요하므로 중간 불로 볶고, 볶음 요리를 할 땐 센 불로 재빨리 익히도록 한다.

COOKING TIP

쫄깃한 바다동물 말끔하게 손질하기

오징어, 주꾸미, 낙지 등 쫄깃한 식감이 좋은 바다동물은 다소 징그러운 생김과는 달리 맛과 영양이 훌륭하다. 싱싱한 것으로 골라 구입한 뒤에는 바로 내장을 제거하고 손질해 냉장 보관하는 것이 위생적으로 좋다. 내장과 입, 눈을 제거한 뒤에 굵은 소금이나 밀가루로 주물러 씻어 빨판에 묻은 이물질까지 말끔히 닦아낸다. 그 뒤 한번 사용할 분량씩 소분해 냉장고에 넣는다. 다리와 몸통을 분리하고 적당한 크기로 잘라두면 사용하기 더 편하다.

오징어덮밥

고춧가루와 간장으로 맛을 내 칼칼하면서도 깔끔한 맛이 일품.
더 화끈한 맛이 당긴다면 청양 고춧가루와 일반 고춧가루를 1 : 1 비율로 섞어 사용한다.

오징어덮밥

퇴근 후에도 뚝딱!

필수 재료 양파(½개), 대파(10cm), 오징어(1마리), 밥(2공기)
선택 재료 새송이버섯(1개), 참깨(약간)
양념장 고춧가루(0.7)+간장(2)+맛술(1)+다진 마늘(0.5)+다진 생강(0.2)+고추장(1)+올리고당(2)+참기름(0.5)

오징어는 오래 볶으면 수분이 빠져나와 식감이 나빠지고 양념이 싱거워질 수 있다. 젓가락으로 잘 뒤적여가며 빨리 볶아낸다. 오징어의 색이 불투명하게 변할 정도로 익히면 충분하다. 오징어는 껍질에 몸에 좋은 영양성분이 풍부하게 들어 있으니 벗기지 않고 요리해도 좋다. 껍질을 싫어한다면 굵은 소금으로 문질러가며 벗긴다. 매콤하고 칼칼한 맛을 더하고 싶다면 청양고추를 추가한다.

START »

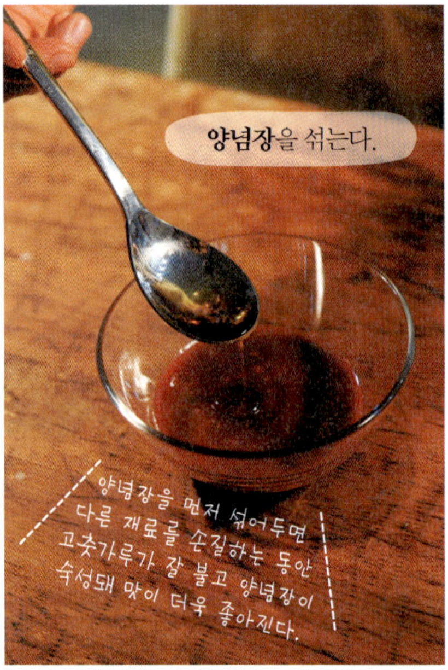

양념장을 섞는다.

양념장을 먼저 섞어두면 다른 재료를 손질하는 동안 고춧가루가 잘 불고 양념장이 숙성돼 맛이 더욱 좋아진다.

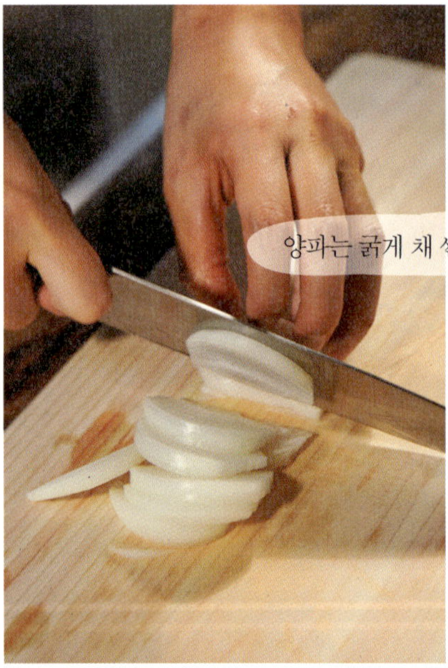

양파는 굵게 채 썬다.

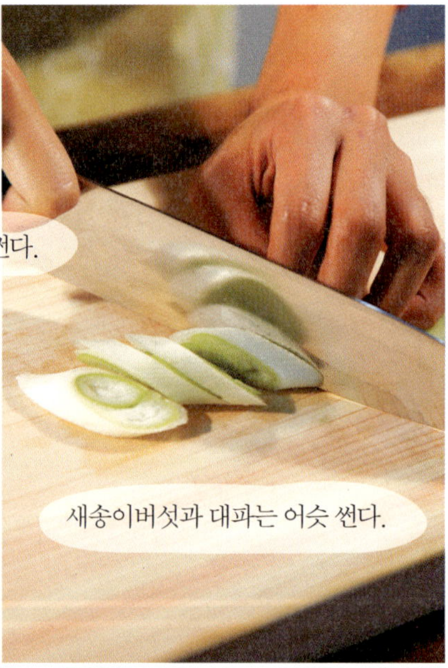

새송이버섯과 대파는 어슷 썬다.

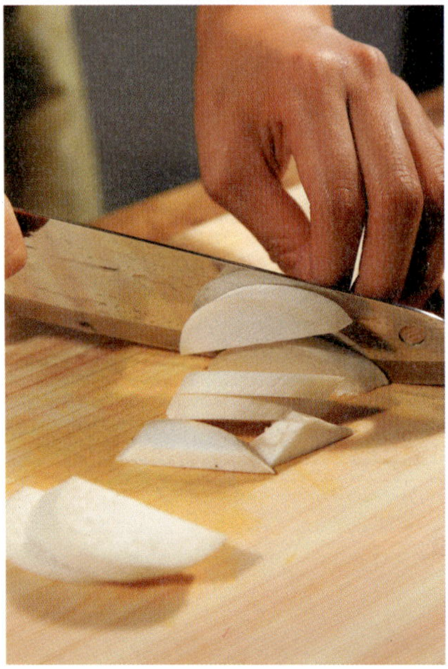

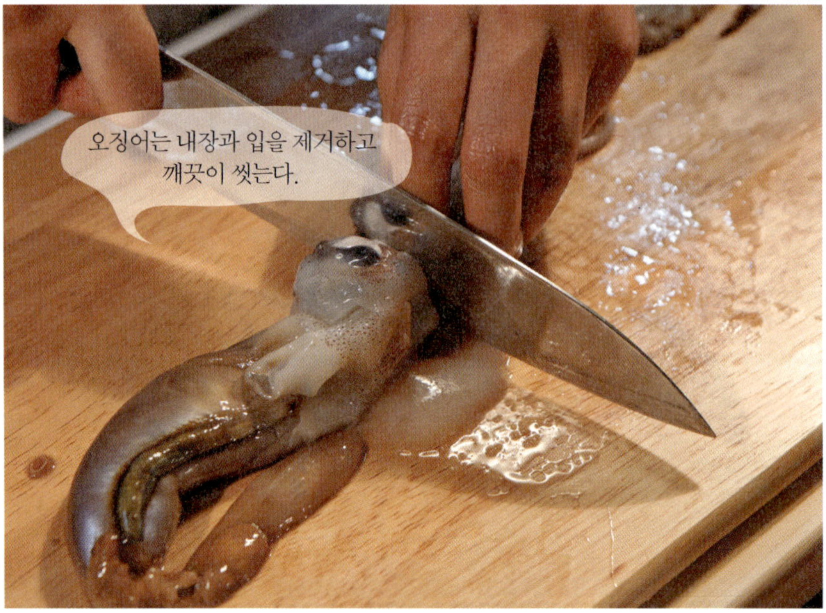

오징어는 내장과 입을 제거하고 깨끗이 씻는다.

굵은 소금으로 다리를 주물러 씻으면 빨판의 이물질이 깨끗이 제거된다.

오징어 몸통과 다리는 한입 길이로 썬다.

팬에 식용유(1.5)를 두르고 양파를 넣어 중간 불로 볶는다.

양파가 반투명해지면 오징어와 새송이버섯을 넣어 볶는다.

오징어의 색이 불투명해지면 다 익은 것. 더 익히면 물이 나오고 질겨지니 양념장에 섞어 불을 끄는 것이 좋다.

오징어의 색이 변하면 양념장을 넣어 섞은 뒤 대파를 넣어 살짝 더 볶는다.

밥에 얹어 참깨를 뿌려 마무리한다.

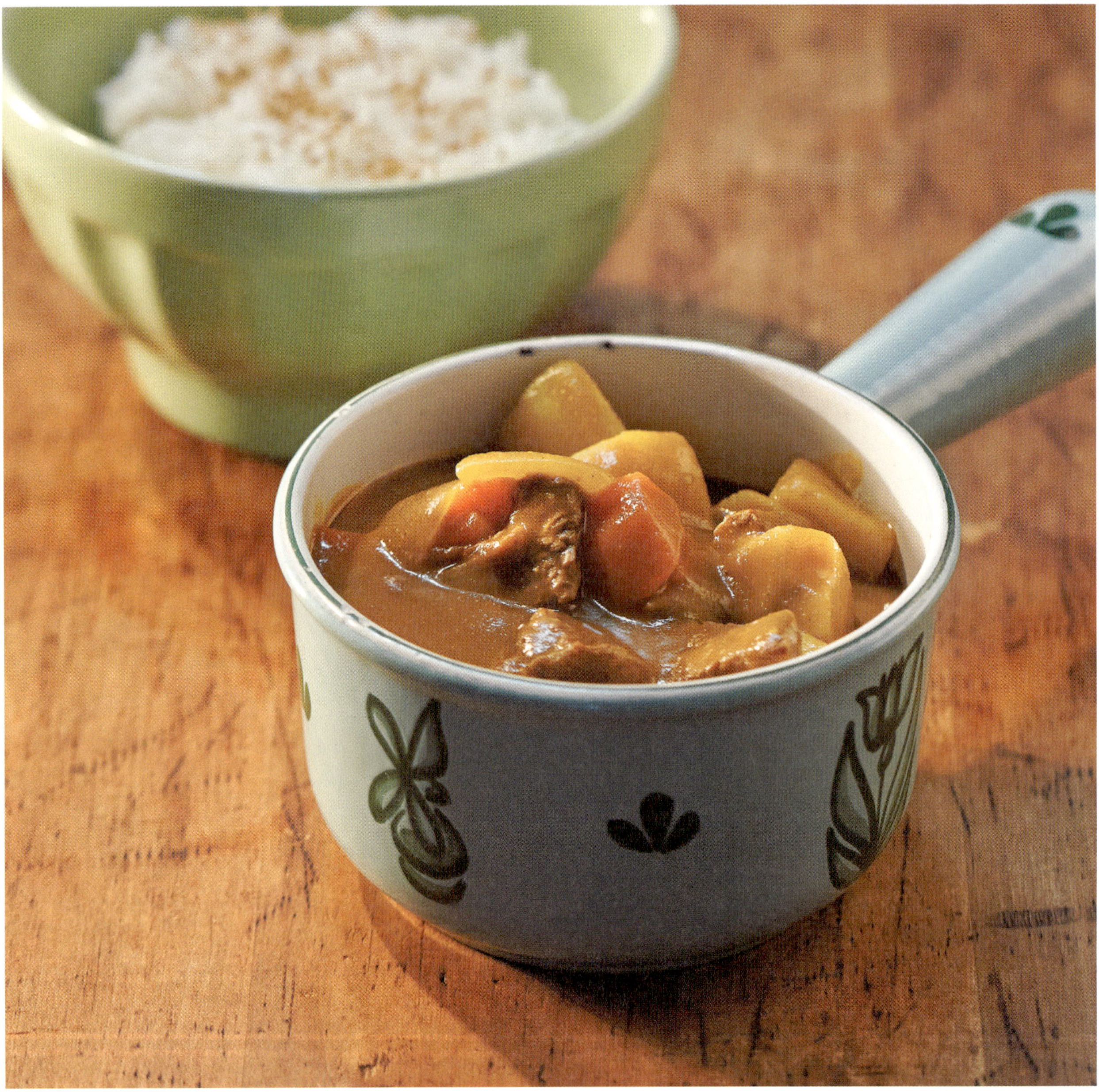

예쁜 그릇에 담아 한 그릇 요리로 대접하자

카레덮밥

필수 재료 양파(1개), 감자(2개), 당근(½개=130g), 쇠고기(200g), 카레 분말(1봉지=100g), 밥(4공기)
선택 재료 하이라이스 분말(3)
양념 청주(2), 후춧가루(약간)

카레에 들어가는 채소는 기름에 살짝 볶은 뒤 물에 끓여야 조리 중에 쉽게 부서지지 않는다. 끓이는 중간 중간 저어줘 바닥에 눌어붙는 것만 막는다면 누구든 맛있게 만들 수 있는 쉬운 요리다. 아이들도 함께 먹을 거라면 재료에 토마토와 우유를 더해 상큼하고 부드럽게 만드는 것도 좋은 방법. 카레물을 부을 때 토마토와 우유 반 컵 정도를 넣고 대신 하이라이스 분말은 넣지 않는다.

쵸탈출 QUIZ

문제 Q 최근 새로운 곳으로 이사를 한 A씨. 짜장면을 먹고 싶은데 새로운 동네라 주문할 곳이 마땅치 않다. 각종 전단지를 비교해 보지만 딱히 괜찮은 곳이 보이지 않고. 결국 직접 만들어 먹기로 한다! 시판 짜장 분말과 생면으로 생각보다 쉽게 그럴싸한 짜장면을 완성한 A씨. 그러나 곧 푹 퍼져서 찐득찐득한 면발을 보고 좌절하고 만다. 탱탱한 생면을 사용했는데 왜 이 모양이 된 걸까?

보기
1. 짜장면 소스를 많이 부었다.
2. 소스의 간이 너무 짰다.
3. 면을 삶기 전에 찬물에 불리지 않았다.
4. 소면처럼 삶았다.

정답 A 4. 소면처럼 삶았다.

똑같이 밀가루로 만든 면이라도 건면과 생면은 삶는 법이 다르다. 건면은 말 그대로 만든 뒤 건조시킨 면이라 삶으면서 수분을 흡수해야 부드러워지므로 익는데 시간이 비교적 오래 걸린다. 생면은 말리지 않은 면이라 보다 짧게 삶는다. 면을 넣고 다시 팔팔 끓어오르면 거의 익은 것으로 봐도 좋다. 면 삶는 물은 면의 5배 정도 분량으로 넉넉히 준비한다. 물의 양이 적으면 면을 넣은 뒤 물의 온도가 급격하게 떨어져 면이 눌어붙거나 뭉치기 쉽다.

COOKING TIP

춘장을 굳이 사용하고 싶다면 확인!

중국식 된장인 춘장은 매우 짜기 때문에 미리 한 번 볶아서 사용한다. 식용유와 춘장을 1:1 비율로 넣고 볶으면 짠맛이 희석되고 부드럽고 고소한 맛이 올라온다. 식용유(1컵)를 오목한 팬에 넣고 센 불에서 끓기 시작하면 춘장(300g)과 설탕(1)을 넣고 중간 불로 3분간 잘 저어가며 볶는다. 양을 많이 만들어 냉장 보관해두면 여러 번 편리하게 사용한다.

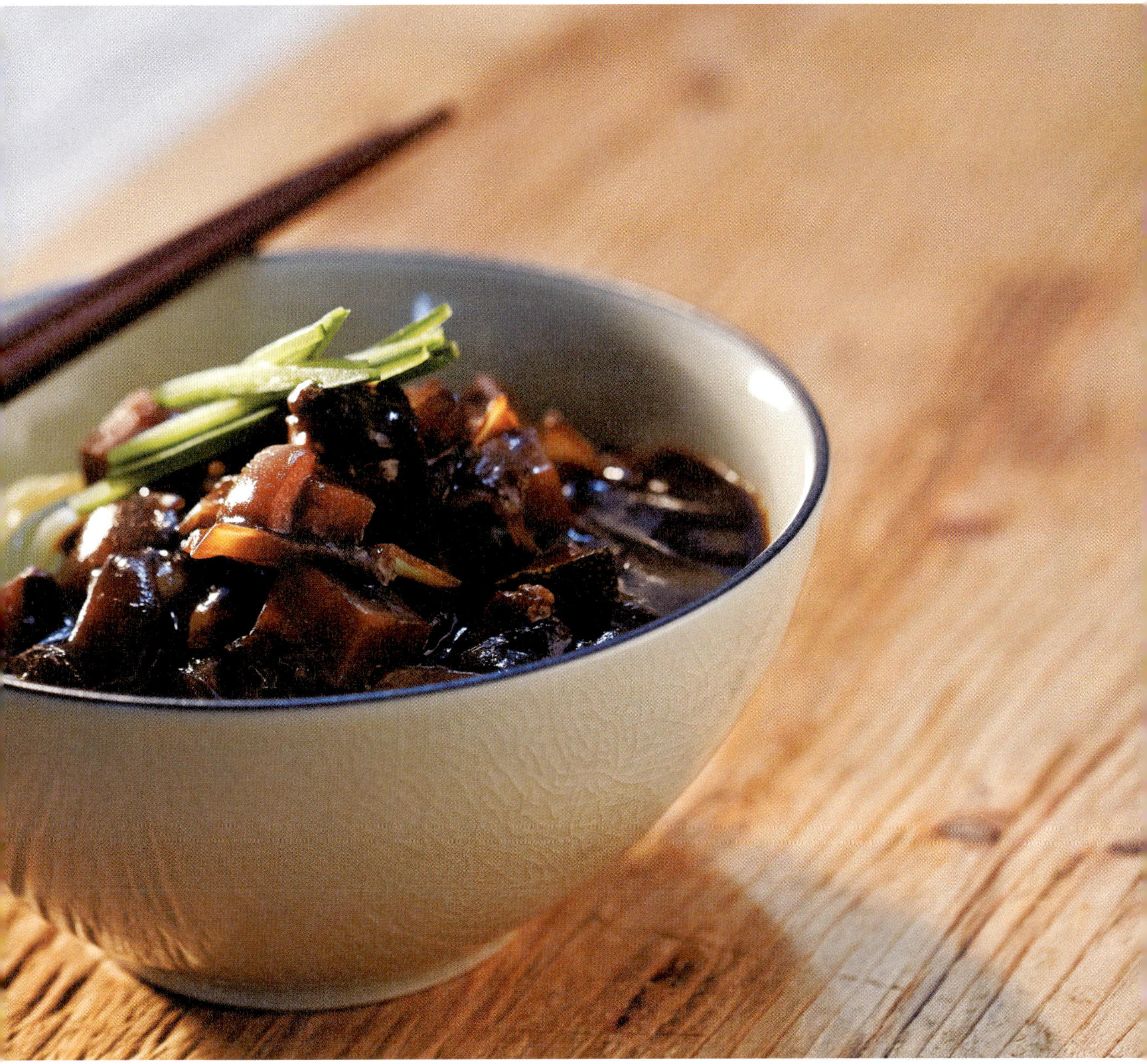

짜장면

탱탱한 생면을 사용해 중국집 스타일에 가깝게 만들었다.
배달 짜장면을 먹고 싶은데 위생상태가 마음에 걸려 망설여졌다면 따라 해보는 것도 좋을 것.

짜장 좋아해?
짜장면

필수 재료 양파(1½개), 양배추(⅛통=200g), 감자(1개), 돼지고기(안심, 200g), 짜장 분말(1봉지=100g), 생면(중면, 4인분=600g)
선택 재료 주키니호박(½개), 오이(½개)
양념 청주(2)

사 먹는 것보다 훨씬 깨끗하고 저렴한 홈메이드 짜장면. 짜장 분말을 이용하면 손쉽게 만들 수 있다. 춘장을 사용하는 것보다 과정도 간단하고 맛도 뒤떨어지지 않는다. 춘장을 사용하면 조금 더 진하고 깊은 맛을 내지만 과정은 다소 복잡해진다.
우선 춘장을 식용유에 충분히 볶아 쓴맛이 나지 않도록 한 뒤 녹말물을 넣어 적당한 농도를 만든다.

START »

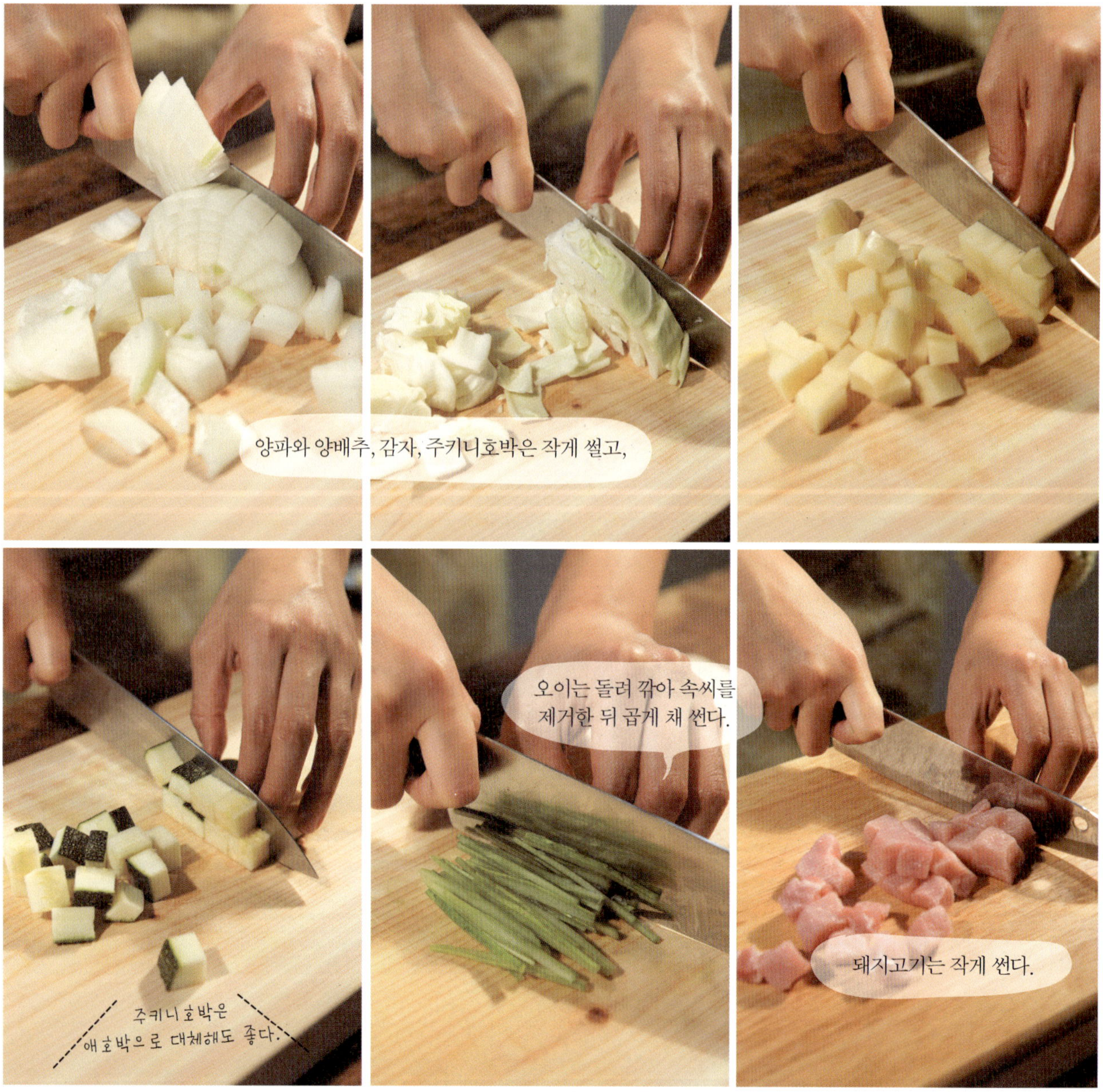

양파와 양배추, 감자, 주키니호박은 작게 썰고,

주키니호박은 애호박으로 대체해도 좋다.

오이는 돌려 깎아 속씨를 제거한 뒤 곱게 채 썬다.

돼지고기는 작게 썬다.

초달출 Quiz

문제 Q 친구들과 함께 집에서 뒹굴거리며 휴일을 보내던 A씨. 누군가 학창 시절 이야기를 꺼내자 반사적으로 학교 앞 분식집의 명물 쫄면이 떠오른다. 추억도 되새길 겸 함께 요리에 나서고, 절대미각을 발휘해 그럴듯한 양념장을 만들어낸다. 아삭한 오이와 콩나물도 준비하고 쫄면만 탱탱하게 삶으면 되는 상황. 집주인인 A씨가 마무리를 하기로 하는데, 끓는 물에 넣은 면발이 탱탱하게 익기는커녕 서로 달라붙어 풀어지지 않는다! A씨가 무슨 실수를 했길래 쫄면이 떡이 됐을까?

보기

1. 물이 팔팔 끓을 때 면을 넣었다.
2. 면을 삶기 전 가닥가닥 풀지 않았다.
3. A씨와 친구들의 우정이 너무 끈끈했다.
4. 면을 찬물에 헹궜다.

정답 A 2. 면을 삶기 전 가닥가닥 풀지 않았다.

쫄면을 처음 구입하면 딱딱하게 굳어 면끼리 붙어 있다. 이 덩어리를 미리 가닥가닥 풀어두지 않으면 끓는 물에 넣어도 면끼리 잘 떨어지지 않는다. 면이 덩어리로 붙어 있으면 열이 골고루 전도되지 않아 모든 면이 고루 쫄깃하게 삶아지지 않는다. 맛도 식감도 문제가 생기니 귀찮더라도 뭉쳐 있는 쫄면은 풀어서 삶는다.

COOKING TIP

쫄면과 비빔면을 맛있게~ 만능 비빔장 만들기

쫄면, 냉면, 소면까지. 어떤 면에 넣고 비벼도 어울리는 만능 비빔장을 만드는 비법을 소개한다. 비빔장은 그때그때 만들어서 사용해도 되지만 한꺼번에 넉넉히 만들어 냉장보관하면 양념이 숙성되어 더 깊은 맛이 나고 요리도 간편해진다. 고추장, 물엿, 설탕, 식초가 들어가는 기본 양념장에 배, 사과, 양파, 참깨를 갈아 넣는다. 일주일 정도 숙성시키면 가장 맛있다. 매콤하고 시원한 국수 요리가 자주 생각나는 여름철에 특히 활용도가 높다. 오이, 깻잎, 양파, 콩나물 등 상큼한 맛과 향을 가진 채소와 곁들이면 금세 별미가 완성된다.

쫄면 NOODLE

학창시절 분식집에서 늘 시키던 최고의 간식.
쫄깃하고 탄력 있는 면발은 언제 먹어도 맛있다.

별미 분식 메뉴를 집에서

쫄면

필수 재료 콩나물(2줌), 상추(6장), 달걀(1개), 쫄면(2인분=300g)
선택 재료 오이(½개)
양념장 설탕(1)+고운 고춧가루(1)+간장(2)+식초(2)+다진 마늘(0.3)+고추장(3)+물엿(1)+참기름(0.5)+부순 참깨(0.3)
양념 소금(0.3), 참기름(0.3)

쫄면이나 냉면 같이 반건조된 면은 면발이 단단하게 뭉쳐 있는데, 끓는 물에 통째로 넣으면 덩어리지기 쉽다. 물에 넣기 전에 미리 손으로 살살 비벼 가닥가닥 흐트러트린 뒤 삶는다. 양념장을 섞어 반나절 정도 냉장실에서 숙성시켜 두면 고춧가루의 맛이 잘 우러나고 양념끼리 어우러져 더 맛있어진다.

START »

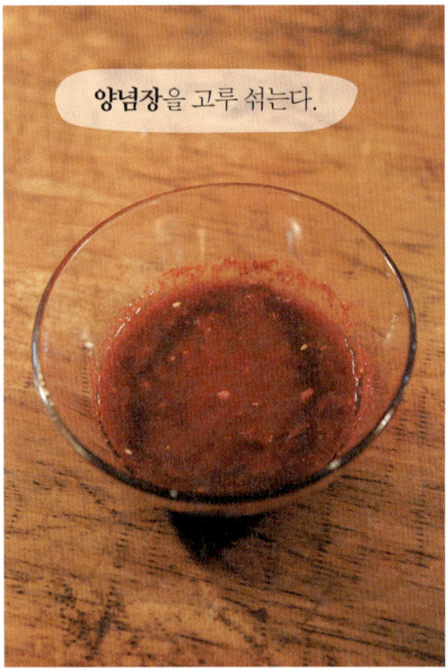

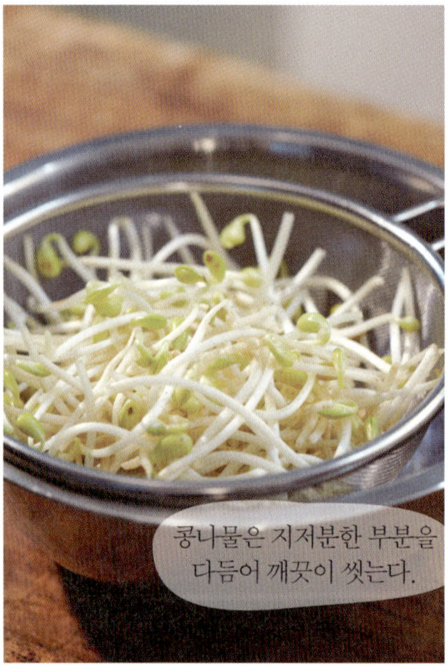

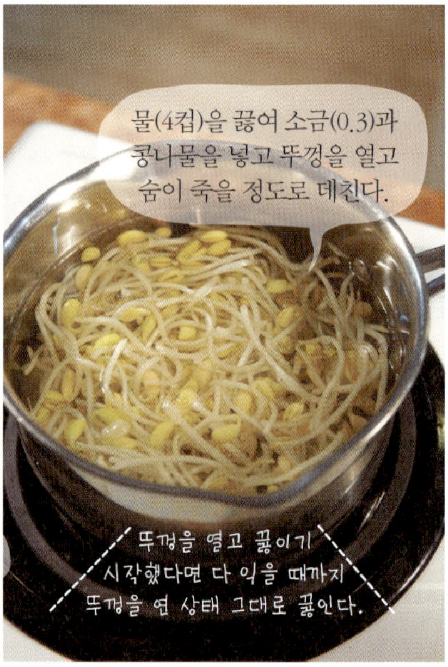

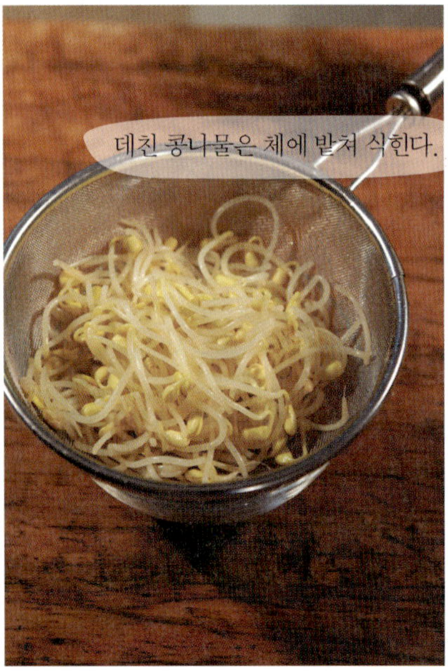

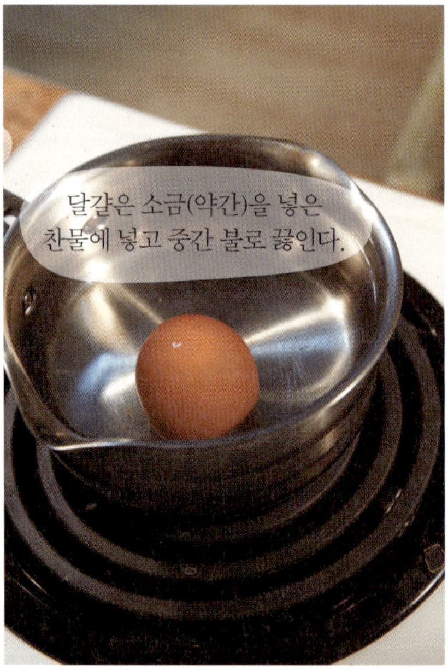

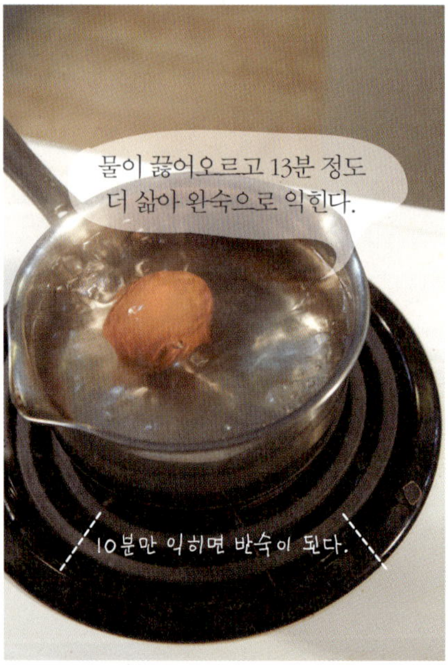

- 양념장을 고루 섞는다.
- 콩나물은 지저분한 부분을 다듬어 깨끗이 씻는다.
- 물(4컵)을 끓여 소금(0.3)과 콩나물을 넣고 뚜껑을 열고 숨이 죽을 정도로 데친다.
- 뚜껑을 열고 끓이기 시작했다면 다 익을 때까지 뚜껑을 연 상태 그대로 끓인다.
- 데친 콩나물은 체에 받쳐 식힌다.
- 달걀은 소금(약간)을 넣은 찬물에 넣고 중간 불로 끓인다.
- 물이 끓어오르고 13분 정도 더 삶아 완숙으로 익힌다.
- 10분만 익히면 반숙이 된다.

껍질을 벗겨 반으로 썬다.

상추는 굵게 채 썰고 오이는 어슷하게 납작 썬다.

끓는 물에 쫄면을 넣어 중앙에 흰 심지가 없어질 때까지 삶는다.

삶기 전에 면을 손으로 비벼 가닥가닥 흐트러트린다. 면을 젓가락으로 눌렀을 때 부드럽게 끊어지고 중앙에 흰 심지가 남아 있지 않으면 잘 익은 것.

찬물에 비벼가며 헹궈 물기를 뺀다.

소금(약간), 참기름(0.3)에 버무린다.

그릇에 면을 담고 콩나물과 상추, 오이, 달걀, 양념장을 올려 마무리한다.

초보탈출 QUIZ

문제 Q 집에 놀러온 친구와 가볍게 술 한 잔을 나누려는 A씨. 과자 안주를 내놓긴 민망하고 화려한 요리는 자신이 없다. 고민하는 A씨를 위해 친구가 손이 덜 가면서도 폼 나는 요리라며 해물볶음우동을 추천하고, 말이 나온 김에 친구에게 오늘의 요리를 맡긴다. 자신 없어하면서도 열심히 요리하는 친구의 모습에 흐뭇함을 느끼는 A씨. 하지만 얼마 안 가 후회가 몰려온다. 우동면이 퍼져도 너무 퍼져 뚝뚝 끊기는 지경이 된 것. 해물볶음우동의 생명인 우동면이 불어 터진 이유는?

보기

1. 수분이 많은 채소를 사용했다.
2. 우동면을 삶기 전에 미리 손으로 풀지 않았다.
3. 우동면을 속까지 잘 삶았다.
4. 두껍고 큰 팬을 사용했다.

정답 A 3. 우동면을 속까지 잘 삶았다.

볶음우동을 만들 때 우동면은 두 번에 걸쳐 익히게 된다. 때문에 첫 번째로 끓는 물에 삶을 때는 다음에 볶을 것을 생각해 완벽하게 익히지 않도록 한다. '삶는다'기 보다는 '데친다'는 느낌으로 꼬들꼬들하게 익히면 적당하다. 면을 완전히 익히면 양념장을 넣고 볶을 땐 지나치게 익어 푹 퍼지게 되니 조심한다.

COOKING TIP

자취생도 만드는 초간단 별미 냉우동

필수 재료
우동면(2인분), 쪽파(1대), 무(약간), 쯔유(6)

1. 우동면은 끓는 물에 데쳐 찬물에 헹군 뒤 물기를 뺀다.
2. 쪽파는 송송 썰고, 무는 곱게 간다.
3. 오목한 접시에 면을 담고 쪽파와 무를 올린다.
4. 입맛에 맞게 쯔유를 뿌려 비벼 마무리한다.

해물볶음우동

집에서 만들어 먹기에 조리법이 어려울 것이란 생각은 하지 않아도 좋다.
굴소스만 있으면 맛내기가 쉬워진다.

일식집 부럽지 않은

해물볶음우동

필수 재료 양파(½개), 피망(1개), 오징어(1마리), 우동면(2봉지, 210g), 새우살(½컵=50g)
선택 재료 주키니호박(½개)
양념장 설탕(0.5)+간장(1.5)+굴소스(1)+다진 마늘(0.5)+고추장(0.5)+참기름(0.7)+후춧가루(약간)
양념 고추기름(2), 청주(1)

우동은 생면이라 건면처럼 오래 익힐 필요가 없다. 특히 볶음우동의 경우 팬에서 한 번 더 볶기 때문에 처음에 물에 삶을 때는 면발이 풀어질 정도로만 살짝 데친다. 물기를 뺀 뒤 바로 사용해야 면발이 퍼지지 않는다.

START »

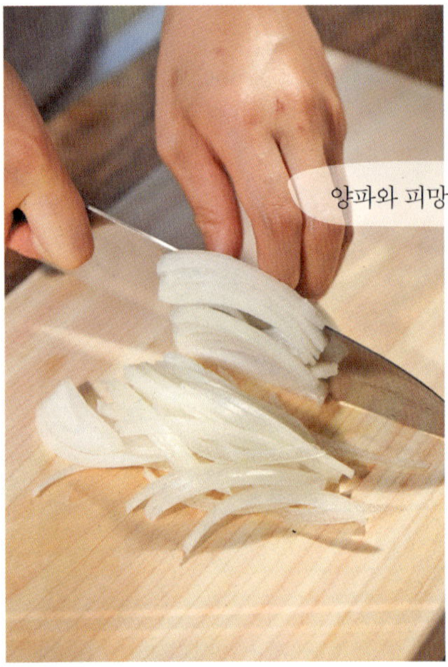

양파와 피망은 채 썬다.

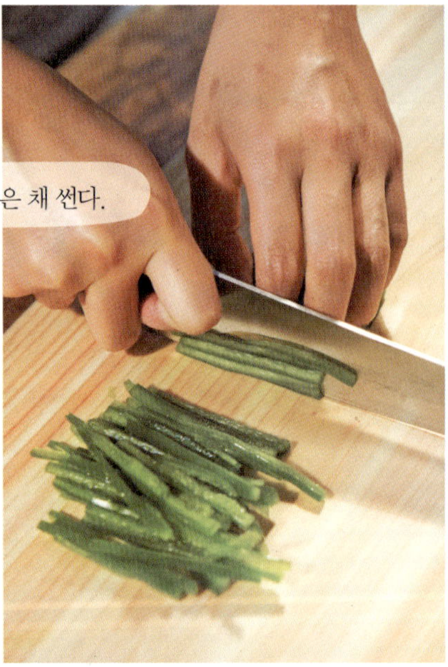

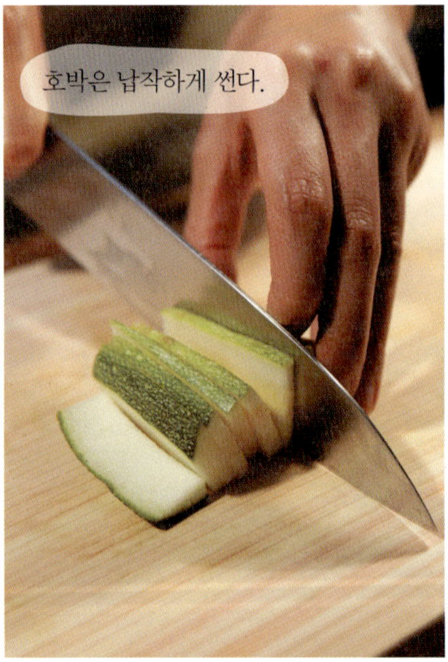

호박은 납작하게 썬다.

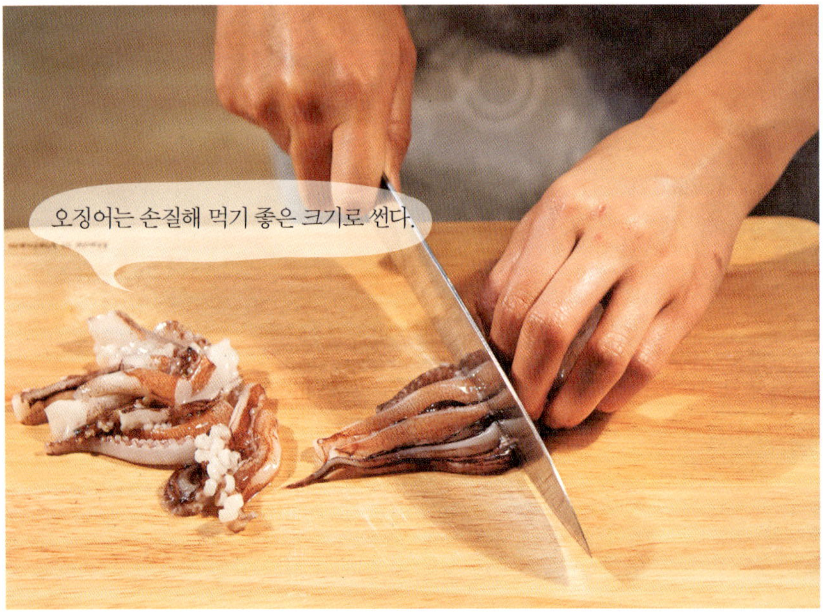

오징어는 손질해 먹기 좋은 크기로 썬다.

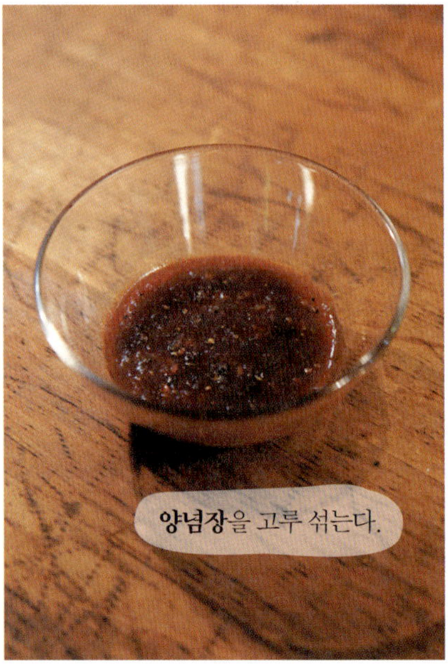

양념장을 고루 섞는다.

끓는 물에 우동면을 넣어 덩어리가 풀어질 정도로만 데쳐 건진다.
이때 푹 익히면 볶으면서 면이 퍼지게 된다.

오목한 팬에 고추기름(2)을 두른다.
매운 향이 싫다면 식용유(1.5)를 사용한다.

양파를 넣어 중간 불로 볶는다.

오징어와 새우살을 넣어 청주(1)를 뿌려가며 재빨리 볶는다.
청주가 오징어와 새우의 비린내를 잡아준다. 조갯살을 추가해도 좋다.

호박과 피망을 넣어 조금 더 볶은 뒤 데친 우동면을 넣어 볶는다.

양념장을 부어 간이 고루 배도록 뒤적이며 볶아 마무리한다.

초보탈출 QUIZ

문제 Q 다이어트하는 친구를 위해 집에서 함께 밥을 만들어 먹기로 한 A씨. 칼로리 부담이 적은 채소 요리를 만들기로 한다. 친구와 머리를 맞대고 한참을 고민한 끝에 채소만두를 만들기로 결정! 쫄깃한 만두피에 채소가 오독오독 씹히는 맛을 기대하며 열심히 만두를 빚는다. 30분 만에 드디어 준비한 재료를 다 빚고 찜기에 찌기 시작하는 두 사람. 그런데 완성된 만두가 뭔가 이상하다. 국물이 고여 물주머니처럼 축 처진 모양에, 젓가락으로 집으니 피가 쉽게 찢어져 버린다. 면포를 깔고 잘 쪘다고 생각했는데 왜 이 모양이 된 걸까?

보기

1. 고기를 넣지 못하는 A씨의 눈물이 들어갔다.
2. 채소를 볶을 때 식용유를 너무 많이 넣었다.
3. 만두 소를 너무 조금 넣었다.
4. 오이와 호박의 물기를 제거하지 않았다.

정답 A 4. 오이와 호박의 물기를 제거하지 않았다.

만두 소에 들어가는 재료는 물기를 잘 제거해 사용해야 한다. 만두 소에 물기가 많으면 만두피가 쉽게 찢어져서 터질 수 있고, 안에 물이 고여 맛이 없어지기 때문. 오이나 호박과 같이 물이 많은 채소는 볶는 과정에서 수분이 빠져나와 시간이 지날수록 물이 흥건해진다. 채 썬 뒤 소금에 살짝 절여 겉면을 단단하게 만들면 물이 빠져나가는 것을 막을 수 있다. 채소 외에도 취향에 따라 다양한 재료를 사용할 수 있는데, 마찬가지로 익는데 시간이 오래 걸리는 것은 미리 익히고, 물기가 많은 재료는 수분을 짜서 사용한다.

COOKING TIP

투박한 손맛이 빛나는 김치만두 만들기!

필수 재료
김치(½포기), 두부(1모), 양파(½개), 당면(1줌), 다진 돼지고기(300g), 만두피(적당량)

양념
고춧가루(2), 다진 파(3), 다진 마늘(1), 참기름(1), 소금(약간), 후춧가루(약간)

1. 김치는 작게 썰어 물기를 짜고, 두부는 으깨 물기를 꼭 짠다.
2. 양파와 대파는 잘게 다지고, 당면은 삶아서 짧게 자른다.
3. 손질한 재료와 다진 돼지고기, 양념을 고루 버무려 소를 만든다.
4. 만두피에 소를 올려 예쁘게 빚고 찜통에 쪄 마무리한다.

채소만두

속재료와 빚는 방법에 따라 여러 종류로 나뉘는 만두.
바닥이 네모난 편수 스타일로 만들면 익숙한 요리지만 새로운 느낌을 낼 수 있다.

STEAMED

다이어트하는 친구도 OK!

채소만두

필수 재료 오이(1개), 애호박(½개), 마른 표고버섯(4개), 만두피(25장)
밑간 설탕(0.5), 간장(1), 다진 파(1), 참기름(0.3), 부순 참깨(약간)
양념 소금(0.4)
초간장 간장(1)+식초(0.5)+물(1)

오이와 호박은 수분이 많으니 채 썬 뒤 소금에 절여 수분을 뺀 뒤 사용한다.
채소만두는 오래 익힐 필요 없으니 만두피가 투명해지면 바로 꺼낸다.
시판 만두피는 미리 상온에 꺼내둬야 모양을 빚기가 더 쉽다.

START »

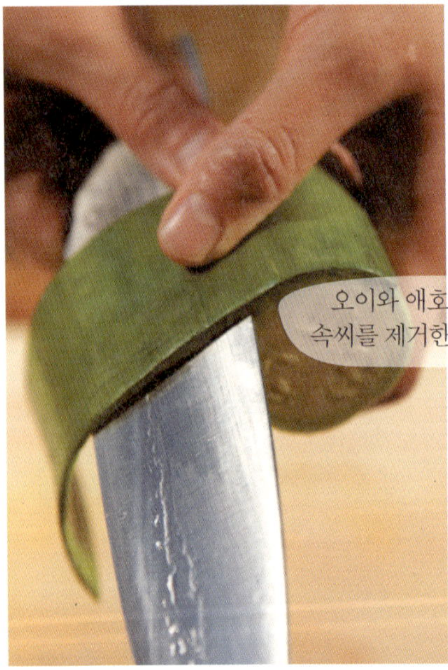

오이와 애호박은 돌려 깎아 속씨를 제거한 뒤 곱게 채 썬다.

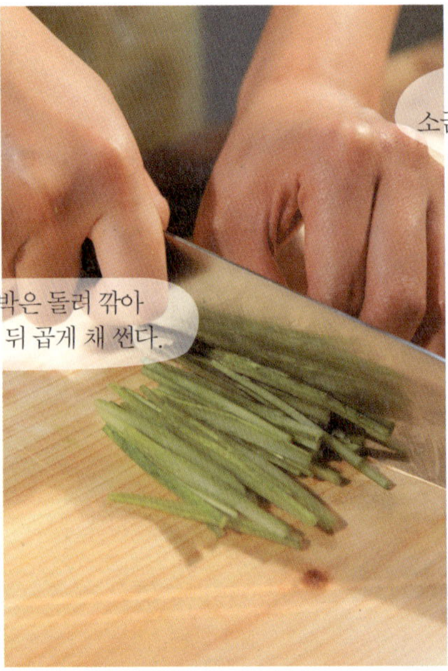

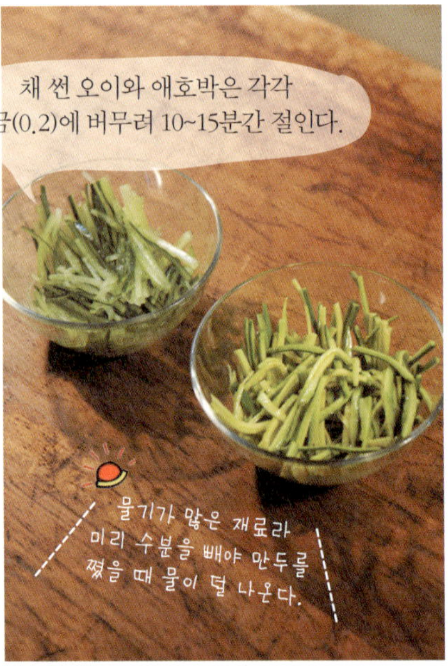

채 썬 오이와 애호박은 각각 소금(0.2)에 버무려 10~15분간 절인다.

물기가 많은 재료라 미리 수분을 빼야 만두를 쪘을 때 물이 덜 나온다.

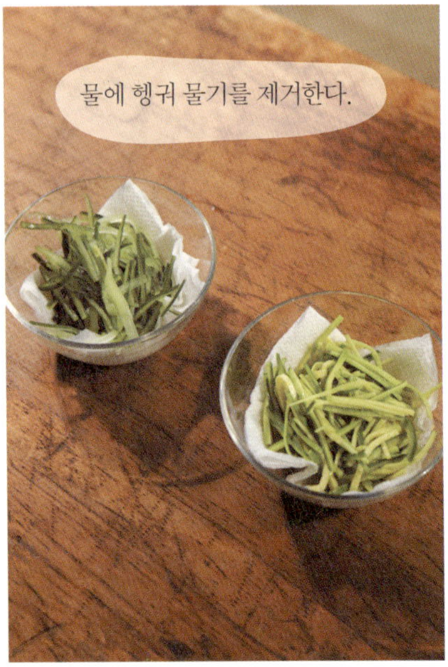

물에 헹궈 물기를 제거한다.

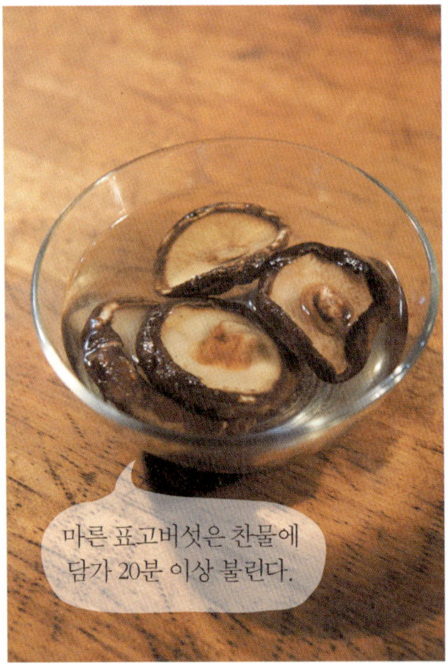

마른 표고버섯은 찬물에 담가 20분 이상 불린다.

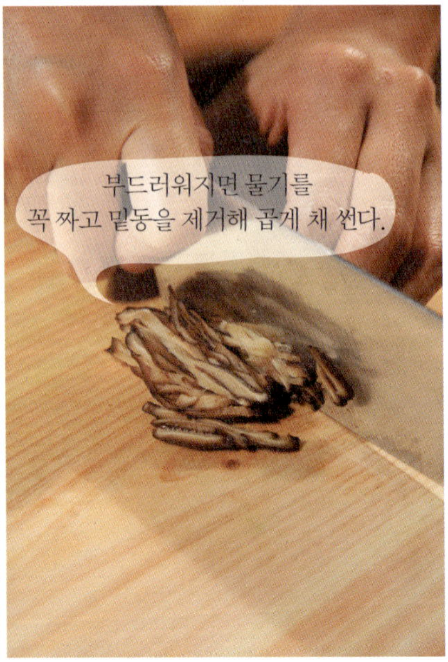

부드러워지면 물기를 꼭 짜고 밑동을 제거해 곱게 채 썬다.

술상에 올리는 최고의 안주
골뱅이소면

필수 재료 통조림 골뱅이(1캔=400g),
　　　　　대파(20cm), 오이(½개), 소면(1½줌)
양념장 설탕(1)+고운 고춧가루(1)+간장(1)+
　　　　식초(1)+골뱅이 국물(2)+다진 마늘(0.3)+
　　　　고추장(2)+물엿(0.5)+참기름(1)+
　　　　부순 참깨(0.5)

골뱅이무침에 물 대신 골뱅이국물을 넣으면 양념장에 농도가 생겨 비볐을 때 재료에 더 잘 묻고 감칠맛도 더해준다. 소면은 삶은 뒤 찬물에 담가 여러 번 비벼 씻는다. 면발에 붙어 있는 전분기를 제거하는 과정인데, 이렇게 해야 면끼리 달라붙어 떡이 되거나 퉁퉁 붓는 것을 막을 수 있다. 또 삶은 면을 뜨거울 때 바로 찬물에 넣으면 면이 더 탱탱해진다.

초보탈출 QUIZ

문제 Q 고기는 아무리 자주 먹어도 질리지 않는다는 A씨. 집에서도 자주 고기요리를 즐길 수 있도록 돈가스를 만들어 쟁여 놓기로 한다. 두툼하고 실한 돼지고기를 사와 튀김옷도 꼼꼼하게 입혀 완성! 식용유에 풍당 넣으니 맛있는 소리를 내며 노릇하게 튀겨지는데. 막상 건져서 키친타월에 올리니 이상한 점이 보인다. 바삭한 튀김옷이 자꾸 벗겨지는 것. 칼로 자를 때마다 옷을 벗어 던지는 누드돈가스가 되어 버린 이유는?

보기
1. 기름기가 적은 부위를 사용했다.
2. 고기에 밑간을 하지 않았다.
3. 달걀물을 먼저 묻히고 밀가루를 묻혔다.
4. 빵가루를 만들 때 유기농 식빵을 사용했다.

정답 A 3. 달걀물을 먼저 묻히고 밀가루를 묻혔다.

달걀물이 돈가스의 고기와 튀김옷을 붙여 주는 접착제 역할을 한다. 만약 핏기를 제거한 돼지고기에 달걀물을 입히고 밀가루를 묻혔다면 달걀물의 접착성을 밀가루가 없애 튀김옷이 잘 떨어진다. 돈가스뿐만 아니라 다른 튀김 요리를 할 때도 마찬가지다. 밀가루와 식빵가루 등 마른 가루를 이중으로 묻혀 튀김옷을 입힐 때는 달걀물을 함께 사용해야 재료와 가루옷의 흡착력이 높아진다. 밀가루 → 달걀물 → 빵가루, 일명 '밀계빵'의 순서를 꼭 기억해 두자.

COOKING TIP

튀김이 더 맛있어지는 시크릿 팁!

Point 1 재료의 물기를 완전히 제거한다.
물기가 남아있으면 튀길 때 기름이 튀어 위험하고 기름을 많이 흡수한다.

Point 2 튀김옷은 얇게 입히는 것이 좋다.
너무 두꺼우면 재료 본연의 맛이 덜 하고 바삭한 맛이 떨어진다.

Point 3 재료는 조금씩 넣어 가며 튀긴다.
재료를 한꺼번에 넣으면 기름의 온도가 금방 내려간다. 재료가 익기도 전에 기름을 흡수해 눅눅하고 느끼해지니 일정한 온도를 유지하도록 기름은 넉넉한 양을 사용하고, 한 번에 넣는 재료는 기름 표면적의 $\frac{2}{3}$을 넘지 않게 한다.

Point 4 튀기고 난 뒤 기름을 잘 빼준다.
체로 건져서 일차로 기름을 털어낸 뒤 키친타월에 올려 기름을 흡수시킨다.

돈가스

두툼한 고기를 통으로 사용하는 게 수제 돈가스의 매력.
구입할 때 돈가스용으로 손질을 부탁하면 기계로 잘 눌러 잔 칼집을 넣어 준다.

FRIED

돈가스

튀긴 고기를 싫어하는 사람은 없다

필수 재료 돼지고기(돈가스용 4쪽=400g), 식빵(4장), 밀가루(⅓컵), 달걀(2개)
밑간 키위 간 것(3), 소금(0.2), 청주(1), 후춧가루(약간)
소스 재료 양파(½개), 우스터소스(2), 하이라이스가루(6), 올리고당(1), 후춧가루(약간)

고기가 두툼하면서도 누린내 없이 고소하고, 질기지 않아 썰기도 먹기도 편해야 맛있는 돈가스라 할 수 있다. 고기의 연육과 튀김옷이 중요하다. 고기를 밑간할 때 키위처럼 단백질 연육작용을 하는 과일을 섞어서 사용하면 더욱 부드러워진다. 튀김옷을 입힐 때는 밀가루-달걀-빵가루, 일명 '밀계빵'의 순서를 지켜 튀김옷과 고기가 잘 붙어 있을 수 있도록 한다. 빵가루는 생빵가루를 사용하는 게 결이 더 잘 살고 바삭한 식감이 난다. 한꺼번에 대량으로 만들어 소포장한 뒤 냉동 보관하면 편하다.

START »

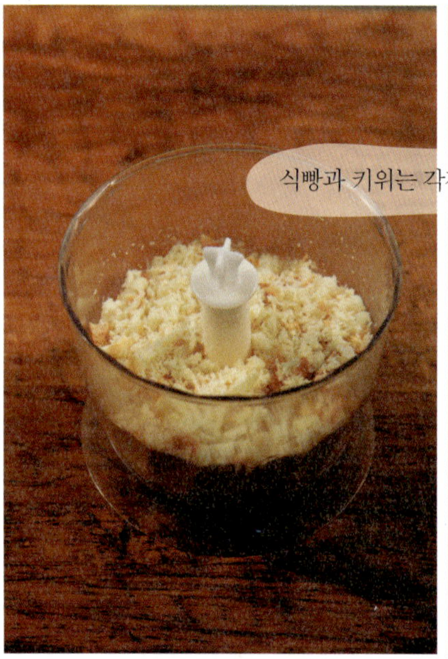

식빵과 키위는 각각 믹서에 간다.

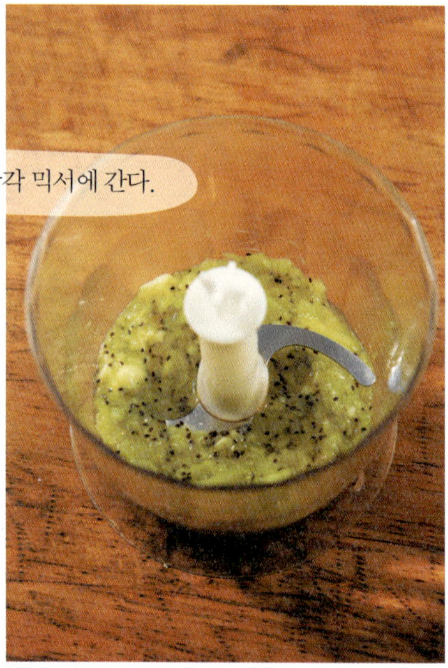

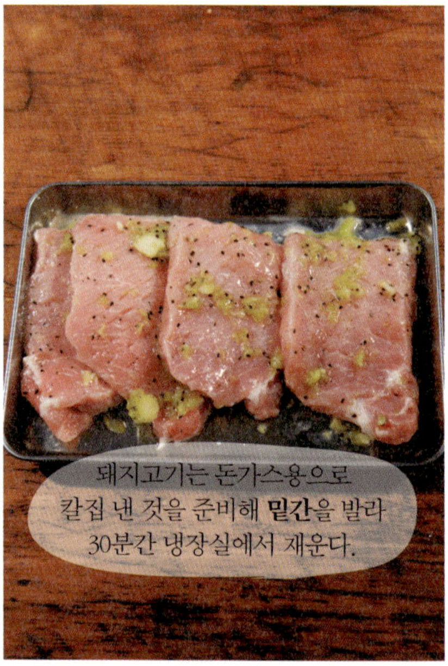

돼지고기는 돈가스용으로 칼집 낸 것을 준비해 **밑간**을 발라 30분간 냉장실에서 재운다.

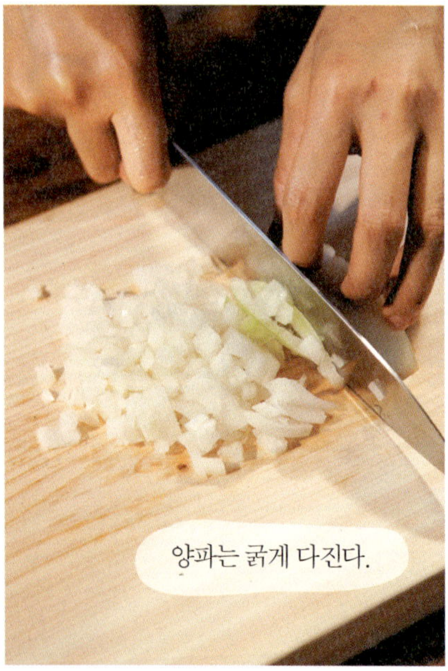

양파는 굵게 다진다.

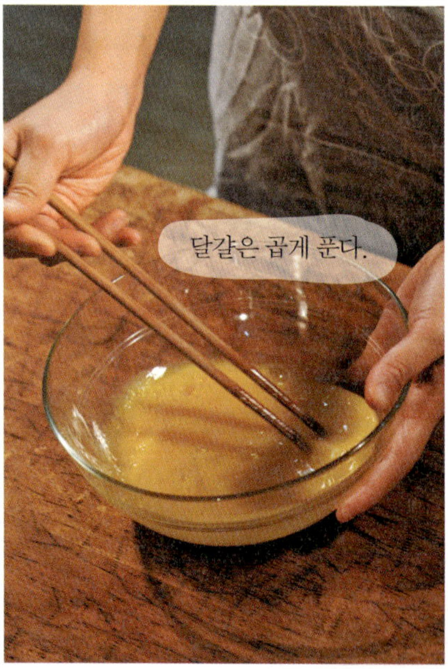

달걀은 곱게 푼다.

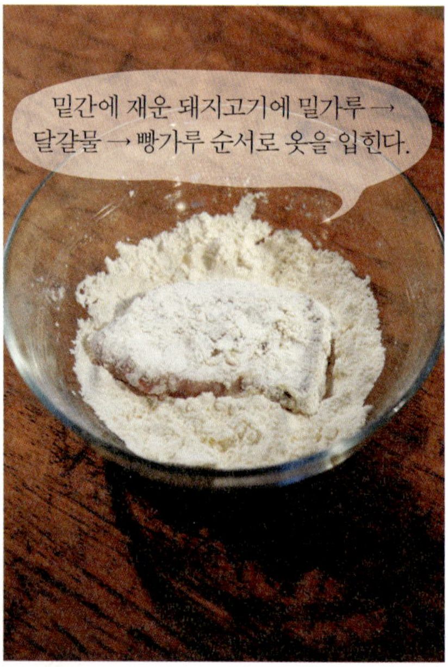

밑간에 재운 돼지고기에 밀가루 → 달걀물 → 빵가루 순서로 옷을 입힌다.

촤탈출 QUIZ

문제 Q 냉장고에 쟁여둔 돈가스를 한동안 맛있게 즐긴 A씨. 그런데 매번 튀겨만 먹으려니 조금 심심하다. 색다른 스타일로 활용할 수 없을까 궁리하다 돈부리가 떠오르고, 김치까지 더해 깔끔한 맛으로 만들어 보기로 한다. 만들어둔 재료가 있으니 어렵지 않게 일품요리를 뚝딱 해치우는 A씨. 그런데 한 수저 떠먹어 보니 쓴맛이 강해 눈살이 절로 찌푸려진다. A씨의 김치가츠동에 무슨 일이 생긴 걸까?

보기
1. 가쓰오부시를 오래 끓여 국물을 진하게 냈다.
2. 마트에서 구입한 김치를 사용했다.
3. 돈가스를 너무 바삭하게 튀겼다.
4. 햇양파를 채 썰어 사용했다.

정답 A 1. 가쓰오부시를 오래 끓여 국물을 진하게 냈다.

가쓰오부시로 육수를 낼 때는 가열해 끓이는 게 아니라 뜨거운 물에 담가 우려내야 한다. 끓이면 금세 쓴맛이 배어 나오기 때문. 오랫동안 우려도 마찬가지로 쓴맛이 나니 물을 끓이다 불을 끈 뒤 가쓰오부시를 넣고 5분 정도만 우리는 게 적당하다. 잠깐 한눈 파는 사이 육수를 망칠 수도 있으니 항상 신경 쓰자.

COOKING TIP

냉동해둔 고기는 맛이 없다?

고기를 냉동시키면 수분이 승화되며 단백질의 변성과 조직의 손상이 일어난다. 특히 진공포장하지 않으면 수분이 증발해 심하게 질겨지거나 건조해질 수 있다. 냉동육을 요리했을 때 질기고 퍽퍽한 느낌이 드는 건 이 때문. 맛의 변화를 줄이려면 수분의 증발을 최대한 막아야 한다. 일회 섭취량만큼 소분해 지퍼백이나 밀폐용기에 담아 공기를 차단하고 보관한다. 해동할 때는 전자레인지를 이용하는 것보다 냉장실에 두거나 흐르는 물에 담가 서서히 해동하는 것을 기본으로 한다. 실온에 꺼내 두면 더운 날씨에는 부패의 위험이 있으므로 추천하지 않는다.

김치가츠동

돈가스를 육수에 담그면 고소한 맛이 국물에 우러나와 덮밥으로 먹기 딱 좋다.
김치가 느끼함을 잡고 끝맛을 깔끔하게 해준다.

어머! 이건 깔끔한 맛이야
김치가츠동

필수 재료 다시마(1장=10X10cm), 양파(½개), 김치(1컵), 돈가스(2쪽), 달걀(2개), 밥(2공기)
선택 재료 가쓰오부시(1줌), 쪽파(2대)
양념 소금(약간), 설탕(0.5), 간장(1.5), 맛술(1), 후춧가루(약간)

국물이 있는 일본식 덮밥 돈부리에 김치를 넣어 깔끔하게 만들었다. 돈가스 대신 생선가스나 새우튀김, 고로케 등을 올려도 별미. 가쓰오부시는 오래 끓이면 쓴맛이 배어나와 오히려 국물 맛을 망칠 수 있다. 불을 끈 상태에서 넣고 그대로 5분 정도만 두었다가 바닥에 차분히 가라앉으면 걸러 낸다.

START »

- 냄비에 물(3컵)을 붓고 다시마를 넣어 중간 불로 끓인다.
- 가쓰오부시는 오래 끓이면 쓴맛이 배어나올 수 있다.
- 팔팔 끓어오르면 불을 끄고 다시마를 건진 뒤 가쓰오부시를 넣는다.
- 5분 정도 그대로 두고 우린 뒤 체에 걸러 맑은 육수만 남긴다.
- 양파는 곱게 채 썬다.
- 쪽파는 송송 썬다.
- 김치는 작게 썬다.

초보탈출 QUIZ

문제 Q 한가한 주말, 친구들을 집으로 불러 모은 A씨. 함께 볼 영화와 시원한 맥주를 준비한다. 안주는 맥주와 딱 어울리는 고소한 튀김! A씨가 좋아하는 오징어튀김과 친구들이 좋아하는 채소튀김을 모두 만든다. 생각보다 일이 커지긴 했지만 즐겁게 요리를 마치고 뿌듯한 마음으로 시식을 시작하는 A씨. 그러나 곧 친구들의 돌직구에 당황하고 만다. 채소에서 오징어 맛이 난다고? 어째서?

보기
1. 요리하기 전 손을 씻지 않았다.
2. 기름에 오징어를 먼저 튀긴 뒤 채소를 튀겼다.
3. 너무 낮은 온도에서 튀겼다.
4. 채소가 싱싱하지 않았다.

정답 A 2. 기름에 오징어를 먼저 튀긴 뒤 채소를 튀겼다.

여러 종류의 튀김을 만들 때 재료마다 기름을 바꿔가며 사용할 수는 없는 일. 같은 기름을 사용해 더 깔끔한 튀김을 만들기 위해선 순서를 지켜줘야 한다. 보통 향이 기름에 잘 배어 나오지 않고 불순물이 덜 생기는 채소부터 튀기고 향이 강하고 핏물 등이 나올 수 있는 해산물과 고기를 나중에 튀긴다. 오징어는 특유의 향이 강한 재료라 튀기면서 기름에 냄새가 배기 쉬우니 채소보다 나중에 요리하는 것이 깔끔한 맛을 내는 비법이다.

COOKING TIP

튀김옷을 더 바삭하게 만드는 고수의 비법

Point 1 맥주
플라스틱 용기에 맥주를 담아 냉동실에 살짝 얼리면 슬러시 상태가 된다. 이것을 반죽에 함께 넣으면 차가운 맥주의 거품이 튀김옷을 부풀리는 역할을 해 더 가뿐하고 바삭하게 튀겨진다.

Point 2 얼음물
체에 내린 밀가루에 차가운 얼음물을 섞은 다음 젓가락으로 살짝 두드려가며 튀김옷을 입히고 튀긴다. 반죽이 차가울수록 튀김은 바삭해진다.

Point 3 전분
차진 식감을 내는 전분 가루를 튀김가루와 섞어 사용하면 씹는 맛이 좋아진다. 1 : 1비율로 섞으면 적당하다.

오징어&채소튀김

재료의 바삭함은 살리고 느끼한 기름은 덜 흡수할 수 있는 알찬 튀김 레시피를 소개한다.
레시피를 활용해 다양한 분식집 튀김을 만들어 봐도 좋을 것.

직접 만들어 속이 알찬
오징어&채소튀김

필수 재료 애호박(½개), 당근(½개), 양파(1개), 고구마(1개), 오징어(1마리), 튀김가루(2⅔컵), 얼음물(1½컵)

통통한 오징어 튀김을 한입 물어 당겼을 때 오징어 다리가 튀김옷 속에서 통으로 쏙 빠져나오는 당황스러운 상황. 더 이상은 겪지 않아도 된다. 손질한 오징어는 물기를 제거한 뒤 튀김옷을 입혀야 반죽과 재료가 잘 붙고 반죽의 두께도 두꺼워지지 않는다. 다양한 종류의 재료를 튀길 경우 냄새가 약하고 색이 연한 채소부터 튀긴 뒤 해산물이나 고기를 튀겨야 냄새와 색깔 모두 깔끔한 튀김을 만들 수 있다.

START »

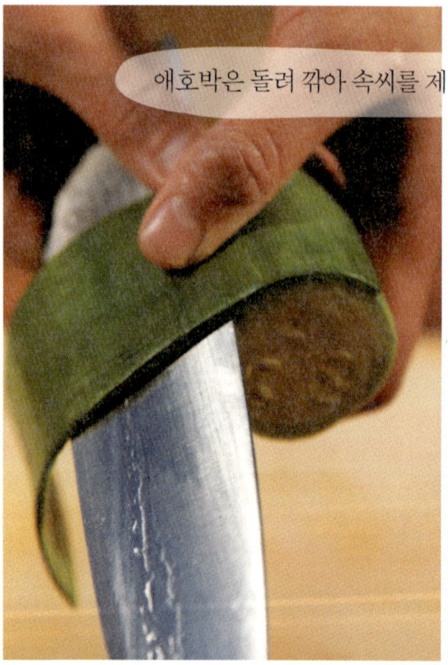

애호박은 돌려 깎아 속씨를 제거한 뒤 채 썬다.

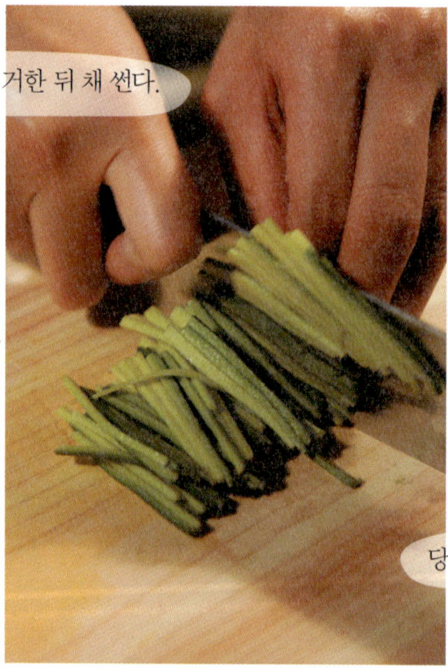

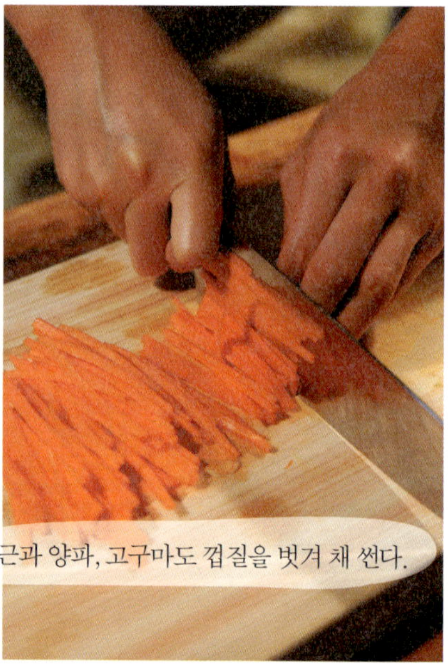

당근과 양파, 고구마도 껍질을 벗겨 채 썬다.

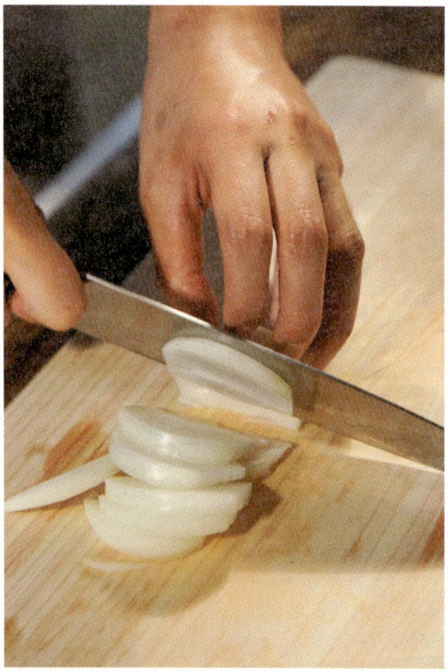

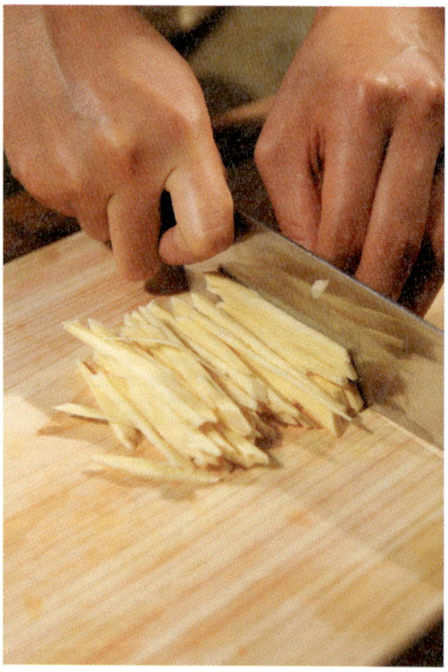

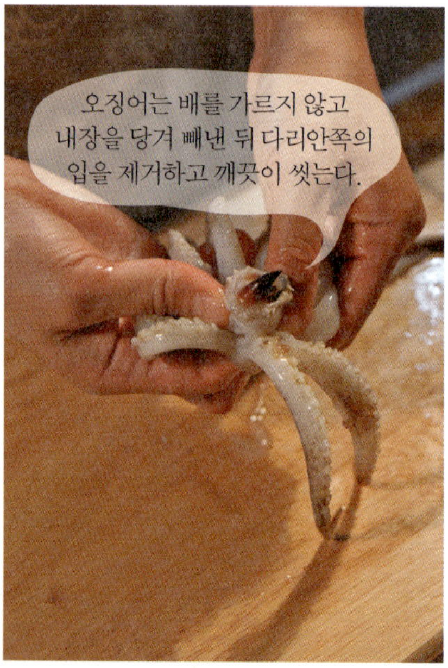

오징어는 배를 가르지 않고 내장을 당겨 빼낸 뒤 다리안쪽의 입을 제거하고 깨끗이 씻는다.

초보탈출 Quiz

문제 Q 오랜만에 아버지와 집에서 오붓하게 반주를 같이 하기로 한 A씨. 안주가 마땅치 않아 걱정이다. 카드 결제일이 지나고 급격히 줄어든 통장 잔고 탓에 배달음식은 엄두도 내지 못하는 상황. 임기응변을 발휘! 집에 있는 신김치를 탈탈 털어 김치전을 부친다. 맛있게 익는 소리에 기대감에 부푸는 A씨. 그런데 웬걸, 한입 잘라 먹었더니 입 안에 기름이 가득 들어찬다. 바삭한 김치전을 먹고 싶었던 A씨의 기대가 무너지고 만 이유는?

보기
1. 반죽을 얇게 펴 부쳤다.
2. 김칫국물에 설탕을 추가하지 않았다.
3. 팬과 식용유를 충분히 달구지 않고 부쳤다.
4. 맑은 날 전을 부쳤다.

정답 A 3. 팬과 식용유를 충분히 달구지 않고 부쳤다.

전을 부칠 때 흔히 하는 실수가 바로 팬과 식용유를 충분히 달구지 않은 상태에서 반죽을 넣는 것이다. 팬과 식용유가 모두 뜨겁게 달궈져 있어야 반죽이 순간적으로 응고가 돼 기름을 덜 흡수한다. 팬을 달궜어도 넉넉히 두른 식용유를 뜨겁게 달구지 않으면 반죽이 익는 데까지 시간이 걸려 기름을 흡수해 질척하고 느끼한 전이 만들어지니 주의한다. 식용유가 뜨거워졌을 때 반죽을 올린다는 것만 기억해 둬도 맛있는 김치전을 만들기가 한결 쉬워진다.

COOKING TIP

색깔은 비슷하지만 맛은 전혀 달라! 장떡 만들기

고추장과 약간의 된장으로 반죽을 양념해 칼칼하고 구수한 매운맛을 낸다. 매콤하고 쫄깃한 반죽의 맛을 즐기는 요리.

필수 재료
부추(1줌), 청양고추(1개), 밀가루(3컵), 고추장(2), 된장(1)

1. 부추는 손질해 4cm 길이로 썬다.
2. 청양고추는 송송 썬다.
3. 밀가루에 고추장(2)과 된장(1)을 넣고 물(3½컵)을 부어 잘 섞는다.
4. 반죽에 부추와 청양고추를 넣어 섞는다.
5. 달군 팬에 식용유를 두르고 반죽을 올려 앞뒤로 노릇하게 구워 마무리한다.

김치전

PAN-FRY

밀가루보다 부침가루를 사용하는 게 더욱 바삭한 식감이 난다.
부침가루에는 미리 간이 되어 있으니 별도로 간을 하지 않아도 된다.

장보기가 간편해 더 좋은
김치전

필수 재료 양파(½개), 김치(1컵), 청양고추(½개), 김칫국물(⅓컵), 부침가루(1½컵=140g)

선택 재료 오징어(½마리), 다진 파(2), 식용유(2)

김치전을 구울 때는 팬에 식용유를 두르고 충분히 열이 올라올 때까지 달군 뒤 반죽을 올려야 기름 흡수가 적다. 반죽에 달걀이나 으깬 두부를 넣으면 고소하고 부드러운 맛이 나니 순한 맛으로 즐기고 싶을 때 응용해 보자.

START »

양파는 곱게 채 썬다.

김치는 한입 크기로 썬다.

청양고추는 반 갈라 씨를 뺀 뒤 곱게 다진다.

오징어는 손질해 작게 썬다.

오징어 대신 돼지고기를 가늘게 채 썰어 넣으면 돼지고기 김치전이 된다.

볼에 물(½컵)과 김칫국물(⅔컵), 부침가루를 넣어 섞는다.

부침가루는 미리 간이 되어 있어 따로 간을 하지 않아도 된다. 밀가루를 사용할 경우 소금을 약간 넣는다.

반죽에 양파와 김치, 오징어, 다진 파, 다진 청양고추, 식용유(2)를 넣어 버무린다.

반죽에 식용유를 약간 넣으면 부침 때 팬에 덜 달라붙고 더 바삭하다.

팬을 달궈 식용유를 넉넉히 두른다.

국자로 반죽을 떠 올려 넓게 편 뒤 중간 불로 익힌다.

바닥 쪽이 노릇해지면 뒤집어 구워 마무리한다.

초간단 탈출 Quiz

문제 Q 이른 장맛비가 촉촉하게 내리는 걸 보니 해물파전이 먹고 싶어진 A씨. 퇴근 후 근처에 사는 친구 집에 놀러가 함께 파전과 막걸리를 먹기로 약속한다. 쪽파와 모듬 해물만 단출하게 준비해 요리 시작! 반죽에 쪽파를 가지런히 올린 전문점 스타일을 꿈꾸며 부지런히 손을 놀린다. 그런데 야무지게 재료를 올린 파전이 뒤집는 족족 분해가 되어 버린다. 잘 익힌 파전에서 파와 반죽이 분리되는 이유는 무엇일까?

보기
1. 쪽파가 아니라 대파였다.
2. 파전에 올린 오징어가 상했다.
3. 파전은 주말에 만들어야 제맛.
4. 반죽을 다 익힌 후에 파를 올렸다.

정답 A 4. 반죽을 다 익힌 후에 파를 올렸다.

달군 팬에 반죽을 올려 얇게 편 뒤에는 다 익기 전에 쪽파를 올려야 한다. 같이 익혀가면서 구워야 반죽과 위에 올린 재료가 잘 붙어 뒤집어도 서로 분리되지 않는다. 반죽이 순식간에 익지 않도록 약한 불로 줄이고 재료를 올리면 실수할 위험이 적어진다. 또 처음부터 반죽과 재료를 섞어두면 모양은 다소 투박해도 만들기는 보다 쉽다.

COOKING TIP

살림꾼이라면 이 정도는 한다! 페트병에 대파 키우기

대파는 생명력이 강하고 생각보다 빨리 자란다. 뿌리 부분을 잘라 페트병이나 작은 화분에 심어 두고두고 알뜰하게 사용해 보자.

준비물 페트병(1개), 대파 뿌리(3~4대)

1. 페트병은 반으로 자르고 뚜껑은 송곳으로 구멍을 뚫는다.
2. 뚜껑으로 페트병 입구를 꼭 닫고 뒤집어 반으로 자른 아랫 부분 위에 올린다.
3. 흙을 페트병 윗부분의 $\frac{2}{3}$ 정도까지 채운다.
4. 대파는 뿌리 부분을 10cm 정도 길이로 자른다.
5. 흰 부분만 보이도록 흙에 잘 심는다.

해물파전 PAN-FRY
반죽과 파를 순차적으로 올리는 전문점 스타일은
보기도 좋고 파의 향긋함을 더 잘 느낄 수 있다.

비가 오면 생각나는~

해물파전

필수 재료 쪽파(1줌=100g), 오징어(½마리),
조갯살(⅓컵=40g), 부침가루(1컵),
달걀(1개)
선택 재료 붉은고추(½개), 새우살(⅓컵=40g)
초간장 간장(1)+물(1)+식초(0.5)

해물파전 레시피는 크게 두 가지로 나뉜다. 파를 반죽에 적셔서 굽는 방식과 반죽과 파를 순차적으로 팬에 올려 굽는 방식. 두 번째의 경우 반죽을 팬에 올린 뒤 익기 전에 재빨리 파를 올려야 반죽과 파가 분리되지 않는다. 상대적으로 반죽의 양이 적어지고 파 맛을 진하게 느낄 수 있지만 이 방법이 어렵다면 파를 반죽에 먼저 푹 적신 뒤 팬에 올려 구워도 좋다.

START »

- 쪽파는 손질해 일정한 길이로 잘라 정리한다.
- 고추는 송송 썬다. *입맛에 따라 청양고추를 함께 사용해도 좋다.*
- 오징어는 가늘게 썬다.
- 물(3컵)에 소금(0.5)을 넣어 섞는다.
- 소금물에 조갯살과 새우살을 흔들어 씻어 물기를 뺀다.
- 부침가루에 물(⅔컵)을 넣어 섞는다. *소금을 약간 넣어 미리 간을 해도 좋다.*

LEVEL 4
일품마스터

초보탈출 Quiz

문제 Q 엄마가 택배로 김장김치를 보내 주셔서 신이 난 A씨. 새 김치를 받은 기념으로 김장김치와 찰떡궁합을 자랑하는 돼지고기 수육을 만들기로 한다. 엄마가 하시던 대로 고기 핏물도 잘 제거하고 푹 삶는다. 한입 크기로 썰어 김치에 싸서 먹는데 오잉? 너무도 퍽퍽한 고기에 놀란 A씨. 이렇게 퍽퍽한 삼겹살은 여태까지 먹어본 적이 없었다! 육즙이 다 빠져나간 수육을 만들고 만 A씨의 실수는 무엇일까?

보기
1. 냄비를 깨끗이 닦지 않았다.
2. 고기를 삶을 때 된장을 넣었다.
3. 익힌 고기를 찬물에 담가 식히지 않았다.
4. 찬물에 고기를 넣고 삶았다.

정답 A 4. 찬물에 고기를 넣고 삶았다.

고기로 육수를 낼 때와 고기 자체를 맛있게 익힐 때는 조리법에 차이가 있다. 수육과 같이 고기를 맛있게 익히기 위해 조리할 땐 반드시 물이 끓을 때 고기를 넣어야 한다. 그래야 고기의 겉면이 순간적으로 응고가 되어 육즙이 빠져나오지 않는다. 촉촉하고 맛있는 삶은 고기를 맛보고 싶다면 끓는 물에 고기를 넣어 겉을 익힌 뒤 물이 다시 끓어오르면 중약불로 줄여 속까지 익힌다. 젓가락으로 찔러 핏물이 나오지 않을 정도로 삶으면 충분하다.

COOKING TIP

수육이 10배 맛있어진다! 즉석 무김치 만들기

필수 재료
무(1개), 굵은 소금(2~3), 사이다(3), 양파($\frac{1}{2}$개), 쪽파(2줌=$\frac{1}{2}$단), 배($\frac{1}{2}$개), 쌀밥(3)

양념
고춧가루($\frac{1}{2}$컵), 다진 마늘(1), 다진 생강(0.5), 액젓(1.5), 설탕(1), 매실청(0.5)

1. 무는 5cm 길이로 잘라 굵게 채 썬 뒤 굵은 소금과 사이다를 뿌려 30분~1시간 정도 절인다.
2. 양파와 쪽파, 배는 무와 비슷한 길이로 채 썬다.
3. 절인 무를 찬물에 헹궈 물기를 꼭 짠 뒤 양파, 쪽파, 배와 함께 큰 볼에 담고 고춧가루를 넣어 버무린 뒤 나머지 **양념**을 넣고 버무린다.
4. 물($\frac{1}{2}$컵)에 쌀밥을 넣고 갈아 무김치에 넣고 섞어 마무리한다.

수육과 차슈 BOILED

같은 고기라도 어떻게 삶느냐에 따라 맛과 식감은 천차만별.
육즙을 머금은 촉촉한 고기, 몇 가지 포인트만 지키면 누구나 만들 수 있다.

김장날을 손꼽아 기다리게 만드는
수육과 차슈

필수 재료 통삼겹살(1kg), 대파(20cm)
밑간 된장(3), 청주(3)
고기 삶는 재료 생강(3쪽), 대파 파란 부분(2대), 양파(½개), 통후추(0.2)
차슈 양념 생강(1쪽), 마늘(2쪽), 가쓰오부시육수(1½컵), 흑설탕(2), 맛술(3), 간장(5), 마른 고추(1개), 올리고당(1.5), 후춧가루(약간)

고기를 삶을 때는 된장, 커피, 파, 양파, 통후추, 생강, 청주 등의 향신 재료를 넣으면 누린내를 없애는 데 도움이 된다. 된장은 맛이 강한 양념이라 생각보다 적은 양을 사용해도 충분하다. 물을 먼저 끓인 뒤 고기를 넣고 삶아야 육즙이 많이 빠져나오지 않아 고기가 맛있다. 고기를 넣고 팔팔 끓어오르면 중약불로 줄여 뭉근히 삶아야 육질이 연하다. 먹고 남은 고기는 양념장에 조려 차슈를 만들면 마지막 한점까지 맛있게 먹을 수 있다.

START »

통삼겹살은 된장(3)과 청주(3)에 버무려 1시간 정도 냉장실에서 재운다.

냄비에 고기 삶는 재료와 물(7컵)을 넣고 센 불로 끓인다.

팔팔 끓어오르면 **밑간**한 돼지고기를 넣어 뚜껑을 열고 끓인다.

물이 팔팔 끓어 뜨거울 때 고기를 넣어야 표면이 금방 응고돼 육즙이 빠져나가지 않는다.

물이 다시 끓어오르면 중약불로 줄여 40분간 삶는다.

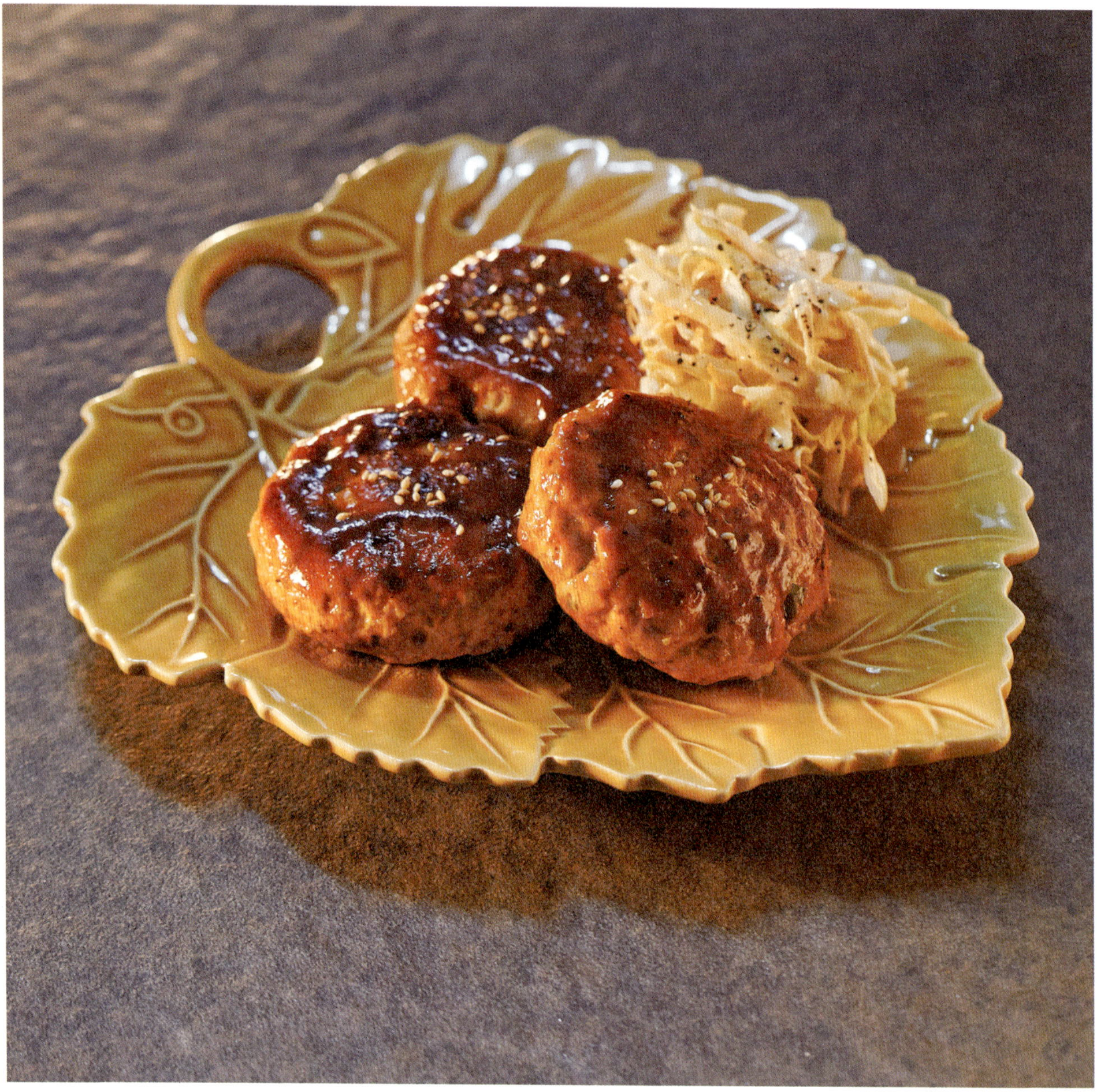

가래떡을 품은
떡갈비스테이크

필수 재료 가래떡(15cm), 닭안심(8쪽=200g), 돼지고기(1컵=200g)

밑간 설탕(0.5), 간장(1), 청주(1), 다진 마늘(1), 다진 파(3), 소금(0.1), 후춧가루(약간)

소스 물(¼컵)+토마토케첩(3)+우스터소스(1)+시판 스테이크소스(3)+물엿(2)+후춧가루(약간)

햄버거나 함박스테이크용 패티처럼 다진 고기를 섞어 만든 반죽은 굽는 과정에서 폭은 줄어들고 두께는 두꺼워진다. 따라서 반죽을 둥글납작한 모양으로 빚은 뒤에는 가운데 부분을 손가락 끝으로 살짝 눌러서 약간 오목한 홈을 만들어야 한다. 팬에 올리면 가운데가 살살 부풀어 오르면서 두께가 일정해지고 고루 익는다.

초보탈출 Quiz

문제 Q
한가한 주말 오후, 특별한 음식이 먹고 싶어진 A씨. 중국집에서 배달음식을 시켜 먹고 싶지만 주변에 딱히 맛있는 곳이 없어서 고민이다. 결국 조금 귀찮긴 하지만 직접 탕수육을 만들기로 결정! 재료를 준비해 튀기기만 하면 될 거란 생각으로 요리를 시작한다. 그런데 식용유에 들어간 튀김이 뭔가 이상하다. 어째서 떠오를 생각을 않고 계속 잠수를 하는 걸까? 설상가상, 튀김을 건져내 먹어 보니 입 안 가득 기름이 차오르는데. 바삭해야 할 튀김을 질퍽한 기름 범벅으로 만든 A씨의 실수는?

보기
1. 튀김옷이 고기에 골고루 잘 입혀지지 않았다.
2. 밀가루 대신 전분가루를 사용했다.
3. 전용 튀김팬을 사용하지 않았다.
4. 고기를 너무 낮은 온도에서 튀겼다.

정답 A
4. 고기를 너무 낮은 온도에서 튀겼다.

튀김은 높은 온도의 기름으로 재료 내부의 수분을 증발시키며 익혀 바삭함을 살리는 요리. 따라서 처음부터 뜨겁게 예열한 기름에 재료를 넣어야 한다. 낮은 온도에서 튀기면 수분이 증발하는 것이 아니라 재료가 기름을 먹어 질퍽하고 기름 냄새가 많이 나게 된다. 튀김에 알맞은 온도는 재료에 따라 다른데, 생선과 육류는 170~180℃가 알맞고, 깻잎 등 얇은 채소나 두 번째 튀기는 경우엔 180~190℃에서 빠르게 튀긴다. 덩어리가 크거나 속까지 잘 익혀야 하는 밀가루 반죽(도너츠)의 경우 160℃로 익힌다.

COOKING TIP

왜 튀김을 할 때 매번 온도를 확인하라고 하죠?

튀김요리를 할 때 기름의 온도는 정말 중요하다. 기름의 온도가 너무 높으면 겉만 타고 속은 익지 않으며, 온도가 너무 낮으면 튀김이 기름을 흡수해 눅눅하고 느끼해진다. 조리용 온도계가 없다면 빵가루나 튀김옷을 이용해 기름의 온도를 확인할 수 있다.

튀김기름을 긴 젓가락으로 저어 온도를 균일하게 맞추고 빵가루나 튀김옷을 떨어뜨린다. 빵가루나 튀김옷이 바닥까지 가라앉았다 천천히 떠오르면 약 160℃에 해당한다. 반 정도 가라앉았다가 떠오르면 170~180℃다. 가라앉지 않고 기름 표면에 바로 떠오르면 온도가 너무 높은 것으로 190℃ 정도가 된다. 온도가 너무 높으면 기름이 탈 수 있으니 불을 꺼 잠시 식혀 사용한다.

탕수육

배달 탕수육의 눅눅하고 기름진 맛에 배신감을 느낀 적 있는가?
기다리지 말고 직접 만들어 보자.

튀김 요리 제대로 배우기

탕수육

필수 재료 돼지고기(등심 600g), 양파(½개),
두 가지 색 피망(1개씩),
파인애플(1½컵=200g)
선택 재료 마른 목이버섯(2개)
밑간 다진 생강(0.3), 청주(2), 소금(0.1),
후춧가루(0.1)
튀김 반죽 녹말가루(1½컵=150g),
달걀흰자(2개 분량)
소스 물(2½컵)+설탕(8)+간장(4)+식초(5)+케첩(5)
녹말물 녹말가루(2)+찬물(2)

튀김반죽에 불린 녹말가루를 사용하면 일반 튀김가루를 사용하는 것보다 튀김옷이 훨씬 쫄깃하고 부드럽다. 여유가 있다면 녹말가루와 물을 섞어 냉장실에서 하루 정도 불린 뒤 사용하면 좋다. 탕수육 소스는 튀긴 고기에 소스가 착 감기도록 걸쭉한 농도로 만드는데, 이때 녹말을 가루 상태로 바로 넣으면 덩어리지기 쉬우니 꼭 찬물과 1:1 비율로 섞어 넣는다.

START »

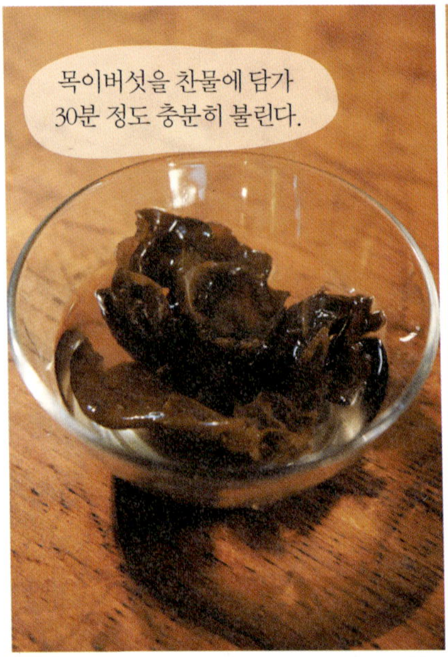

목이버섯을 찬물에 담가 30분 정도 충분히 불린다.

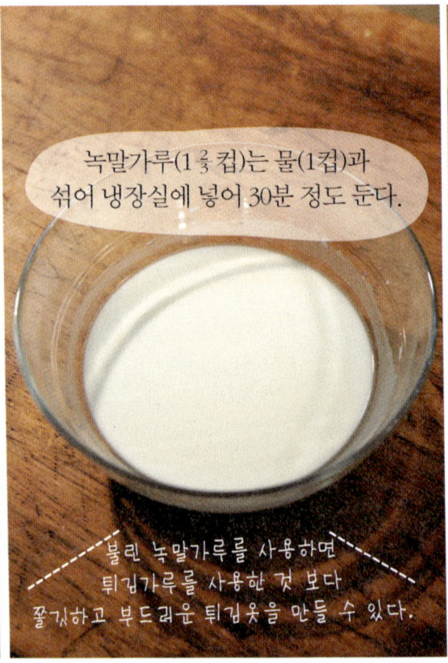

녹말가루(1⅔컵)는 물(1컵)과 섞어 냉장실에 넣어 30분 정도 둔다.

불린 녹말가루를 사용하면 튀김가루를 사용한 것 보다 쫄깃하고 부드러운 튀김옷을 만들 수 있다.

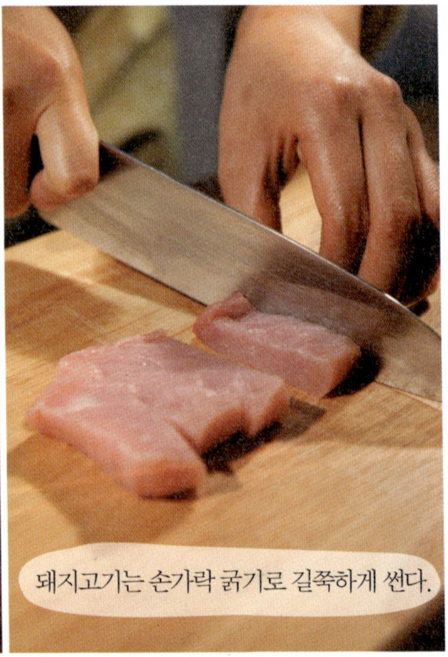

돼지고기는 손가락 굵기로 길쭉하게 썬다.

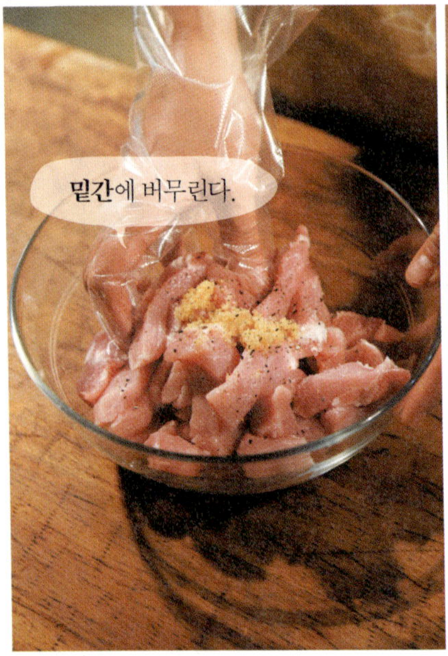

밑간에 버무린다.

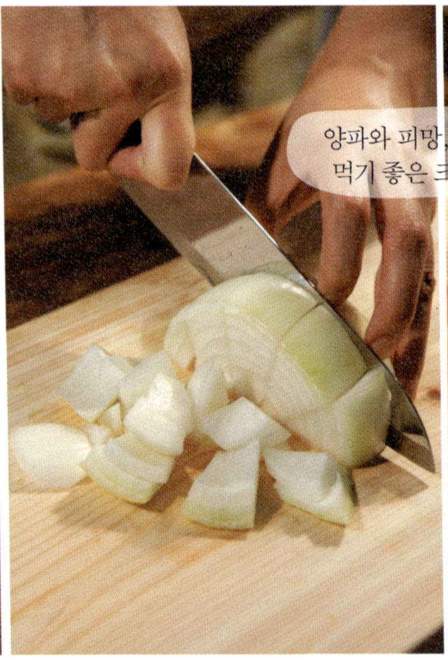

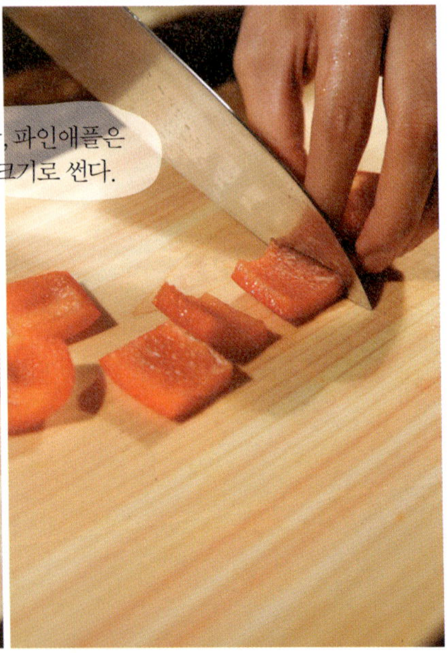

양파와 피망, 파인애플은 먹기 좋은 크기로 썬다.

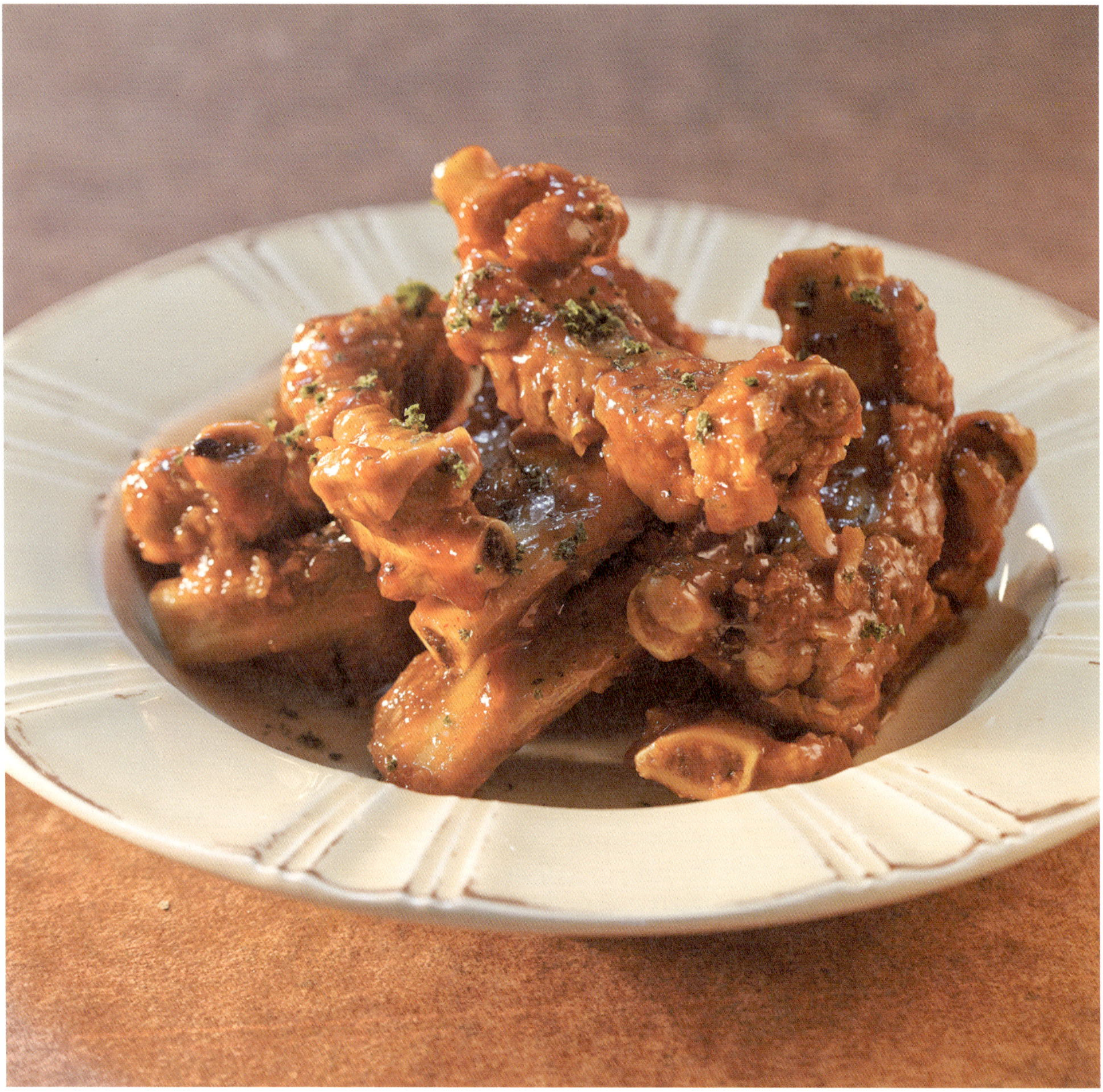

레스토랑의 특급 메뉴

고추장소스바베큐립

필수 재료 돼지등갈비(1kg)
고기 삶는 재료 대파 파란 부분(5대), 얇게 썬 생강(4쪽), 통후추(0.2), 청주(2)
소스 시판 바비큐소스(⅓컵)+물엿(⅓컵)+맛술(2)+토마토케첩(2)+고추장(2)+다진 마늘(1)+후춧가루(약간)

등갈비처럼 뼈에 붙어 있는 고기는 먹기 편하도록 손질해 조리한다. 살점이 붙어 있는 반대쪽의 흰색 껍질을 제거한 뒤 뼈 사이사이의 살코기 부분에 칼집을 넣는다. 먹기도 편하고 간도 고루 밴다. 삶은 등갈비를 소스에 버무린 뒤 냉장실에 하루 정도 재워 두고 다음날 조려도 맛있다. 캠핑장에 가져갈 땐 삶은 등갈비와 소스를 각각 진공 포장해 가져간다. 등갈비를 숯불에 올려 겉을 맛있게 구운 뒤 소스를 발라 먹는다.

최종탈출 QUIZ

문제 Q 점점 더워지는 날씨에 체력이 바닥나는 느낌을 받은 A씨. 삼계탕을 끓여 체력을 보충하기로 결심한다. 닭 속에 찹쌀까지 넣어 사 먹는 삼계탕 못지않은 맛과 비주얼을 재현해 보는데……. 정성을 듬뿍 들였건만 생각만큼 예쁘게 만들어지지가 않는다. 몸에 좋은 재료를 가득 품고 있던 닭의 배가 터져 버린 것. 아무도 건드리지 않은 닭의 배가 터져 버린 이유는?

보기
1. 닭 껍질을 벗겼다.
2. 죽 재료로 닭 속을 가득 채웠다.
3. 늙은 닭을 사용했다.
4. 닭다리를 묶을 때 명주실로 묶지 않았다.

정답 A 2. 죽 재료로 닭 속을 가득 채웠다.

삼계탕을 끓일 때 보통 닭 속에는 죽 재료를 채워 넣는다. 찹쌀, 녹두 등이 그것인데 닭을 물에 넣고 끓이는 과정에서 찹쌀과 녹두도 익으면서 부피가 늘어난다는 점을 기억해야 한다. 이 사실을 간과하고 닭 속에 죽 재료를 꽉꽉 채워 넣으면 늘어난 부피를 감당하지 못한 닭의 배가 빵 하고 터지는 불상사가 생길 수도 있다. 재료의 특성을 감안해 닭 속은 70~80% 정도만 차도록 양 조절을 해 담아 주어야 한다.

COOKING TIP

닭고기와 친해지길 바라

일반 닭의 경우 부위별로 나눠 소포장하거나 미리 토막 내 손질한 것을 시중에서 쉽게 구할 수 있지만 토종닭이나 영계는 통으로 파는 것이 대부분이다. 건강을 생각해 토종닭을 구입했지만 손질법이 낯설어 당황한 적이 있다면 간단한 닭 손질법을 알아두자. 닭은 껍질째 요리할 경우 살과 껍질 사이의 지방 및 껍질에 남아 있는 잔털 등을 깨끗이 제거한다. 토막 낼 때는 뼈와 뼈 사이의 연골로 되어 있는 관절 부위를 가위로 쉽게 자를 수 있다. 토막 낸 닭은 따뜻한 물에 씻으면 오히려 세균이 번식하기 쉬우므로 반드시 흐르는 찬물에 헹군다. 돼지고기나 쇠고기에 비해 쉽게 상하기 때문에 포장 용기를 뜯으면 빠른 시간 내에 조리하도록 한다.

STEW 삼계탕

손질할 때 기름 덩어리를 잘 제거하고 끓이는 중간 중간 국물 위에 뜨는 기름을 잘 걷어내야 깔끔하고 뽀얀 국물이 나온다.

복날을 기다렸다!
삼계탕

필수 재료 찹쌀(⅓컵), 녹두(⅓컵), 닭(1.2kg), 양파(1개), 마늘(10쪽)

선택 재료 생강(2쪽), 대추(2개), 밤(2개), 한방티백(황기, 헛개나무, 엄나무 등 적당량)

양념 소금(약간), 후추가루(약간)

부위 별로 잘라 소포장한 닭만 구입해 봤다면 삼계탕용 통닭 손질이 어려울 수 있다. 우선 뱃속 뼈 사이사이의 핏물 덩어리를 깨끗이 씻어내고 껍질과 살 사이의 기름 덩어리를 제거한다. 꽁지의 지방 덩어리와 날개 끝을 잘 제거해야 닭 비린내가 나지 않는다. 찹쌀, 녹두 등은 익으면서 부피가 늘어나므로 속을 꽉 채우지 않고 70~80%만 넣어야 익었을 때 배가 터지지 않는다.

START »

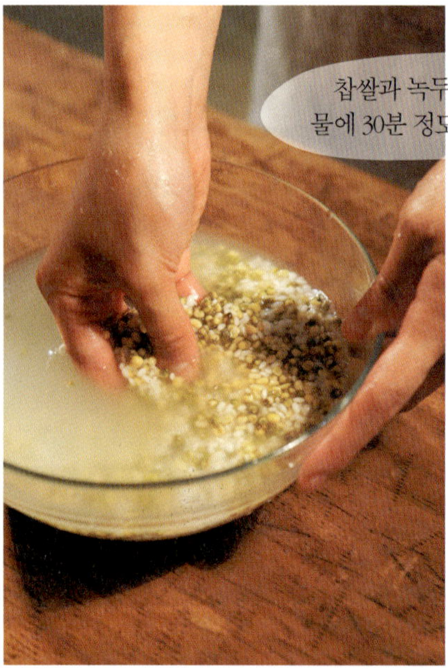

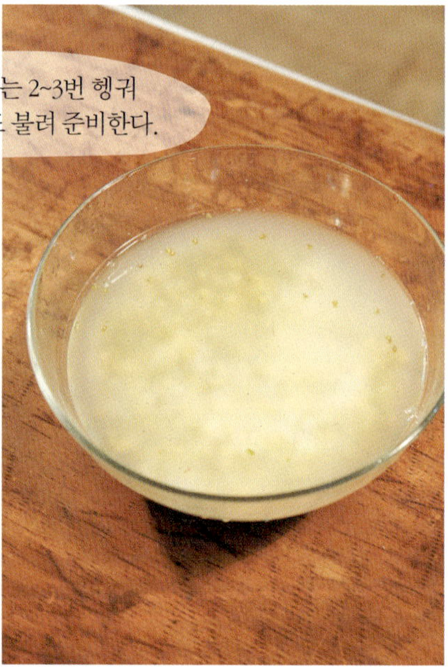

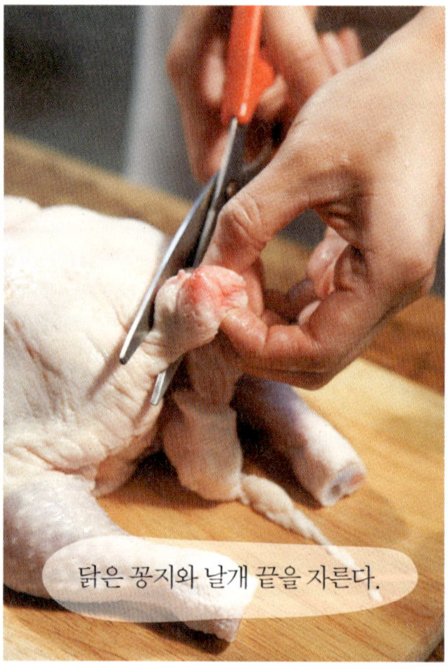

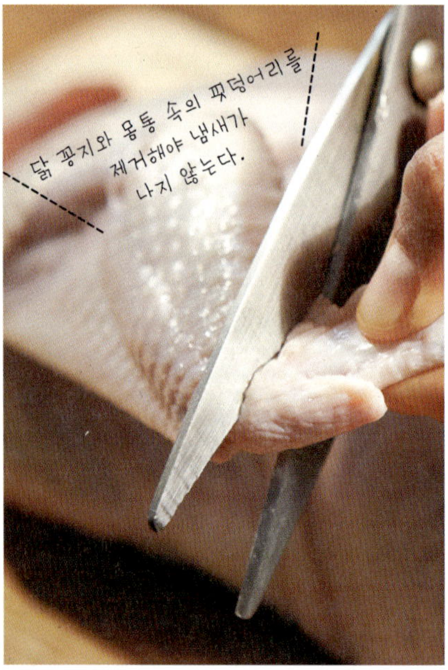

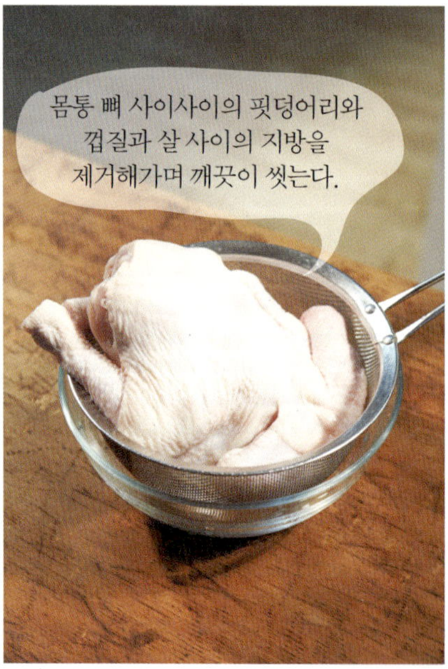

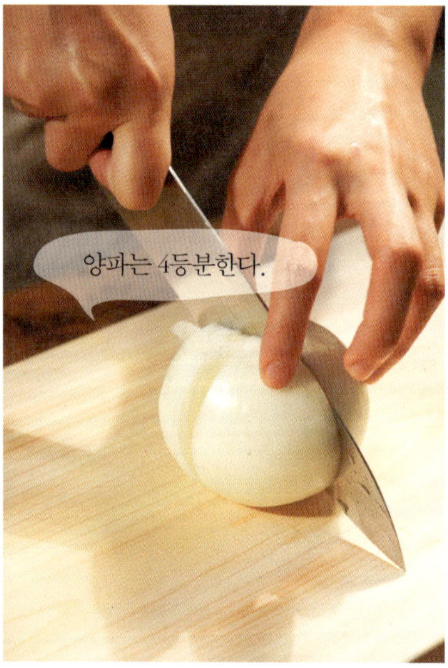

- 찹쌀과 녹두는 2~3번 헹궈 물에 30분 정도 불려 준비한다.
- 닭은 꽁지와 날개 끝을 자른다.
- 닭 꽁지와 몸통 속의 핏덩어리를 제거해야 냄새가 나지 않는다.
- 몸통 뼈 사이사이의 핏덩어리와 껍질과 살 사이의 지방을 제거해가며 깨끗이 씻는다.
- 양파는 4등분한다.

생강은 얇게 썬다.

닭 속에 불린 찹쌀과 녹두, 마늘, 대추, 밤을 넣는다.
참쌀과 녹두가 익으면서 불어나므로 70~80%정도의 양만 채워 넣는다.

다리를 꼬아 실로 묶는다.
한쪽 다리의 껍질에 칼집을 넣고 그 사이로 다른쪽 다리를 넣어 고정시켜도 된다.

냄비에 닭과 한방티백, 양파, 생강을 넣고 푹 잠길 정도의 물을 붓고 센 불로 끓인다.

팔팔 끓어오르면 중약불로 줄여 1시간 정도 푹 삶는다.
중간 중간 떠오르는 기름기를 제거한다.

닭이 익으면 닭을 제외한 건더기는 건진다.

소금으로 간을 맞추고 그릇에 닭과 국물을 담아 마무리한다.
남은 국물에 불린 찹쌀과 녹두를 더 넣어 죽을 끓여도 맛있다.

최종탈출 Quiz

문제 Q 오랜만에 소개팅을 하게 된 A씨. 떨리는 마음으로 약속장소에 나가는데, 상대방이 고른 메뉴가 하필이면 찜닭이다! 정말 좋아하는 메뉴고 배도 고프지만 차마 마음껏 뜯어 먹을 수가 없고, 결국 반절이나 남기고 배가 부르다며 손을 떼야 했다. 집에 돌아오고 나서도 내내 떠오르는 찜닭 생각에 잠을 이루지 못한 A씨. 다음날 스스로 요리에 나선다. 간장 양념이 맛있게 배어든 짭쪼롬한 그 맛을 기대하며 열심히 만드는데. 마음과는 다르게 아무리 끓여도 만족할만한 색깔이 나오지가 않는다. 한입 베어 무니 보기와 다르게 너무 짜다. 파는 것보다 하얗게 완성된 찜닭, 그런데 더 짠 이유는 무엇일까?

보기

1. 진간장으로만 맛과 색을 냈다.

2. 기대가 너무 컸다.

3. 당면을 욕심껏 많이 넣었다.

4. 영계를 사용했다.

정답 A **1. 진간장으로만 맛과 색을 냈다.**
집에서 찜닭을 해 먹을 경우 밖에서 사 먹는 것처럼 색을 진하게 내기 어렵다. 이때는 중국 간장인 '노두유'를 넣어 검은 빛깔과 달짝지근한 맛을 내 보자. 노두유 없이 색을 맞추기 위해 간장을 계속 넣으면 생각했던 것만큼 색이 나지도 않으면서 엄청나게 짠 찜닭이 만들어진다. 가정에서 노두유를 사용하지 않고 만드는 찜닭은 파는 것보다 하얀 것이 정상이고, 그 자체로도 맛있다.

COOKING TIP

노두유 없이 진한 색의 찜닭 만들기~ 콜라찜닭

필수 재료
닭(1마리), 감자(1개), 당근(½개), 양파(1개), 대파(10cm), 당면(1줌)

양념
다진 마늘(1), 소금(약간), 후춧가루(약간), 콜라(500ml), 간장(½컵=100ml), 굴소스(1)

1. 닭은 깨끗이 손질해 끓는 물에 데친 뒤 다진 마늘과 소금, 후춧가루로 밑간한다.
2. 감자와 당근, 양파는 먹기 좋은 크기로 자르고, 대파는 어슷 썰고, 당면은 찬물에 불린다.
3. 넓고 오목한 팬에 닭을 넣고 굽다가 콜라와 간장, 굴소스를 넣고 끓인다.
4. 감자와 당근을 넣고 끓이다 어느 정도 익으면 양파와 대파를 넣는다.
5. 국물이 자작하게 졸아들면 당면을 넣고 익혀 불을 꺼 마무리한다.

찜닭

안동의 명물을 넘어서 대중적인 인기 메뉴로 자리 잡은 찜닭.
전문점의 맛을 그대로 재현할 수 있는 레시피를 준비했다.

찜닭

남은 국물까지 싹싹 비벼 먹는

필수 재료 닭(1마리=1.2kg), 감자(2개), 양파(1개)

선택 재료 당면(1줌=100g), 당근(½개), 주키니호박(½개), 마른 고추(2개)

닭 삶는 재료 생강(1쪽), 양파(½개), 청주(2), 대파 파란 부분(3대, 20cm)

양념장 설탕(3)+간장(6)+청주(1)+다진 마늘(1)+다진 생강(0.2)+굴소스(1)+노두유(2)+물엿(1)+후춧가루(약간)

찜닭의 경우 양념장에서 간장의 비율이 높기 때문에 간이 세질 수 있다. 노두유를 사용하면 간은 덜하고 색과 단맛이 진한 먹음직스러운 요리를 만들 수 있다. 생소한 양념이지만 도전해 본다면 작은 차이로 집에서도 외식 메뉴 부럽지 않게 만들 수 있을 것이다. 남은 국물에 찬밥과 김가루, 참기름 약간을 넣고 비벼 먹어도 별미. 찬밥 대신 노릇하게 누른 밥을 넣으면 오리지널 봉추찜닭 스타일로 즐길 수 있다.

START »

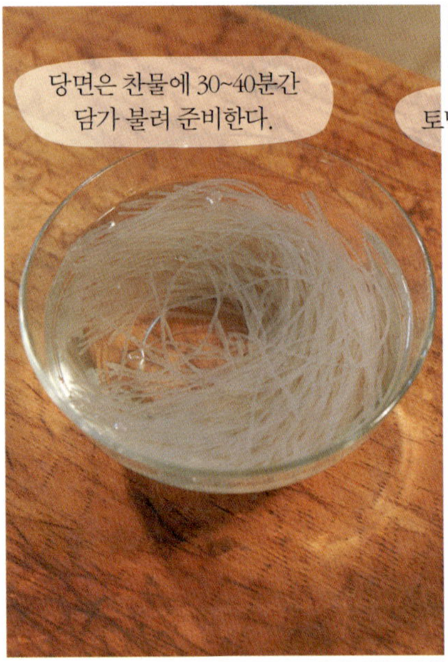

당면은 찬물에 30~40분간 담가 불려 준비한다.

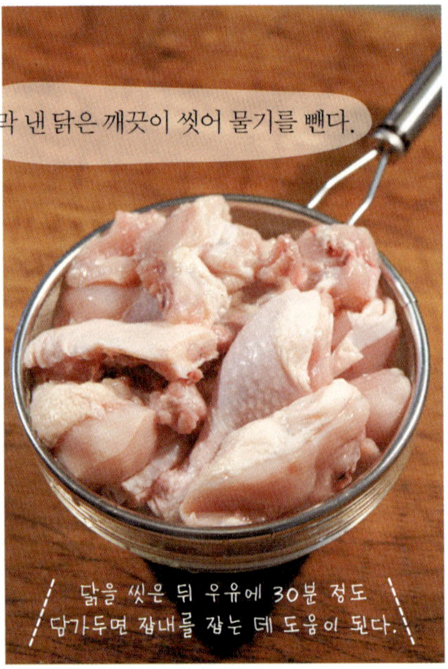

토막 낸 닭은 깨끗이 씻어 물기를 뺀다.

닭을 씻은 뒤 우유에 30분 정도 담가두면 잡내를 잡는 데 도움이 된다.

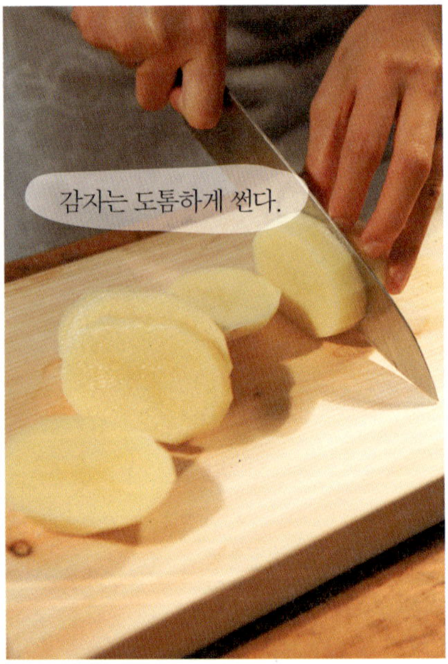

감자는 도톰하게 썬다.

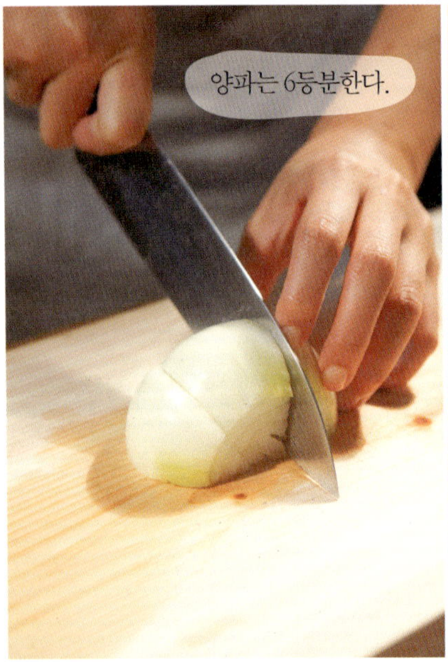

양파는 6등분한다.

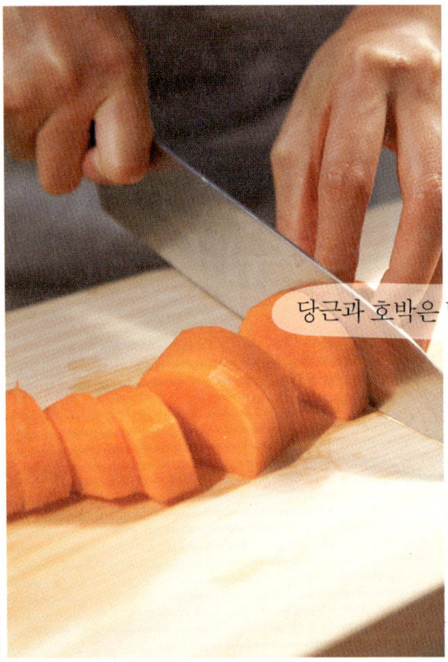

당근과 호박은 납작하게 썬다.

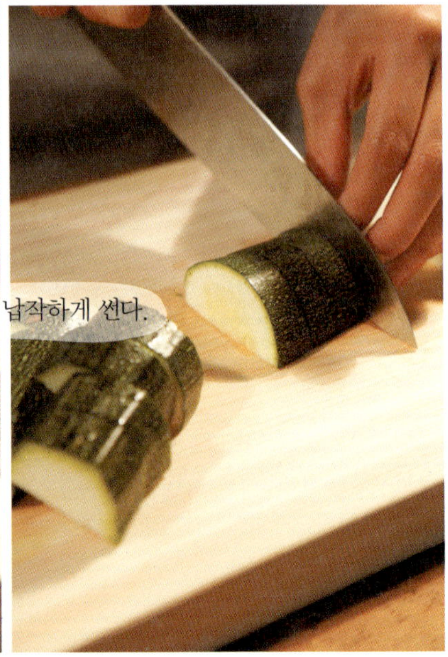

초보탈출 QUIZ

문제 Q 한동안 간장치킨에 빠져 매일같이 시켜 먹었더니 지갑 사정이 좋지 않아진 A씨.
하지만 치킨을 끊는다는 것은 A씨에게 너무나 큰 타격을 주는 일이다.
치느님을 포기할 수 없었던 그녀는 결국 간장치킨을 직접 튀기기로 한다!
한참 만들던 와중에 참지 못하고 튀긴 닭 한 조각을 무는 A씨.
그런데 치킨의 속살에서 핏기가 보여 깜짝 놀라고 만다.
분명 높은 온도에서 꽤 오랜 시간 동안 튀겼는데 왜 핏물이 남아 있는 걸까?

보기
1. 식용유의 양이 적었다.
2. 튀김옷 반죽이 묽었다.
3. 뼈 사이사이에 칼집을 넣지 않았다.
4. 살이 많은 닭을 사용했다.

정답 A 3. 뼈 사이사이에 칼집을 넣지 않았다.

뼈가 붙어 있는 덩어리고기는 손질 단계에서 미리 뼈와 살 사이에 깊게 칼집을 넣어 두어야 익으면서 핏물이 빠지고 속까지 고루 익는다. 치킨을 튀길 땐 170~180℃ 정도로 높은 온도에서 튀기지만 부피가 큰 닭다리 같은 부위는 뼈가 있는 속까지 완벽하게 익지 않을 가능성이 있다. 또 고기는 다 익었더라도 핏물이 미처 빠져나가지 못하고 남아 있어 덜 익은 것처럼 보일 수도 있다. 귀한 치느님을 더욱 기분 좋게 즐기고 싶다면 손질 과정에도 조금만 주의를 기울여 보자.

COOKING TIP

퍽퍽한 닭가슴살을 부드럽게 만드는 조리법이 있다고?

결이 살아 있는 탱탱한 육질이 닭가슴살의 특징이긴 하지만 퍽퍽함 때문에 호불호가 갈리는 것도 사실. 조금 더 부드럽게 즐기고 싶다면 '수비드' 조리법을 따라해 보자. '수비드'는 비닐봉지에 담아 밀폐한 음식물을 미지근한 물에 담가 오랫동안 데우는 조리법. 재료의 식감과 영양소가 잘 살아 있는 것이 특징이다. 기계 없이 밥솥으로 따라할 수도 있다. 일반 밥솥에 물을 넣고 취사를 눌러 온도를 올린 뒤 보온 기능으로 바꾸고 온도를 62℃정도로 맞춘다. 지퍼팩에 닭가슴살을 넣고 물에 담근 상태에서 밀봉한 뒤 밥솥에 넣고 40분~1시간 정도 익히면 완성된다. 촉촉하면서도 부드러운 식감에 놀라게 될 것이다.

간장치킨

튀겨서 바로 먹으면 후라이드치킨, 양념장에 넣고 버무리면 간장치킨이 된다.
파채를 썰어 곁들이면 파닭으로 만들 수도 있다.

1인 1닭에 도전하자!
간장치킨

필수 재료 토막 닭(1마리=1.2kg), 양파(½개), 튀김가루(⅓컵), 대파(15cm)
양념 설탕(2), 간장(3), 참기름(2), 참깨(2)

튀김옷을 얇게 입혀 바삭하게 튀겨내 프라이드치킨으로 즐겨도 좋고, 양념에 버무려 짭쪼롬한 맛의 간장치킨을 만들어도 좋다. 프라이드치킨을 만들 땐 닭에 소금, 후춧가루, 청주를 약간씩 넣고 버무려 밑간해 사용한다. 바삭하고 단단한 튀김옷을 선호한다면 튀김가루와 달걀, 물을 섞어 반죽을 만들어 입힌다.

START »

- 닭은 토막 낸 것으로 준비해 깨끗이 헹군 뒤 체에 밭쳐 물기를 털어낸다.
- 덩어리가 두꺼운 부분에 깊게 칼집을 넣는다.
  - 뼈와 살 사이에 칼집을 넣으면 핏물이 잘 빠진다.
- 양파는 곱게 간다.
- 닭에 간 양파를 넣어 버무린다.
- 튀김가루를 넣어 섞는다.

초보탈출 Quiz

문제 Q 아귀찜은 늘 사 먹기만 하던 A씨. 장을 보다 아귀가 만 원도 안 되는 저렴한 가격에 판매중인 것을 보고 충격을 받는다. 평소 아귀찜을 좋아하지만 사악한 가격 때문에 망설이는 일이 많았는데, 원재료가 이렇게 저렴했다니! 허탈함이 몰려온다. 가격 차이를 알았는데 가만히 있을 수는 없는 일. 용기를 내 직접 만드는데. 역시 전문점의 요리를 집에서 따라 하는 건 무리수였던 걸까? 재료를 넣을 때는 푸짐했는데 요리를 완성하고 나니 전문점만큼의 풍성함이 느껴지질 않는다.
A씨의 아귀찜이 볼품 없어진 이유, 과연 집에서 만들었기 때문일까?

보기
1. 너무 작은 크기의 아귀를 구입했다.
2. 아귀를 미리 데치지 않았다.
3. 미더덕을 소금물에 씻었다.
4. 청양 고춧가루를 섞어 사용했다.

정답 A 2. 아귀를 미리 데치지 않았다.
아귀찜은 좋아하는 사람이 많지만 막상 집에서 맛내기는 만만치가 않다. 생소한 식재료라 특히 손질 과정에서 실수가 많이 나오는데, 아귀나 콩나물을 익히지 않은 상태 그대로 사용하는 게 대표적인 실패의 원인이다. 미리 익히지 않으면 조리 시간이 길어져 수분 손실이 많아지고, 식당처럼 풍성한 느낌과 맛을 낼 수가 없다. 또 아귀는 껍질에 특유의 점액질이 있어 미리 한 번 데쳐 없애줘야 한다. 아귀와 콩나물을 비롯한 모든 재료를 미리 준비해 두고 조리시간을 최대한 줄여야 한다.

COOKING TIP

못생겨도 맛은 좋단다, 아귀

자주 구입하는 식재료가 아니라 어떤 걸 골라야 할지 헷갈릴 수 있다. 아귀는 살이 단단하고 몸의 색이 검으며 냄새가 나지 않는 것이 좋다. 보통 내장이나 지느러미를 제거하고 토막 낸 상태로 판매하니 생선 손질에 자신이 없다면 이런 상품을 구매하는 것이 이득이다. 통으로 구입했다면 칼등으로 표면의 점액질을 제거하고 씻어 내장과 몸통, 머리를 분리한다. 끓는 물에 살짝 데치면 남아 있는 점액질과 비린내가 말끔히 제거된다. 손질하며 발라낸 아가미나 내장, 지느러미도 모두 먹을 수 있다. 매운탕에 넣으면 좋다. 또 아귀를 손질한 뒤 소금을 약간 뿌려 그늘에서 하루 정도 말리면 살이 더욱 쫀득해진다.

아귀찜

전문점의 아귀찜은 양도 가격도 이기적이라 사 먹기 망설여질 때가 많다.
집에서 푸짐하고 더 칼칼하게 즐기는 건 어떨까.

탱글탱글한 아귀살이 듬뿍
아귀찜

필수 재료 아귀(1마리=1.2kg), 미더덕(1½컵=180g),
찜용 콩나물(7줌=560g), 미나리(1줌=90g), 대파(10cm)
선택 재료 붉은고추(1개), 청양고추(1개)
아귀 데치는 재료 생강(1쪽), 소금(1), 청주(2)
육수 재료 국물용 멸치(10마리), 다시마(1장=10X10cm)
양념장 설탕(2.5)+고춧가루(6)+국간장(1)+진간장(3.5)+
맛술(1)+다진 마늘(2)+다진 생강(0.3)+된장(1)+
소금(약간)+후춧가루(약간)
녹말물 녹말가루(2)+물(2)

탱글탱글하고 부드러운 아귀살과 아삭한 콩나물, 오독오독 씹히는 미더덕의 다양한 식감이 즐거움을 준다. 아귀와 콩나물은 각각 1차로 익힌 뒤 섞어 조리해야 식감이 좋다. 콩나물은 숨이 죽어도 아삭함이 오래가는 찜용 콩나물을 사용한다. 아귀는 손질된 것을 구입하면 편하다. 고춧가루와 대파, 마늘로 깔끔한 매운맛을 내고 미더덕, 콩나물, 미나리 등으로 시원하고 개운한 맛을 내면 식당 부럽지 않은 아귀찜 완성!

START »

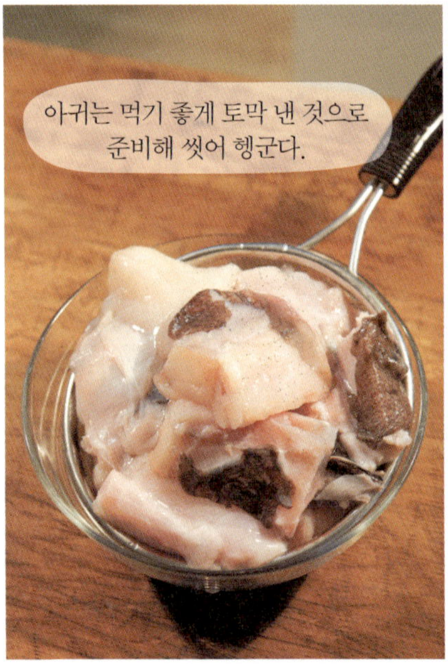

아귀는 먹기 좋게 토막 낸 것으로 준비해 씻어 헹군다.

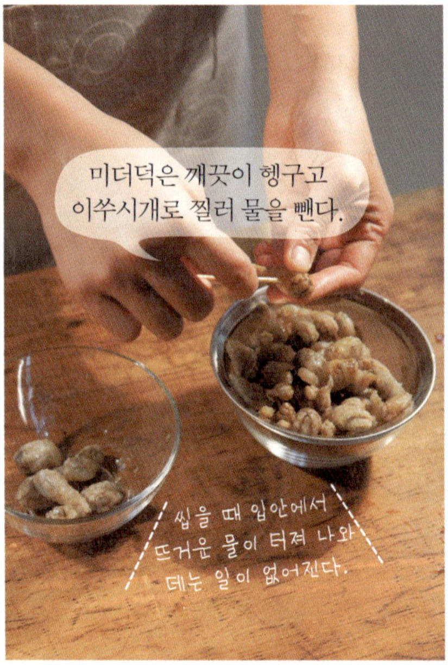

미더덕은 깨끗이 헹구고 이쑤시개로 찔러 물을 뺀다.
씹을 때 입안에서 뜨거운 물이 터져 나와 데는 일이 없어진다.

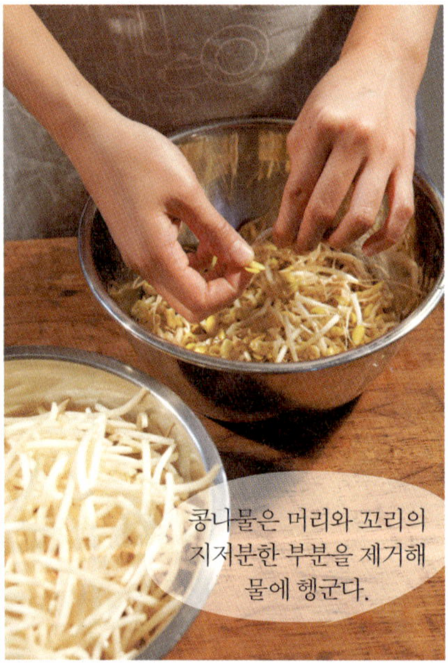

콩나물은 머리와 꼬리의 지저분한 부분을 제거해 물에 헹군다.

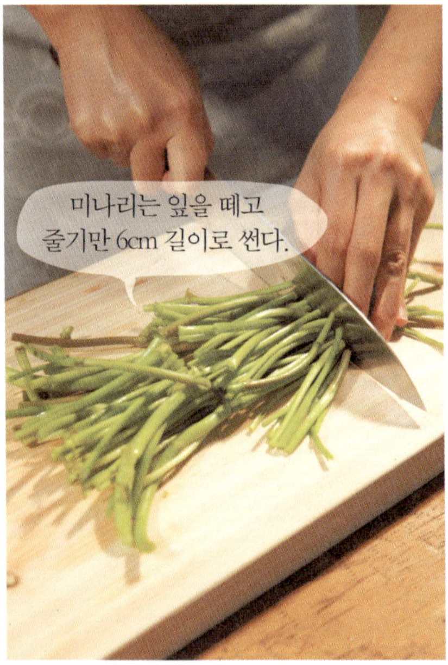

미나리는 잎을 떼고 줄기만 6cm 길이로 썬다.

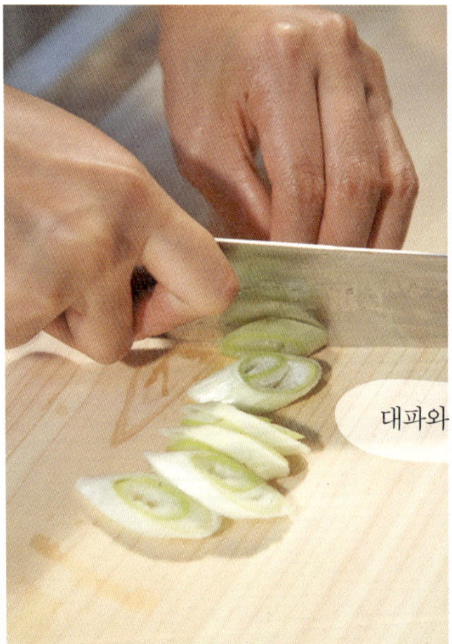

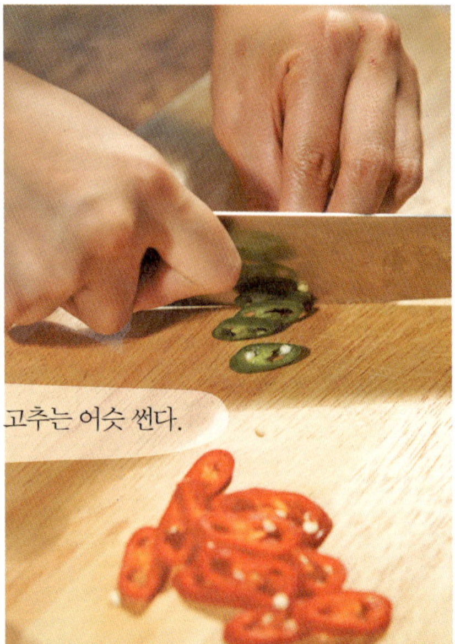

대파와 고추는 어슷 썬다.

초보탈출 Quiz

문제 Q 친언니의 집들이 준비를 도와주게 된 A씨. 깔끔하게 입맛을 돋우는 데 최고인 해물냉채를 맡기로 한다. 해파리와 새우, 오징어를 데치고 채소와 소스까지 각기 따로 준비하고. 손님들이 오자마자 한데 섞어 버무리려는데 해파리의 상태가 아무래도 이상하다. 고무줄처럼 쫀쫀하게 쪼그라든 것. 맛을 보니 오독함을 잃고 질깃거리는데. 다시 장을 보러 갈 수도 없는 상황이라 난감해진 A씨. 해파리를 쏙쏙 골라내고 처음부터 해물만 들어간 냉채였던 것처럼 담아냈지만 마음은 찝찝하기만 하다. A씨가 친언니를 도와주고도 미안한 마음만 가득 생기게 만든 실수는?

보기
1. 해파리를 가장 나중에 데쳤다.
2. 해파리를 너무 오래 데쳤다.
3. 몸살에 걸린 해파리였다.
4. 해파리를 씻을 때 너무 세게 주물렀다.

정답 A 2. 해파리를 너무 오래 데쳤다.
해파리는 끓는 물에 넣고 데치면 쪼그라들어 식감이 질겨지니 체에 받쳐 샤워하듯 뜨거운 물을 뿌려가며 재빨리 헹궈 사용한다. 물의 온도는 80℃ 정도가 적당하다. 또한 데친 뒤에는 바로 찬물에 헹궈야 탱탱한 해파리를 맛볼 수 있다.

COOKING TIP

해파리엔 독이 있다는데 왜 먹나요?

살아 있는 해파리는 촉수에 독을 갖고 있어 바닷속에서 마주치기도 꺼려지는 것이 사실. 그러나 손질한 해파리는 무해할 뿐 아니라 오히려 몸에 좋은 성분들을 다량 함유하고 있다. 우선 칼로리가 거의 없는 고단백 저칼로리 식품이라 다이어트에 도움이 된다. 꼬독꼬독한 식감을 즐기며 먹다 보면 식사량 조절도 도와준다. 또 피부. 연골. 혈관. 점액 등에 함유되어 있는 콘드로이틴 성분 덕분에 피부 건강에도 좋다. 엽산도 풍부해 산모들이 즐기기에도 좋다.

해물냉채

조리법을 익혀 두면 여름 별미로, 손님상의 전채 요리로 생각보다 다양하게 활용하기 좋은 메뉴다.
재료 손질 외에는 손이 가는 부분이 없어 시간은 오래 걸려도 조리법은 쉽다.

손님상에 어울리는 여름 별미
해물냉채

필수 재료 염장 해파리(1팩=200g), 양상추(3줌), 새우(중하 8마리), 오징어 몸통(2마리).
선택 재료 방울토마토(5개), 관자(4개), 어린잎채소(1줌)
소스 재료 양파(½개 분량), 파인애플(½ 컵), 설탕(2), 간장(1.5), 식초(3), 물(5), 연겨자(2), 다진 마늘(1), 소금(약간), 참기름(0.2)
양념 소금(약간)

조리법이 어렵지는 않지만 밑작업에 손이 많이 간다. 특히 해파리는 자주 쓰이는 식재료가 아니라 손질법이 낯설 수 있으니 레시피를 꼭 참고한다. 염장한 해파리는 많이 짜고 냄새가 나는데, 물에 담그면 냄새와 짠맛 모두 없어지니 안심하고 사용하자. 해파리는 오래 데치면 쪼그라들어 식감이 나빠지니 주의한다. 마찬가지로 오징어와 새우도 오래 익히면 살이 단단해지니 색이 변하면 바로 건져낸다.

START »

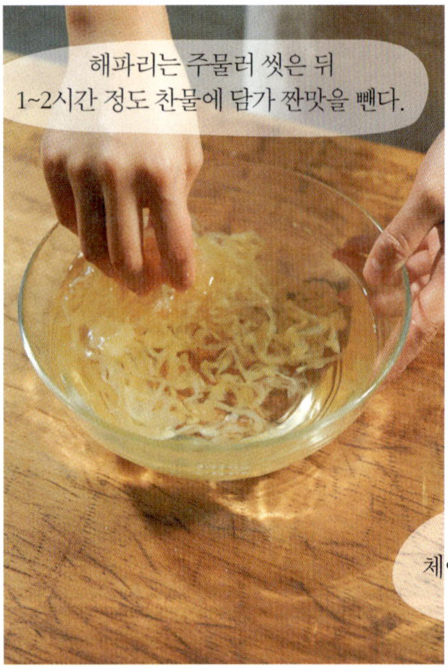

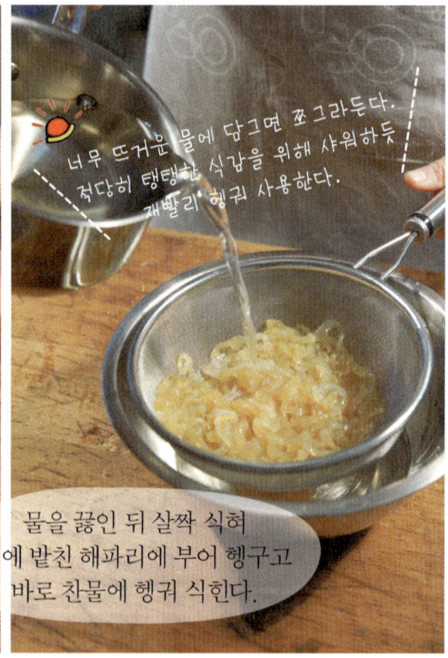

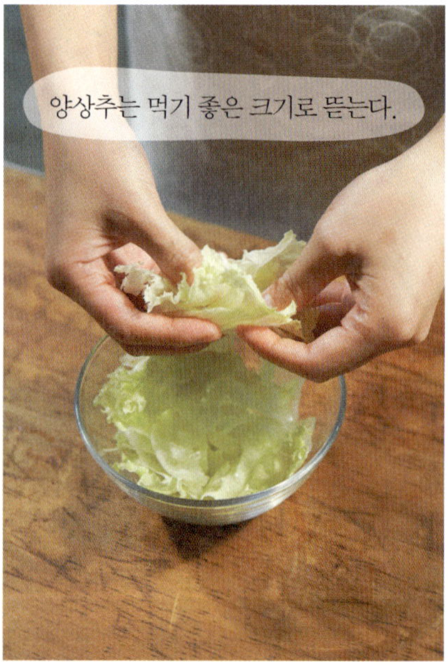

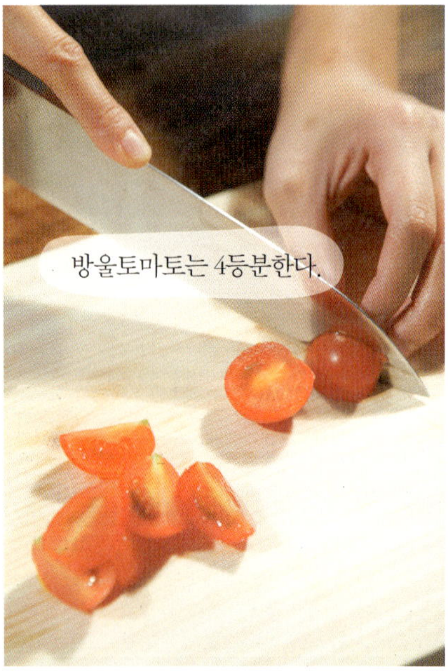

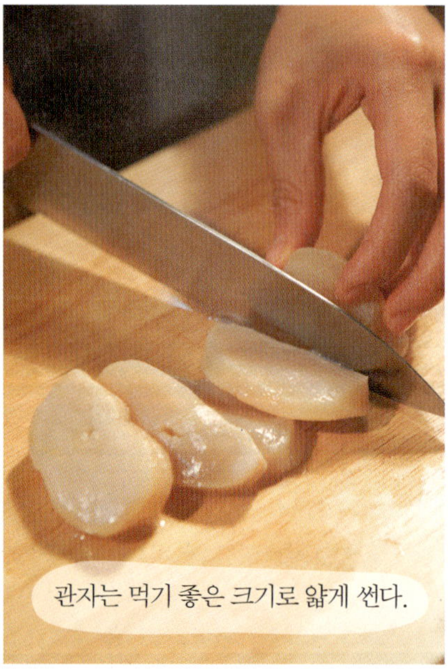

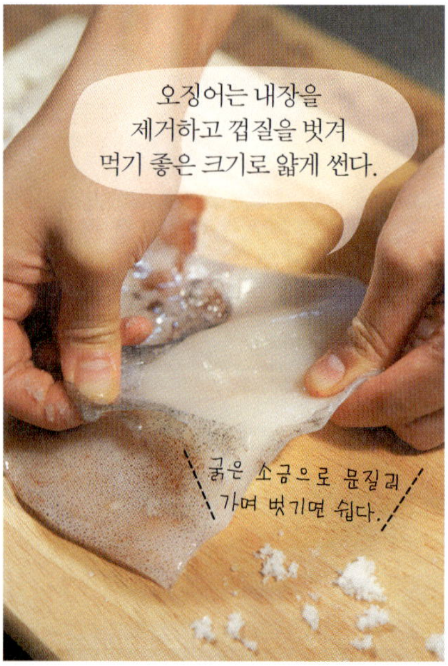

- 해파리는 주물러 씻은 뒤 1~2시간 정도 찬물에 담가 짠맛을 뺀다.
- 너무 뜨거운 물에 담그면 쪼그라든다. 적당히 탱탱한 식감을 위해 샤워하듯 재빨리 헹궈 사용한다.
- 물을 끓인 뒤 살짝 식혀 체에 받친 해파리에 부어 헹구고 바로 찬물에 헹궈 식힌다.
- 양상추는 먹기 좋은 크기로 뜯는다.
- 방울토마토는 4등분한다.
- 관자는 먹기 좋은 크기로 얇게 썬다.
- 오징어는 내장을 제거하고 껍질을 벗겨 먹기 좋은 크기로 얇게 썬다.
- 굵은 소금으로 문질러가며 벗기면 쉽다.

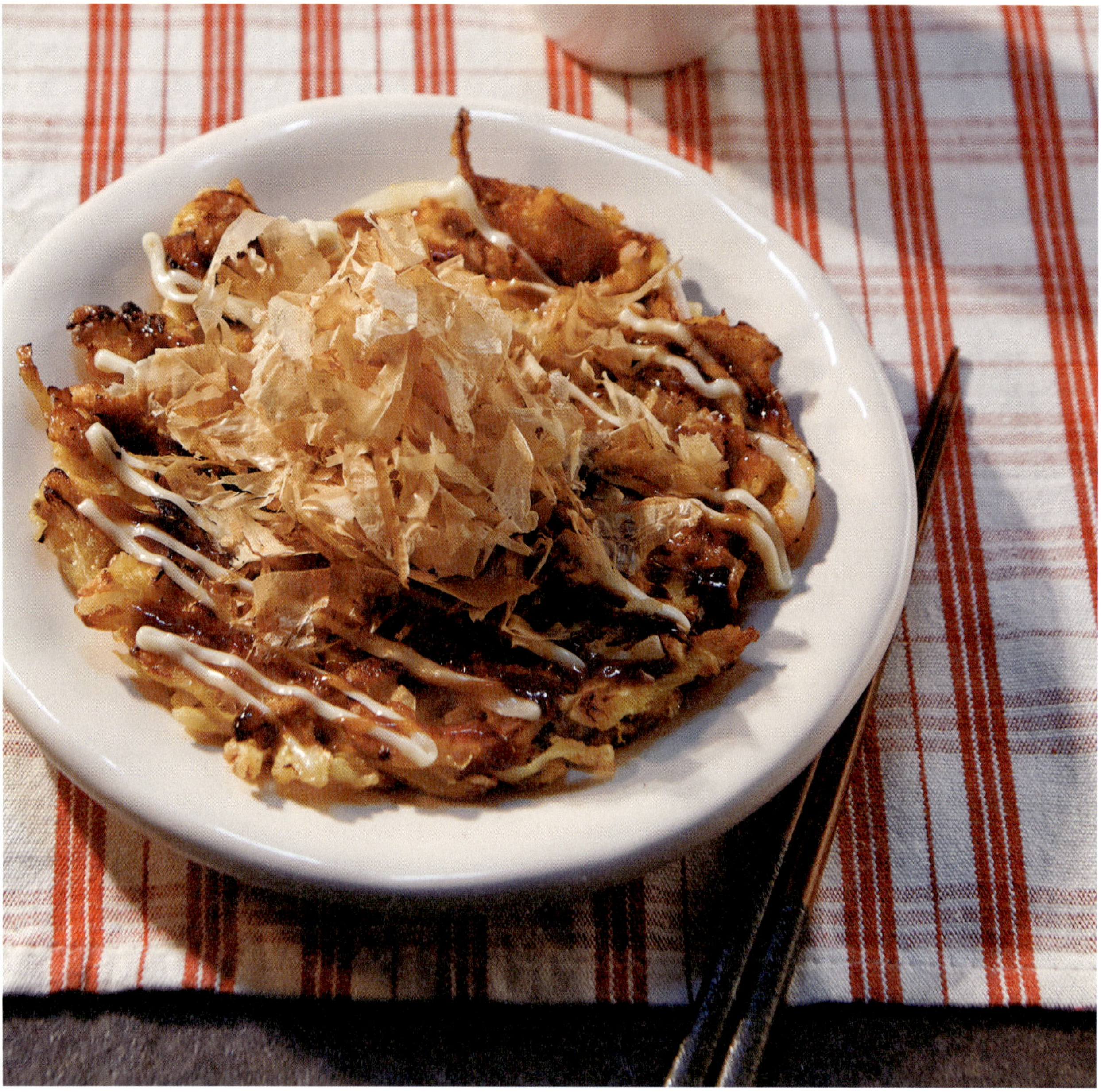

우리나라엔 빈대떡 일본엔~
오코노미야키

필수 재료 양배추(¼통), 양파(½개), 베이컨(3줄), 오징어(1마리), 달걀(4개), 밀가루(⅔컵)
양념 오코노미야키소스(적당량), 마요네즈(적당량), 가쓰오부시(적당량)

오코노미야키는 원래 채소와 해물이 많이 들어가고 김치전보다 밀가루반죽이 적게 들어가는 요리. 대신 마를 갈아 넣어 반죽에 끈기를 주는데, 마를 생략할 경우에는 반죽에 끈기가 적은 만큼 반죽의 양을 조금 늘려야 한다. 너무 얇게 부치면 뒤집는 과정에서 부서질 수 있으니 식용유를 넉넉히 두른 팬에 도톰하게 올려 부친다.

퀴즈

문제 Q

회식 후 회사 선배의 집에 갑작스럽게 방문하게 된 A씨. 집에서 2차로 마시자며 어머니께 안주를 요구하는 선배의 용기에 몸둘바를 모르고 민망해진다. 한숨을 쉬고 주방으로 들어가신 선배의 어머님. 놀랍게도 삼십분 뒤에 해물누룽지탕을 들고 나오시는 게 아닌가! 전문점에서만 먹던 요리를 집에서 후다닥 만드신 데 깜짝 놀라고, 어머니를 졸라 요리법을 전수받는다. 그 다음날 바로 실습에 들어간 A씨. 그러나 기대와 달리 A씨가 만든 해물누룽지탕은 상당히 문제가 있어 보이는데. 누룽지를 튀겼는데도 씹기 힘들 만큼 딱딱한 건 왜일까?

보기

1. 냄비로 지은 밥을 사용했다.
2. 낮은 온도의 식용유에서 튀겼다.
3. 딱딱하게 굳은 밥으로 누룽지를 만들었다.
4. 갓 지은 밥으로 누룽지를 만들었다.

정답 A

3. 딱딱하게 굳은 밥으로 누룽지를 만들었다.

해물누룽지탕에 들어가는 누룽지는 예열한 식용유에 1분 정도 살짝 튀겨서 사용한다. 바싹 구운 누룽지는 그냥 먹을 땐 딱딱해서 먹기 불편할 수 있는데 튀기면 누룽지의 고소함과 바삭함이 배가 되고 딱딱함은 사라진다. 그러나 튀기는 것으로도 해결 못하는 경우도 있다. 만든 지 너무 오래되어서 이미 딱딱해진 찬밥은 튀겨도 소용이 없다. 밥솥에 보관 중인 남은 밥이나 약간 굳은 찬밥 정도를 사용해야 적당히 단단하면서도 쫀득한 누룽지가 된다. 딱딱하게 말라버린 밥이 아깝다고 누룽지를 만든다면 노력을 낭비하는 일이 될 뿐이다.

COOKING TIP

누룽지, 가마솥 없이도 만든다~

마른 팬을 달궈 찬밥을 올리고 얇게 편 뒤 약한불로 10~15분간 노릇하게 구워 만든다. 구운 누룽지는 한 김 식혀 소량씩 밀폐용기나 지퍼백에 담아 냉동실에 보관하면 된다. 부드럽게 끓여 먹거나 뜨거운 물에 담가 숭늉을 만들어도 좋고, 바삭하게 튀겨 설탕, 카레가루 등에 버무려 간식으로 활용해도 좋다.

해물누룽지탕

적당히 걸쭉한 국물이 튀긴 누룽지의 바삭함을 비교적 오래 유지시켜 준다.
누룽지와 국물이 모두 뜨거울 때 부어야 맛있는 소리를 감상할 수 있다.

소리에 반하는 요리
해물누룽지탕

필수 재료 마른 표고버섯(2개), 생강(1쪽),
　　　　　마늘(2쪽), 대파(15cm), 죽순(1개),
　　　　　청경채(2포기), 새우(4마리),
　　　　　오징어 몸통(1마리),
　　　　　튀김용 찹쌀누룽지(8개)
선택 재료 관자(2개), 붉은고추(1개), 고추기름(1.5)
양념 굴소스(0.7), 간장(0.5), 설탕(0.5), 청주(1),
　　　소금(0.2), 후춧가루(약간), 참기름(0.3)
녹말물 녹말가루(1.5)+찬물(1.5)

누룽지탕처럼 걸쭉한 국물을 만들 때는 녹말로 농도를 조절한다. 가루를 바로 넣으면 덩어리져 풀어지지 않고, 뜨거운 물에 섞으면 바로 호화되어 투명하게 뭉친다. 찬물에 섞은 뒤 국물에 부어 저어가며 걸쭉한 농도를 맞춰 보자.

START »

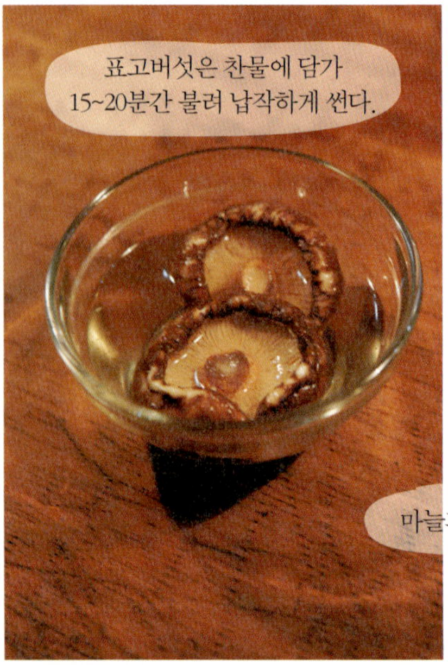

표고버섯은 찬물에 담가 15~20분간 불려 납작하게 썬다.

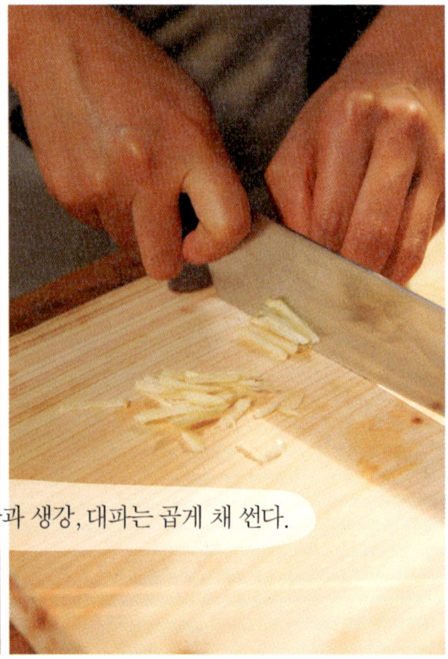

마늘과 생강, 대파는 곱게 채 썬다.

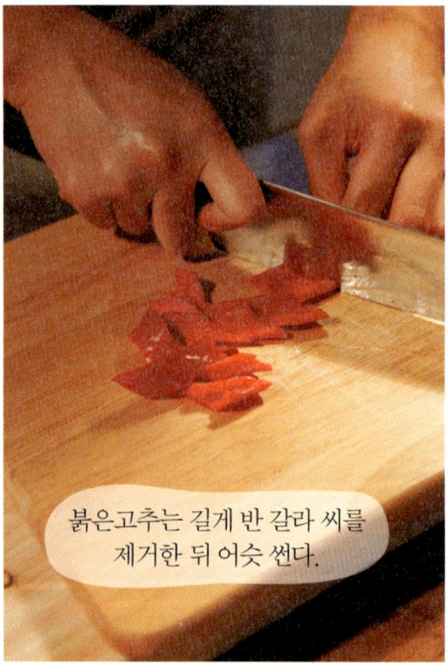

붉은고추는 길게 반 갈라 씨를 제거한 뒤 어슷 썬다.

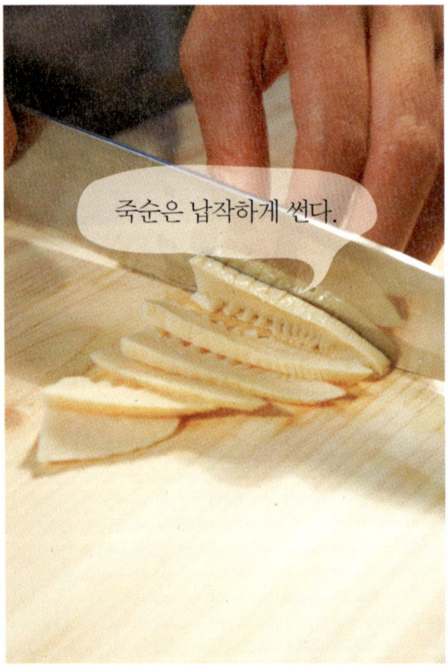

죽순은 납작하게 썬다.

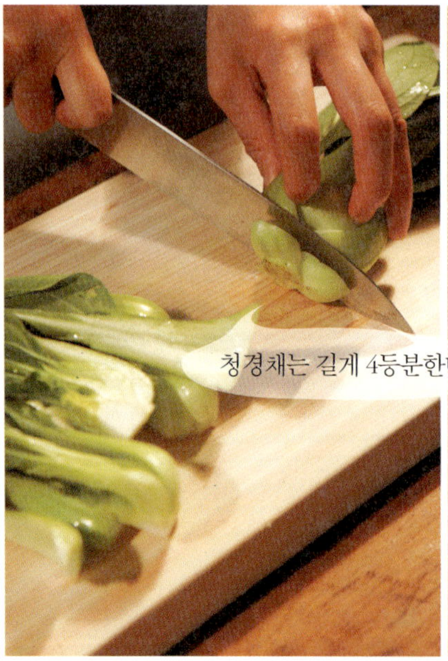

청경채는 길게 4등분한다.

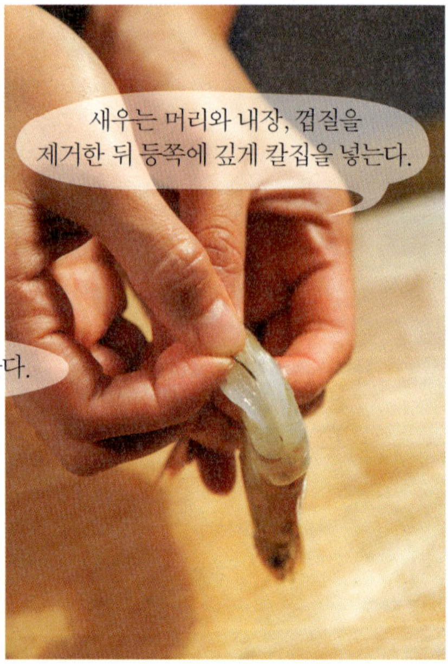

새우는 머리와 내장, 껍질을 제거한 뒤 등쪽에 깊게 칼집을 넣는다.

문제 Q 매일 한식만 만들다 보니 어쩐지 요리가 이전만큼 재밌게 느껴지지 않는 A씨. 심기일전하기 위해 여태까지 만들었던 것과는 다른 생소한 요리에 도전하기로 한다.
그렇게 결정한 메뉴는 이탈리아 식당에서 먹어만 봤던 리소토! 물을 붓고 끓여만 봤던 쌀을 팬에서 볶고 있으려니 신기한 기분이다. 즐겁게 요리한 지 20여분이 지나고, 육수가 자작하게 졸아들자 불을 끈 A씨. 조심스럽게 맛을 보는데, 너무도 맛이 없어 호두턱이 만들어질 지경이다. 충분히 불러 조리한 쌀이 왜 설익고 수분도 없는 걸까?

보기
1. 유통기한이 빠듯한 생크림을 사용했다.
2. 육수를 한꺼번에 넣고 끓였다.
3. 한식과의 의리를 지키지 않았다.
4. 현미를 사용했다.

정답 A 2. 육수를 한꺼번에 넣고 끓였다.
리소토를 할 땐 처음부터 쌀에 육수를 모두 부어서 끓이는 것이 아니라 정량의 육수를 쌀의 익은 정도에 따라 나누어서 넣어야 한다. 처음부터 정량의 육수를 모두 넣고 끓이다 보면 쌀이 다 익기도 전에 졸아들어 정량보다 더 넣게 되거나 쌀이 설익은 상태로 완성된다. 여기서 중요한 것은 정량의 육수를 '나누어서' 넣는다는 것이니 기억해 두자.

COOKING TIP

리소토는 조금 딱딱해야 제맛?

부드럽고 찰기가 넘치는 쌀의 식감을 좋아하는 한국 사람들의 입맛과 달리 이탈리아 사람들은 보다 단단하고 쌀의 심이 느껴지는 식감을 선호한다. 그렇기 때문에 이탈리아 현지에서는 리소토 요리도 파스타와 동일하게 알단테로 조리한다. 또 리소토에 사용하는 쌀 역시 한국 쌀보다 질감이 단단한 이탈리아 고유의 품종을 사용한다. 전분 함량이 높아 밥을 지으면 찰기가 있고 쌀알의 형태가 잘 유지된다. 또, 다른 재료의 맛을 잘 흡수하며, 쌀 자체적으로도 고소한 향을 지니고 있다.

해물크림리소토

생크림이 없을 땐 우유로 대체해 만든다.
볶는 과정에서 육수가 쌀에 배어들어 밥과는 또 다른 매력이 생겨난다.

색다른 쌀 요리
해물크림리소토

필수 재료 바지락(2컵), 쌀(1½컵), 마늘(3쪽), 양파(½개), 새우(½컵), 생크림(½컵), 파르메산치즈가루(⅛컵)

양념 버터(0.5), 소금(0.2), 후춧가루(약간)

쌀이 익으면서 육수를 금방 흡수하기 때문에 중간 중간 육수를 조금씩 부어가며 쌀에 끈기가 생기도록 조리한다. 육수를 붓고 볶듯이 저어가며 익힌 뒤 쌀이 물을 다 흡수하면 다시 육수를 붓는 형식이다. 우유보다 생크림을 사용해야 걸쭉한 농도는 물론 고소함도 배가 된다. 파르메산치즈가루를 넣어도 농도가 되직해지니 이를 감안해 생크림을 넣고 너무 오래 끓이지 않는다.

START »

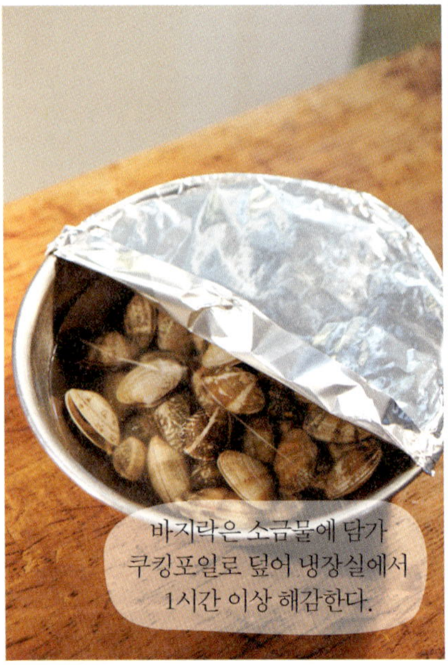

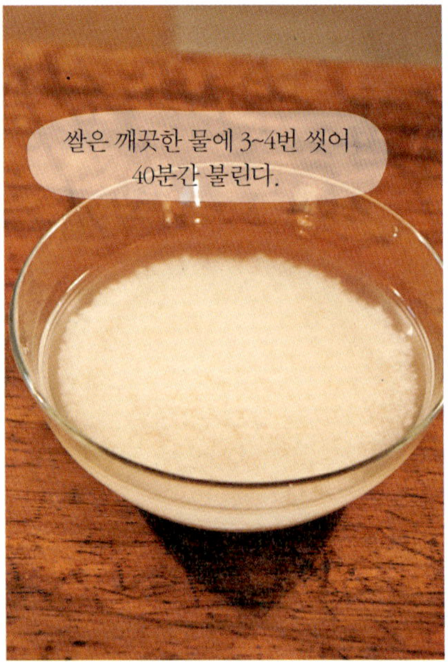

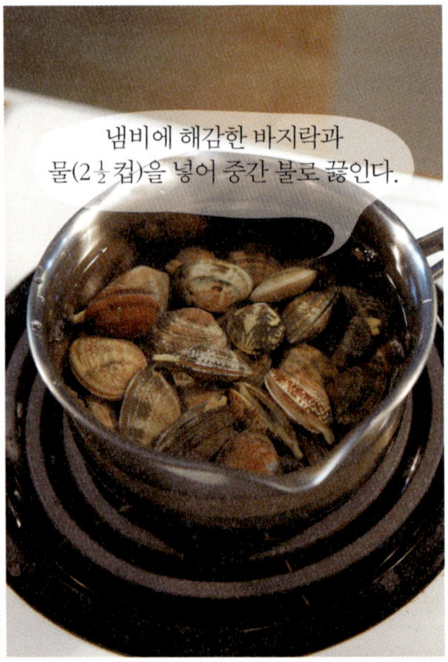

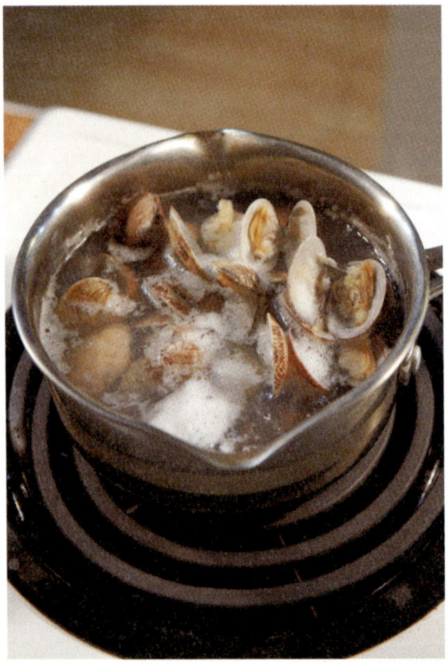

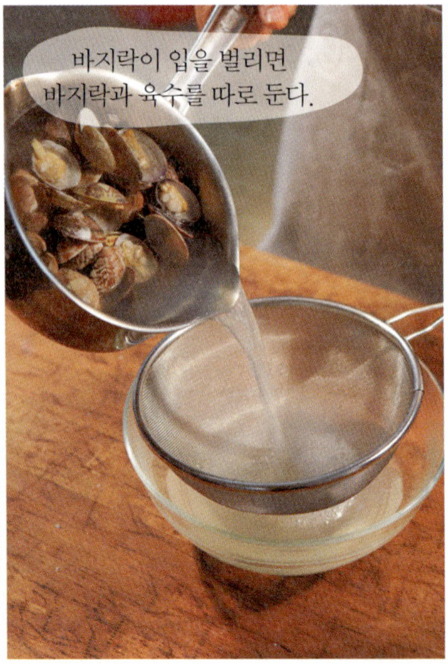

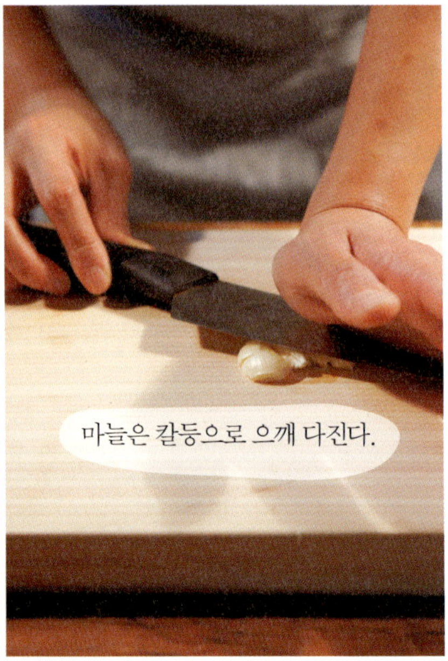

- 바지락은 소금물에 담가 쿠킹포일로 덮어 냉장실에서 1시간 이상 해감한다.
- 쌀은 깨끗한 물에 3~4번 씻어 40분간 불린다.
- 냄비에 해감한 바지락과 물(2½컵)을 넣어 중간 불로 끓인다.
- 바지락이 입을 벌리면 바지락과 육수를 따로 둔다.
- 마늘은 칼등으로 으깨 다진다.

양파는 굵게 다진다.

냄비에 버터(0.5)와 올리브유(1)를 두른다.

불린 쌀을 넣어 중약불로 살짝 볶다 마늘과 양파를 넣어 조금 더 볶는다.

쌀이 반투명해지면 바지락육수(2컵)를 6~7번에 나눠 부어가며 볶듯이 저어 끓인다.

쌀이 끈기가 생기며 익도록 육수를 조금씩 나눠 부어가며 익힌다.

쌀이 거의 다 익으면 건져둔 바지락과 새우살, 생크림을 넣어 끓인다.

바지락은 살만 발라 넣어도 좋다.

소금, 후춧가루로 간을 맞춘다.

파르메산치즈가루를 넣고 섞어 마무리한다.

초보탈출 Quiz

문제 Q 크리스마스에 친구들을 집에 초대한 A씨. 각자 한 가지씩 자신 있는 요리를 만들어 오기로 하고. A씨는 만들어서 바로 먹으면 좋은 면 요리를 맡기로 한다. 고심 끝에 고른 메뉴는 무난한 미트소스 스파게티. 자신의 실력을 일찌감치 깨닫고 실전에 들어가기 전 연습부터 해본다. 끓는 물에 소금도 넣어 스파게티를 삶는 그녀. TV에서 본 것처럼 면 한 가닥을 벽에 던져 보니 딱 붙는다. 소스 맛도 좋아 이번엔 성공이다 싶어 포크로 크게 한입 떠 먹어 보았는데 이번에도 실패다. 면이 너무 푹 익은 것. 파스타 삶기, 왜 실패한 걸까?

보기
1. 팔팔 끓는 물에 넣고 삶았다.
2. 삶는 중간에 찬물을 붓지 않았다.
3. 벽에 던졌을 때 정확히 3초 뒤에 떨어지지 않았다.
4. 포장의 겉면에 적혀 있는 내용을 참조하지 않았다.

정답 A 4. 포장의 겉면에 적혀 있는 내용을 참조하지 않았다.

굉장히 단순하면서도 정확한 면 삶기 방법. 바로 포장의 겉면에 적혀 있는 내용을 참조하는 것이다. 요리할 때 사용하는 파스타가 다 다르고, 제조사도 다양하기 때문에 제조사가 제시한 시간을 기본으로 생각하고 면을 삶는 것이 가장 맛있는 맛을 내는 지름길이다. 다만 파스타는 삶은 뒤에 소스와 섞으며 한 번 더 가열하기 때문에 너무 푹 익히지 않도록 조심해야 한다. 파스타를 끊었을 때 가운데 샤프심만한 심이 보이는지 확인해 적당히 삶아졌는지 판단하면 된다.

COOKING TIP

도전~ 파스타 알단테로 익히기

우선 냄비에 파스타 양의 10배 정도의 물을 붓고 끓이는데, 보통 파스타 100g당 1리터의 물이 적당하다. 물이 끓기 시작하면 굵은 소금을 1큰술 정도 넣고 파스타를 냄비 둘레에 부채꼴 모양으로 돌리면서 넣는다. 중간에 면이 서로 달라붙지 않게 휘저어 준다. 보통 7~8분 정도 삶은 다음 면을 건져 물기를 빼고 소스에 버무린다. 포장되어 있는 파스타 봉지에 삶는 시간이 있으므로 반드시 적혀 있는 시간을 확인한다. 삶는 시간은 파스타를 넣은 후 다시 물이 끓기 시작할 때부터 재면 되고, 삶고 난 파스타는 물로 헹구지 말고, 체에 걸러 물기만 제거한다. 만약 파스타를 삶고 난 후 소스를 만들기까지 시간이 많이 걸리면 올리브유를 조금 뿌려 서로 들러붙는 것을 막으면 된다.

미트소스 스파게티

다진 쇠고기와 토마토소스가 한데 어우러져 적당히 새콤한 맛이 나면서 묵직한 고기의 풍미도 음미할 수 있다. 이 소스로 라쟈냐, 나쵸 등 여러 요리를 만들어도 맛있다.

소스만 따로 먹어도 맛있다!
미트소스스파게티

필수 재료 다진 쇠고기(⅔컵=100g), 마늘(2쪽),
양파(¼개), 스파게티(1줌=90g),
토마토페이스트(1.5), 토마토홀(1컵)
선택 재료 페페론치노(3개),
파르메산치즈가루(약간)
양념 청주(1), 소금(1.1), 설탕(0.3), 후춧가루(약간)

스파게티를 포함해 면을 삶을 땐 물을 넉넉히 끓인 뒤 삶아야 면끼리 달라붙지 않고 매끈하게 익는다. 보통 파스타 100g당 1리터의 물이 적당하다. 면을 한 가닥 건져 끊었을 때 샤프심 굵기의 흰 심지가 남아 있는 정도를 알단테라고 하는데, 이 정도로 꼬들꼬들하게 익히면 적당하다. 소스를 만들 땐 양파와 마늘이 타지 않도록 약한 불로 오래 볶아야 단맛이 잘 우러난다.

START »

다진 쇠고기는 키친타월에 밭치고 청주(1)를 뿌려 핏물을 뺀다.

마늘은 칼등으로 으깨 다진다.

양파는 굵게 다진다.

물을 넉넉히 끓여 소금(0.5)을 넣고 스파게티를 삶는다.

참 쉬운 파스타
알리오올리오

필수 재료 마늘(7쪽), 스파게티(1줌=90g), 페페론치노(2개)
선택 재료 파르메산치즈(1)
양념 소금(1,2), 후춧가루(약간)

마늘과 올리브유만 있으면 만들 수 있는 기본 형태의 깔끔한 파스타. 올리브유에 볶는 형태의 파스타라 양을 적절히 조절해 줘야 한다. 볶으면서 면이 올리브유를 흡수해 뻑뻑해질 수 있는데, 그렇다고 올리브유를 추가로 넣어 농도를 내려 하면 맛이 느끼해지기 쉽다. 이럴 땐 면 삶은 물을 조금 남겨두었다가 넣어준다. 한결 촉촉하고 부드럽게 만들 수 있다. 마늘은 약한 불로 오래 볶아야 타지 않고 향이 잘 우러난다.

START »

냄비에 물을 넉넉히 끓여 소금(1큰술)을 넣는다.

스파게티를 부채꼴 모양으로 펼쳐 넣고 6~7분 정도 삶는다.

달라붙지 않도록 저어준다. 정확한 시간은 포장지의 권장 시간을 참고한다.

알단테 상태가 되면 건지고 면 삶은 물(⅓컵)은 따로 남겨둔다.

마늘은 얇게 썬다.

베이컨을 넣어도 좋다.

페페론치노는 2등분한다.

팬에 올리브유(3)를 두르고 마늘과 페페론치노를 약한 불에서 볶아 향을 낸다.

타지 않게 주걱으로 저어가며 약한 불로 충분히 볶는다.

마늘이 노릇해지면 삶은 스파게티와 면 삶은 물(⅓컵)을 넣어 볶는다.

면이 올리브유를 흡수해 뻑뻑해지면 면 삶은 물을 추가한다. 올리브유를 더 넣으면 느끼해진다.

소금(0.2)과 후춧가루로 간을 하고 파르메산치즈를 갈아 넣고 가볍게 섞는다.

젓가락이나 주걱으로 면을 돌돌 말아 접시에 담아 마무리한다.

파르메산치즈를 한 번 더 갈아 올리면 먹음직스럽다.

초보탈출 QUIZ

문제 Q 스파게티 삶는 법을 완벽하게 익힌 A씨. 용기를 내 크림파스타에 도전한다. 비린내를 제거한 날치알과 삶은 스파게티는 준비 완료. 크림소스를 끓이고 준비한 재료를 투하해 한 번 더 끓이는데…. 끓이면 끓일수록 크림소스의 상태가 이상하다. 부드러운 크림소스를 기대했는데 현실은 크림이 분리되어 뭉글뭉글 지저분하게 만들어지고 말았다. 크림파스타의 생명인 크림이 분리되는 현상. 조리 과정 중 어떤 실수가 부른 참사일까?

보기
1. 크림을 센 불에 끓였다.
2. 생크림을 너무 많이 넣었다.
3. 요리에 지친 A씨의 심정이 투영되었다.
4. 크림이 분리되었을 때 더 끓여야 했다.

정답 A 1. 크림을 센 불에 끓였다.
크림파스타를 만드는 데 익숙하지 않는 사람이 쉽게 하는 실수가 바로 센 불에 크림을 끓이는 것. 크림을 센 불로 끓이면 크림이 물과 지방으로 분리가 되어 예상치 못한 기름바다파스타를 만들게 된다. 우유와 생크림을 넣은 이후엔 중간 불로 줄여 살살 끓여 조리한다. 식당에서 먹던 그 맛과 비주얼을 재현할 수 있을 것이다.

COOKING TIP

로제파스타는 또 뭔가요?

로제파스타의 로제는 '로제소스'를 말한다. 이탈리아어로 장미색의 소스를 뜻하는 '로제소스'는 토마토소스와 크림소스를 혼합해 만든다. 두 가지 소스의 장점은 살리고 단점은 상호 보완해준다. 크림소스의 부드러움은 있지만 느끼하지 않고, 토마토소스의 새콤한 맛은 나면서 너무 시지 않은 것. 만드는 법은 토마토소스를 만드는 과정대로 진행하다가 토마토가 메인이 되고 크림으로 부드럽고 달콤한 맛을 내준다는 기분으로 맛을 봐가며 크림소스를 추가하면 된다.

날치알크림파스타

자칫 느끼해지기 쉬운 크림파스타에는 짭짤한 맛의 '알'이 잘 어울린다.
날치알 대신 명란젓을 넣으면 유행했던 명란파스타가 된다.

입안에서 톡톡 터지는 재미

날치알크림파스타

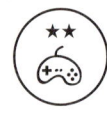

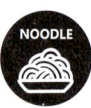

★★
1
SERVING
NOODLE

필수 재료 양파($\frac{1}{4}$개), 마늘(2쪽), 미니 새송이버섯(1줌), 날치알(2), 스파게티(1줌=90g), 우유(1컵), 생크림($\frac{1}{2}$컵)
선택 재료 청양고추($\frac{1}{2}$개), 파르메산치즈(1)
양념 청주(1), 소금(0.7), 버터(0.5), 후춧가루(0.1)

집에서 토마토파스타는 만들어도 크림파스타는 못 만들겠다는 사람들이 많다. 우유와 생크림을 활용한 조리법이 익숙지 않기 때문. 느끼하지 않고 고소한 맛을 낼 수 있는 비율과 요리법을 알아두면 걱정할 필요가 없다. 우유와 생크림은 2:1 비율로 섞어 사용하면 농도와 고소한 맛이 적절하게 난다. 센 불로 오래 끓이면 지방층이 분리돼 식감이 좋지 않을뿐더러 영양적으로 좋지 않다. 기포가 올라올 때 바로 파스타를 넣고 빠르게 조리한다.

START »

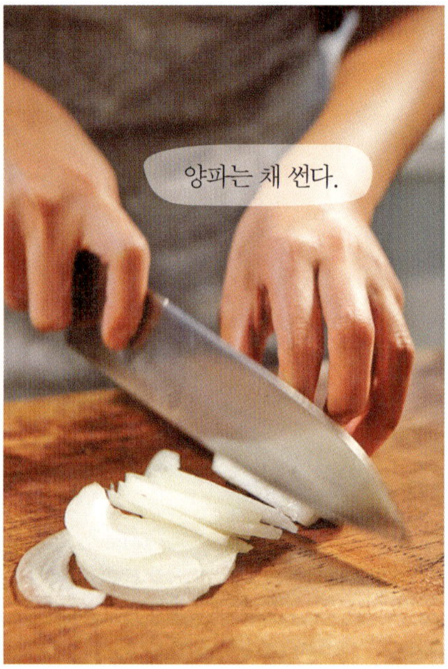
양파는 채 썬다.

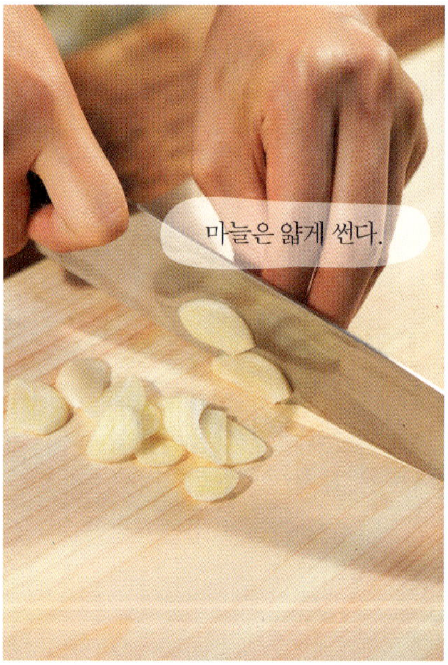
마늘은 얇게 썬다.

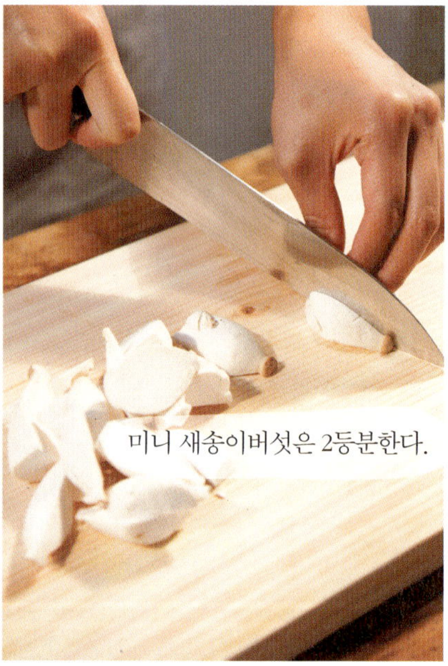
미니 새송이버섯은 2등분한다.

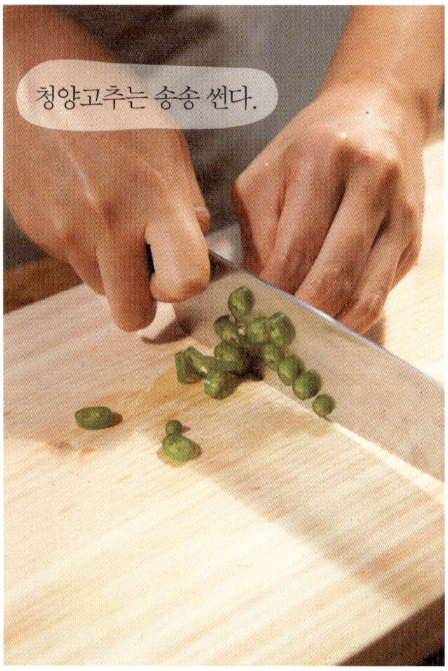
청양고추는 송송 썬다.

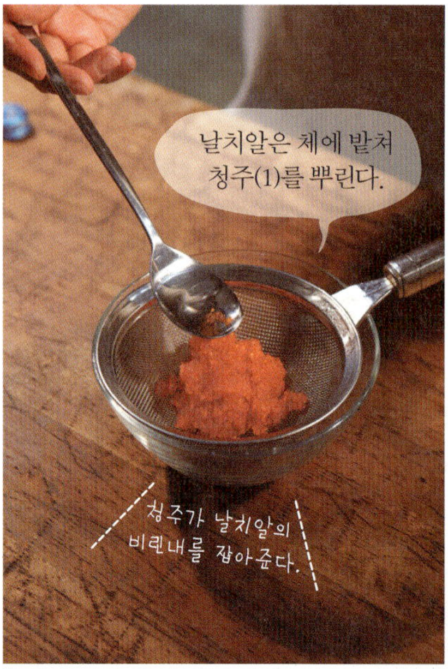
날치알은 체에 밭쳐 청주(1)를 뿌린다.
청주가 날치알의 비린내를 잡아준다.

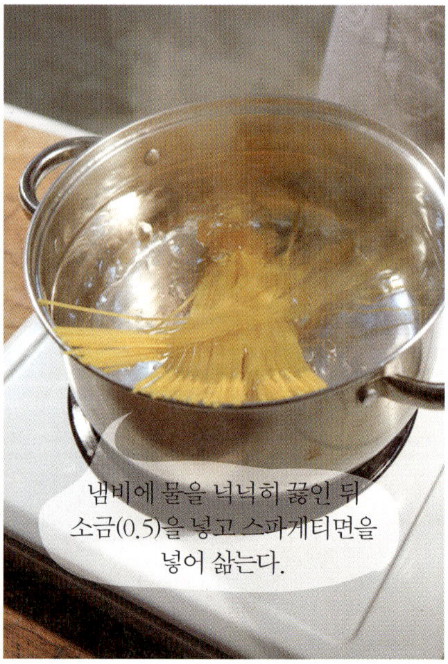
냄비에 물을 넉넉히 끓인 뒤 소금(0.5)을 넣고 스파게티면을 넣어 삶는다.

6~7분 정도 삶아 알단테 상태가 되면 건진다.

꼬들꼬들한 알단테로 삶아야 크림소스에 넣고 끓인 뒤에도 면이 퍼지지 않는다.

양파와 마늘은 볶으면 매운 향은 날아가고 단 맛이 우러난다.

팬에 올리브유(1)와 버터(0.5)를 두르고 양파와 마늘을 볶아 향을 낸다.

버섯과 청양고추를 넣어 살짝 볶는다.

우유와 생크림을 넣어 중간 불로 끓인다.

우유와 생크림은 2 : 1 비율로 섞었을 때 농도와 고소한 맛이 적당하다. 조금 더 고소한 맛을 원한다면 생크림의 비율을 높인다.

크림소스는 오래 끓이면 지방층이 분리된다. 빠르게 조리한다.

크림의 가장자리에 기포가 생기면 삶은 스파게티면을 넣어 잘 섞는다.

날치알을 넣고 섞는다.

소금(0.2), 후춧가루(0.1)를 뿌리고 파르메산치즈를 갈아 넣어 한 번 더 섞어 마무리한다.

간이 싱거우면 더 느끼하게 느껴진다. 취향에 맞게 소금으로 간을 맞춘다.

최후탈출 QUIZ

문제 Q 올 여름에는 태국으로 휴가를 떠나고 싶었던 A씨. 하지만 어영부영 늑장을 부리다 보니 비행기 표도 시간도 모두 떠나버려 결국 고향집에 내려와 동생과 함께 TV나 보는 신세가 되었다. 그래도 태국에 대한 미련을 버리지 못하고 태국 대표 음식 팟타이를 만들어 먹기로 한다. 마법의 소스 굴소스를 넣은 양념장으로 맛을 내고 완성된 팟타이를 그릇에 담는 A씨. 그런데 같이 먹자고 동생을 부르러 갔다 와 보니 국수가 서로 붙어 떡처럼 변해 있다.
만든 지 얼마 되지 않은 쌀국수가 서로 달라붙어 있었던 이유는?

보기
1. 쌀국수를 너무 오래 익혔다.
2. 설탕이 들어가 진득거렸다.
3. 태국산이 아닌 베트남산 쌀국수를 사용했다.
4. 마법의 소스 굴소스가 마법을 부렸다.

정답 A 1. 쌀국수를 너무 오래 익혔다.
쌀국수는 조금만 오래 익혀도 쌀에 함유된 전분이 호화되며 금방 서로 달라붙는다. 쌀국수를 불릴 때 뜨거운 물을 사용해도 마찬가지 현상이 나타난다. 시간이 조금 더 걸리더라도 찬물을 이용해 충분히 불리고, 불에 닿는 시간은 최대한 줄인다. 삶을 때도 마찬가지로 끓여서 익힌다기보다는 데친다는 생각으로 조리한다.

COOKING TIP

쌀국수는 다이어트 식품이 맞다, 아니다?

쌀국수는 쌀가루로 만들어 밀가루 국수에 비해 소화가 잘되는 것이 특징. 또한 밀가루로 만든 면보다는 칼로리가 상대적으로 낮아 다이어트 식재료로 소개가 되기도 했다. 하지만 쌀 역시도 칼로리를 무시할 수 없는 식재료라는 점을 간과해서는 안 된다. 100g에 300kcal 정도니 여기에 육수나 양념의 칼로리가 추가된다고 생각하면 쌀국수를 이용한 요리도 결코 저칼로리 요리라고는 할 수 없다. 어떤 요리든 과잉 섭취하면 좋지 않다는 것, 기억해 두자.

팟타이

더 매콤하게 만들고 싶을 땐 고추기름을 사용한다.
타이칠리는 마른 매운고추로 대체할 수 있다.

잊을 수 없는 태국의 맛
팟타이

필수 재료 쌀국수(1줌=80g), 마늘(2쪽), 양파(½개), 숙주나물(1줌=80g), 달걀(1개), 새우살(½컵)

선택 재료 두 가지 색 피망(각각 ½개씩), 타이칠리(3개)

양념장 설탕(0.5)+간장(1)+물(1)+굴소스(0.5)+후춧가루(약간)

양념 소금(약간), 후춧가루(약간), 고추기름(1)

쌀국수는 건조 상태와 면발의 굵기에 따라 종류가 다양하고, 제품마다 삶는 방법에 조금씩 차이가 있다. 일반적으로 볶음면에 많이 사용되는 납작한 건조쌀국수의 경우 찬물에 30분 정도 불린 뒤 바로 볶거나 끓는 물에 투명해지도록 살짝 데쳐 사용하면 적당하다.

START »

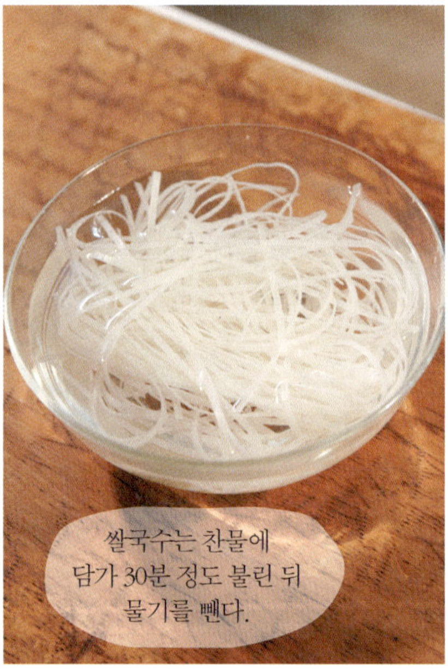

쌀국수는 찬물에 담가 30분 정도 불린 뒤 물기를 뺀다.

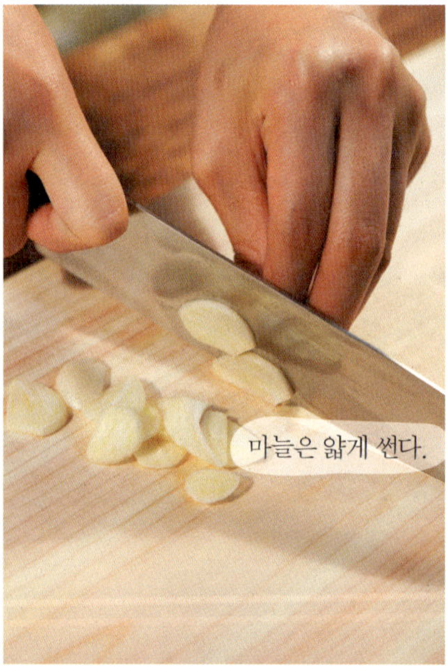

마늘은 얇게 썬다.

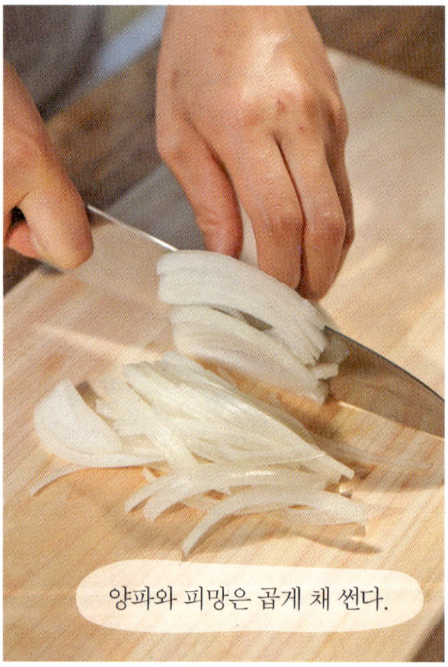

양파와 피망은 곱게 채 썬다.

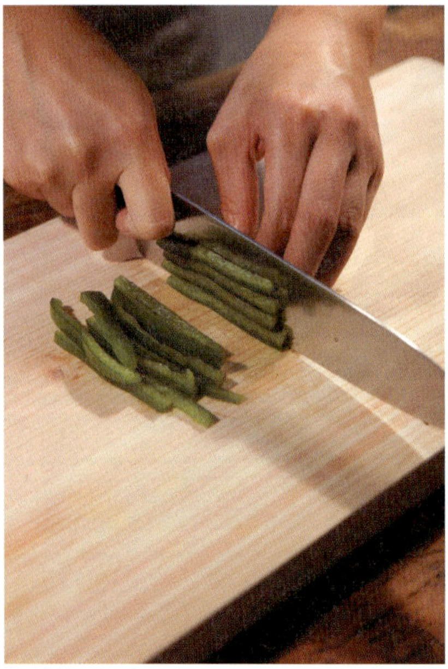

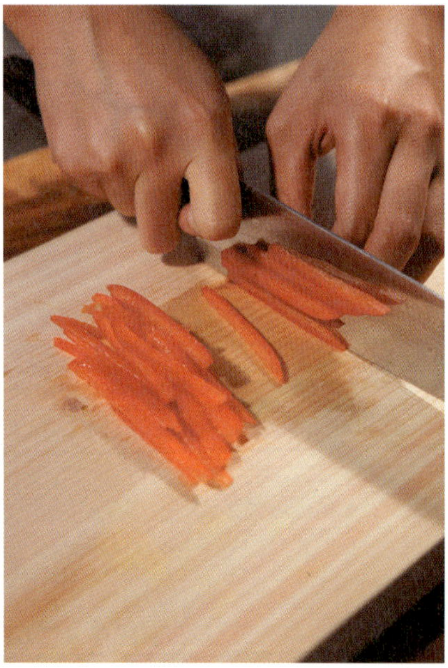

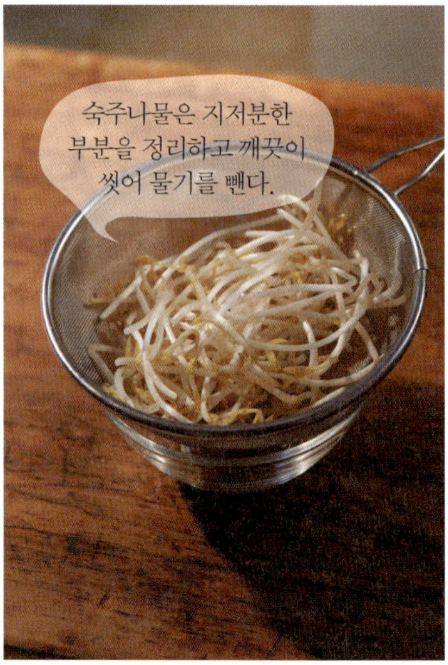

숙주나물은 지저분한 부분을 정리하고 깨끗이 씻어 물기를 뺀다.

SOUP

PAN-FRY   STEW   KIMCHI

STEAMED   SEASONED   NOODLE

LEVEL 5
엄마요리

초보탈출 Quiz

문제 Q 아삭하고 시원한 오이를 유독 좋아하는 A씨. 이런 A씨를 위해 어머니는 여름이면 빼놓지 않고 오이소박이를 만들어 주셨다. 하지만 자취생활을 시작하고는 더 이상 맛볼 수 없게 되었다. 밥을 먹을 때마다 점점 간절해지는 오이소박이 생각에 결국 직접 만들기로 마음먹는다. 세일하는 오이를 구입해 굵은 소금으로 문질러 씻고, 전화로 물어 물어가며 요리를 완성하는 A씨! 그러나 기분 좋게 맛을 본 A씨의 표정이 심상치 않다. 입 안 가득 오이의 상큼한 향 대신 풋내가 퍼지는 건 왜일까?

보기
1. 김치 소에 고춧가루를 너무 많이 넣었다.
2. 오이를 소금물에 오래 절였다.
3. 김치 소를 빡빡 고루 버무렸다.
4. 칼집을 너무 깊게 냈다.

정답 A 3. 김치 소를 빡빡 고루 버무렸다.

오이김치에는 소 재료로 부추가 사용된다. 여린 푸른잎 채소라 버무리다 상처가 생기면 풋내가 나게 된다. 이 풋내는 김치가 다 익어도 없어지지 않는다. 따라서 부추를 손질하고 버무리는 과정에서 너무 힘을 주거나 거칠게 다루는 건 금물이다. 정성 들여 만든 음식을 망치지 않도록 최대한 살살 다루는 게 중요하다.

COOKING TIP

오이소박이, 간편하게 만들고 쉽게 먹는 아이디어

오이소박이를 만들 때 소를 더 쉽게 채워 넣을 수 있는 아이디어가 화제다. 이밥차의 까다로운 검증을 거쳐 채택된 방법이니 따라해 봐도 좋을 것. 오이를 3~4등분해 끝에 여분을 남기고 칼집을 넣었던 기존의 방식과 달리 자르지 않은 통오이에 길게 칼집을 넣는다. 열십자로 칼집을 넣은 뒤 여분이 있는 끝부분을 쥐고 오이를 들면 바나나 알맹이가 빠져나간 바나나 껍질 모양이 된다. 그 위에 부추소를 듬뿍 올리고 다른 손으로 오이를 오므린 뒤 오이를 훑어내면 소가 오이 전체에 고루 들어가게 된다. 그대로 보관통에 담아두고 먹을 땐 한입 길이로 잘라낸다.

오이소박이

오이소박이용으로는 청오이보다 백오이가 더 잘 어울린다.
청오이보다 쓴맛이 덜하고 껍질이 얇으며 물이 많아 시원하다.

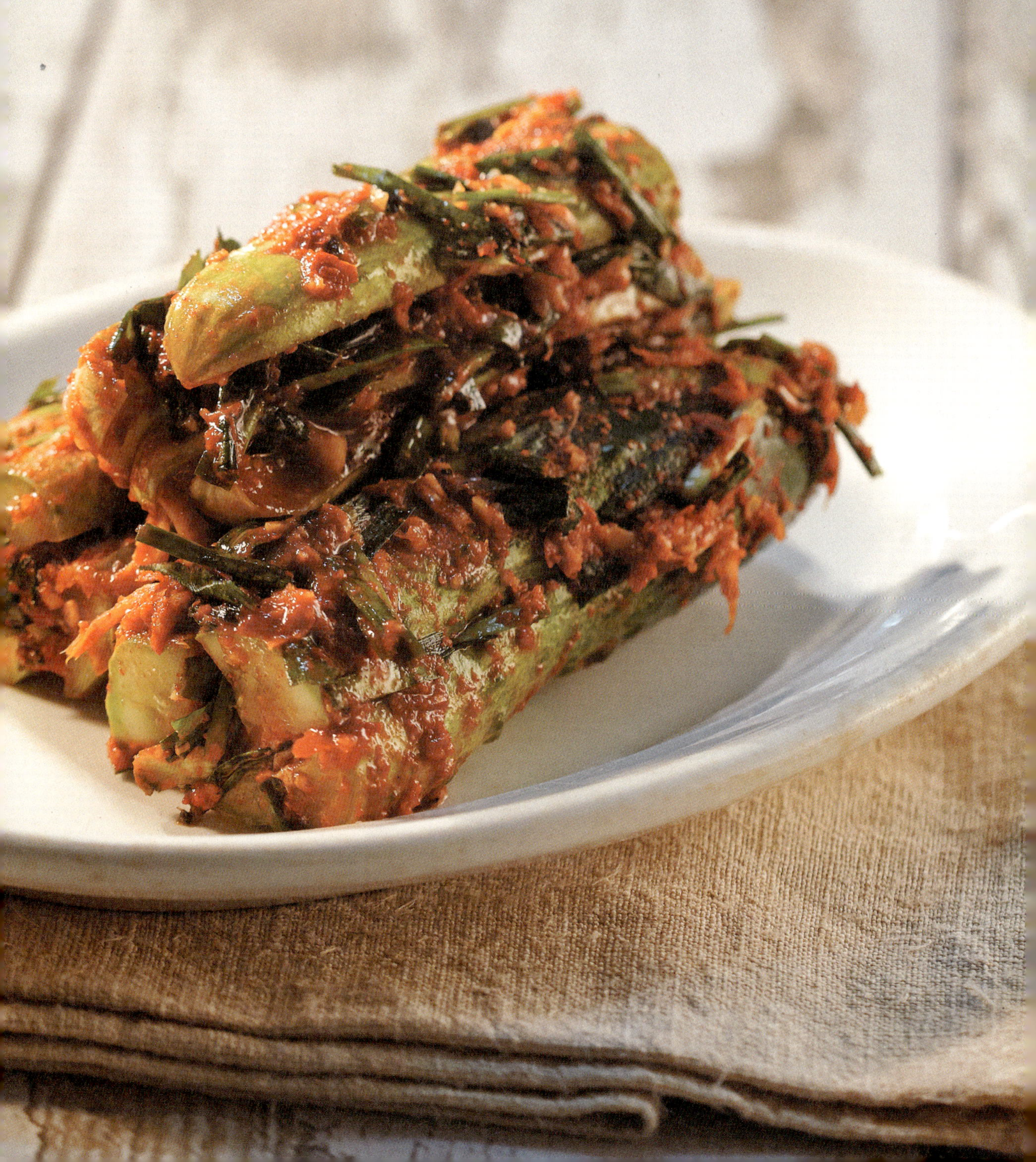

여름철 밥상에 빠질 수 없는
오이소박이

필수 재료 오이(5개=1kg), 굵은 소금(2),
부추(2줌=100g)
절임물 굵은 소금(⅓컵)+물(5컵)
양념장 설탕(2)+고춧가루(3)+
마른 고추 간 것(3)+멸치액젓(2)+
새우젓(3)+다진 마늘(1)+다진 생강(0.3)

마른 고추는 물에 불려 간다.

백오이가 많이 나는 여름에 만들면 좋은 별미 김치. 다른 김치에 비해 빨리 시어지므로 먹을 만큼만 조금씩 담근다. 오이를 잘 절이는 것이 아삭한 소박이 만들기의 핵심이다. 오이소박이나 고추김치처럼 재료의 아삭함을 살려야 할 땐 뜨거운 소금물에 절이는 방법을 사용한다. 고춧가루가 들어가는 양념장은 먼저 섞은 뒤 부추를 넣고 살살 버무려야 양념이 겉돌지 않고 풋내가 나지 않는다.

START »

오이는 굵은 소금을 묻혀 비벼 씻는다.
오이가 너무 굵으면 속에 씨가 많이 들어 있어 수분 때문에 아삭하지 않다. 적당히 굵고 모양이 곧은 것으로 구입한다.

한쪽 끝부분에 여분을 남기고 길게 열십자(+)로 칼집을 넣는다.

뜨거운 절임물을 부어 절이면 오이의 아삭함이 오래간다. 무거운 돌이나 그릇으로 눌러 오이가 절임물에 푹 잠기도록 한다.

절임물을 끓여 오이에 붓고 1시간 정도 절인다.

중간에 1~2번 위아래를 바꿔준다.

부추는 2~3cm 길이로 짧게 썬다.

마른 고추를 물에 담가 부드럽게 불린 뒤 갈아서 쓰면 김치의 색이 선명하고 양념 맛이 텁텁하지 않다.

양념장을 섞는다.

양념장에 부추를 넣어 살살 버무려 소를 만든다.

절인 오이는 물에 여러 번 씻고 물기를 제거한다.

세게 힘을 주어 섞으면 부추가 물러지며 풋내가 나게 된다. 김치가 익어도 풋내는 없어지지 않으니 조심하자.

오이의 칼집 안쪽에 소를 채워 넣고 손으로 훑어 내린다.

칼집 안쪽에 소를 넉넉히 넣은 뒤 찢체쪽으로 손으로 훑어내리면 속이 고루 채워진다.

보관통에 담은 뒤 남은 소에 물과 소금(약간)을 섞어 오이소박이 위에 부어 마무리한다.

실온에서 반나절 정도 두었다가 냉장실에서 2~3일간 숙성시켜 먹는다.

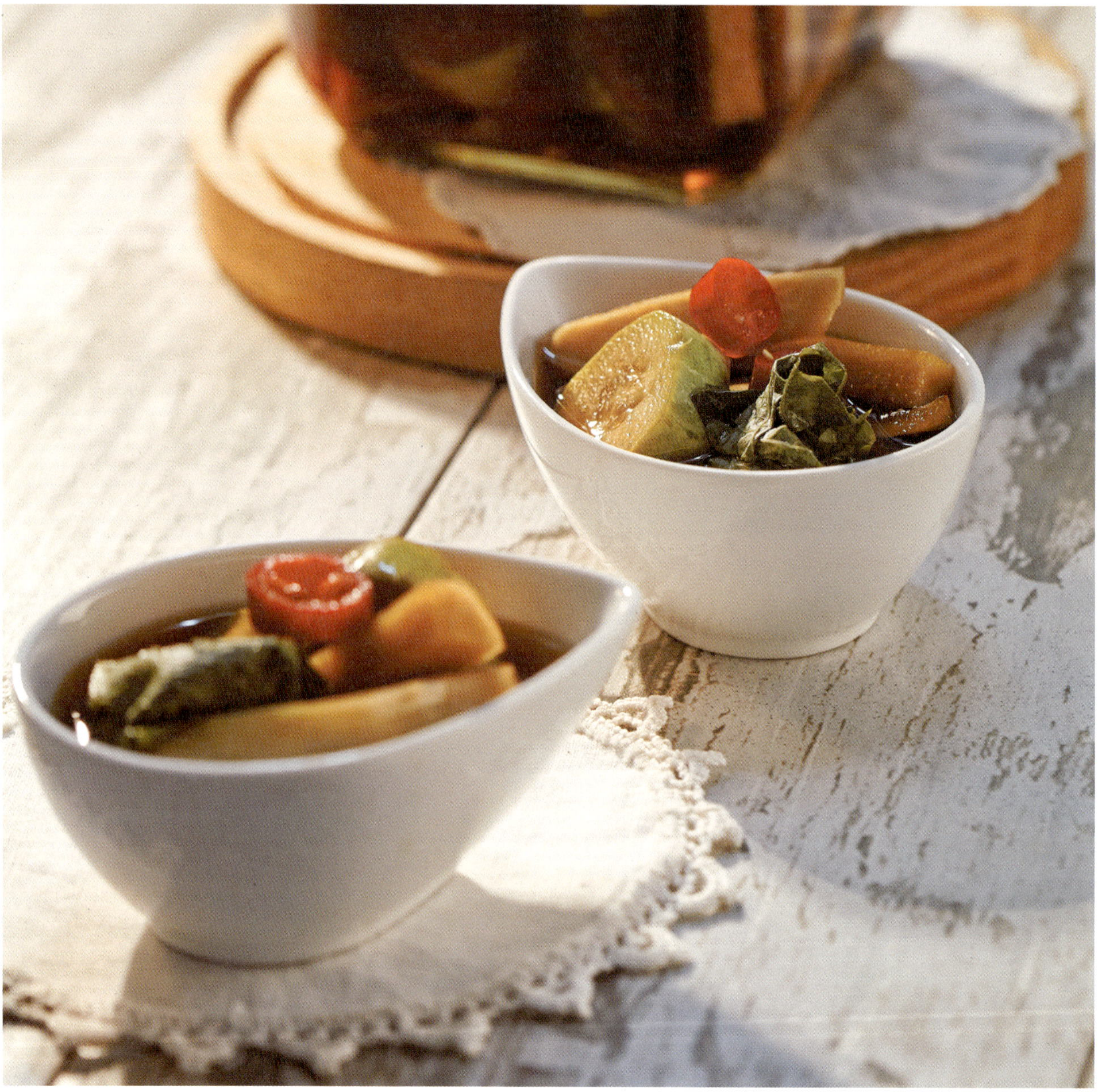

채소의 아삭함을 오래오래

간장장아찌

필수 재료 무(2토막=300g), 양파(1개), 오이(2개)
선택 재료 깻잎(1묶음=20장), 붉은고추(1개)
절임장 설탕(½컵=100g)+간장(1컵)+식초(1컵)+청주(½컵)+물(1½컵)

어머니가 철마다 빼놓지 않고 꼭 만들어 주시는 반찬이 바로 김치와 장아찌다. 특히 장아찌는 생각보다 만들기 쉽고 레시피만 익혀 두면 재료를 다양하게 바꿔가며 활용할 수 있다. 장아찌를 오래 두고 먹을 경우 채소에서 수분이 나와 절임물이 희석되므로 열흘에서 보름 정도가 흐른 뒤 국물만 따라내 다시 끓이고 채소에 붓는다. 국물만 남아 채소를 더 넣고 싶은 경우에도 절임물을 다시 끓여 새 채소를 절이면 된다.

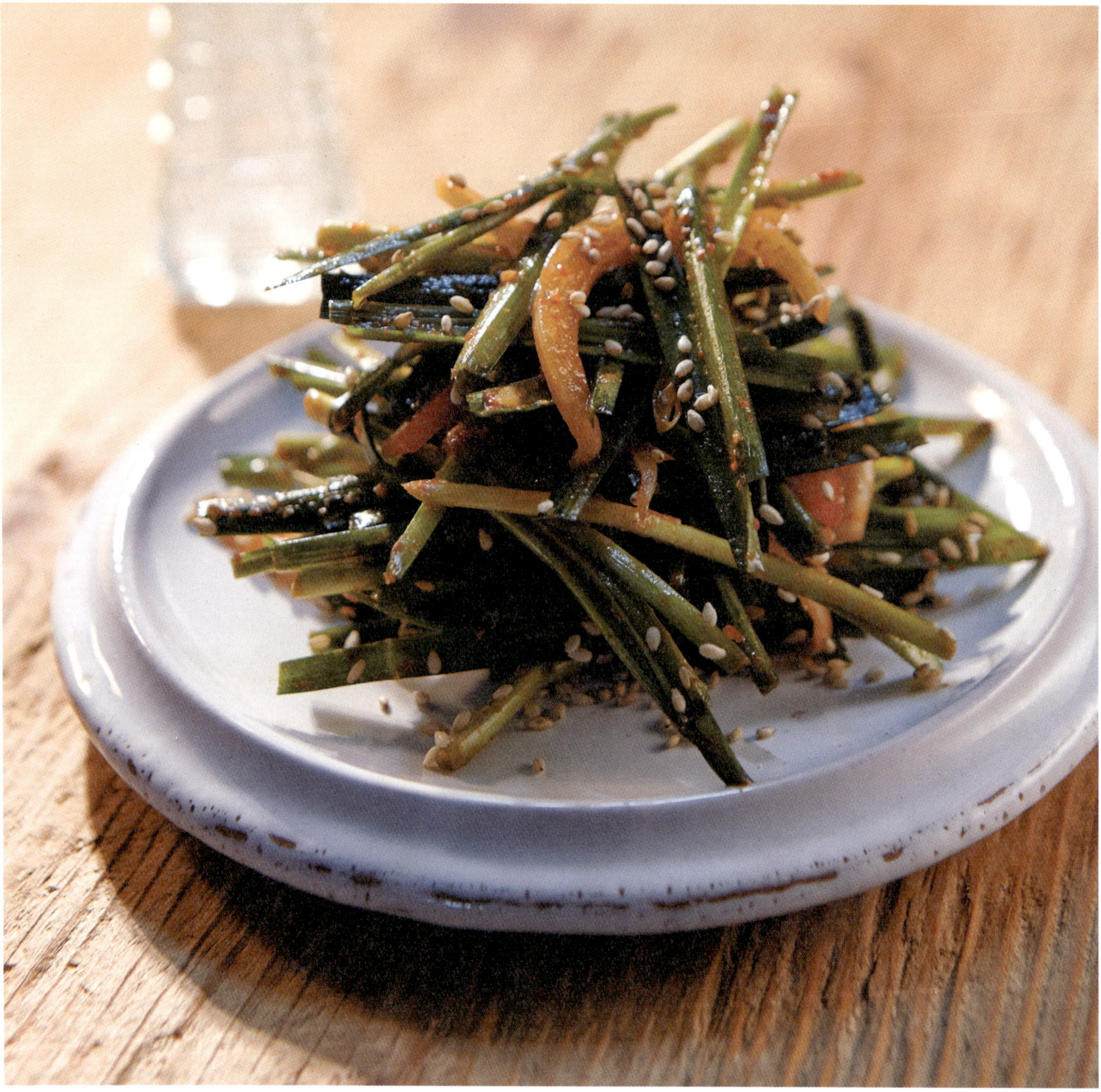

고기 요리에 곁들이면 최고!
부추겉절이

필수 재료 부추(2줌=100g), 양파(½개)
선택 재료 붉은 파프리카(½개)
양념장 설탕(1)+고춧가루(1.5)+멸치액젓(1)+
간장(0.7)+식초(1)+참기름(1)+
부순 참깨(1)

싱싱하고 향긋한 맛이 일품인 부추. 혈액순환을 돕는 영양 만점 채소로 남자에게 특히 좋아 '밭에서 나는 장어'라고도 불린다. 김치를 담가도 좋지만 적은 양씩 그때그때 겉절이로 무쳐 먹으면 아삭한 식감을 그대로 느낄 수 있다. 부추처럼 여린 푸른잎 채소는 조리할 때 잎이 상하지 않도록 조심해야 한다. 너무 세게 버무리면 풋내가 날 수 있기 때문. 또 미리 양념하면 숨이 죽어 식감이 좋지 않으니 먹기 직전 살살 버무린다.

START »

부추는 깨끗이 헹궈 물기를 뺀다.

볼을 물을 넉넉히 받아 부추를 가지런히 놓고 손으로 살살 흔들어가며 지저분한 것을 제거한다.

6cm 길이로 썬다.

양파와 파프리카는 곱게 채 썬다.

파프리카는 속씨를 제거하고 채 썬다. 두꺼울 경우 속 부분을 살짝 쳐내며 사용한다.

양념장을 섞는다.

양념장에 모든 재료를 넣어 가볍게 버무려 마무리한다.

잎이 상하지 않도록 살살 버무려야 풋내가 나지 않는다.

초보탈출 QUIZ

문제 Q 올해는 바빠서 김장을 한 해 쉬기로 했다는 엄마의 연락을 받은 A씨. 김치 없는 밥상은 상상조차 할 수 없는 토종 한국인 A씨에겐 청천벽력 같은 소식. 남들처럼 사 먹을까 생각도 했지만 이 기회에 엄마의 김치 레시피를 전수받는 것도 나쁘지 않을 것 같다는 생각에 결국 직접 담그기로 한다. 엄마를 닦달해 시골표 고춧가루까지 얻어낸 A씨. 그녀의 인생 1호 배추김치를 담근다. 천일염으로 배추를 절이고 양념을 만들며 반나절을 보내고. 드디어 완성된 김치의 맛을 보는데! 분명 엄마의 레시피대로 했는데도 뭔가 싱겁고 낯선 맛이 난다. 왜 그럴까?

보기
1. 고춧가루가 너무 매웠다.
2. 배추 크기에 맞게 절임물의 양을 늘리지 않았다.
3. 속이 꽉 찬 고랭지 배추를 사용했다.
4. 원래 처음 하는 김장은 망하는 법이다.

정답 A 2. 배추 크기에 맞게 절임물의 양을 늘리지 않았다.

김치가 맛이 없을 때 양념장을 탓하기 쉽지만 사실 기본 재료만 맞게 넣는다면 오히려 실수할 부분이 적다. 반면 배추 절이는 과정은 사용하는 소금부터 절이는 과정 하나하나를 상황에 맞게 잘 판단해서 조절해야 한다. 우선 절일 때 사용하는 소금(천일염)은 간수를 뺀 것으로 해야 쓴맛이 나지 않는다. 또, 배추의 크기가 매번 달라지므로 크기에 따라 절임물의 양과 절이는 시간을 조절한다. 휘어 봤을 때 탱탱한 탄력이 느껴지는 정도가 되는 것이 중요하다.

COOKING TIP

남은 배추, 어떻게 활용할까?

김장 후 남은 배춧잎, 버리기 아까워 일단 모아 두었다면 쏠쏠한 활용팁을 참고해 보자. 부침가루 옷을 입혀 배추전을 부쳐도 좋고, 갖은 양념에 버무려 무침을 만들어도 된다. 된장국, 샤브샤브 등에 넣어도 맛있다. 양이 많다면 시래기를 만들면 좋은데, 끓는 물에 10분 정도 삶아 찬물에 헹구고 채반에 넣어 겨울철엔 40분 정도 말리면 된다. 삶아서 말릴 경우 비타민C 손실이 적고 수분이 잘 빠져 말린 뒤에 부스러지지 않는다. 끓이지 않고 바로 말려도 되는데 말리는 과정에서 비타민D가 활성화되어 조직이 더 부드럽다.

배추김치 KIMCHI

김치만 넉넉히 만들어 두면 국, 찌개, 찜, 부침, 볶음요리까지
일년 내내 맛있는 반찬을 맛볼 수 있다.

손맛의 척도!
배추김치

필수 재료 배추(2포기=5kg),
굵은 소금(2컵=300g), 무(1kg),
양파(1개), 쪽파(1줌=80g),
갓(1줌=150g)
선택 재료 굴(1/2 컵)
찹쌀풀 재료 물(2컵), 찹쌀가루(2)
양념장 고춧가루(2컵)+사과 간 것(1컵)+
멸치 액젓(1/2 컵)+새우젓(1/2 컵)+
다진 마늘(1/2 컵)+설탕(4)+다진 생강(1.5)

배추를 절일 땐 간수를 충분히 뺀 천일염을 사용한다. 간수가 덜 빠진 경우 쓴맛이 날 수 있고, 천일염이 아닌 꽃소금 등의 정제염을 사용하면 김치가 쉽게 무른다.
김장용 배추는 속이 꽉 찬 것이 아삭하고 단맛이 나 맛있다. 배추 크기에 따라 절이는 시간과 물의 양을 조절해야 한다. 잎을 휘어봤을 때 탱탱한 탄력이 느껴지는 상태가 되도록 잘 살펴봐가며 절인다. 양념장은 찹쌀풀로 끈기를 더해줘야 흘러내리지 않고 배추와 잘 어우러진다. 배추김치처럼 양념이 진하게 들어갈 경우 끈기가 강한 찹쌀풀을, 얼갈이나 열무김치처럼 심심하고 시원하게 먹을 경우 밀가루풀을 사용하는 것이 일반적이다.

START »

배추는 겉잎을 떼고 밑동의 지저분한 부분을 제거한 뒤 길게 반 가른다.

밑동 쪽에 깊게 칼집을 넣고 손으로 벌려 반으로 가른다. 포기가 큰 경우 한 번 더 칼집을 깊게 넣거나 4등분한다.

물에 헹궈 물기를 뺀다.

큰 볼에 물(2L)과 소금(1컵=150g)을 넣고 섞은 뒤 배추를 담가 적신다.

절임물의 양은 배추의 크기에 따라 조절한다. 배추가 절임물에 충분히 잠길 수 있어야 한다.

자른 단면이 위로 향하게 하여 다른 볼로 옮기고 남은 절임물을 붓는다.

굴은 소금물(물3컵+소금0.5)에 흔들어 씻어 물기를 뺀다.

양념장을 섞는다.

식힌 찹쌀풀을 넣어 섞는다.

배추에 양념장을 묻히기 쉽도록 찹쌀풀로 되직하게 농도를 맞춘다. 찹쌀풀은 김치의 숙성을 도와준다.

무채를 넣어 섞은 뒤 나머지 채소와 굴을 넣고 버무려 소를 만든다.

절인 배추 사이사이에 소를 채워 넣고 겉을 가볍게 훑어 낸다.

김치통에 차곡차곡 담은 뒤 남은 양념장을 넣고 겉잎 절여둔 것으로 위를 꼼꼼히 감싸 마무리한다.

공기와의 접촉을 차단해야 김치가 빨리 시지 않는다.

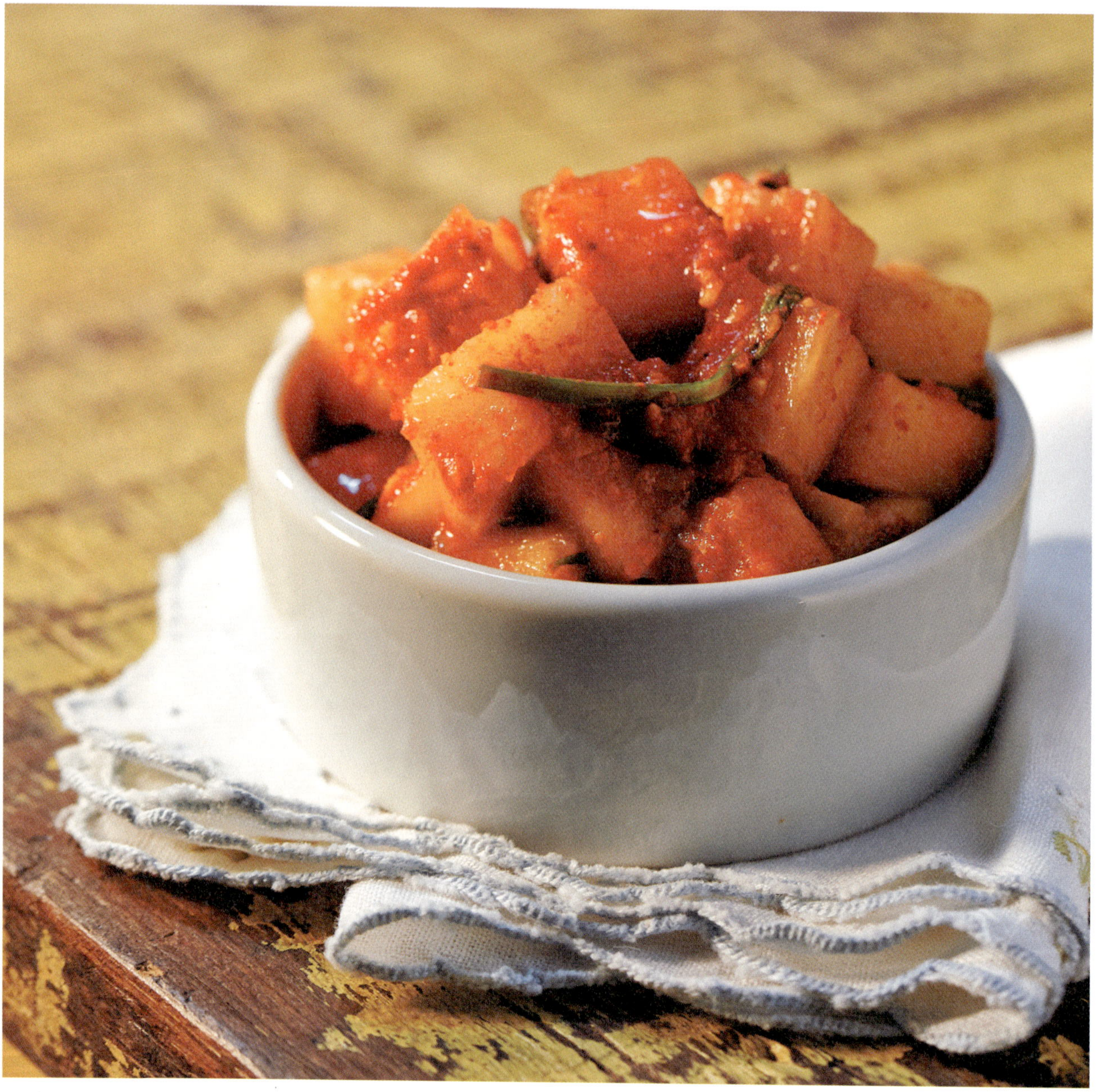

아삭 시원 질리지 않는 맛
깍두기

필수 재료 무(1개=2kg), 쪽파(½줌)
절임물 물(1½ 컵)+설탕(2)+굵은 소금(5)
양념장 설탕(3)+고춧가루(7)+까나리액젓(1.5)+
　　　　새우젓(2)+다진 마늘(2)+양파 간 것(3)+
　　　　다진 생강(0.5)+매실청(3)

절이는 중간 중간 위아래를 섞어 고루 절여질 수 있게 한다. 무가 갖고 있는 수분의 정도에 따라 절이는 시간을 조절해 약간 탄력이 생길 정도로 절인다. 단맛이 좋은 가을 무를 사용할 경우 절임물에서 설탕은 생략해도 좋다. 단맛이 덜하고 떫은 무는 설탕이나 사이다를 섞어 절이면 매운맛을 중화해 준다. 두고 먹을 경우 큰 상관 없지만 바로 상에 낼 경우 고춧가루로 먼저 버무려 색을 입힌 뒤 나머지 양념장 재료와 버무리는 게 더 보기 좋다.

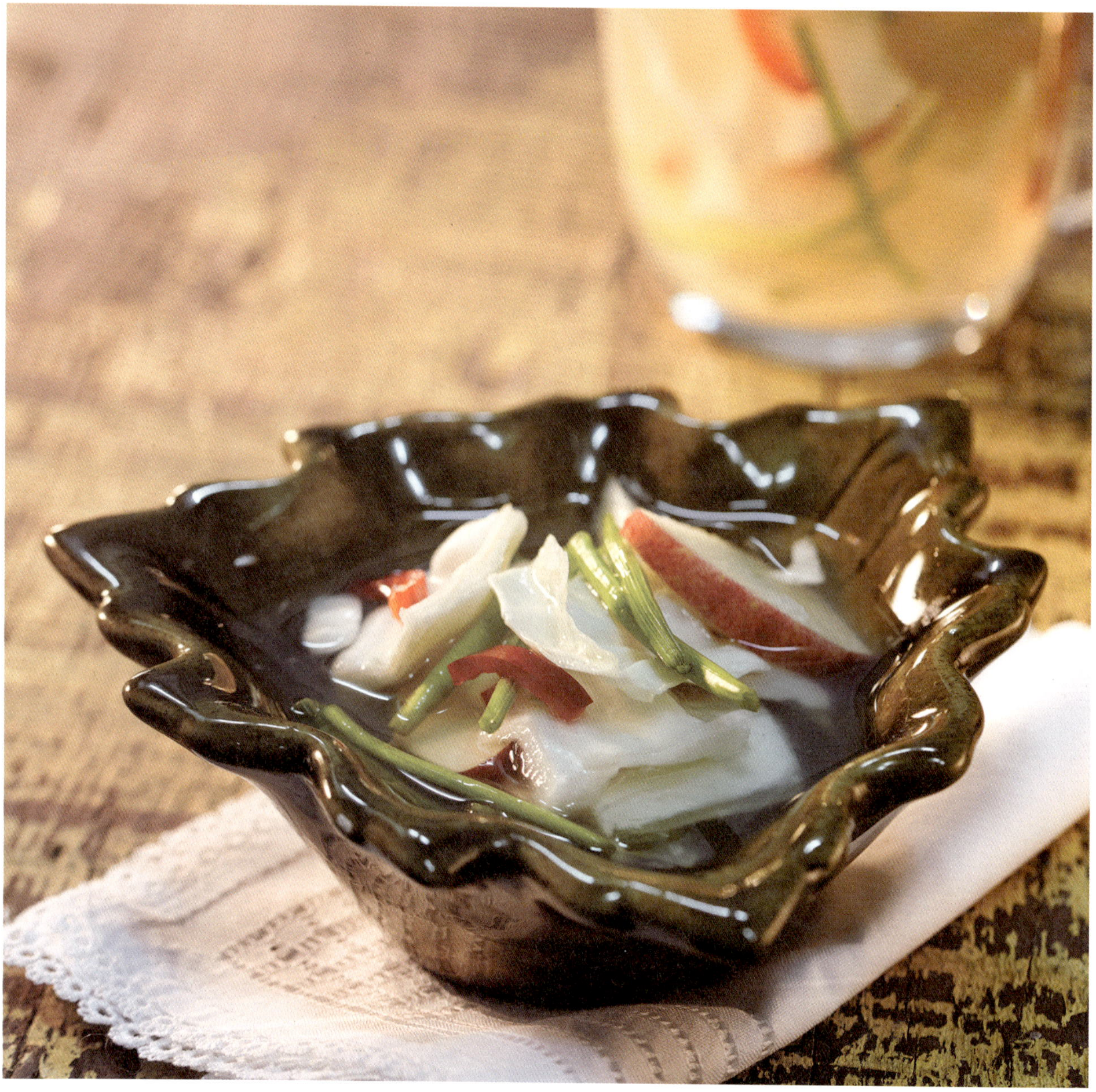

만들어 바로 먹는
양배추물김치

필수 재료 양배추(½통=500g), 사과(1개=200g), 미나리(½줌)
선택 재료 붉은 고추(1½개)
국물 재료 배(½개=200g), 양파(½개), 마늘(3쪽), 생강(½쪽), 설탕(1), 소금(2), 매실청(3)

양배추, 사과 등 채소와 과일은 시간이 지나면 수분이 빠져나와 국물의 간을 희석시킨다. 때문에 처음에 국물 간을 약간 세게 맞춰야 익었을 때 간이 맞는다. 사과와 양배추는 오래두면 푸석해지거나 물러지기 쉬운 재료라 처음부터 소량만 만들고, 바로 먹거나 하루 정도 상온에서 숙성시켜 빨리 먹는 것이 좋다.

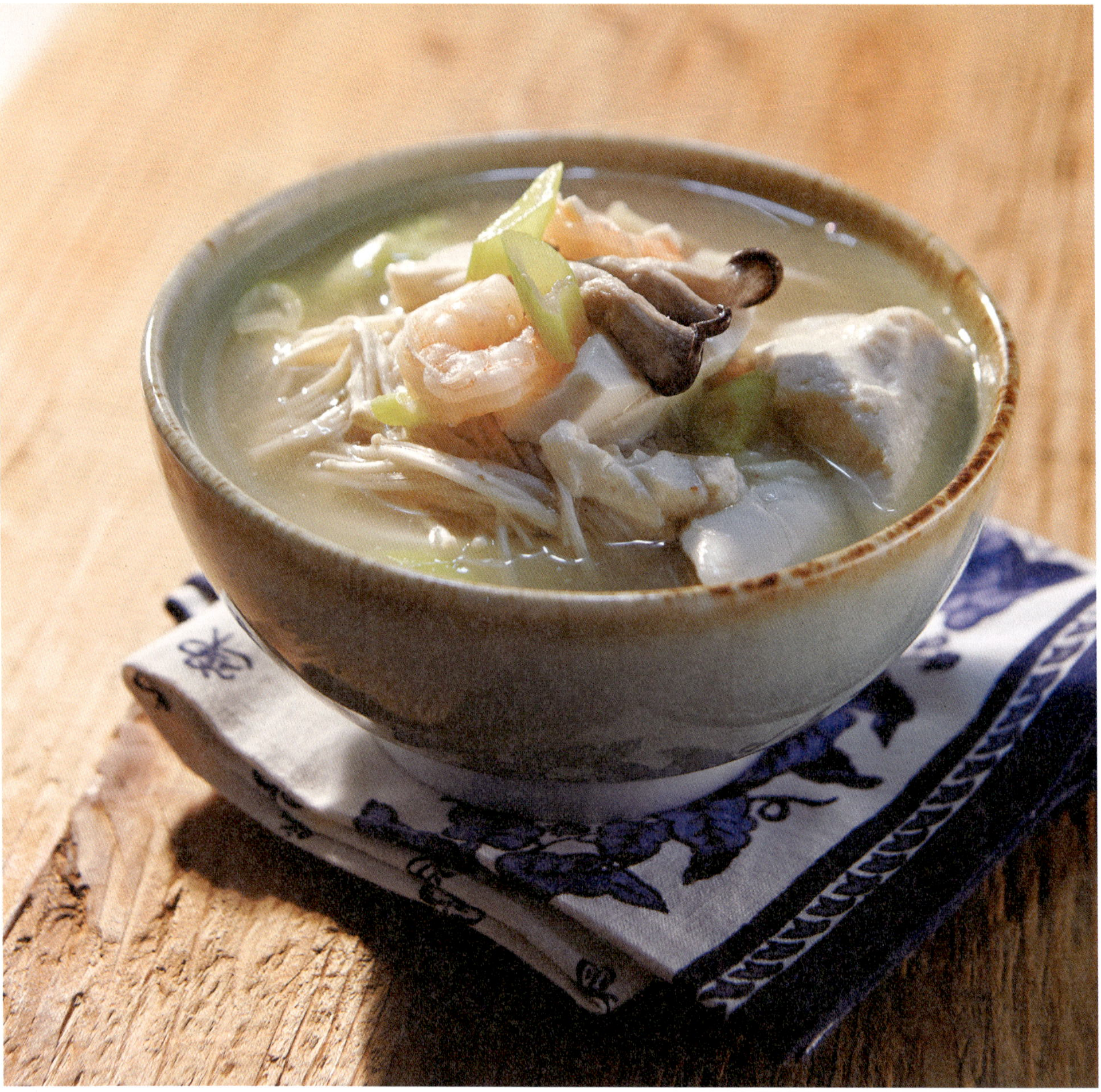

숙취 있는 아빠도 아직 어린 아이도 오케이!
백순두부찌개

필수 재료 느타리버섯(1줌= 100g), 대파(10cm),
　　　　　순두부(1팩=350g)
선택 재료 팽이버섯(1줌=100g), 새우살(½컵)
황태육수 재료 황태머리(1개),
　　　　　다시마(1장=10X10cm),
　　　　　무(½토막=75g)
양념 들깻가루(1.5), 새우젓(1), 국간장(0.3),
　　　다진 마늘(0.3), 소금(약간), 후춧가루(약간)

두부와 각종 버섯, 들깨가 들어가 고소하고 소화가 잘 된다. 국물이 맵지 않아 아이가 있는 집에서 끓여도 좋다. 황태 머리를 이용해 육수를 내면 깊은 감칠맛을 낼 수 있다. 황태 육수는 특히 묵밥이나 순두부찌개 등 담백한 재료와 잘 어울린다.
시원한 국물맛을 해치지 않도록 간은 새우젓이나 소금 등으로 깔끔하게 한다.

START »

느타리버섯과 팽이버섯은 밑동을 제거해 굵게 찢는다.

대파는 어슷 썬다.

새우살은 소금물에 헹궈 씻은 뒤 체에 밭쳐 물기를 뺀다.

냄비에 물(4½컵)과 **황태육수 재료**를 넣어 끓인다.

중간 불에서 끓어오르면 다시마를 건진 뒤 중약 불로 10분간 더 끓여 건더기를 건진다.

육수(3컵)에 순두부를 넣어 중간 불로 끓인다.

덩어리가 살아 있도록 많이 젓지 않는다.

끓어오르면 버섯과 새우를 넣는다.

다시 끓어오르면 대파와 **양념**을 넣어 한 번 더 끓여 마무리한다.

초보탈출 Quiz

문제 Q 맛집 소개 프로그램을 보고 있던 A씨. 꽃게 다리를 쪽쪽 빨며 맛있게 해물탕을 먹는 연예인의 모습을 보니 덩달아 군침이 돈다. 결국 참지 못하고 한걸음에 달려가 재료를 구입. 환상적인 국물의 비결이라는 육수도 따라 끓이며 열심히 만든다. 그런데 보글보글 끓는 해물탕이 어딘지 이상하다. 끓일수록 국물 위로 알 수 없는 이물질이 떠오르는 것! 많은 비용과 수고가 들어간 해물탕이 실패의 위기에 놓인 이유는?

보기
1. 새우가 알을 품고 있었다.
2. 꽃게를 대충 손질했다.
3. 물을 너무 뜨겁게 끓였다.
4. 고춧가루의 씨를 털어내지 않았다.

정답 A 2. 꽃게를 대충 손질했다.

겉으로 보면 매끈하고 깨끗해 보이지만 의외로 꽃게에는 구석구석 씻을 부분이 많다. 솔을 이용해 흐르는 물에 헹궈가며 충분히 씻지 않으면 끓이는 과정에서 육안으로는 미처 살피지 못했던 이물질이 배출되어 국물 위로 떠오를 수 있다. 껍질을 만만하게 보고 대충 손으로 문질러 씻는다면 요리가 완성되어 갈 때 후회할 수 있다. 전용솔이 없다면 깨끗한 칫솔을 이용해 겉껍질은 물론 관절 사이사이와 입, 배딱지 안 등을 깨끗하게 문질러 닦는다.

COOKING TIP

맛의 포텐이 터진다! 간장게장

필수 재료
꽃게(중간 크기 4마리=1kg), 레몬(1개)

양념간장
마늘(5쪽), 얇게 썬 생강(30g), 마른 고추(3개), 청양고추(3개), 진간장(2½컵), 맛술(1½컵), 다시마육수(4½컵), 국간장(2큰술), 까나리액젓(2큰술)

1. 게는 솔로 깨끗이 닦아 손질하고, 레몬은 껍질을 잘 닦아 반으로 자른다.
2. 냄비에 **양념간장**을 넣고 팔팔 끓인다.
3. 보관통에 손질한 게와 레몬을 넣고 끓인 양념간장을 부어 냉장실에서 3일간 숙성시켜 마무리한다.

해물탕

STEW

해물이 풍부하게 들어간 요리는 재료만 잘 손질해 넣어도 시원하고 얼큰한 맛이 난다.
꽃게의 달큰한 맛이 배어나와 마지막 한 방울까지 놓칠 수 없는 맛!

국물이 더 맛있는
해물탕

필수 재료 청양고추(1개), 대파(10cm), 꽃게(2마리), 조개(바지락. 홍합 등 1½컵), 새우(4마리), 낙지(2마리), 쑥갓(1줌)

선택 재료 붉은 고추(1개), 어묵(적당량)

육수 재료 무(⅓토막=100g), 마른 고추(2개), 국물용 멸치(10마리)

양념장 고춧가루(1.5)+국간장(1)+청주(1)+다진 마늘(0.5)+고추장(0.3)+된장(1)+후춧가루(약간)

꽃게와 새우가 들어간 해물탕은 고추장으로 얼큰한 맛을 내고 된장으로 구수함을 더했을 때 가장 맛있다. 무를 넣어 시원함을 가미하고 해산물의 비린향은 마른 고추의 은은한 매운 향으로 잡았다. 해물은 취향에 따라 다양하게 선택하는데, 꽃게는 꼭 들어가야 국물에 달달한 감칠맛이 돈다.

START »

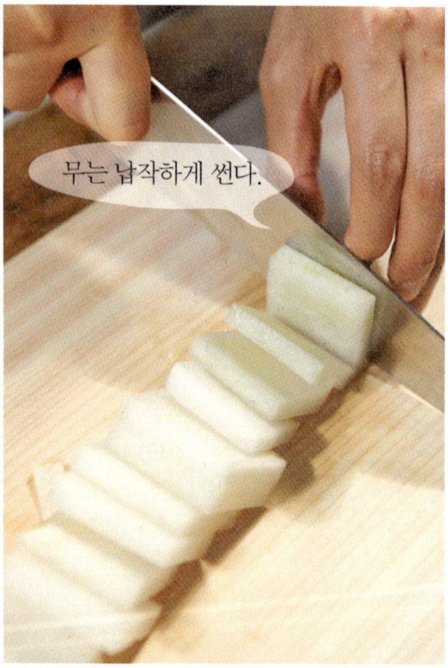

무는 납작하게 썬다.

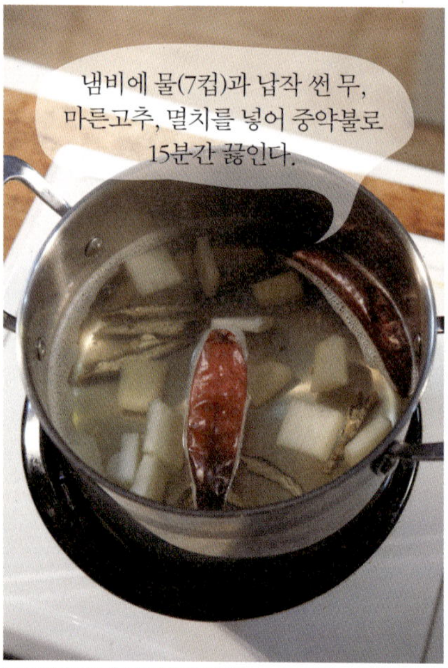

냄비에 물(7컵)과 납작 썬 무, 마른고추, 멸치를 넣어 중약불로 15분간 끓인다.

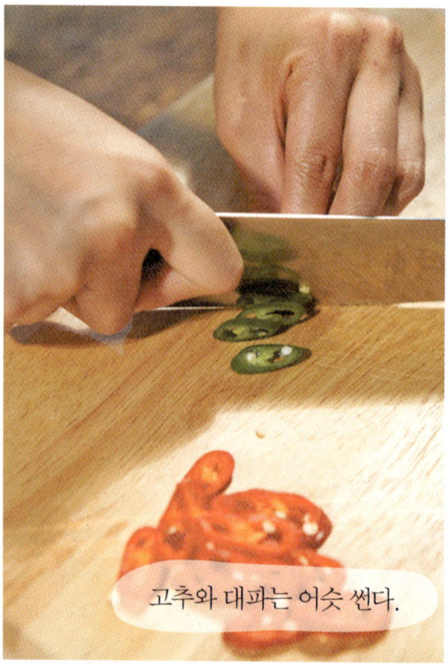

고추와 대파는 어슷 썬다.

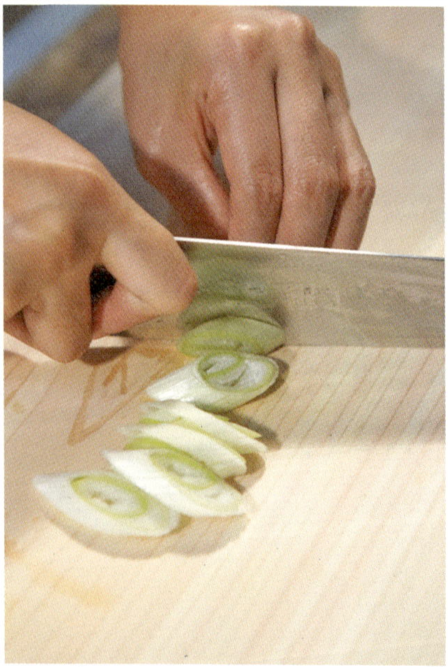

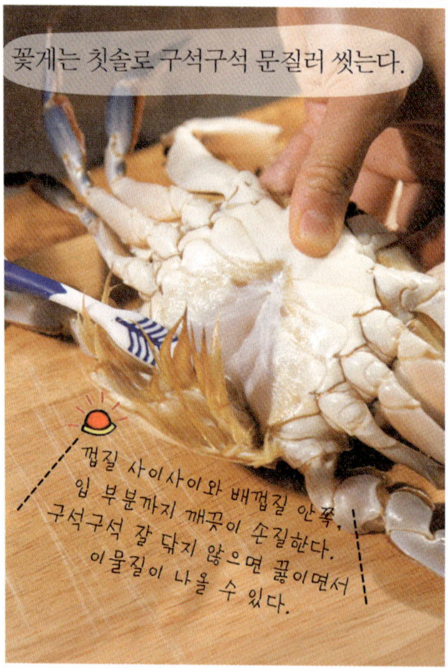

꽃게는 칫솔로 구석구석 문질러 씻는다.

껍질 사이사이와 배껍질 안쪽, 입 부분까지 깨끗이 손질한다. 구석구석 잘 닦지 않으면 끓이면서 이물질이 나올 수 있다.

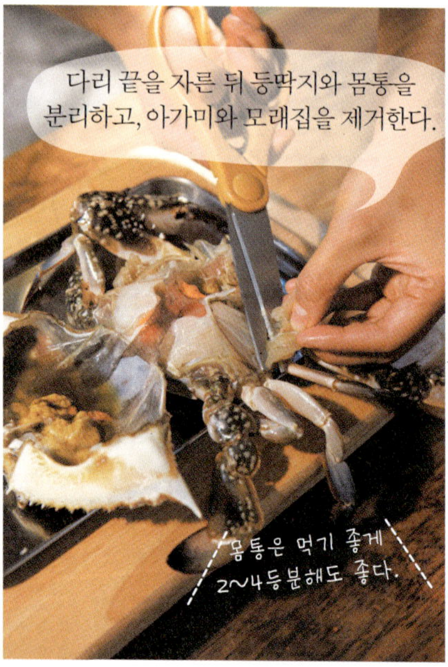

다리 끝을 자른 뒤 등딱지와 몸통을 분리하고, 아가미와 모래집을 제거한다.

몸통은 먹기 좋게 2~4등분해도 좋다.

초보탈출 Quiz

문제 Q
명절만 되면 머리가 지끈지끈 아파 온다는 엄마의 말에 이번엔 몇 가지 요리를 자신이 맡겠다고 선언한 A씨. '이제 시집 보내도 되겠다'는 아빠로선 파격적인 칭찬까지 들었다. 그간 갈고 닦은 요리 솜씨를 자랑하며 심혈을 기울여 갈비찜을 만들고, 뻔하지 않게 낙지까지 넣어 완성한 뒤 근사한 향과 모양에 감탄한다. 가족들을 식탁으로 불러모아 드디어 맛을 보는데……. 갈비에서 살이 분리되지 않을 정도로 질긴 고기 때문에 온 가족이 질겅질겅 고기를 씹고만 있다. A씨가 만든 갈비찜이 가족의 턱관절 건강을 위협하게 된 이유는 무엇일까?

보기
1. 양념장을 너무 달게 만들었다.
2. 고기를 연하게 만들기 위해 바나나와 멜론을 넣었다.
3. 낙지를 밀가루로 깨끗이 씻지 않았다.
4. A씨에게 명절요리는 아직 무리수였다.

정답 A
2. 고기를 연하게 만들기 위해 바나나와 멜론을 넣었다.

과일을 갈아 넣은 양념장에 고기를 재우면 육질이 부드러워진다는 것은 아마 대부분의 사람들이 알고 있을 것. 하지만 모든 과일이 연육작용을 하는 것은 아니다. 고기를 연하게 하기 위해 사용하는 과일은 배, 키위, 파인애플, 무화과가 가장 보편적이고 효과적이니 그 외의 과일보단 네 종류의 과일을 갈아 넣는 것이 좋다. 다만 배를 제외한 과일의 경우 연육효과가 센 편이라 양 조절에 신경 써야 적당한 육질을 맛 볼 수 있다. 또 양념에 과일을 넣을 경우 단맛을 보충해 주므로 설탕 양은 줄인다.

COOKING TIP

소갈비찜과는 또다른 매력, 매운돼지갈비찜

필수 재료 돼지갈비(600g), 월계수잎(2장), 배(½개), 양파(1개), 당근(½개), 감자(1개), 대파(10cm)

양념장 설탕(1)+고춧가루(4)+간장(3)+청주(3)+다진 마늘(2)+다진 생강(0.5)+물엿(3)+참기름(0.5)+후춧가루(약간)

1. 돼지갈비는 찬물에 담가 핏물을 뺀 뒤 월계수잎을 넣은 끓는 물에 데쳐 건진다.
2. 배와 양파를 갈아 **양념장**과 섞은 뒤 데친 돼지갈비에 버무려 30분 이상 재운다.
3. 당근, 감자는 껍질을 벗겨 큼직하게 썰고 대파는 어슷 썬다.
4. 냄비에 당근, 감자와 함께 넣고 물(1컵)을 부어 중간 불로 30분 이상 완전히 익을 때까지 끓인다.
5. 대파를 넣고 섞어 살짝 더 끓여 마무리한다.

갈비찜

덩어리 고기를 야들야들하게 익히는 또 한가지 팁, 바로 과일이다.
갈비찜 맛집에서 과일소스를 맛의 비결로 꼽는 데는 다 이유가 있다는 것, 기억해두자.

STEAMED

미리 배우는 명절 음식

갈비찜

필수 재료 찜용 소갈비(1kg), 배(½개), 양파(1개), 당근(½개)

선택 재료 표고버섯(4개), 낙지(2마리), 밤(4개), 은행(8개)

양념장 설탕(4.5)+간장(9)+다진 마늘(2)+다진 파(5)+참기름(1.5)+후춧가루(약간)

양념 청주(4)

단백질 분해 효소를 함유하고 있는 배, 키위, 파파야, 파인애플 등의 과일로 양념해 육질을 부드럽게 만드는 것이 요리의 포인트. 특히 파인애플은 연육효과가 더 세니 양을 적게 사용해야 한다. 과일을 양념으로 사용하면 단맛을 보충해줘 설탕 양도 줄일 수 있다. 압력솥으로 익히면 육질이 더욱 연해지고 조리시간도 단축된다. 물을 약간 적게 넣고 중간 불에서 20분 정도 익힌 뒤 약한 불로 줄여 10분 정도 더 익혀 불을 끄고 5분간 뜸을 들인다.

START »

갈비는 찬물에 담가 2시간 이상 핏물을 뺀다.

중간중간 물을 갈아줘야 핏물이 잘 빠진다.

배를 곱게 갈아 **양념장**과 섞는다.

배가 고기의 육질을 부드럽게 만든다. 파인애플, 키위 등으로 대체할 수 있다.

핏물을 뺀 갈비를 양념장에 버무려 냉장실에서 반나절 정도 재운다.

양념에 재우지 않고 바로 조리할 경우 양념하기 전 갈비를 미리 데쳐 사용하기도 한다. 기름기가 빠져 깔끔한 맛을 낼 수 있다.

양파는 6등분하고, 당근과 표고버섯은 큼직하게 썬다.

초보탈출 Quiz

문제 Q 닭이 들어간 모든 요리를 좋아하는 A씨. 1인 1닭도 가능한 그녀지만 자꾸만 차오르는 살 탓에 치킨을 잠시 끊기로 한다. 하지만 며칠 지나지 않아 슬슬 나타나는 금단증상에 괴롭기만 하고. 결국 치킨보다는 칼로리의 부담이 덜한 닭볶음탕으로 급한 불을 끄기로 한다. 매콤칼칼한 양념장을 만들고 재료를 손질해 팔팔 끓이는 A씨. 그런데 A씨의 생각보다 기름이 너무 많이 떠오른다. 설상가상 속살은 덜 익고 양념에선 닭 누린내까지 나는데! 오랜만에 먹는 닭을 마음 놓고 즐기지 못하게 된 이유는 무엇일까?

보기
1. 닭고기를 데치지 않았다.
2. 영계를 구입하지 않았다.
3. 감자를 너무 많이 넣었다.
4. 고춧가루보다 고추장을 더 많이 넣었다.

정답 A 1. 닭고기를 데치지 않았다.

뼈가 붙어 있는 덩어리 고기를 사용할 때는 보다 세심한 손질이 필요하다. 껍질과 살 사이의 기름 덩어리를 제거하고 깨끗이 헹궈 뼈에 남아 있는 핏물을 제거해야 잡내가 나지 않고 기름기도 제거된다. 또, 다른 재료와 섞기 전에 한 번 데치듯 삶으면 남은 기름기와 닭누린내를 제거하는 데 효과적이다. 또한 닭 익히는 시간을 줄여주니 귀찮더라도 그냥 넘기지 말고 우선 한 번 데쳐내자.

COOKING TIP

닭볶음탕, 더 가볍게 즐기는 '3고' 전략

치킨보다는 낮지만 닭볶음탕의 칼로리도 무시할 수는 없는 수준인 것이 사실. 더 가볍게 즐기려면 '3고'를 기억하자. '껍질은 제거하고', '칼로리 높은 재료는 대체하고', '닭고기는 미리 데치고'가 그것. 콜레스테롤과 지방을 많이 함유하고 있는 껍질만 제거해도 칼로리가 확실히 내려간다. 또 떡이나 쫄면 사리는 곤약 등으로 대체하는 것이 좋다. 닭고기를 데쳐 기름기를 미리 빼고 조리하는 것도 빼놓을 수 없는 방법이다.

닭볶음탕

다양한 채소를 함께 넣어 푸짐하게 만든다.
조랭이 떡이나 당면, 쫄면 등 사리를 넣어 원하는 스타일로 즐겨 보자.

STEW

아무리 먹어도 질리지 않는다

닭볶음탕

필수 재료 감자(2개), 당근(½개), 양파(1개), 깻잎(20장), 대파(15cm), 닭(1마리=1.2kg)

닭 삶는 재료 대파 파란 부분(5대), 통후추(0.2), 얇게 썬 생강(3쪽), 청주(2)

양념장 설탕(1)+고춧가루(2)+간장(3)+청주(1)+다진 마늘(2)+다진 생강(0.2)+고추장(2)+올리고당(2)+참기름(1)+참깨(0.5)+후춧가루(약간)

토막 낸 닭은 1차로 데친 뒤 사용해야 기름기와 누린내를 제거할 수 있다. 이때 파, 생강, 마늘, 청주 등을 넣은 물에 데치면 냄새 제거에 효과적이다. 채소의 모서리를 둥글리면 국물이 깔끔하고, 손질하지 않으면 채소가 익으면서 부서져 걸쭉한 스타일로 즐길 수 있다.

START »

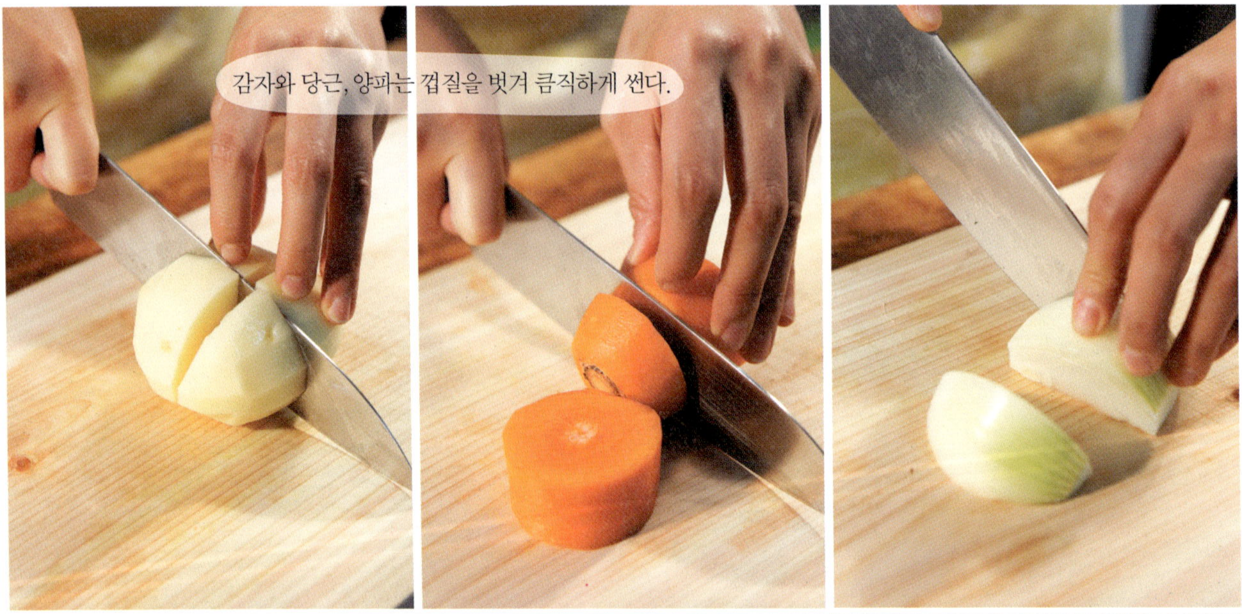

감자와 당근, 양파는 껍질을 벗겨 큼직하게 썬다.

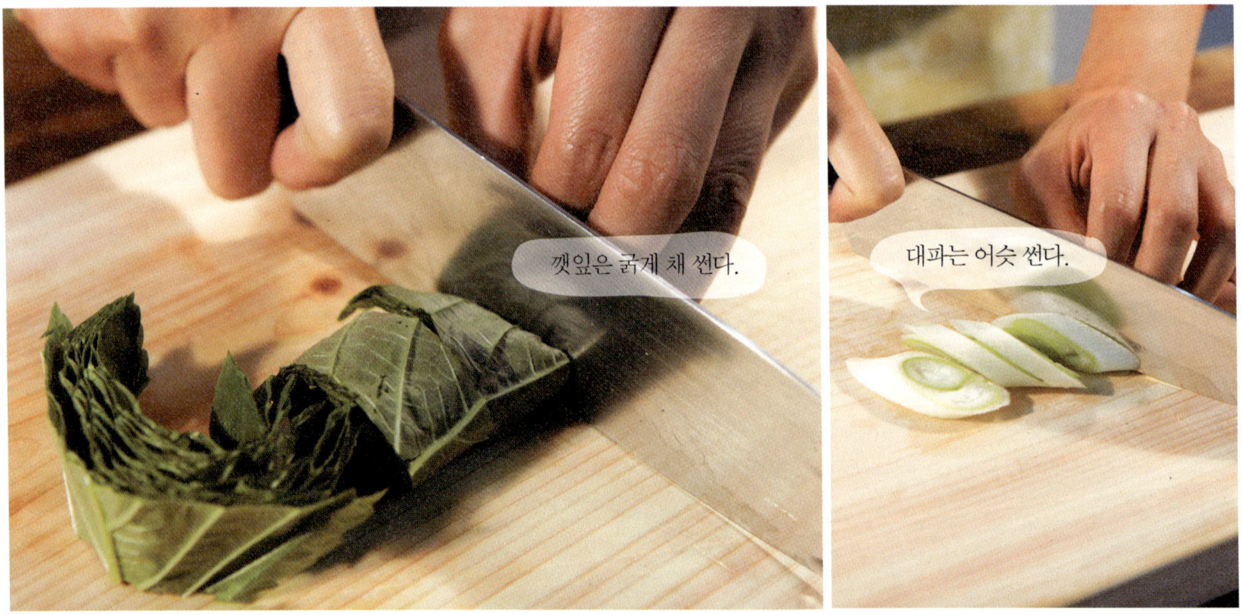

깻잎은 굵게 채 썬다.

대파는 어슷 썬다.

양념장을 만든다.

맛을 보고 조금 더 간간하게 만들고 싶다면 고추장과 간장의 양을 늘린다.

닭은 깨끗이 헹군 뒤 깊게 칼집을 넣는다.

우유에 30분 정도 담갔다 헹궈도 누린내 제거 효과가 있다.

냄비에 닭이 잠길 정도의 물과 청주를 제외한 **닭 삶는 재료**를 넣고 끓인다.

끓어오르면 닭과 청주(2)를 넣어 5분 정도 삶아 건진다.

닭의 누린내와 기름기를 제거하는 과정.

한 번 데쳐 기름기를 빼야 요리가 느끼해지지 않는다. 식용유를 두른 팬에 굽듯이 익혀도 되는데, 식용유에 닿으면 닭의 기름기가 더 잘 녹아나온다.

냄비에 삶은 닭과 감자, 당근, 물(2½컵), 양념장의 ½ 분량을 넣어 센 불로 끓인다.

끓어오르면 중간 불로 줄여 감자가 반 이상 익을 때까지 끓인다.

양파와 남은 양념장을 넣고 끓인다.

채소와 닭이 거의 다 익으면 대파와 깻잎을 넣고 살짝 더 조려 마무리한다.

탈출 QUIZ

문제 Q 썸남과의 데이트를 위해 도시락을 준비하는 A씨. 아직 음식 취향을 몰라 어떤 메뉴를 준비해야 할지 고민이다. 폭풍 검색 끝에 남자라면 누구나 좋아한다는 제육볶음을 만들기로 결정. 고기와 채소를 아낌 없이 넣고 지글지글 볶는다. 고기가 어느 정도 익은 것 같아 맛을 보는데, 양념장을 충분히 넣었는데도 좀 심심하다. 그릇에 남은 양념장과 소금을 더 넣어 보지만 고기에 간이 배어들 생각을 안 한다. A씨가 야심차게 준비한 데이트 도시락을 망치게 된 이유는 무엇일까?

보기
1. 앞다리살이 아니라 삼겹살을 사용했다.
2. 고기에 대한 A씨의 사랑이 부족했다.
3. 양념장에 고춧가루를 너무 많이 넣었다.
4. 고기에 밑간을 하지 않았다.

정답 A 4. 고기에 밑간을 하지 않았다.

밑간에 미리 재운 고기와 그렇지 않은 고기는 볶았을 때 맛의 차이가 확실하다. 고기 요리를 할 때 밑간을 하면 여러 가지 효과를 낼 수 있는데, 우선 고기의 누린내를 없애고 식감을 더 부드럽게 하는 데 도움이 된다. 또한 기본 간이 고기 속까지 배어들어 요리의 맛을 한층 살려준다. 밑간에 재우는 과정을 생략하고 고기를 굽다가 양념을 할 경우 고기가 익으면서 생기는 물기에 양념이 희석되어 간이 잘 배지 않거나 겉도는 느낌이 들 수 있다. 번거롭다고 생략하지 말고 30분 정도만 투자해 밑간에 재웠다 볶아보자.

COOKING TIP

제육볶음이 맛있게 익는 온도는?

고기 요리를 맛있게 만들려면 익히는 온도가 중요하다. 국물이 아닌 고기가 메인이 되는 요리를 할 때는 반드시 팬을 달구고 센 불로 익혀야 한다. 그래야 표면이 순간적으로 응고되어 육즙이 빠져나오지 않는다. 약한 불에 볶으면 볶는 시간이 길어져 육즙이 빠져나오고, 고기가 질겨진다. 단, 고추장 양념에 미리 재워 두었다면 양념이 타기 쉬우니 젓가락으로 흔들어가며 익히는 것이 좋다. 볶는 기술에 자신이 없다면 양념장에 미리 재워 두지 않고 고기를 먼저 익힌 뒤 나중에 양념장을 넣고 섞는 것도 방법.

제육볶음 PAN-FRY

냉동실에 보관 중인 고기만 있으면 언제든 꺼내 만들 수 있는 만만한 별미.
특별한 메뉴가 떠오르지 않는 날 아무 때나 상에 올려보자.
실패 없이 맛있는 식사를 할 수 있을 것.

만만한 별미
제육볶음

필수 재료 돼지고기(앞다리살, 목살 등 600g), 양파(½개), 대파(15cm), 마늘(8쪽)

밑간 청주(1)+양파즙(2)+다진 생강(0.2)+후춧가루(약간)

양념장 설탕(2)+고춧가루(1.5)+간장(3.5)+청주(1)+다진 마늘(1.5)+다진 생강(0.3)+고추장(2)+올리고당(1)+참기름(1)+후춧가루(약간)

양념 고추기름(1), 참깨(약간)

제육볶음은 미리 양념장에 버무려 냉장실에서 30분 이상 재웠다가 사용하면 간이 더 깊게 밴다. 양념에 생강을 사용하면 돼지고기의 누린내 제거에 효과가 있다. 양념장에 고추장을 빼고 고춧가루를 더 넣으면 깔끔한 매운맛을 낼 수 있다. 일반 고춧가루도 좋지만 화끈한 매운맛을 원한다면 일반 고춧가루와 청양고춧가루를 1:1 비율로 섞어 사용한다.

START »

돼지고기는 먹기 좋은 크기로 썬다.

밑간에 버무려 10분간 재운다.

양념장이 들어가는 요리라도 미리 고기에 밑간을 해야 기본 간이 되며 더 맛있어진다. 누린내 제거하는 효과도 있다.

양념장을 섞는다.

밑간한 고기는 양념장에 버무려 30분정도 재운다.

고기를 타지 않게 굽는데 자신이 없다면 미리 재우지 않고 고기를 구운뒤 양념장을 넣어 섞어도 된다.

쇠고기를 질기게 만들면 벌 받아요
불고기

필수 재료 쇠고기 불고기용(등심, 채끝살, 앞다리살 등 600g), 양파(1개), 대파(20cm)
양념장 배(150g), 설탕(2), 간장(5), 청주(1), 다진 마늘(1), 다진 파(2), 부순 참깨(0.5), 참기름(0.5), 후춧가루(약간)
양념 청주(2)

고기를 볶을 때 팬 크기에 비해 많은 양의 고기를 한꺼번에 넣을 경우 열기가 고기에 골고루 닿지 않는다. 겉면이 응고되지 않아 육즙이 빠져나오고 물이 흥건한 불고기가 된다. 넓은 팬을 사용하거나 고기를 2~3번에 나눠가며 볶아 고루 열전달이 될 수 있도록 하자. 적당히 촉촉하고 보드라운 불고기, 불조절이 결정한다.

초보탈출 QUIZ

문제 Q 혼자 맞는 생일 아침, 어쩐지 처량해지는 A씨. 평소와는 달리 혼자서라도 아침을 든든하게 챙겨 먹으려 한다. 시간이 촉박해 많은 요리를 준비하는 것은 무리. 생일이면 엄마가 늘 챙겨 주시던 미역국과 잡채만 간단히 준비한다. 생각보다 손이 가는 것에 당황한 A씨. 출근 시간에 쫓겨 가며 서둘러 요리를 마치는데. 흡족한 마음으로 맛을 보는데 엄마표 잡채와는 너무도 다른 맛에 깜짝 놀라고 만다. 당면과 고기, 채소가 하나하나 겉도는 밍밍한 잡채를 탄생시킨 A씨의 실수는 무엇일까?

보기
1. 고기를 욕심껏 너무 많이 넣었다.
2. 삶은 당면이 서로 달라붙지 않도록 참기름으로 버무려 두었다.
3. 비닐장갑을 끼지 않고 맨손으로 버무렸다.
4. 손질한 채소를 함께 넣고 볶았다.

정답 A 2. 삶은 당면이 서로 달라붙지 않도록 참기름으로 버무려 두었다.

특유의 고소한 향과 윤기로 요리의 풍미를 한층 살려주는 참기름. 넣는 타이밍과 양을 적절히 조절하지 않으면 요리를 느끼하게 만들 수도 있다. 참기름을 비롯한 '기름류'는 코팅 효과를 내는데, 재료에 간을 하기 전에 기름류를 먼저 넣으면 재료에 기름막이 형성되어 이후에 양념을 넣어도 간이 잘 배지 않고 겉돌게 된다. 때문에 참기름은 간을 맞춘 뒤 요리의 마무리 단계에 넣는 것이 보통. 잡채도 마찬가지로 면에 간이 알맞게 배어들도록 먼저 양념한 뒤 참기름을 넣고 버무려야 한다.

COOKING TIP

당면은 왜 불려서 요리하나요?

당면은 고구마나 감자의 전분, 즉 '녹말'로 만든 국수로 특유의 투명한 성질은 물에 담가서 불렸을 때 더욱 두드러진다. 당면을 찬물에 30분간 불린 뒤 삶으면 식어서도 탱탱하고 윤기나는, 간이 잘 배인 당면을 만들 수 있다. 잡채용 당면은 삶은 뒤 찬물에 헹구지 않는 게 보통인데, 삶은 뒤 바로 간장 양념과 참기름으로 무쳐 면을 코팅해 주기 때문에 면이 찰기가 있으면서 잘 붇지 않는다. 다른 용도로 사용할 때는 찬물에 헹궈 전분질을 씻어내면 당면이 서로 달라붙는 것을 방지하고, 면을 보다 더 쫄깃하고 탱탱하게 유지할 수 있다.

잡채 NOODLE

꼬들꼬들한 면발이 생각날 때면 계시라도 받은 것처럼 만들게 되는 요리.
면만 탱탱하게 잘 삶으면 맛내기는 쉽다.

잔칫상 필수 요리
잡채

필수 재료 당면(2줌=200g), 양파(1개), 당근(½개),
채 썬 쇠고기(150g), 시금치(2줌)
선택 재료 목이버섯(3개)
고기 밑간 설탕(1)+간장(2)+다진 파(1)+
다진 마늘(0.5)+부순 참깨(0.2)+
참기름(0.5)+후춧가루(약간)
시금치 밑간 참기름(0.3), 소금(약간)
당면 밑간 설탕(1.5), 간장(3), 참기름(1)
양념 소금(0.2), 후춧가루(약간), 참깨(적당량)

잡채는 다양한 재료를 각각 밑조리한 다음 마지막에 섞어 버무리기 때문에 간조절에 신경써야 한다. 각각의 밑간을 할 때 너무 간을 강하게 하면 마지막에 짤 수 있다. 약간 심심할 정도로 간을 맞춘 뒤 마지막에 맛을 보고 다시 한 번 간을 맞춘다.

START »

당면은 찬물에 30분간 불리고, 목이버섯은 찬물에 15분간 불린다.

양파와 당근은 채 썬다.

불린 목이버섯은 손으로 작게 찢는다.

쇠고기와 목이버섯은 **고기 밑간**에 버무린다.

쇠고기는 키친타월에 밭쳐 핏물을 제거한 뒤 사용한다.

시금치는 다듬어 소금(0.2)을 넣은 끓는 물에 뚜껑을 열고 데쳐 건진다.

숨이 살짝 죽을 정도로 20초 정도만 데친다.

찬물에 헹궈 물기를 짠 뒤 **시금치 밑간**에 버무린다.

크기가 큰 것은 먹기 좋게 2등분한다.

팬에 식용유(0.5)를 두르고 양파와 당근을 각각 넣어 소금, 후춧가루를 뿌려가며 볶아 건진다.

양념이 타고 고기가 덩어리 질 수 있으니 젓가락으로 풀어헤쳐가며 볶는다.

식용유(0.7)를 두른 뒤 밑간한 쇠고기와 버섯을 센 불로 볶아 건진다.

끓는 물에 당면을 넣어 투명하고 부드러워질 때까지 삶아 건진다.

찬물에 헹군 뒤 물기를 빼고 가위로 2~3등분한다.

잡채용 당면은 꼭 물에 헹굴 필요는 없다. 입맛에 따라 선택 가능한 과정. 다만 물에 헹구면 면끼리 덜 달라붙고 식감이 덜 텐텐하다.

설탕(1.5)과 간장(3)으로 간한 뒤 참기름(1)을 넣고 버무린다.

먼저 간을 한 뒤 참기름을 넣어야 간이 고루 밴다.

식용유(1)를 두른 팬에 중간 불로 볶는다.

불을 끄고 준비한 재료를 넣어 재빨리 버무려 섞고 참깨를 뿌려 마무리한다.

맛을 보고 부족한 간은 간장, 설탕으로 맞춘다. 탈 수 있으니 불에 올려 담아 섞는 것도 좋은 방법.

찬탈출 QUIZ

문제 Q 오랜만에 고향집에 내려간 A씨.
감기몸살에 걸려 고생중인 엄마의 모습을 보고 마음이 아파진다. 난생 처음으로 병간호에 나서고, 마침 선물로 사온 전복이 있어 전복죽을 끓여드리기로 한다.
전복 손질은 처음이라 서투르지만 정성을 다하는 A씨.
열심히 손질하고 볶아 만든 전복죽을 엄마께 드리기 전에 한입 떠먹어 보는데 그 맛이 정말 너무하다. 전복 특유의 고소한 맛이 나지 않는 것. A씨가 어떤 실수를 했길래 이렇게 됐을까?

보기
1. 전복이 아니라 오분자기였다.
2. 전복을 쌀보다 먼저 볶았다.
3. 전복 내장을 떼어내 버렸다.
4. A씨도 감기몸살이 옮아 미각을 잃었다.

정답 A 3. 전복 내장을 떼어내 버렸다.
전복 요리의 백미는 역시 전복의 맛과 영양이 그대로 담긴 전복 내장. 전복은 살이 단단해 맛이 잘 우러나지 않지만 내장을 넣으면 고소한 전복죽을 만들 수 있다. 내장을 참기름에 볶아 완전히 익히면 비린내는 날아가고 고소함은 배가 된다. 맛의 풍미를 더하기도 하지만 각종 영양소와 무기질이 풍부해 원기 회복에 아주 좋으니 일석이조.

COOKING TIP

전복내장, 정말 먹어도 될까?

전복의 내장은 요리에 고소한 풍미를 더해주는 역할을 하지만 사실 집에서 사용하기엔 꺼려질 때가 많다. 유통과정에서 신선도를 어느 정도 잃었을 텐데 과연 먹어도 안전할지, 신선한 것이라도 과연 깨끗할지 염려되는 부분이 많은 것. 우선 산 채로 유통되는 생전복의 내장은 내장 끝의 똥을 제거하면 비교적 깨끗하고 안전하게 먹을 수 있다. 전복이 죽으면서 내장에 독소가 생길 수 있으므로 죽은 지 12시간이 지났다면 먹지 않는 것을 권한다. 생으로는 먹지 않고 불로 조리해서 먹는데, 어린 아이들에게는 권하지 않는다.

전복죽

기력이 떨어진 환자나 노인분께 특히 좋은 특별한 영양식이다.
내장의 신선도를 잘 확인하고 사용해야 더 건강하게 먹을 수 있다.

고급 영양식이 필요할 때

전복죽

필수 재료 쌀(1컵), 전복(2마리)
선택 재료 마른 표고버섯(2개)
양념 참기름(2), 소금(약간), 부순 참깨(1)

찌개에 넣는 전복은 깨끗이 씻어 살만 사용하지만 죽에 넣는 전복은 입을 제거한 뒤 살과 껍질 사이에 있는 내장까지 모두 사용한다. 내장을 넣어야 고소한 풍미가 살고 영양적으로도 보충이 되기 때문. 다만 전복이 죽은 지 오래됐다거나 내장에서 냄새가 난다면 신선도가 떨어진 것이니 사용하지 않는 것이 낫다.

START »

쌀은 3~4번 씻어 40분간 물에 담가 불린다.

아주 부드러운 식감을 내고 싶을 땐 쌀을 살짝 빻아서 사용하기도 한다.

불린 쌀은 체에 받쳐 물기를 뺀다.

마른 표고버섯은 부드러워질 때까지 불린다.

물기를 꼭 짜서 밑동을 제거하고 얇게 저며 썬다.

전복은 솔로 구석구석 문질러 씻는다.

숟가락을 살과 껍질 사이에 넣어 껍질과 살을 분리한다.

DESSERT   BREAD   SALAD   FRIED

LEVEL 6
주전부리

초보탈출 QUIZ

문제 Q
다이어트를 위해 밥 대신 감자와 고구마를 먹고 있는 A씨. 매번 쪄 먹다 보니 슬슬 물리기 시작한다. 그렇다고 잔뜩 남은 걸 썩힐 수도 없어 고민하다 과감히 칼로리를 포기! 고소한 감자 크로켓을 만들기로 한다. 겉은 바삭, 속은 보드라운 그 맛을 상상하니 마음이 급해지고. 식용유를 팬에 넣고 뜨겁게 끓이는데, 뭔가 이상하다. 적당한 온도까지 올라가지도 않았는데 연기가 난다! 비싼 식용유를 낭비하게 된 이유는?

보기

1. 너무 얇은 팬을 사용했다.
2. 감자는 튀기는 것보다 구워야 제맛.
3. 유통기한이 임박한 식용유를 사용했다.
4. 엑스트라 버진 올리브유를 사용했다.

정답 A
4. 엑스트라 버진 올리브유를 사용했다.

식용유는 종류에 따라 발연점, 즉 가열했을 때 연기가 나기 시작하는 온도가 다르다. 발연점 이상으로 가열하면 식용유가 타면서 유해물질이 생성될 수 있으므로 발연점에 따라 용도를 달리해 사용하는 게 좋다. 튀김요리를 할 때는 발연점이 적어도 200℃ 이상인 제품이 좋은데 해바라기유나 포도씨유가 이에 해당한다. 엑스트라 버진 올리브유나 참기름, 들기름은 발연점이 낮으므로 무침이나 샐러드용으로 알맞다.

COOKING TIP

건강식품 감자도 알고 먹어야 약!

감자는 분명 건강한 식재료지만 조심해야 하는 부분도 있다. 바로 독성물질인 '솔라닌'이다. 감자가 햇빛에 노출돼 녹색으로 변할 때 솔라닌이 생기는데, 감자 싹에 가장 많이 들어 있다. 보통은 사람에게 영향을 미치지 않을 만큼 미세한 양만 들어 있지만 햇빛에 오랜 시간 노출되면 솔라닌의 양이 늘어난다. 솔라닌이 많이 들어 있는 감자는 아린 맛이 나고, 먹으면 구토, 식중독, 현기증, 두통 등을 유발한다. 따라서 감자를 손질할 때는 싹을 도려내고 녹색으로 변한 껍질을 잘 제거해야 한다. 하지만 솔라닌은 물에 익히면 무독성으로 변하기 때문에 삶아서 먹으면 전혀 해롭지 않다.

감자크로켓

바삭하게 튀긴 빵가루와 살살 녹는 부드러운 감자 반죽의 조화가 훌륭하다.
간식으로도 좋고 카레밥이나 하이라이스에 곁들여도 맛있다.

바삭함과 부드러움이 공존한다!
감자크로켓

필수 재료 감자(3개=350g), 양파(⅓개), 당근(⅓개), 달걀(2개), 밀가루(⅓컵), 빵가루(1컵)

양념 소금(0.2), 카레가루(0.3), 마요네즈(1.5)

감자를 가장 맛있게 삶는 방법은 껍질째 통으로 삶는 것. 하지만 시간을 절약하고 싶다면 껍질을 벗겨 큼직하게 썬 뒤 간이 배도록 소금을 넣은 물에 삶는다. 튀김옷은 밀가루, 달걀물, 빵가루 순서로 입혀야 접착력이 좋아져 튀기면서 벗겨지지 않는다. 너무 바싹 마른 빵가루를 사용하면 금방 탈 수 있으니 분무기를 이용해 물로 살짝 적셔 사용하는 것도 좋은 아이디어.

START »

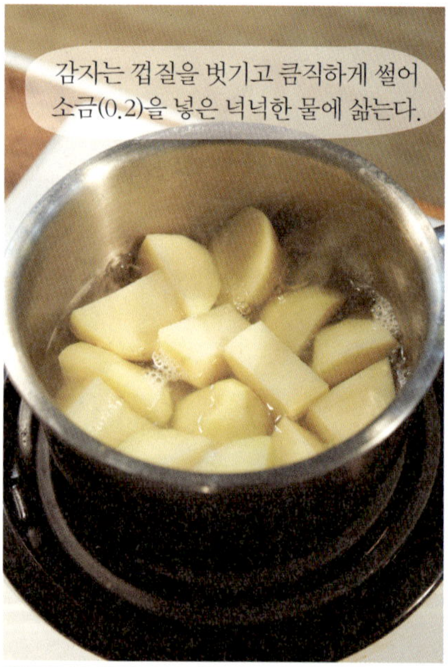

감자는 껍질을 벗기고 큼직하게 썰어 소금(0.2)을 넣은 넉넉한 물에 삶는다.

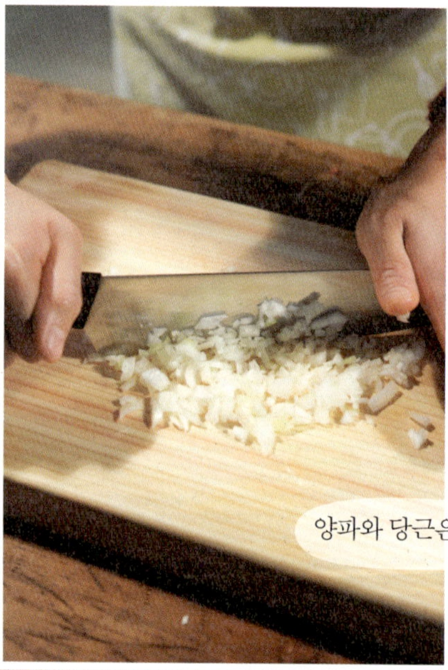

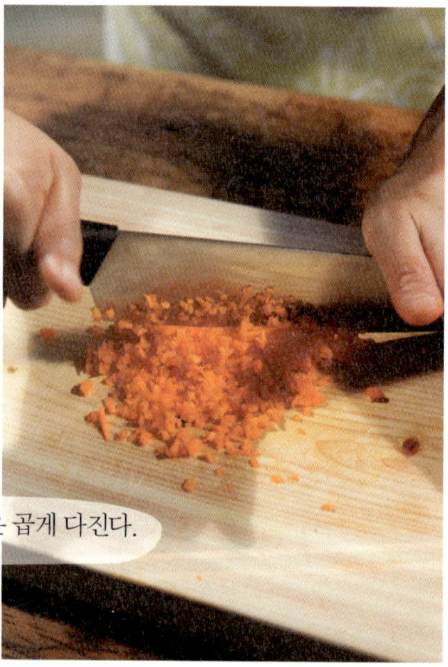

양파와 당근은 곱게 다진다.

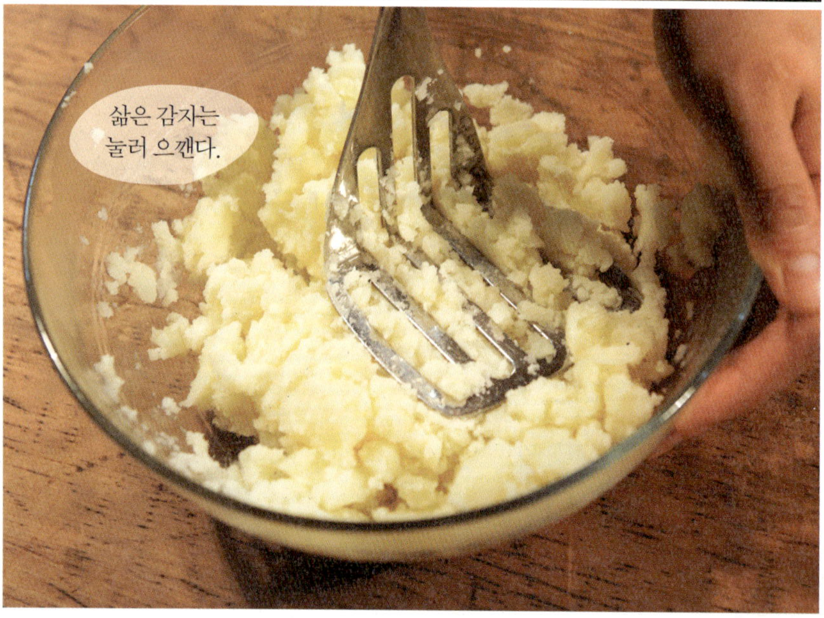

삶은 감자는 눌러 으깬다.

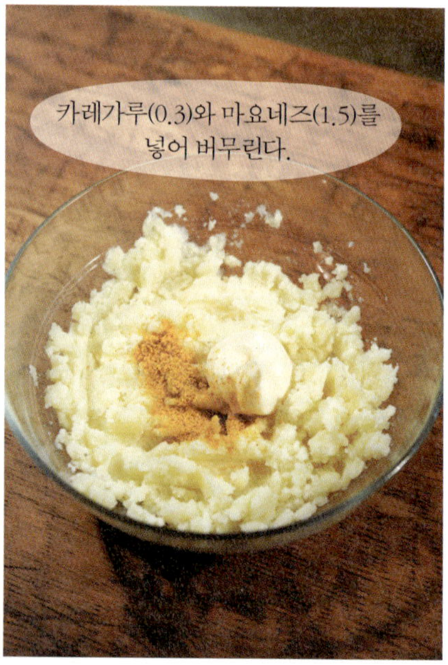

카레가루(0.3)와 마요네즈(1.5)를 넣어 버무린다.

다진 채소를 넣어 한 번 더 섞는다.

둥글납작하게 빚는다.

달걀을 곱게 푼다.

밀가루 → 달걀물 → 빵가루 순서로 옷을 입힌다.

튀김옷을 입히는 기본 순서 '밀계빵'을 기억해두자. 이 순서대로 묻히면 재료와 튀김옷의 접착력이 높아진다.

170℃로 예열한 식용유(2컵)에 겉이 노릇해지도록 튀겨 마무리한다.

튀김용으로는 발연점이 높은 해바라기유나 카놀라유가 적합하다. 튀기는 동안 온도가 올라가면 연기가 나며 타게 되니 주의한다.

온 가족이 함께 먹는 영양 간식

단호박샐러드

필수 재료 단호박(½개=500g), 아몬드 슬라이스(3), 다진 크랜베리(2)
양념 플레인 요구르트(2), 꿀(1), 계핏가루(약간)

샐러드용 단호박은 물에 넣고 삶으면 단맛이 많이 빠지고 물러져 맛이 떨어진다. 귀찮더라도 찜기에 찌는 게 좋은 방법. 감자나 고구마처럼 마요네즈에 버무려도 좋지만 단맛이 강해 깔끔하고 상큼한 플레인 요구르트와 더 잘 어울린다. 곁들여 넣는 재료는 취향에 따라 다양하게 사용한다.

START » 단호박은 껍질을 깨끗이 씻고 속씨를 제거한다.
숟가락으로 속을 긁어내면 깔끔하다.

김이 오른 찜기에 15분간 찐다.
너무 무른 것 보다는 약간 모양이 남아있을 정도로 찌는 게 적당하다. 너무 무르면 샐러드의 농도가 묽어진다.

덩어리가 살아 있을 정도로 으깬다.

양념을 넣어 버무린다.

아몬드 슬라이스와 크랜베리를 넣어 한 번 더 버무려 마무리한다.

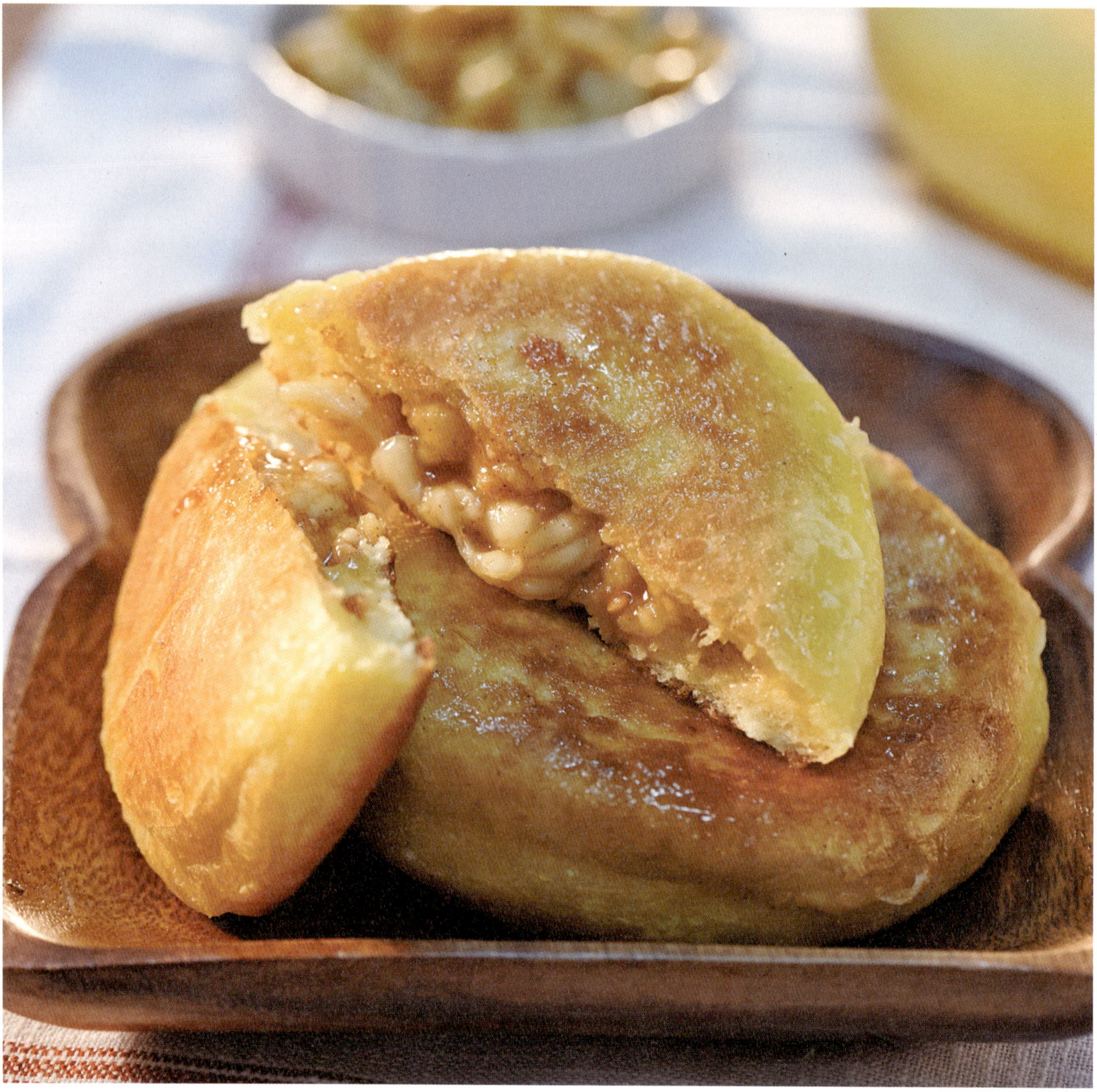

달콤함이 으리으리한
바나나치즈호떡

필수 재료 호떡믹스(1봉지=296g), 바나나(1개), 호떡꿀믹스(⅓봉지=65g), 슈레드 모차렐라치즈(⅓컵)

시판 호떡믹스를 사도 반죽 농도를 제대로 맞추지 못하면 맛이 떨어진다. 호떡 반죽은 빵을 만들 때보다는 조금 더 질척한 정도의 농도로 만들어야 구웠을 때 단단하지 않고 차지다. 맨손으로는 반죽이 달라붙어 빚기 힘드니 손에 식용유를 살짝 발라가며 반죽한다.

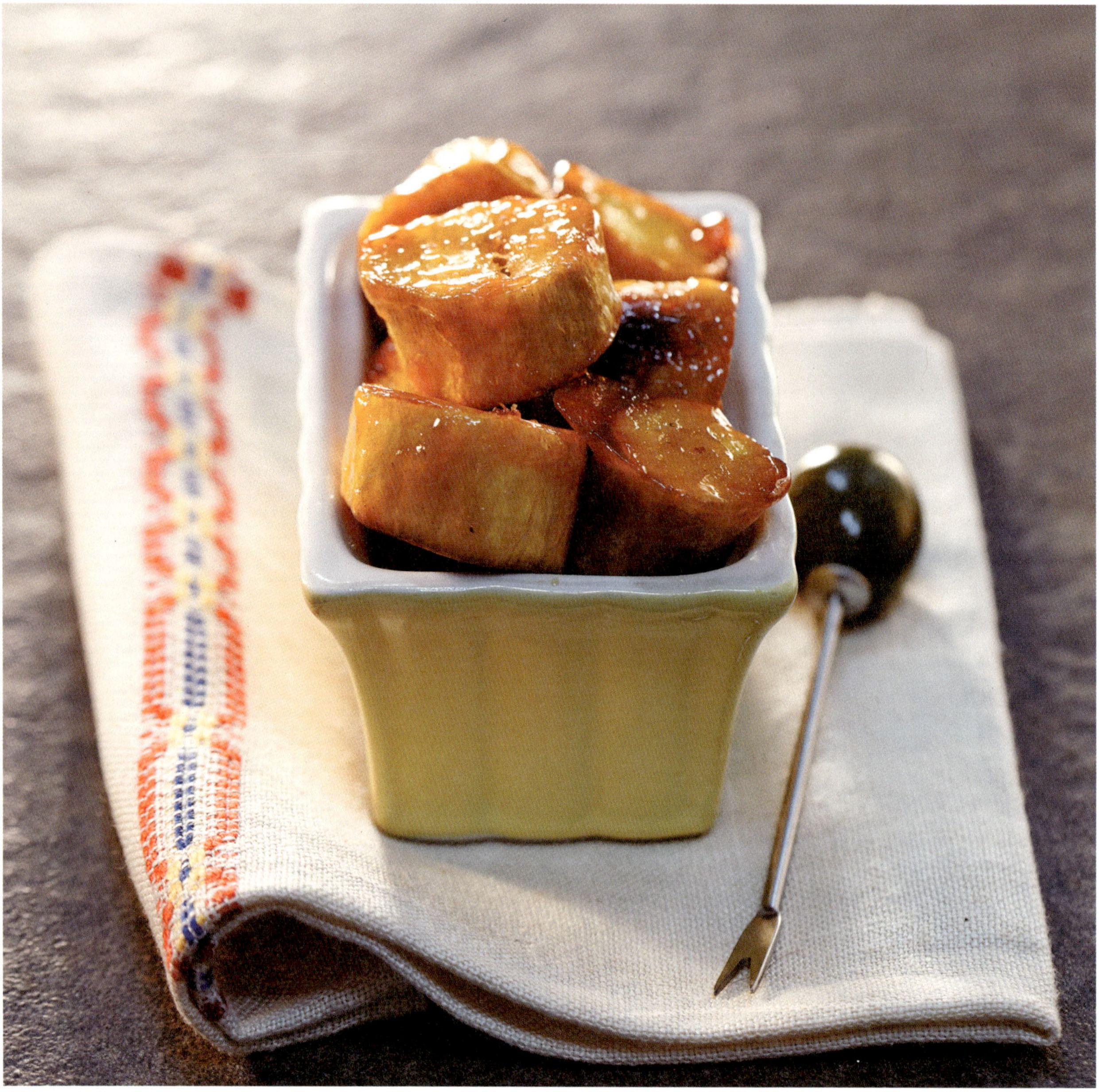

겉이 바삭한 빠스 스타일

맛탕

필수 재료 고구마(4개=500g)
설탕시럽 재료 설탕(5), 식용유(7)

매끈한 시럽 코팅이 입 안에서 바삭하게 부서지는 빠스 스타일의 맛탕. 물엿을 사용한 것보다 덜 끈적거려 손에 묻지 않고 먹기 편하다. 설탕시럽은 끓이는 동안 저으면 결정이 생기므로 젓지않고 그대로 끓인다. 시럽을 입힌 고구마는 종이포일이나 식용유를 살짝 바른 넓은 접시에 떼어 두고 식혀야 덩어리지지 않는다. 뜨겁게 끓인 시럽을 다룰 땐 화상의 위험이 있으니 조심하자.

START »

고구마는 껍질을 벗겨 큼직하게 썬다.

물에 헹궈 전분기를 씻어낸 뒤 체에 밭쳐 물기를 뺀다.

고구마를 미리 익히면 튀기는 시간이 줄어들어 태우는 일도 적어진다. 찜기에 쪄도 좋다.

전자레인지에 2~3분 정도 조리한다.

색이 노랗게 나고 젓가락으로 눌렀을 때 속까지 잘 들어갈 정도로 튀긴다.

고구마 물기를 제거한 뒤 180℃로 예열한 식용유에 노릇하게 튀긴다.

키친타월에 밭쳐 기름기를 제거한다.

시럽을 끓이면서 저으면 결정이 생겨 매끈하게 코팅이 되지 않고 서걱거리며 설탕 덩어리가 씹힐 수 있다.

넓은 팬에 **설탕시럽 재료**를 넣고 설탕이 녹을 때까지 젓지 않고 끓인다.

설탕이 녹고 끓어오르면 튀긴 고구마를 넣고 재빨리 버무려 불을 끈다.

시럽을 오래 끓이면 탈 수 있으니 고구마를 넣고 재빨리 버무려 바로 불을 끈다.

넓은 접시에 펼쳐 담고 살짝 식혀 마무리한다.

카페의 인기 브런치 메뉴 따라잡기
트리플치즈치아바타

필수 재료 양파(½개), 치아바타(2개), 체다 슬라이스치즈(2장), 크림치즈(4), 슈레드 모차렐라치즈(1컵)
선택 재료 블랙올리브(4), 꿀(2)
양념 소금(약간), 후춧가루(약간)

납작한 슬리퍼라는 뜻의 치아바타는 이름처럼 납작한 모양의 담백한 빵이다. 샌드위치용으로 많이 사용하는데, 특히 짭짤하고 다양한 향을 지닌 치즈와 잘 어울린다. 그릴팬에 빵의 겉면을 구워 자국을 내면 파니니 기계 없이도 밖에서 사 먹는 브런치 느낌을 낼 수 있고, 치아바타 대신 담백한 베이글이나 바게트, 식빵 등을 사용해도 좋다.

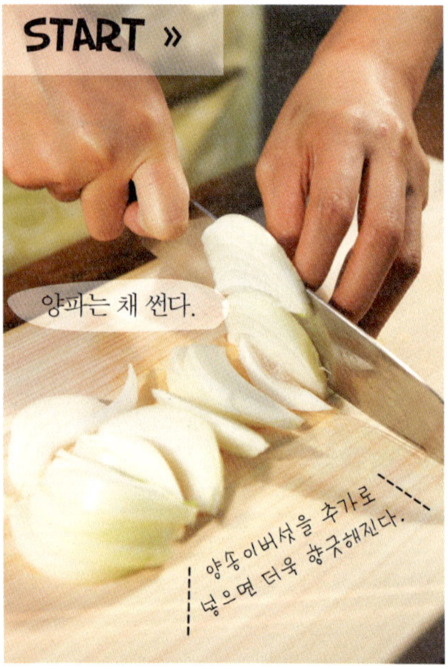

START »

양파는 채 썬다.
양송이버섯을 추가로 넣으면 더욱 향긋해진다.

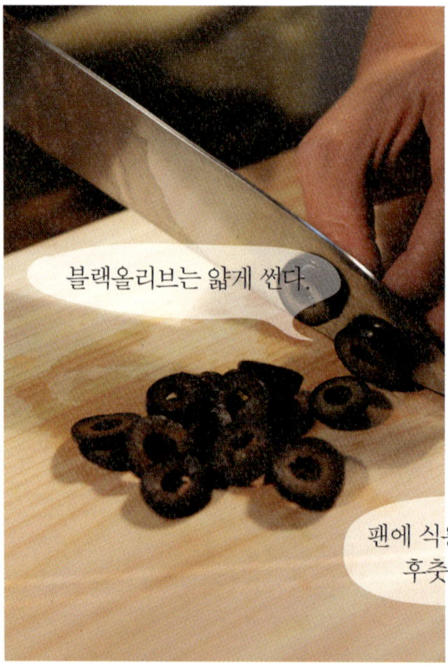

블랙올리브는 얇게 썬다.

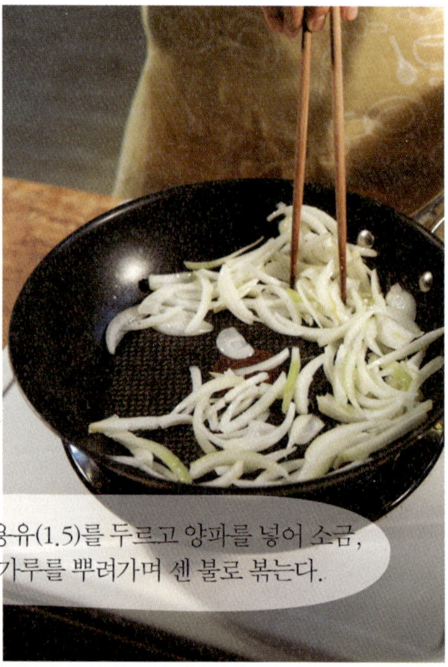

팬에 식용유(1.5)를 두르고 양파를 넣어 소금, 후춧가루를 뿌려가며 센 불로 볶는다.

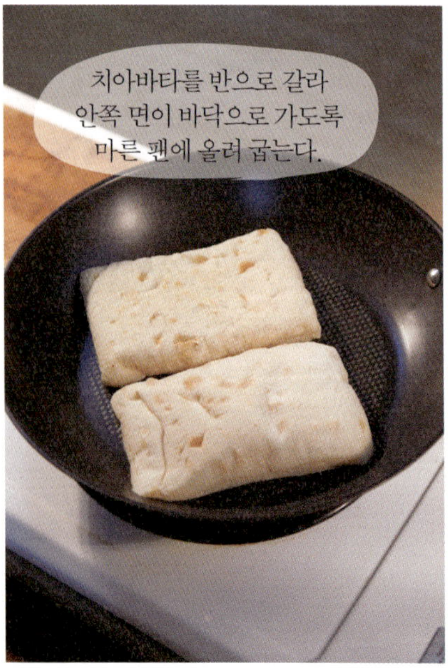

치아바타를 반으로 갈라 안쪽 면이 바닥으로 가도록 마른 팬에 올려 굽는다.

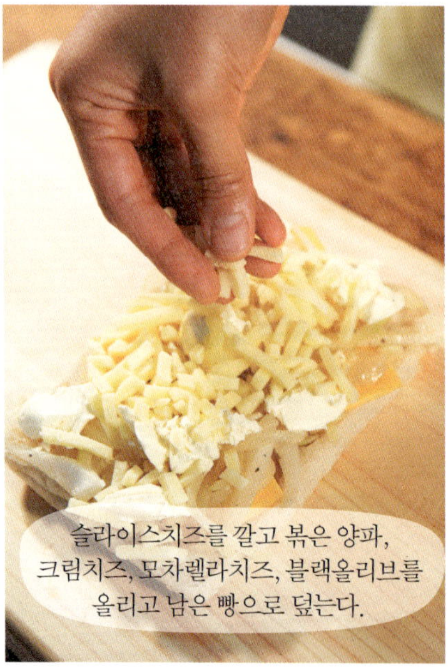

슬라이스치즈를 깔고 볶은 양파, 크림치즈, 모차렐라치즈, 블랙올리브를 올리고 남은 빵으로 덮는다.

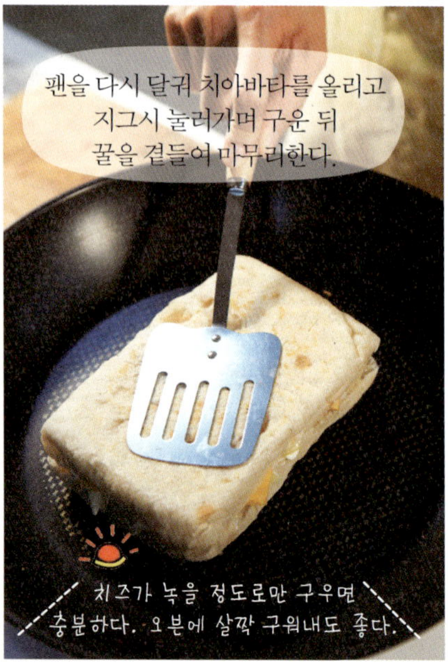

팬을 다시 달궈 치아바타를 올리고 지그시 눌러가며 구운 뒤 꿀을 곁들여 마무리한다.
치즈가 녹을 정도로만 구우면 충분하다. 오븐에 살짝 구워내도 좋다.

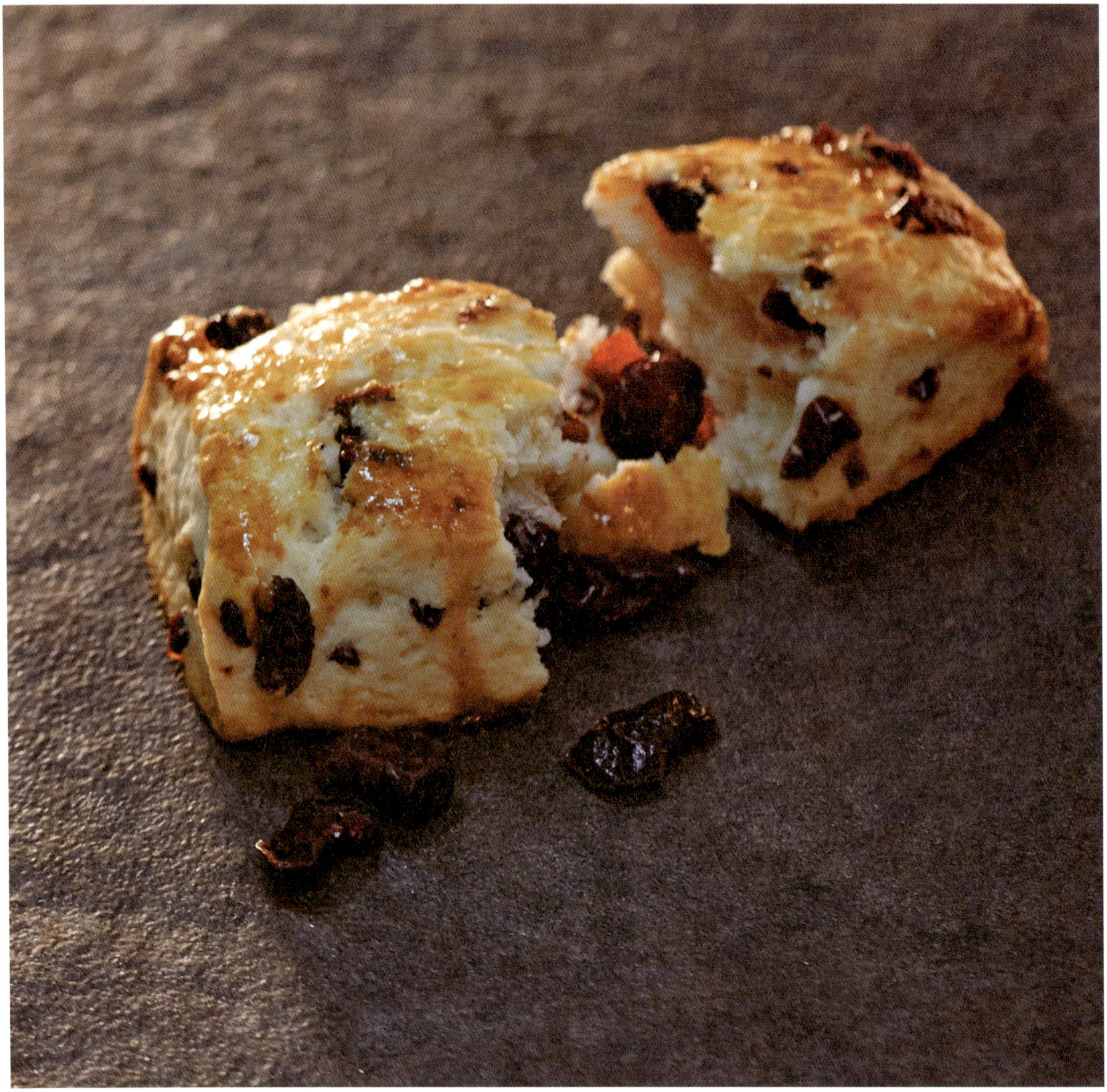

집에서 티타임 가져 볼까?

요거트 스콘

필수 재료 무염버터(⅓컵=75g),
박력분(1⅔컵=200g),
베이킹파우더(0.2),
설탕(⅓컵), 소금(0.3),
플레인 요구르트(1팩=85g), 달걀(1개)
선택 재료 다진 크랜베리(⅓컵)

티타임에 홍차와 함께 즐기는 과자라 박력분을 사용해 바삭함을 살려 만든다.
차가운 버터를 사용해 손으로 잘 비벼가며 고루 섞어야 밀가루 입자마다
고소한 버터 향이 고루 배어 맛도 좋고 일정한 모양을 낼 수 있다.
녹은 버터를 사용하면 모양 유지가 어려우니 주의한다.

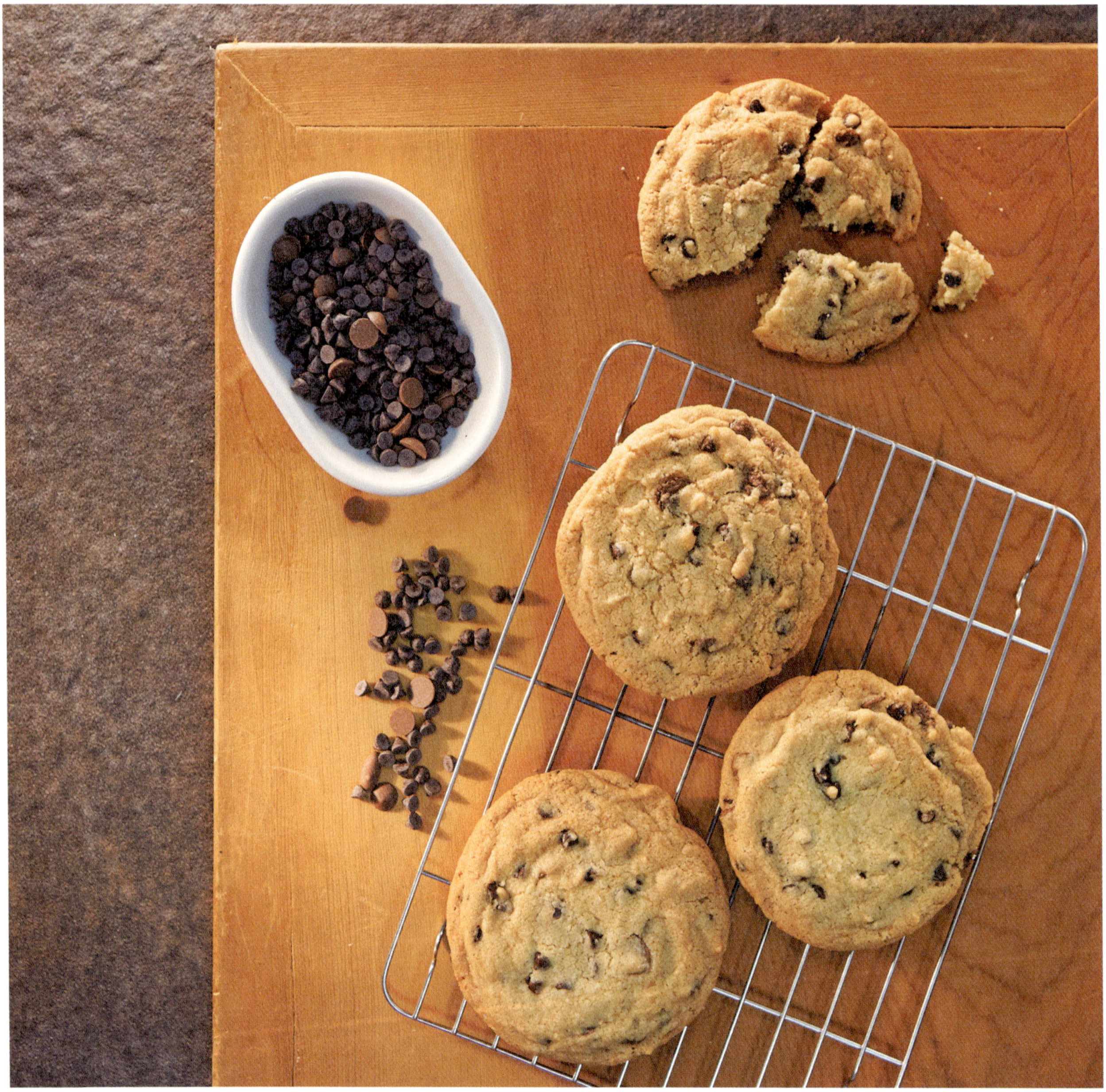

초코칩이 푸짐하게 들어간 리얼 초코쿠키!

초코칩쿠키

필수 재료 중력분(1컵=110g), 베이킹소다(0.2), 버터(⅓컵=75g), 설탕(4), 갈색설탕(7), 소금(0.2), 달걀(½개 분량), 초코칩(½컵=70g)

선택 재료 바닐라 에센스(1~2방울)

오븐에서 금방 꺼낸 쿠키는 부서지기 쉽다. 식힘망에서 식혀야 단단하고 바삭한 식감이 살아나니 약간의 인내심을 발휘해 보자. 버터는 요리하기 30분 전에 냉장실에서 꺼내 실온에서 찬 기운을 빼 줘야 덩어리 없이 쉽게 풀린다. 부드럽게 풀린 버터에 설탕을 넣은 뒤 서걱거리는 느낌이 없을 때까지 거품기로 고루 섞어야 설탕이 잘 녹는다.

START »

중력분과 베이킹소다는 체에 쳐 내린다.

버터는 실온에 두어 부드럽게 만든 뒤 거품기로 덩어리 없이 푼다.

쿠키에 들어가는 버터는 실온에서 부드럽게 녹여 사용하는 게 반죽하기에 더 편하다.

설탕과 소금을 넣어 서걱거리는 느낌이 없어질 때까지 섞는다.

달걀과 바닐라에센스를 넣어 섞는다.

체 친 중력분과 베이킹소다를 넣어 마른 가루가 보이지 않을 정도로 섞는다.

초코칩을 넣어 섞는다.

취향에 따라 양을 가감한다.

오븐팬에 유산지를 깔고 반죽을 떠 올린다.

아이스크림 스쿱으로 떠 올리면 편하다.

175℃로 예열한 오븐에 넣고 13~15분간 굽는다.

구운 쿠키는 식힘망에 올려 바삭해지도록 식힌다.

쿠키는 갓 구웠을 때보다 식혔을 때가 바삭한 식감이 살아나 더 맛있다.

초보탈출 Quiz

문제 Q 남자친구와 처음 맞는 기념일을 앞둔 A씨. 특별 이벤트로 직접 만든 케이크를 선물하기로 한다. 아차! 그런데 생각해 보니 집에 오븐이 없다. 부랴부랴 노오븐 베이킹 레시피를 찾고, 초보자답게 가장 기본이 된다는 스폰지 케이크를 굽기로 결정. 한 과정 한 과정 정성들여 만드는데……. 취사를 끝내고 밥솥을 여는 순간 이번에도 실망을 하고 만다. 분명 레시피에는 폭신한 스폰지 같은 케이크가 만들어진다고 돼 있었는데, 결과물은 밀가루 떡처럼 단단하고 납작했던 것! A씨의 노력이 물거품이 된 이유는 무엇일까?

보기
1. 박력분을 사용했다.
2. 밥솥의 성능이 별로 좋지 않았다.
3. 솔로들이 저주를 내렸다.
4. 케이크 반죽을 잘 저어 곱게 섞었다.

정답 A 4. 케이크 반죽을 잘 저어 곱게 섞었다.

달걀의 거품이 케이크를 부풀게 하는 역할을 한다. 따라서 달걀을 거품기로 충분히 저어 단단하고 풍성한 거품을 만드는 것이 가장 중요하다. 또 풍성한 거품을 내더라도 다른 재료와 섞을 때 너무 오래 저으면 거품이 가라앉을 수 있으니 마른 가루가 보이지 않을 정도로만 적당히 저어야 한다는 것도 기억해 두자.

COOKING TIP

노오븐 노휘핑! 밥솥 치즈케이크에 도전~

필수 재료 크림치즈(350g), 설탕(100g), 소금(0.5g), 달걀(2개=120g), 생크림(100g), 레몬즙(7g)

1. 상온에서 부드럽게 만든 크림치즈를 잘 저은 뒤 설탕과 소금을 넣어 섞는다.
2. 달걀을 넣어 섞은 뒤 생크림을 넣어 섞고 레몬을 짜 넣고 섞는다.
3. 밥솥에 올리브유를 고루 바른 뒤 반죽을 넣고 취사한다.
4. 뜸을 들이고 냉장고에서 굳혀 마무리한다.

밥솥케이크 DESSERT

오렌지 껍질을 갈아 넣어 향긋하고 상큼하다.
생크림으로 장식하고 과일을 곁들여도 멋스럽게 즐길 수 있다.

가장 유용한 밥솥 베이킹 레시피!
밥솥케이크

필수 재료 오렌지(1개), 박력분(1컵=110g), 베이킹파우더(0.7), 소금(0.2), 달걀(4개), 설탕(⅔컵=100g), 포도씨유(75ml=⅓컵)

선택 재료 휘핑 생크림(적당량)

기본적인 스펀지 케이크는 오븐 없이 전기밥솥으로도 맛있게 구워낼 수 있다. 예열하거나 굽는 시간을 조절할 필요 없이 취사버튼만 누르면 되니 오히려 간편한 방법. 밥솥에 따로 케이크 기능이 없더라도 걱정할 것 없다. 일반 백미를 기준으로 뚜껑을 열지 않고 두 번 연속으로 취사를 하고 잠시 뜸을 들이면 완성된다. 반죽을 할 때 달걀의 풍성한 거품이 죽지 않도록 마른 가루가 보이지 않을 정도로만 섞어야 한다. 구워낸 케이크를 적당히 식혀 생크림으로 장식하면 더욱 멋스럽게 즐길 수 있다.

START »

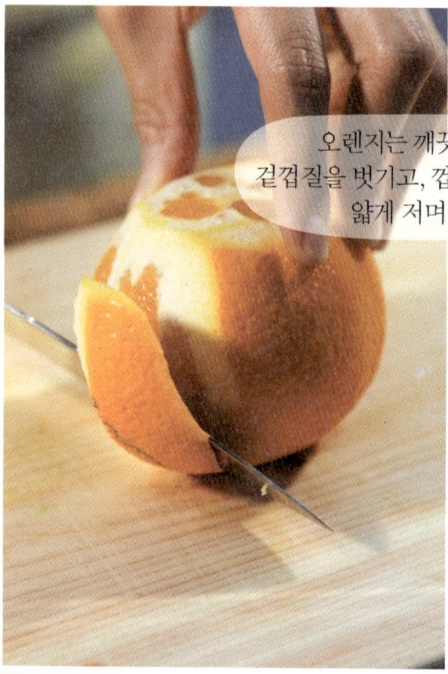

오렌지는 깨끗이 씻은 뒤 겉껍질을 벗기고, 껍질의 노란 부분만 얇게 저며 다진다.

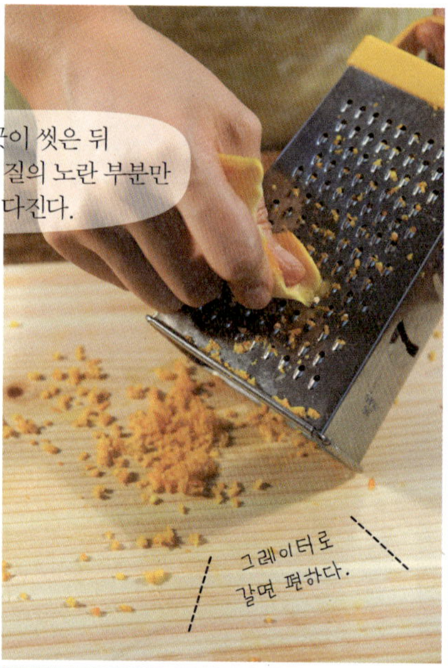

그레이터로 갈면 편하다.

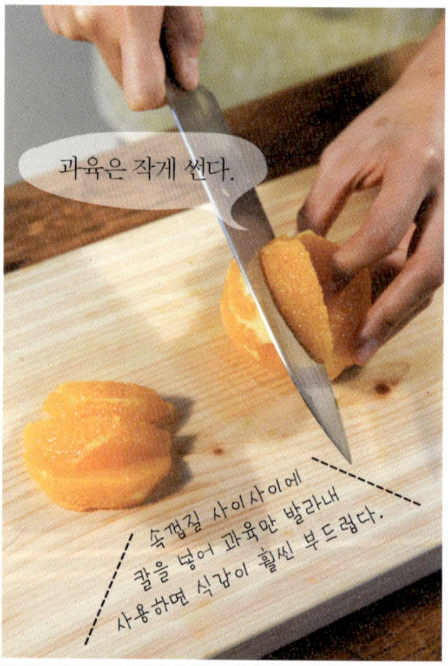

과육은 작게 썬다.

속껍질 사이사이에 칼을 넣어 과육만 발라내 사용하면 식감이 훨씬 부드럽다.

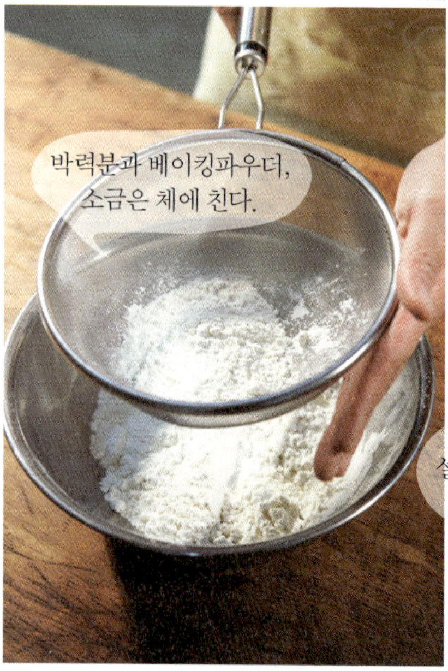

박력분과 베이킹파우더, 소금은 체에 친다.

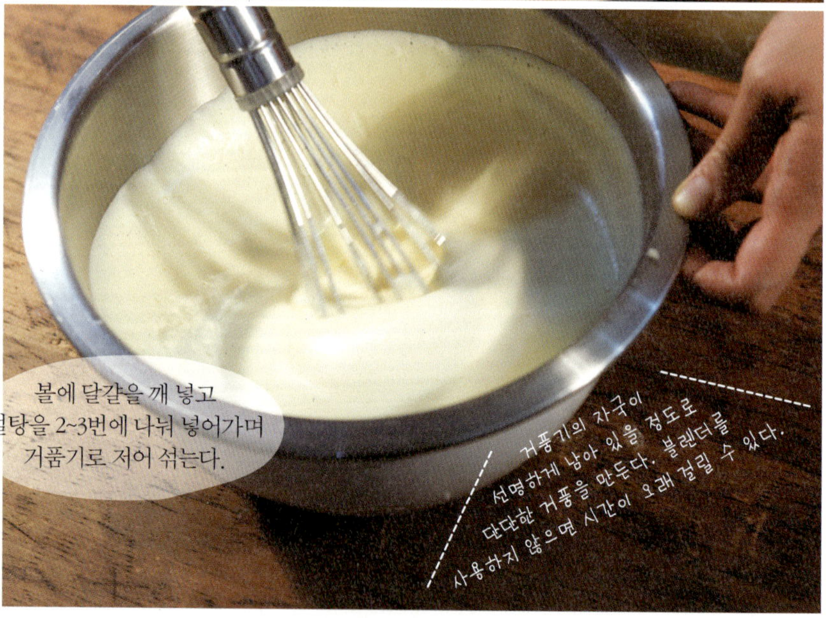

볼에 달걀을 깨 넣고 설탕을 2~3번에 나눠 넣어가며 거품기로 저어 섞는다.

거품기의 자국이 선명하게 남아 있을 정도로 단단한 거품을 만든다. 블렌더를 사용하지 않으면 시간이 오래 걸릴 수 있다.

초보탈출 QUIZ

문제 Q 밥만큼이나 빵과 디저트를 좋아하는 빵순이 A씨. 요리를 시작한 김에 좋아하는 디저트도 직접 만들어 보고 싶어진다. 지인에게 초간단 노오븐 디저트를 추천해 달라고 부탁하고 불 없이도 만들 수 있는 '티라미수' 레시피를 전수받는다. 재료도 쉽게 구할 수 있어 더욱 신이 난 A씨, 당장 요리에 들어가는데…… 시작부터 뜻밖의 난관에 부딪히고 만다! 생크림을 아무리 휘저어도 거품이 나지 않는 것! A씨의 불타는 의욕을 꺾어 버린 실수는 무엇일까?

보기
1. 생크림을 상온에 두었다가 사용했다.
2. 차가운 스탠 볼을 사용했다.
3. 생크림에 설탕을 넣었다.
4. 디저트는 사 먹는 게 진리다.

정답 A 1. 생크림을 상온에 두었다가 사용했다.

초보 베이커라면 생크림을 만들다 한 번쯤은 실패를 겪게 된다. 실패의 원인은 휘핑 속도와 온도. 생크림은 차가운 온도에서 빠르게 휘핑 했을 때 거품이 풍성하게 생긴다. 따라서 제품을 구입한 뒤에는 바로 냉장고에 넣어야 하고, 휘핑할 땐 볼 아래에 얼음물을 받치고 작업한다. 또 볼에 물기나 이물질이 있어도 안 된다. 장식용 생크림은 보통 뿔이 생길 정도로 단단하게 만들지만 티라미수에 들어가는 생크림은 덜 단단한 정도가 좋다. 생크림의 입자가 풍성해지고 살짝 농도가 생기면 거품기로 표면을 저어 물결치는 무늬가 남는 정도가 티라미수 재료로 알맞다. 더 단단하면 식감이 떨어지고, 휘핑을 너무 적게 하면 질척한 느낌이 난다.

COOKING TIP

고소한 치즈, 꼬릿꼬릿한 냄새 없이 즐길 수 없나요?

고소하고 부드럽게, 또 쫄깃하게 요리의 품격을 올려주는 치즈. 맛은 있지만 특유의 향이 거슬렸다면 취향에 맞는 치즈를 골라 먹어 보자. 치즈 특유의 냄새는 발효 과정을 오래 거칠수록 강해진다. 따라서 발효 과정이 없는 신선치즈는 향이 거의 없다. 프레시 모차렐라치즈나 리코타치즈, 마스카포네치즈 등은 향이 없으면서도 고소한 맛이 강해 디저트나 샐러드 재료로 사용해도 좋고 그냥 먹어도 맛있다. 또 버터나 유화제가 들어간 슬라이스 체다치즈 같은 가공 치즈는 유통기한도 길어 집에 구비해 두고 먹기 좋다.

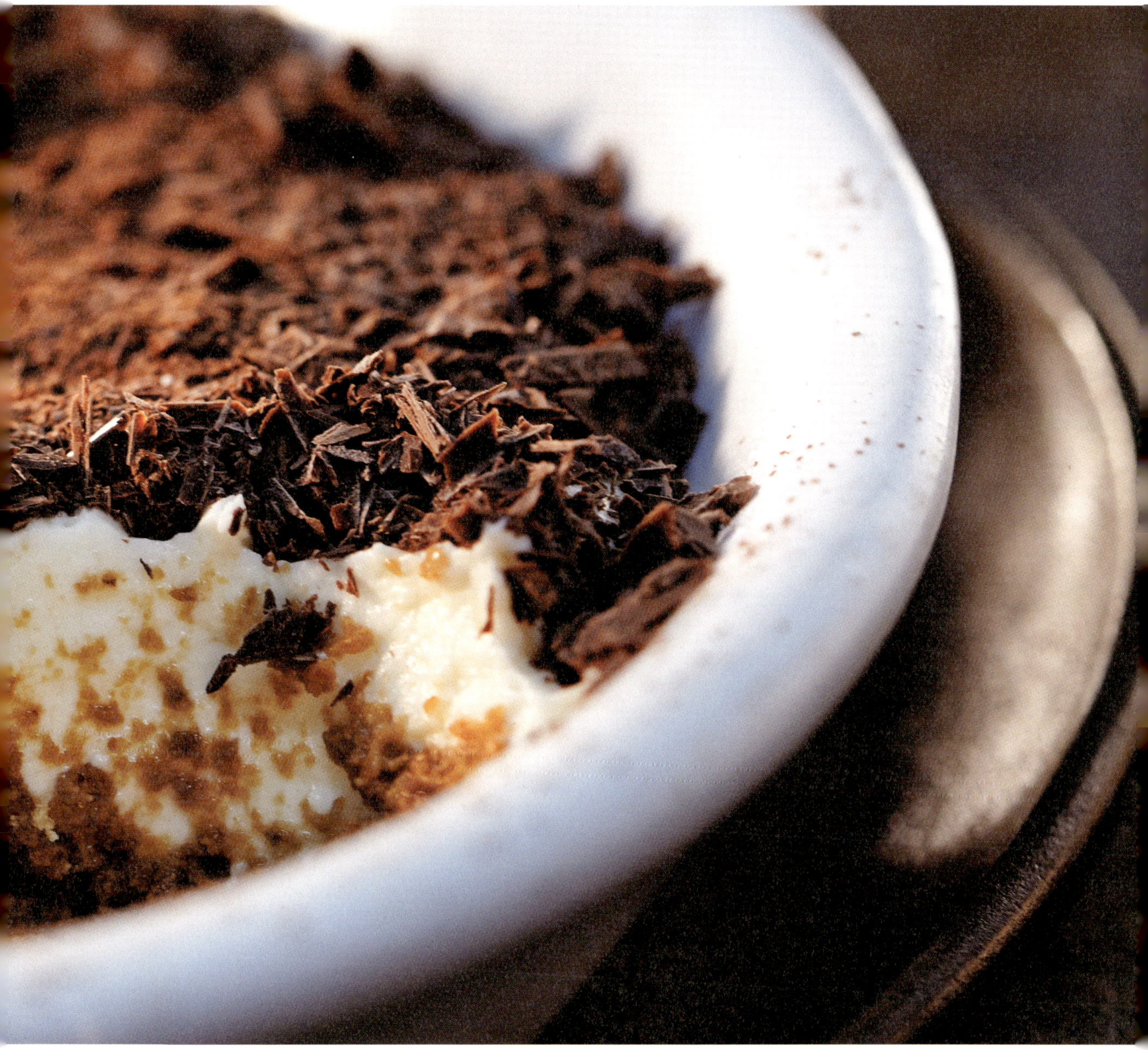

간단 티라미수

재료와 레시피를 단순화해도 충분히 맛있게 만들 수 있다.
진하고 부드러운 크림치즈와 쌉싸름한 코코아파우더의 맛이 어우러지는 어른들의 디저트.

불 없이도 뚝딱!
간단 티라미수

필수 재료 생크림(½컵), 설탕(½컵), 크림치즈(1½통=300g), 통밀쿠키(8개), 에스프레소(½컵), 코코아파우더(½컵)

선택 재료 깔루아(1.5), 레몬즙(0.5), 다크초콜릿(½컵)

이탈리아어로 '끌어올리다' 라는 뜻의 어원을 가진 디저트 티라미수. 이름처럼 기분을 업 시키는 달콤하고 씁쓸한 맛이 특징이다. 원래는 '마스카포네'라는 연질치즈를 사용하지만 집에서 만들 때는 비교적 저렴하고 구하기 쉬운 크림치즈를 이용한다. 빵시트는 통밀쿠키로 대체하고 진한 에스프레소를 충분히 뿌려 촉촉하게 만들었다. 위에 올리는 코코아파우더는 두껍게 뿌려야 씁싸름한 맛이 제대로 산다. 만들어서 바로 먹지 말고 냉장실에서 최소 30분 이상 두었다가 먹는다.

START »

볼에 생크림과 설탕(2)을 넣고 휘핑한다.

거품기로 쳐졌을 때 물결치는 자국이 생길 정도로 휘핑한다. 온도가 낮을수록 휘핑이 잘된다. 냉장보관한 차가운 생크림을 사용하자.

크림치즈는 실온에서 30분 정도 두었다가 거품기로 부드럽게 푼다.

딱딱한 치즈는 덩어리가 남기 쉽다.

크림치즈에 남은 설탕을 넣어 섞는다.

서걱거리는 느낌이 줄어들면 깔루아와 레몬즙을 넣어 섞는다.

바닐라에센스를 약간 넣으면 향긋함이 배가 된다.

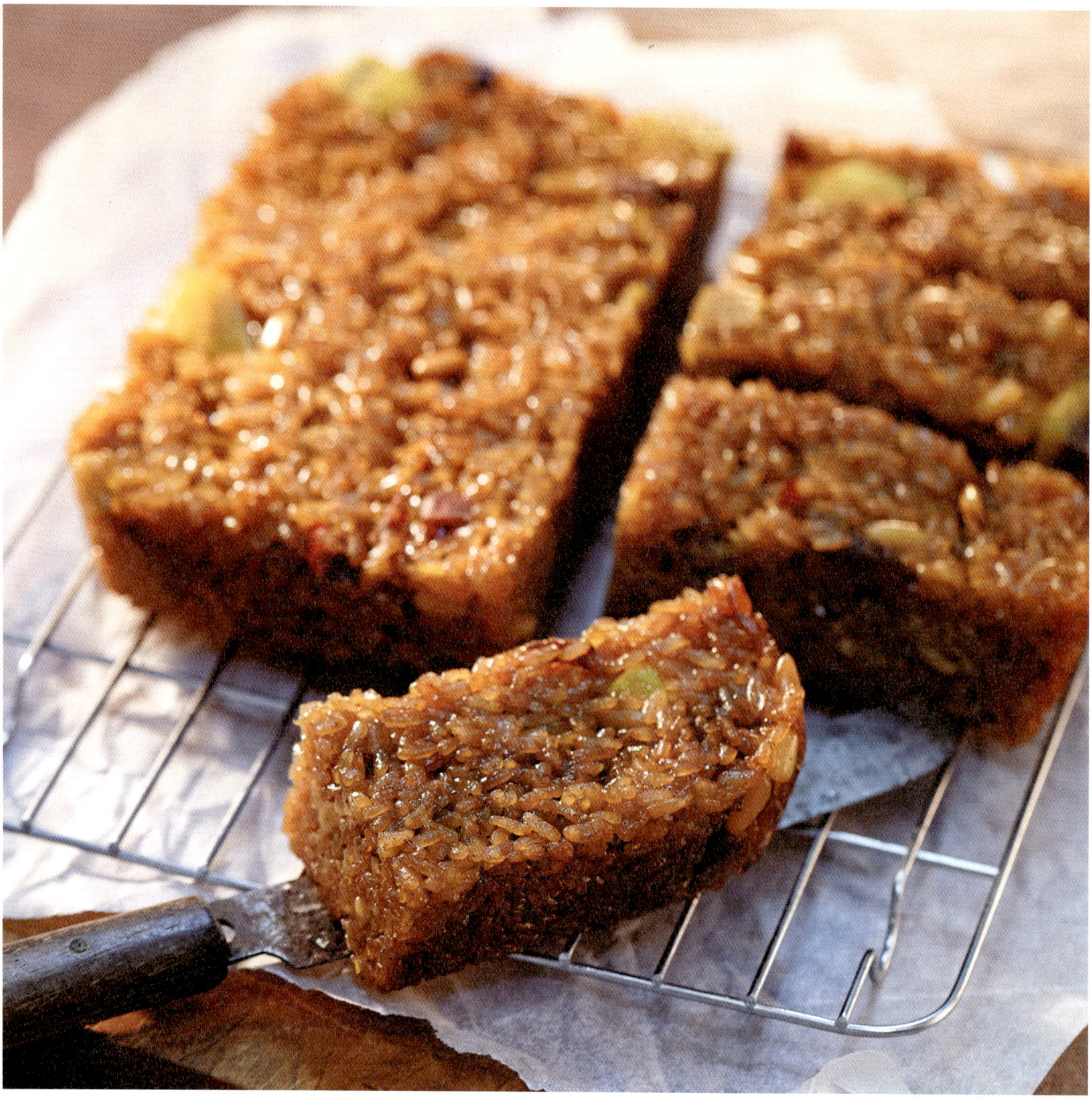

밥솥의 전능함을 보라
약식

필수 재료 찹쌀(2컵), 밤(8개), 대추(5개)
선택 재료 잣(1)
약식물 흑설탕(⅔컵)+물(1½컵)+간장(3)+
 계핏가루(0.2)+참기름(3)+소금(0.2)

약식은 물의 양만 주의하면 누구나 쉽게, 실패 없이 만들 수 있다.
밥솥에 담았을 때 물이 쌀 위로 올라와 찰랑거릴 정도가 적당하다.
너무 되직하면 쌀알끼리 뭉쳐지지 않고, 너무 질어도 잘 굳지 않으니 주의한다.

포크로 만드는 느낌 있는 디저트
생과일 셔벗

필수 재료 파인애플(1컵=파인애플링 2개 분량), 키위(1개), 사이다(1⅓컵=260ml)

셔벗은 얼음입자가 굵게 살아 있는 것이 특징. 귀찮더라도 2~3시간 간격으로 꺼내 포크로 긁어 입자를 만들고 다시 얼리고를 반복해야 한다. 키위나 파인애플 외에도 청포도, 딸기 등 좋아하는 과일을 다양하게 넣고 만들어 즐겨 보자.

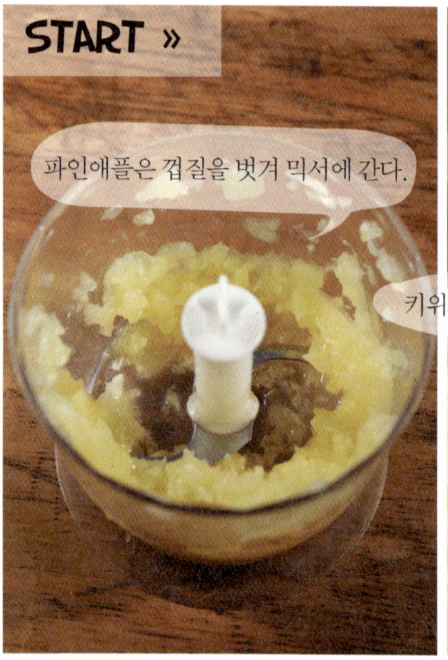

START »

파인애플은 껍질을 벗겨 믹서에 간다.

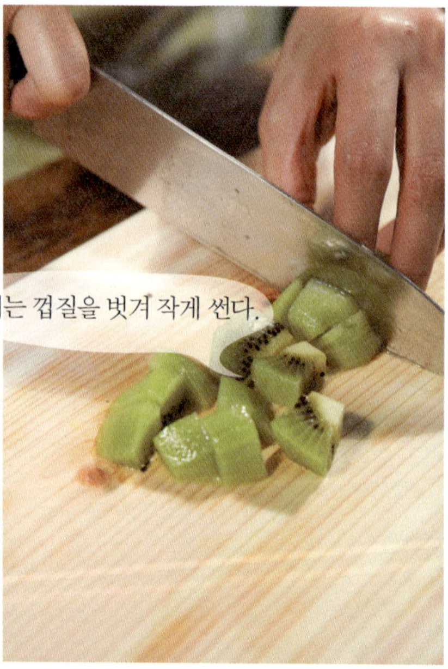

키위는 껍질을 벗겨 작게 썬다.

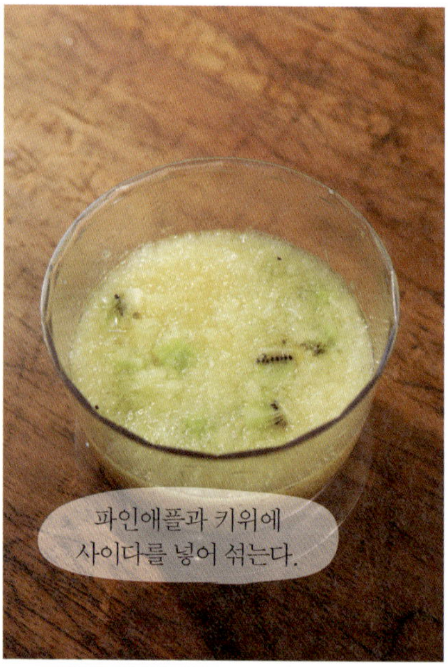

파인애플과 키위에 사이다를 넣어 섞는다.

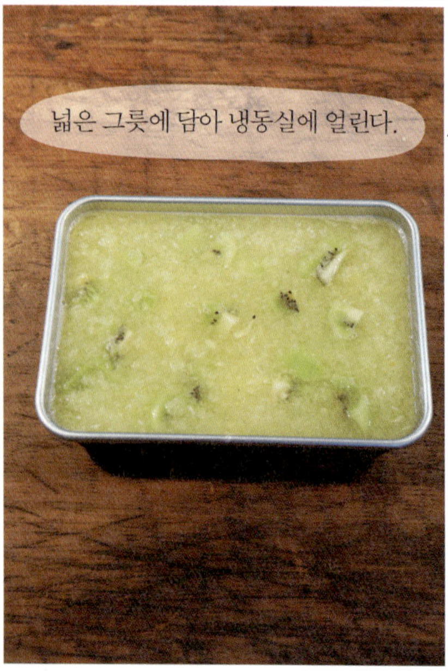

넓은 그릇에 담아 냉동실에 얼린다.

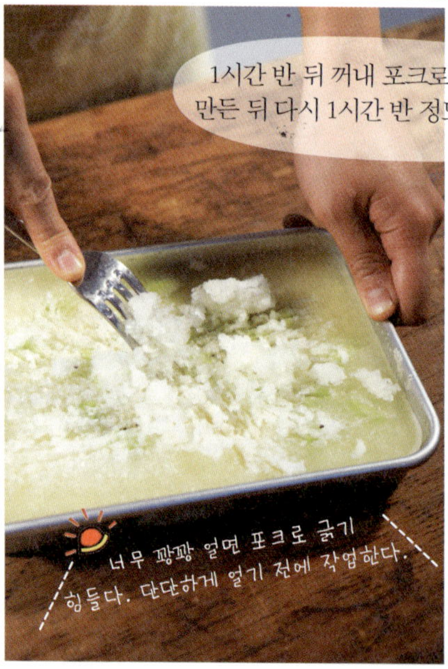

1시간 반 뒤 꺼내 포크로 긁어 굵은 입자를 만든 뒤 다시 1시간 반 정도 얼려 마무리한다.

너무 꽝꽝 얼면 포크로 긁기 힘들다. 단단하게 얼기 전에 작업한다.

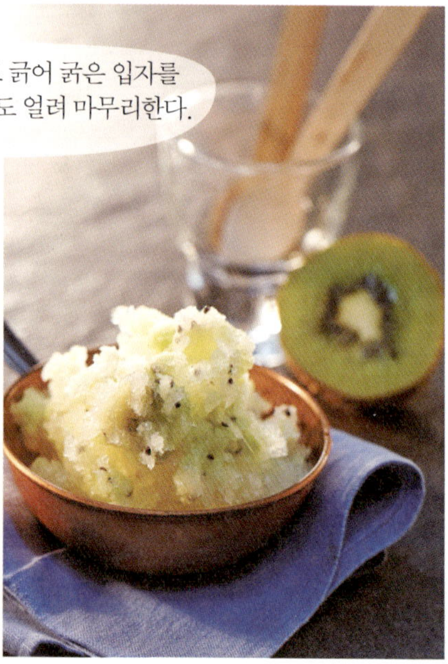

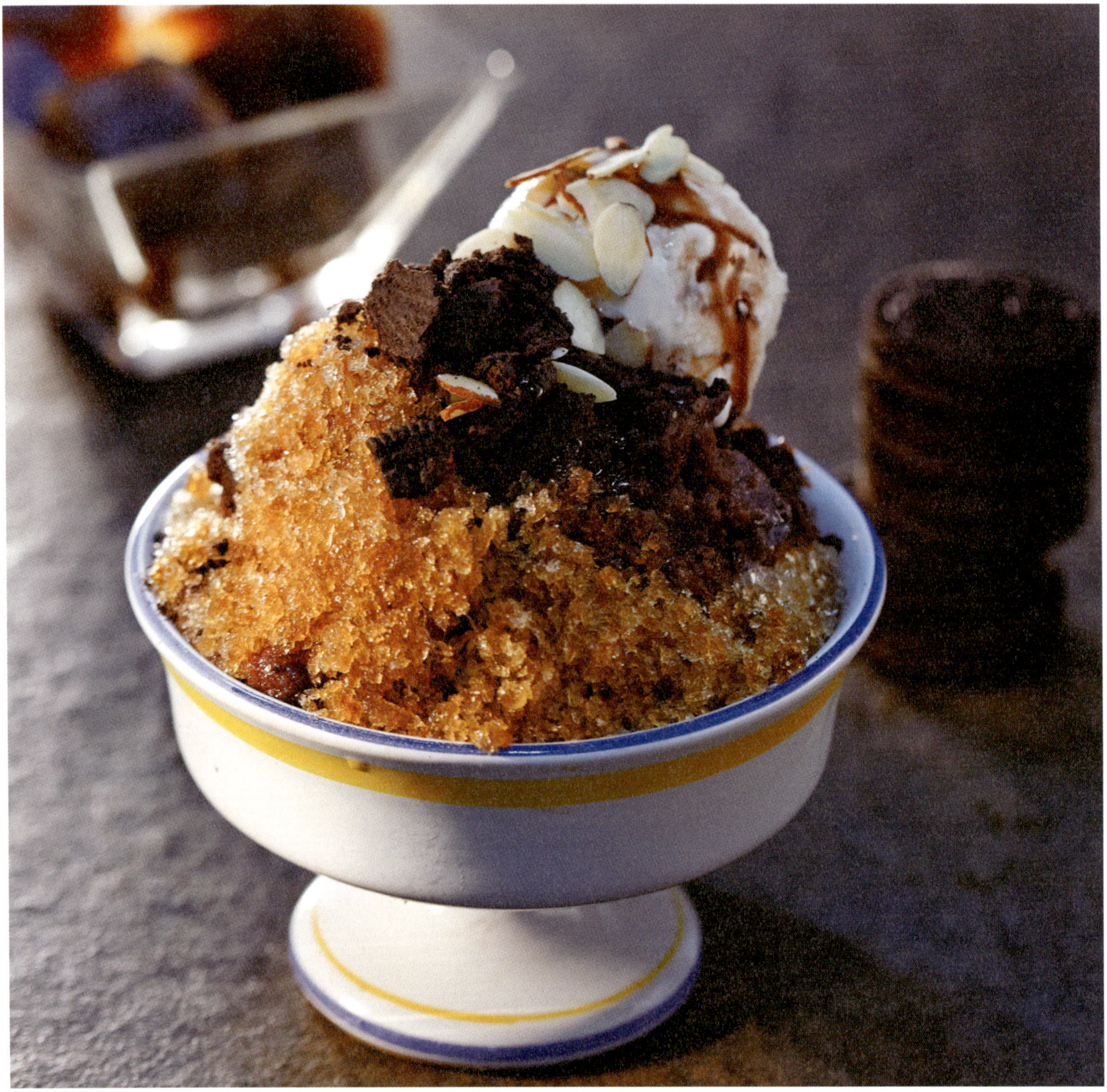

커피향 가득한 카페스타일

오레오커피빙수

필수 재료 인스턴트 커피가루(1.5), 설탕(1), 오레오쿠키(4개), 빙수용 조림팥(½컵=125g), 바닐라 아이스크림(½컵), 아몬드 슬라이스(2)

선택 재료 연유(1), 초코시럽(1.5)

빙수에 올리는 조림팥의 단맛이 강하기 때문에 커피얼음을 만들 때 설탕을 너무 많이 넣지 않도록 한다. 반대로 팥 없이 즐기고 싶다면 설탕을 더 넣어 달게 만들거나 초코시럽을 뿌린다. 빙수 그릇을 미리 냉동실에 넣어 차게 만들어 두면 먹는 동안 얼음이 금방 녹지 않아 좋다.

INDEX 1

ㄱ

124	가지볶음
370	간단티라미수
306	간장장아찌
264	간장치킨
326	갈비찜
116	감자채볶음
350	감자크로켓
82	감잣국
254	고추장소스바베큐립
220	골뱅이소면
178	굴무밥
96	김달걀국
226	김치가츠동
44	김치볶음밥
68	김치유부우동
234	김치전
106	김치찌개
316	깍두기

ㄴ

292	날치알크림파스타

ㄷ

354	단호박샐러드
158	달걀찜
138	닭고기볶음
330	닭볶음탕
150	도토리묵무침
222	돈가스
102	된장찌개
162	두부조림
188	떠먹는피자
248	떡갈비스테이크
62	떡국
64	떡볶이

ㅁ

130	마른새우볶음
194	마파두부덮밥
358	맛탕
152	무말랭이무침
148	무생채
98	미역국
136	미역줄기볶음
286	미트소스스파게티

ㅂ

356	바나나치즈호떡
90	바지락뭇국
366	밥솥케이크
310	배추김치
88	배추된장국
320	백순두부찌개
308	부추겉절이
92	북엇국
338	불고기

ㅅ

256	삼계탕
376	생과일셔벗
166	쇠고기버섯장조림
244	수육과 차슈
58	수제비
142	시금치무침

ㅇ

268	아귀찜
290	알리오올리오
122	애호박볶음
170	약고추장
374	약식
318	양배추물김치
120	어묵볶음
378	오레오커피빙수
302	오이소박이
172	오이피클
72	오일드레싱샐러드
230	오징어&채소튀김
110	오징어국
198	오징어덮밥
154	오징어무침
132	오징어채볶음
276	오코노미야키
362	요거트스콘

ㅈ

128	산멸치볶음
54	잔치국수
340	잡채
344	전복죽
334	제육볶음
174	조기구이
204	짜장면
208	쫄면
260	찜닭

ㅊ

48	찬밥달걀죽
190	참치김밥
52	참치오니기리
216	채소만두
364	초코칩쿠키

ㅋ

202	카레덮밥
186	케사디야
84	콩나물국
146	콩나물무침
50	콩나물밥
164	콩자반
78	클럽샌드위치

ㅌ

250	탕수육
360	트리플치즈치아바타

ㅍ

296	팟타이
76	프렌치토스트브런치

ㅎ

272	해물냉채
278	해물누룽지탕
212	해물볶음우동
282	해물크림리소토
322	해물탕
238	해물파전
182	햄버거

INDEX 2

RICE
178	굴무밥
226	김치가츠동
44	김치볶음밥
194	마파두부덮밥
198	오징어덮밥
344	전복죽
48	찬밥달걀죽
190	참치김밥
52	참치오니기리
202	카레덮밥
50	콩나물밥
282	해물크림리소토

SOUP
82	감잣국
96	김달걀국
62	떡국
98	미역국
90	바지락뭇국
88	배추된장국
92	북엇국
256	삼계탕
58	수제비
110	오징어국
84	콩나물국
278	해물누룽지탕

NOODLE
220	골뱅이소면
68	김치유부우동
292	날치알크림파스타
286	미트소스스파게티
290	알리오올리오
54	잔치국수
340	잡채
204	짜장면
208	쫄면
296	팟타이
212	해물볶음우동

STEW
106	김치찌개
330	닭볶음탕
102	된장찌개
320	백순두부찌개
322	해물탕

BOILED
166	쇠고기버섯장조림
244	수육과 차슈
164	콩자반

BREAD
188	떠먹는피자
186	케사디야
78	클럽샌드위치
360	트리플치즈치아바타
76	프렌치토스트브런치
182	햄버거

STEAMED
326	갈비찜
158	달걀찜
268	아귀찜
260	찜닭
216	채소만두

FRIED
- 264 간장치킨
- 350 감자크로켓
- 222 돈가스
- 230 오징어&채소튀김
- 250 탕수육

KIMCHI
- 306 간장장아찌
- 316 깍두기
- 310 배추김치
- 308 부추겉절이
- 318 양배추물김치
- 302 오이소박이

PAN-FRY
- 124 가지볶음
- 116 감자채볶음
- 254 고추장소스바베큐립
- 234 김치전
- 138 닭고기볶음
- 162 두부조림
- 248 떡갈비스테이크
- 64 떡볶이
- 130 마른새우볶음
- 136 미역줄기볶음
- 338 불고기
- 122 애호박볶음
- 170 약고추장
- 120 어묵볶음
- 132 오징어채볶음
- 276 오코노미야키
- 128 잔멸치볶음
- 334 제육볶음
- 174 조기구이
- 238 해물파전

SEASONED
- 150 도토리묵무침
- 152 무말랭이무침
- 148 무생채
- 142 시금치무침
- 172 오이피클
- 154 오징어무침
- 146 콩나물무침

SALAD
- 354 단호박샐러드
- 72 오일드레싱샐러드
- 272 해물냉채

DESSERT
- 370 간단티라미수
- 358 맛탕
- 356 바나나치즈호떡
- 366 밥솥케이크
- 376 생과일셔벗
- 374 약식
- 378 오레오커피빙수
- 362 요거트스콘
- 364 초코칩쿠키